AS INVALIDADES PROCESSUAIS CIVIS NA PERSPECTIVA DO FORMALISMO-VALORATIVO

Conselho Editorial
André Luís Callegari
Carlos Alberto Alvaro de Oliveira
Carlos Alberto Molinaro
Daniel Francisco Mitidiero
Darci Guimarães Ribeiro
Elaine Harzheim Macedo
Eugênio Facchini Neto
Draiton Gonzaga de Souza
Giovani Agostini Saavedra
Ingo Wolfgang Sarlet
Jose Luis Bolzan de Morais
José Maria Rosa Tesheiner
Leandro Paulsen
Lenio Luiz Streck
Paulo Antônio Caliendo Velloso da Silveira

S286i   Scarparo, Eduardo.
          As invalidades processuais civis na perspectiva do formalismo-valorativo /
    Eduardo Scarparo. – Porto Alegre: Livraria do Advogado Editora, 2013.
          251 p.; 23 cm. – (Coleção Alvaro de Oliveira. Estudos de processo e
          constituição; 5)

          Inclui bibliografia.
          ISBN 978-85-7348-823-4

          1. Processo civil. 2. Nulidade (Direito). 3. Atos jurídicos. 4. Formalismo
    jurídico. I. Título. II. Série.

                                    CDU 347.933
                                    CDD 341.4633

          Índice para catálogo sistemático:
          1. Nulidade: Invalidação no direito processual   347.933

    (Bibliotecária responsável: Sabrina Leal Araujo – CRB 10/1507)

Coleção ALVARO DE OLIVEIRA 5
Estudos de Processo e Constituição

Eduardo Scarparo

AS INVALIDADES PROCESSUAIS CIVIS NA PERSPECTIVA DO FORMALISMO-VALORATIVO

livraria
DO ADVOGADO
editora

Porto Alegre, 2013

Coleção ALVARO DE OLIVEIRA
Estudos de Processo e Constituição

Daniel Mitidiero
Coordenador

© Eduardo Scarparo, 2013

Projeto gráfico e diagramação
Livraria do Advogado Editora

Revisão
Rosane Marques Borba

Direitos desta edição reservados por
Livraria do Advogado Editora Ltda.
Rua Riachuelo, 1300
90010-273 Porto Alegre RS
Fone/fax: 0800-51-7522
editora@livrariadoadvogado.com.br
www.doadvogado.com.br

Impresso no Brasil / Printed in Brazil

A meu pai, Paulo Sergio Scarparo,
com amor, admiração e respeito.

Agradecimentos

Aos meus familiares, Paulo Scarparo, Helena Beatriz Scarparo, Roberta Scarparo, Marcelo Scarparo e Lacy Kochenborger, pelo constante incentivo e carinho incondicional.

Ao Dr. Carlos Alberto Alvaro de Oliveira, pela orientação à tese, pelos constantes ensinamentos e pelas inúmeras oportunidades de aprendizado.

Aos Drs. Daniel Mitidiero, Guilherme Rizzo Amaral, Klaus Koplin e Sérgio Wetzel de Mattos, pela leitura atenta e pelas importantes anotações ao trabalho.

À Dra. Vera Fradera, pelo auxílio bibliográfico e amizade.

Ao meu sócio Guilherme Bier Barcelos, por sua amizade e pelo apoio no escritório durante a fase final da pesquisa.

Ao Prof. Domingos Dresch da Silveira, pelo encorajamento e amizade desde a gradução em Direito.

Ao José Augusto Bifano Filho, amigo ímpar e processualista brilhante, que o Direito não teve tempo de conhecer.

Aos amigos, colegas, professores e funcionários do Programa de Pós-Graduação em Direito da UFRGS e aos meus alunos da Faculdade de Direito da UFRGS, pelo convívio, pela amizade e pelo aprendizado.

Prefácio

Houve um tempo em que a segurança era tudo. O formalismo processual exagerado da idade média constitui a maior prova dessa afirmação. Na passagem para a época da modernidade líquida, a efetividade se assenhoreou dessa posição e passou a dominar o entendimento doutrinário. Hoje, é preciso ponderar a aplicação desses dois princípios fundamentais. O ideal seria a maior efetividade possível com a maior segurança possível. Como o ideal nunca é alcançado, a solução do caso concreto decorrerá sempre de um juízo de ponderação. Mas para atingir esse resultado em relação ao processo, considerado o "reino da forma" por excelência, foi preciso antes dar um importante passo a frente: o formalismo processual deve assumir o significado de um formalismo-valorativo, as formas não devem ser excessivas nem simples fins em si mesmas; orientadas para a tutela dos direitos fundamentais, destinam-se a dar maior efetividade e segurança ao processo. Essas ideias se aplicam tanto à forma em sentido amplo, ou formalismo, quanto às formas em sentido estrito, o invólucro do ato processual concreto e individual.

Armado desse instrumental teórico, Eduardo Scarparo, em sua corajosa tese de doutorado, procura pôr a prova essas concepções no tormentoso tema das invalidades processuais, em que a forma em sentido estrito adquire significado fundamental.

Tanto nos pressupostos da compreensão do problema, quanto na aplicação desses pressupostos para fixação dos conceitos fundamentais, a elaboração doutrinária mergulha de forma profunda e original em questões difíceis e da maior importância teórica e prática.

Desse modo, o conceito de processo é posto em discussão, rejeitada a tradicional noção da relação jurídica processual – de cunho pandetístico e inspirada no direito material – em prol de uma concepção mais rente aos fatos e à vida. Passa-se depois a examinar os atos processuais no quadro geral dos atos jurídicos, não só diferenciando os atos processuais dos simplesmente processualizados, como também os seus componentes subjetivos, de conteúdo e de exteriorização material. Neste capítulo, mostra-se realmente notável o exame do papel desempenhado pela causa e pela vontade, assim como as perspicazes cogitações sobre a forma e as circunstâncias que cercam o ato processual.

Dando mostra da intensidade da pesquisa empreendida, o autor continua se debruçando sobre temas virgens na doutrina do direito processual civil, a exemplo da distinção entre validade e valoratividade, com interessantes conclusões de cunho até filosófico, como convém a qualquer trabalho reconstrutivo e original. Igualmente notável o desenvolvimento emprestado à questão da natureza da invalidade. Seria sanção ou mera consequencia jurídica da inidoneidade do ato para atingir o seu normal resultado? A opção da tese pela última possibilidade constitui, a meu juízo, aspecto de destaque para a adoção do princípio do cumprimento da finalidade e do não prejuízo, como fatores de afastamento da invalidade.

A meu ver, a melhor contribuição doutrinária da obra encontra-se na distinção entre interesses públicos e privados e sua aplicação ao problema das invalidades processuais. Trata-se de controvérsia cada vez mais presente em qualquer campo do direito hodierno, especialmente pelo fenômeno incontestável da constitucionalização do direito privado e a emergência dos direitos fundamentais. Realmente, a se pretender um processo cooperativo, com fortalecimento dos poderes das partes, como prega o formalismo-valorativo, não se pode deixar de levar em consideração, além do interesse público em dispensar o Estado tutela efetiva e segura às partes, o interesse privado das próprias partes. De tal sorte, ostenta-se inegável que a liberdade jurídica, assegurada pelo direito fundamental à autonomia da vontade, com assento inclusive no sobreprincípio do respeito à dignidade humana, manifesta-se com força no processo civil, a exemplo do poder de dispor sobre o conteúdo da demanda (tanto subjetiva como objetivamente), da renúncia ao direito sobre que se funda a demanda e na possibilidade de transigir. Com base nessa relevante premissa, a tese adota conclusão digna de profunda reflexão e da maior importância prática: o conhecimento oficioso da invalidade processual decorrerá da circunstância de o dano derivado da atipicidade do ato mostrar-se relevante ao interesse público. Quando o prejuízo atinge apenas interesse privado, decorrente de um desvio do tipo, a invalidade só poderá ser decretada mediante requerimento da parte lesada.

Como a obra tem como fio condutor a concepção do formalismo-valorativo, empenha-se no exame dos aspectos axiológicos e deontológicos do problema da validade ou invalidade dos atos processuais. Nessa seara, chama a atenção a profundidade com que esses difíceis temas são abordados, especialmente o elemento finalístico do ato processual, a salientar com força a impossibilidade de se encarar o conceito de forma completamente desligado dos valores que lhe são subjacentes, como se constata desta emblemática assertiva: "Na lógica do formalismo-valorativo, mesmo as normas processuais formais têm no fundo finalidades substanciais — os valores — que devem ser preservados para que possa o processo adaptar-se às variações da vida, salvaguardando a essência do direito fundamental ao processo justo, equilibrado no eixo segurança e efetividade" (p. 119).

Também de grande valia a investigação das invalidades processuais à luz dos princípios da economia processual, da liberdade e instrumentalidade das formas, do aproveitamento e convalidação dos atos e da causalidade.

Depois de expor as mais importantes teorias sobre a sistematização das invalidades processuais, envereda ainda o trabalho sobre a questão da invalidação propriamente dita, abordando o suporte fático da invalidade, o tipo processual, os poderes de iniciativa legítima para a invalidação, não aproveitamento e convalidação dos atos processuais inválidos, formas extraordinárias de aproveitamento e convalidação (legítimo interesse, aquiescência e preclusão), e o regime de extensão e contenção das invalidades processuais (invalidade derivada, invalidade parcial e redução dos efeitos do ato inválido).

Todas essas considerações permitem soluções práticas para diversos problemas que atormentam diuturnamente juízes e advogados.

Como se vê, a extraordinária obra de Eduardo Scarparo está destinada a repercutir de forma incisiva na doutrina brasileira e estrangeira, com ampla repercussão na prática do processo civil entre nós.

Carlos Alberto Alvaro de Oliveira

Professor Titular (aposentado) de Direito Processual Civil
da Faculdade de Direito da UFRGS

Sumário

Introdução..17

Parte I – Pressupostos de Compreensão do Problema......................21

1. Formalismo-valorativo e processo..................................21

  1.1. Formalismo-valorativo...21

  1.2. A natureza do processo..29

2. Os atos processuais no quadro geral dos atos jurídicos.............34

  2.1. Atos do processo..35

  2.2. Os Componentes do ato jurídico processual.......................41

    2.2.1. Componentes ligados ao sujeito..............................41

      2.2.1.1. Capacidade...42

      2.2.1.2. Legitimidade...44

    2.2.2. Componentes ligados ao conteúdo..............................47

      2.2.2.1. Causa..47

      2.2.2.2. Vontade..54

    2.2.3. Componentes ligados à materialidade..........................60

      2.2.3.1. Forma e circunstâncias.................................61

3. O plano da validade...65

  3.1. O exame de validade...65

  3.2. Validade e Valoratividade.......................................66

  3.3. Natureza da invalidade..75

  3.4. Validade e temporalidade..77

  3.5. Sobre a irregularidade..83

4. Interesses públicos e privados: distinção e relevância para o problema das invalidades processuais..86

  4.1. Primeiras palavras sobre a dicotomia público-privado............86

  4.2. Direitos fundamentais e interesses públicos e privados..........92

  4.3. A autonomia da vontade e o "Direito Público"....................94

  4.4. O processo e as invalidades: interesses públicos e privados.....100

5. Axiologia e deontologia: suas aplicações no plano da validade.....106

  5.1. Valores, princípios, regras e postulados normativos............106

  5.2. Valores...110

5.2.1. Segurança e efetividade nas invalidades processuais 110

    5.2.1.1. Convívio harmônico entre segurança e efetividade no plano da validade processual...110

    5.2.1.2. O conflito no âmbito das invalidades...114

5.3. Princípios específicos das invalidades processuais.................................122

    5.3.1. Noções gerais: princípios no Direito Processual Civil....................122

    5.3.2. Princípios relativos a invalidades processuais em espécie..............124

        5.3.2.1. Economia processual..124

        5.3.2.2. Liberdade das formas...128

        5.3.2.3. Instrumentalidade das formas..130

            5.3.2.3.1. Prejuízo..133

            5.3.2.3.2. Finalidade...136

        5.3.2.4. Aproveitamento e convalidação dos atos...........................138

        5.3.2.5. Causalidade..142

Parte II – Os Diferentes Sistemas de Invalidades Processuais.......................145

6. Sistematizações mais importantes..145

6.1. Teoria da Cominação...147

    6.1.1. Exposição..147

    6.1.2. Crítica...149

6.2. Teoria da Relevância da Atipicidade...155

    6.2.1. Exposição..155

    6.2.2. Crítica...157

6.3. Teoria da Finalidade e Natureza das Normas...161

    6.3.1. Exposição..161

    6.3.2. Crítica...163

6.4. Teoria Comunicativa das Nulidades..168

    6.4.1. Exposição..168

    6.4.2. Crítica...170

6.5. Outras sistematizações relevantes...173

    6.5.1. Exposição..173

    6.5.2. Crítica à distinção entre invalidades de fundo e de forma..............174

7. A invalidação...180

7.1. O suporte fático da invalidade..180

7.2. O tipo processual..182

7.3. Os poderes de iniciativa legítima..189

    7.3.1. Dispositivo e oficialidade...189

    7.3.2. Quatro hipóteses sobre poderes de iniciativa para a decretação de invalidades processuais..195

    7.3.3. Os poderes de iniciativa..199

7.4. Não aproveitamento e convalidação..207

    7.4.1. Formas ordinárias de aproveitamento e convalidação....................208

        7.4.1.1. Prejuízo..208

        7.4.1.2. Finalidade...212

7.4.1.3. Repetição e retificação...215
7.4.1.4. Conversão...216
7.4.2. Formas extraordinárias de aproveitamento e convalidação...........................218
7.4.2.1. Legítimo interesse..219
7.4.2.2. Aquiescência..220
7.4.2.3. Preclusão..223
7.4.3. Regime de extensão e contenção das invalidades processuais.......................227
7.4.3.1. Invalidade derivada...227
7.4.3.2. Invalidade parcial..230
7.4.3.3. Redução dos efeitos do ato...231

Considerações Finais...235

Referências Bibliográficas...243

Introdução

Não são poucos os alertas, na doutrina, acerca da dificuldade e da complexidade de se trabalhar as *invalidades processuais*.[1] Desde juristas tradicionais, como Egas Moniz de Aragão – afirmando que "ninguém lhe atravessa os umbrais sem receios"[2] –, até novos expoentes do Direito Processual Civil brasileiro, como Fredie Didier Jr. –, pontuando que "a teoria das invalidades processuais é assunto dos mais difíceis e polêmicos da ciência do processo"[3] –, reproduzem um sentimento comum aos que se dedicam ao estudo desse objeto.

A dificuldade é grande também em razão do preconceito habitual, no fórum, de associá-lo à burocratização do jurídico, assim sendo porque os desavisados veem no tema apenas a perquirição sobre uma forma, culminando em aceitação ou rejeição do ato, quiçá como um instituto místico, destituído de razões, ou cujos fundamentos são de impossível alcance ou, até mesmo, alheios à atividade jurídica. A consequência prática reproduzida por tal lógica induz à aceitação da forma pela forma e, consequentemente, da invalidade como um repúdio arbitrário da lei ao ato praticado em desconformidade com o modelo preestabelecido.

Porém, conforme preconiza Galeno Lacerda,[4] o Código de Processo Civil, no que percute ao seu sistema de invalidades, amplia o problema da mera adequação à *fattispecie* à teleologia do ato, instituindo princípios elementares de freio a

---

[1] Prefere-se "invalidade" a "nulidade", muito embora ambas as expressões possam ser utilizadas, indistintamente, caso se valha das conclusões alcançadas ao final deste estudo. Ocorre que, como são diversas as compreensões sobre o tema, vale-se de "invalidade" por representar, em qualquer sistema, um gênero daquilo que não é válido. Há autores que derivam da invalidade categorias como a "nulidade absoluta" a "nulidade relativa" e a "anulabilidade". De igual maneira, há quem distinga invalidades "de fundo" e "de forma", dando às primeiras a terminologia de "inadmissibilidade" e às segundas de "nulidade". Em qualquer caso, essas categorizações têm em comum a violação da validade, de modo que a terminologia "invalidade" as abarca integralmente. Como se verá, não se acolhe, nesta tese, a repartição das invalidades em nulidades absolutas, relativas ou anulabilidades (item 6.5.2), nem a separação entre invalidades de fundo e de forma (Capítulo 7).

[2] ARAGÃO, Egas Moniz de. *Comentários ao Código de Processo Civil*. v. 2. 4ª ed. Rio de Janeiro: Forense, 1983, p. 333.

[3] DIDIER JR., Fredie. *Curso de Direito Processual Civil*: Teoria Geral do Processo e Processo de Conhecimento. v. 1. 10ª ed. Salvador: Ius Podivm, 2008, p. 247.

[4] LACERDA, Galeno. O Código e o formalismo processual. *Revista da Ajuris*. Porto Alegre, n. 28, p. 7-14, jul. 1983.

formalismos extremados, nocivos aos interesses que direcionam a atividade processual.

A nova complexidade das ciências também vai de encontro à associação entre burocratização e regulamentação das invalidades, principalmente em face de uma visão axiológica, cada vez mais atuante para se compreender e aplicar os institutos jurídicos. Nessa linha, deve-se refutar, porque incompletas, aquelas reflexões que não tenham por substrato o estudo do direito como produto da cultura.

Mostra-se necessário perquirir sobre os fundamentos das normas, a fim de desvendar sua função axiológica, inclusive para identificar os poderes das partes e do juiz na proteção do tipo. A pesquisa sobre os valores e princípios próprios às invalidades processuais passa pelo crivo da proposta de um processo civil axiologicamente orientado, amparado em uma teoria de base, que se apresenta como verdadeiro marco no pensamento do direito processual: *o formalismo-valorativo*. Assim, a convivência entre os valores da segurança jurídica e da efetividade, bem como as relações entre princípios, regras e postulados normativos, são sempre orientadas pela aproximação entre processo e Constituição.

Diante disso tudo, em um primeiro momento, concentra-se em analisar os fundamentos do formalismo-valorativo, os atos processuais, o plano jurídico da validade, a norma processual e os interesses por ela protegidos e os valores e princípios com atuação destacada sobre as invalidades no Direito Processual Civil brasileiro. Esses os pressupostos de compreensão para a análise das inúmeras sistematizações pensadas para esquematizar e explicar a aplicação das invalidades processuais.

Entre as sistematizações analisadas, merecem destaque a Teoria das Nulidades Cominadas e Não Cominadas, a Teoria da Relevância da Atipicidade, a Teoria da Finalidade e da Natureza das Normas Processuais e a Teoria Comunicativa das Nulidades. Como se verá, por diversos fundamentos, todas se mostram insuficientes para moldar o complexo tema das invalidades processuais. Falta há de uma teoria das invalidades que se assente na dinâmica integração entre os valores inerentes ao formalismo processual, bem como que distribua adequadamente os poderes entre as partes e o juiz no trato do caso concreto.

A estruturação de uma metodologia de aplicação das invalidades processuais parte de uma compreensão renovada do tipo processual. Durante longos períodos, este se ligou exclusivamente a aspectos formais, excluindo-se a substância como ponto relevante ao direito processual. Por isso, afastou-se a ingerência da vontade e da causa como passíveis de gerar invalidades na seara processual, centrando-se a perquirição em uma hipertrofia da forma. Mas não apenas nos componentes dos atos houve a formalização das validades processuais: a desvinculação do processo aos valores, mediante a tecnicização e o conceitualismo, levou a um processo afastado da realidade e da cultura.

Por outro lado, a reaproximação processual com os valores e, notadamente, com a Constituição, proposta pelo marco teórico do formalismo-valorativo, pressupõe uma releitura do exame de validade. Quer-se perquirir sobre os componentes do ato processual pertinentes ao plano da validade, bem como identificar em que medida os valores e interesses protegidos na norma processual refletem na conformação das invalidades processuais. Busca-se, com isso, dar ao operador jurídico um arsenal teórico para a verificação dos vícios e para a aplicação da invalidade no caso concreto.

Daí a proposta de repensar um suporte fático para a decretação de um estado de invalidade, identificando-se os requisitos da invalidação: a atipicidade, a presença de não aproveitamento e uma legítima iniciativa para possibilitar a decretação. Não se esquece, também, do exame atento das normas de aproveitamento e convalidação, com fins de dar clareza a inúmeras atuações valorativas na aplicação das invalidades processuais.

Parte I – Pressupostos de Compreensão do Problema

1. Formalismo-valorativo e processo

Neste primeiro capítulo, tratar-se-á acerca da compreensão do formalismo--valorativo, passando brevemente pelas fases de desenvolvimento do direito processual. Após, abordar-se-á a natureza do processo, destacando-se seu caráter procedimental.

1.1. FORMALISMO-VALORATIVO

Apesar da evolução da disciplina processual nos últimos séculos, ainda ecoa no espírito de muitos juristas o ultrapassado sentimento de ser o processo uma disciplina exclusivamente formal, ou, como diziam os mais antigos, adjetiva,[5] cuja aproximação com a cultura[6] e com a axiologia seria descabida. Demonstrar-se-á a superação dessa fase.

---

[5] Vale, no ponto, transcrever a crítica da Galeno Lacerda: "erro arraigado, cometido até por autores de tomo, consiste em definir o direito processual como direito adjetivo, ou como direito formal. O primeiro legou-nos Bentham, de impropriedade manifesta. Tão impróprio é definir o arado como adjetivo da terra, o piano como adjetivo da música, quanto o processo como adjetivo do direito em função do qual ele atua. Instrumento não constitui qualidade da matéria que modela, mas ente ontologicamente distinto, embora a esta vinculado por um nexo de finalidade. Se não é qualidade, também não será forma, conceito que pressupõe a mesma, e, no caso, inexistente integração ontológica com a matéria. A toda evidência, processo não significa forma do direito material. Aqui, o erro provém de indevida aplicação aos dois ramos do direito das noções metafísicas de matéria e forma, como conceitos complementares. Definidas as normas fundamentais, reguladoras das relações jurídicas, como direito material, ao direito disciplinador do processo outra qualificação não restaria senão a de formal. O paralelo se revela primário em seu simplismo sofístico. O direito material há de regular as formas próprias que substanciam e especificam os atos jurídicos materiais, ao passo que o direito processual, como instrumento de definição e realização daquele em concreto, há de disciplinar, também as formas que substanciam e especificam os atos jurídicos processuais. Em suma, a antítese não é direito material – direito formal, e sim, direito material – direito instrumental. Isto porque instrumento, como ente a se, possui matéria e forma próprias, independentes da matéria e da forma da realidade jurídica, dita material, sobre a qual opera". LACERDA, Galeno. O Código como sistema legal de adequação do processo. *Revista do IARGS – Comemorativa do cinquentenário 1926--1976*, Porto Alegre, p. 163-170, 1976.

[6] Conforme leciona Falzea, a cultura representa a *"fenomenologia social da espiritualidade"*, o que importa dupla perspectiva: o encontro da espiritualidade com o indivíduo (cultura anime) e o seu encontro com a sociedade

No *praxismo*[7] ou "pré-história" da noção processual,[8] tinha-se o processo como *iudicium* e não ainda como *processus*, tendo postura sincrética: ele apenas se justificava se ligado ao direito *substantivo*, sendo deste puramente *adjetivo*. Daí, "a racionalidade que informava o fenômeno jurídico de um modo geral era a racionalidade prática, com a mobilização argumentativa dos sujeitos processuais direcionada à resolução de problemas concretos, à consecução do justo pelo *iudicium*".[9] Essa noção estava ligada à lógica da retórica de Aristóteles, o que significa tratar-se de uma argumentação discursiva e passível de alcançar somente uma "verdade provável".[10] Nos termos de Picardi, "para o *iudicium*, não pode ser aplicado o silogismo científico, a lógica do verdadeiro-falso; o raciocínio *more iuridico* apresenta-se, por eleição, como lógica do provável".[11] A esse modelo de organização das atividades jurisdicionais deu-se o nome de *processo isonômico*.[12]

A passagem da pré-história à história do direito processual pode ser verificada a partir do Século XVII, tendo como primeiro indício a modificação terminológica que foi dada à palavra *processus*, que acabou por tomar o caráter prioritário do *iudicium*.[13] A passagem deu-se sob a influência da lógica de Pierre de la Ramée,[14] em·manifesto confronto com o movimento aristotélico, passando o "ramismo" a ser incorporado em textos jurídicos.[15]

(civilidade). Disso se constitui a categoria da cultura, entendida como "o conjunto de valores espirituais que caracterizam e distinguem o tipo de vida de um grupo social". (p. 396). A coordenação do elemento individual (anime) e social (civilidade) da cultura conduz a identificá-la como "o produto do espírito criativo de qualquer sociedade no seu esforço para resolver da melhor maneira possível em concreto os problemas da própria existência. Constituem, portanto, a cultura da sociedade, o conjunto de valores que ela assume como base do próprio modo de existir e o conjunto de ordenamentos pela sociedade adotados para sua realização. Nos valores comuns e nas orientações comuns está o tipo de vida da sociedade, a maneira peculiar e irrepetível com a qual qualquer grupo social vive espiritualmente as próprias necessidades e interesses comuns e emprega os seus recursos espirituais para a sua satisfação". FALZEA, Angelo. *Introduzione alle scienze giuridiche:* Il concetto del diritto. 5ª ed. Milão: Giuffrè, 1996, p. 403-407.

[7] MITIDIERO, Daniel. *Elementos para uma teoria contemporânea do processo civil brasileiro.* Porto Alegre: Livraria do Advogado, 2005, p. 17.

[8] PICARDI, Nicola. Do juízo ao processo. In: *Jurisdição e processo.* Rio de Janeiro: Forense, 2008, p. 33-68, p. 35. Organizador e revisor técnico da tradução: Carlos Alberto Alvaro de Oliveira.

[9] MITIDIERO, Daniel. *Elementos para uma teoria contemporânea do processo civil brasileiro.* Porto Alegre: Livraria do Advogado, 2005, p. 17-18.

[10] MITIDIERO, Daniel. *Colaboração no processo civil:* pressupostos sociais, lógicos e éticos. São Paulo: Revista dos Tribunais, 2009, p. 78-83.

[11] PICARDI, Nicola. Do juízo ao processo. In: *Jurisdição e processo.* Rio de Janeiro: Forense, 2008, p. 33-68, p. 43-44. Organizador e revisor técnico da tradução: Carlos Alberto Alvaro de Oliveira.

[12] O *processo isonômico* caracteriza-se pela indistinção entre indivíduo, sociedade civil e Estado, oportunizando a paridade entre o indivíduo e o poder político. Dele resulta a solução dos conflitos mediante uma racionalidade prática, tendo o contraditório a missão de tornar possível o diálogo judicial. Associa-se ao modelo, o emprego da boa-fé em acepção subjetiva, bem como atribui-se exclusivamente às partes a busca pela verdade. MITIDIERO, Daniel. *Colaboração no processo civil: pressupostos sociais, lógicos e éticos.* São Paulo: Revista dos Tribunais, 2009, p. 101.

[13] PICARDI, Nicola. Do juízo ao processo. In: *Jurisdição e processo.* Rio de Janeiro: Forense, 2008, p. 33-68, p. 43-44. Organizador e revisor técnico da tradução: Carlos Alberto Alvaro de Oliveira.

[14] A adoção desse modo de pensar culminou no expurgo da retórica como típica da lógica jurídica. Assim Perelman: "Desde o Século XVI, por influência das ideias de Pierre Ramus, estudaram as figuras de retórica fora

Essa forma de compreender os fenômenos muito bem se assentou ao clima cultural iluminista e ao jusnaturalismo a ele relacionado, ditando que, por meio das leis da razão, se poderia dotar o direito de uma estrutura matemática e, assim dizendo, científica.[16] Portanto, a aplicação da lógica ramista ao processo representa uma brutal transição, ajustando o modo de pensar científico do problema (tópica) para o sistema (ideia); daí, "o processo, de uma disciplina que estuda verdades prováveis, torna-se, pelo menos tendencialmente, uma ciência das verdades absolutas".[17] O mesmo desenvolvimento seguiu no Século XVIII, mas aí com cada vez mais marcante influência estatal no processo, mediante a apropriação pelo soberano do monopólio legislativo em matéria processual.[18] Operou-se o início da transição de um *processo isonômico* para um *processo assimétrico*.[19]

Na linha de sistematizações abstratas, criou-se a oportunidade epistemológica para haver autonomia do direito processual em relação ao material, ocorrida no Século XIX, a partir de Bülow. Completamente superada a fase do *praxismo*, passou-se a identificar duas relações a serem analisadas pelo tribunal: a de direito material e a de direito processual, contendo, cada uma, um próprio suporte fático.[20] O trabalho de Bülow "centra-se em colocar como conceitos fundamentais a relação jurídica processual e os seus pressupostos".[21] A lógica que o orientou, levada ao extremo, fez conceber-se o processo como simples técnica, pura de valores e dissociada por completo do direito material, para fins de consolidar a separação entre os planos processual e material, dando início à fase do *processualismo*.

---

de seu contexto, trataram-nas como flores de estufa, desprezando sua função dinâmica, entretanto inegável, no discurso que visa persuadir". PERELMAN, Chaïm. *Lógica jurídica*. São Paulo: Martins Fontes, 2004, p. 161. Tradução de Vergínia Pupi.

[15] "Segundo tal lógica, a matemática constituía o protótipo sobre o qual se modelava cada forma de conhecimento. Daí, a tentativa de fixar as regras que tivessem o mesmo rigor e a mesma exatidão das matemáticas e em geral de cunho científico. O método constituía na disposição das matérias segundo uma ordem rigorosa de modo a realizar a passagem gradual dos princípios gerais e universais aos particulares. Essa ordem era obtida, em primeiro lugar, pela definição dos conceitos gerais; depois, mediante a sua distribuição em partes (partitio) e a divisão em espécies (divisio); por fim, através da definição destas partes e destas species". PICARDI, Nicola. Do juízo ao processo. In: *Jurisdição e Processo*. Rio de Janeiro: Forense, 2008, p. 33-68, p. 48. Organizador e revisor técnico da tradução: Carlos Alberto Alvaro de Oliveira.

[16] SILVA, Ovídio Baptista da. *Processo e ideologia*. 2ª ed. Rio de Janeiro: Forense, 2006, p. 57-87.

[17] PICARDI, Nicola. Do juízo ao processo. In: *Jurisdição e processo*. Rio de Janeiro: Forense, 2008, p. 33-68, p. 53. Organizador e revisor técnico da tradução: Carlos Alberto Alvaro de Oliveira.

[18] Idem, p. 59-60.

[19] O processo assimétrico caracterizou-se pela radical separação entre o indivíduo, a sociedade civil e o Estado, com uma relação assimétrica entre o indivíduo e o poder político. O Estado se apropria do direito, aplicando-o no processo. Já o contraditório resta relegado a uma bilateralidade de instância. A boa-fé é apenas subjetiva e aplicável apenas às partes. MITIDIERO, Daniel. *Colaboração no processo civil*: pressupostos sociais, lógicos e éticos. São Paulo: Revista dos Tribunais, 2009, p. 101.

[20] BÜLOW, Oskar. La teoría de las excepciones procesales y los presupuestos procesales. Buenos Aires: EJEA, 1964, p. 6-7. Tradução de Miguel Angel Rosas Lichtschein.

[21] ALVARO DE OLIVEIRA, Carlos Alberto. *Teoria e prática da tutela jurisdicional*. Rio de Janeiro: Forense, 2008, p. 36.

O objetivo traçado pela nova ciência – a processual – era a dizimação de elementos materiais do conteúdo da norma processual, a fim de garantir um aspecto de neutralidade. O processo estava, por essa razão, supostamente alheio a influências externas e desvinculado de valores; em tudo orientado pelo dogma da racionalidade científica, com vistas a fazer o direito puramente técnico e despolitizar os seus operadores.[22]

Assim, as doutrinas do *processualismo* "se lançaram à tarefa de expulsar da disciplina processual todo e qualquer resíduo de direito material", o que reproduziu uma racionalidade teórica, retirando-se do plano processual os fatores axiológicos (como o justo) e direcionando o estudo à norma e à criação dos mais diversos conceitos e sistemas. Teve-se o processo relegado à pura técnica, estando infenso aos valores em seu trato cotidiano.[23]

Na Itália, tal transição foi carregada por Chiovenda,[24] cuja obra tinha o manifesto propósito de instituir a generalização e a abstração dos institutos.[25] Por esse motivo, foi denominada de *escola sistemática*, tendo por traço principal a tarefa de delinear conceitos que "seriam capazes de conferir autonomia e dignidade científica ao direito processual civil".[26] Isso refletiu na exaltação das formas, obscurecendo a essência do processo e gerando uma "rigidez formal, que determina uma relativamente espessa barreira entre a ciência e a vida".[27]

A "verdade provável" existente na fase do *praxismo* reverteu-se em uma verdade absoluta, pois o processo voltava-se ao ideal e ao conceitual.[28] Exemplo claro disso está na compreensão de Chiovenda sobre a função jurisdicional meramente declaratória da *vontade da lei*, ou seja, fiel a um modelo abstrato e legalista da atividade jurisdicional.[29] Não surpreende porque os grandes e mais referidos tratadistas processuais do século XIX e da primeira metade do século

---

[22] MITIDIERO, Daniel. *Elementos para uma teoria contemporânea do processo civil brasileiro*. Porto Alegre: Livraria do Advogado, 2005, p. 18.

[23] Idem, p. 19.

[24] A "escola sistemática" de Chiovenda teve inauguração com a publicação "*l'azione nel sistema dei diritti*", de 1903, republicada em espanhol em: CHIOVENDA, Giuseppe. *La accion en el sistema de los derechos*. Valparaíso, Chile: Edeval, 1992. Tradução de Santiago Sentís Melendo. Ainda, sobre a obra de Chiovenda, ver: CHIOVENDA, Giuseppe. *Principios de derecho procesal civil*. Madri: Reus, 1925. Tradução de Jose Casais y Santaló; CHIOVENDA, Giuseppe. *Instituições de direito processual civil*. Tradução de J. Guimarães Mengale. São Paulo: Saraiva, 1969, e CHIOVENDA, Giuseppe. *Ensayos de derecho procesal civil*. Buenos Aires: Bosch, 1949. Tradução de Santiago Sentís Melendo.

[25] SATTA, Savatore. Dalla procedura civile al diritto processuale civile. *Rivista Trimestrale di Diritto e Procedura Civile*, Milão, p. 28-43, mar. 1964, p. 36.

[26] MARINONI, Luiz Guilherme. *Técnica processual e tutela dos direitos*. 2ª ed. São Paulo: Revista dos Tribunais, 2008, p. 42.

[27] SATTA, Savatore. Dalla procedura civile al diritto processuale civile. *Rivista Trimestrale di Diritto e Procedura Civile*, Milão, p. 28-43, mar. 1964, p. 36.

[28] PICARDI, Nicola. Do juízo ao processo. In: *Jurisdição e processo*. Rio de Janeiro: Forense, 2008, p. 33-68, p. 47-50. Organizador e revisor técnico da tradução: Carlos Alberto Alvaro de Oliveira.

[29] SILVA, Ovídio Baptista da. *Proceso e ideologia*. 2ª ed. Rio de Janeiro: Forense, 2006, p. 27-28.

XX são criadores de sistemas abstratos, com ênfase na delimitação dos institutos e de conceitos.[30]

Ocorre que a "tendência à abstração, ao jogo lógico, ao hermetismo do pensamento e da linguagem, males comuns aos outros ramos da ciência jurídica, são muito perigosos para uma ciência como a processual, que, perdendo contato com a experiência na qual e da qual o processo vive, corre o mortal risco de isolamento".[31] Daí, o que seguiu a partir de meados do século XX foi o desbravamento do caráter de instrumentalidade, a partir da identificação de diversas finalidades, inegavelmente vinculadas ao direito material. Disso, decorreu a proposta de dotar o processo da característica principal de instrumentalidade, sendo, para tanto, imprescindível uma postura consciente de algumas das funções sociais e dos desideratos do direito processual. Provocou-se, com isso, o questionamento sobre as finalidades e aptidões do processo.

Mediante a reaproximação entre o direito material e o processual, a noção axiológica de *justiça* reapareceu sutilmente nessa disciplina. Não obstante, o desenvolvimento da dimensão processual do campo jurídico caracterizou-o como isento de valores, fazendo das normas processuais entes meramente técnicos e simples instrumentos para a busca e a concreção de valores a ela sempre alheios e derivados do direito material.

No desenvolvimento das teorias de base do direito processual, Cândido Rangel Dinamarco amplia a permeabilidade do processo a valores externos, reconhecendo-se a necessidade de comprometimento axiológico das instituições processuais. Em razão disso, acaba por superar a perspectiva puramente técnica do Direito Processual Civil.[32] Para tanto, busca a identificação dos escopos do processo, vinculando-o ao estudo do social, do político e do jurídico. Isso também auxiliou na aproximação entre processo e Constituição,[33] no sentido em que ela "age sobre o processo garantindo-lhe os princípios básicos, para que o processo possa, depois, atuar convenientemente os preceitos e garantias que ela própria contém".[34]

---

[30] A respeito, ver. MARINONI, Luiz Guilherme. *Técnica processual e tutela dos direitos*. 2ª ed. São Paulo: Revista dos Tribunais, 2008, p. 43. Convém apontar, ainda, que o processualismo teve forte influência no Código de Processo Civil de 1973, como bem apontado em: MITIDIERO, Daniel. O processualismo e a formação do Código Buzaid. *Revista de Processo*, São Paulo, nº. 183, p. 165-194, mai. 2010. Em igual sentido, apontando a derrocada do modelo fundador do Código, ALVARO DE OLIVEIRA, Carlos Alberto. Processo civil brasileiro e codificação. *Revista de Processo*, São Paulo, nº. 179, jan. 2010.

[31] SATTA, Savatore. Dalla procedura civile al diritto processuale civile. *Rivista Trimestrale di Diritto e Procedura Civile*, Milão, p. 28-43, mar. 1964, p. 36.

[32] A importância da obra de Dinamarco do Brasil é muito bem ressaltada por MITIDIERO, Daniel. *Colaboração no processo civil*: pressupostos sociais, lógicos e éticos. São Paulo: Revista dos Tribunais, 2009, p. 35-38.

[33] O intercâmbio entre Direito Processual Civil e Direito Constitucional, como se vê, é marcante. "*Já por constituir fonte do direito processual civil, no direito constitucional encontram-se os princípios fundamentais do processo*". SILVA, Ovídio Baptista da; GOMES, Fábio. *Teoria Geral do Processo Civil*. São Paulo: Revista dos Tribunais, 2000, p. 44.

[34] DINAMARCO, Cândido Rangel. *A instrumentalidade do processo*. 12ª ed. São Paulo: Malheiros, 2005, p. 47.

Aí, nesse momento, se por um lado sustenta o comprometimento axiológico das instituições processuais, por outro, ainda preso à noção de instrumentalidade trazida do direito italiano por Liebman,[35] deixa essa tarefa, primordialmente, ao magistrado. Afinal, "o juiz é membro da sociedade em que vive e participa do seu acervo cultural e dos problemas que a envolvem, advindo daí as escolhas que, através dele, a própria sociedade vem a fazer no processo".[36] Não é em outro sentido que afirma o autor que a atividade de interpretação da Constituição e da lei pelos tribunais nada mais é que a canalização da vontade dominante, "a síntese das opções axiológicas da nação".[37]

A consequência dessa construção é muito bem apontada por Guilherme Rizzo Amaral, ao indicar que, por tal lógica, apesar de afirmar haver um comprometimento axiológico no processo, as normas processuais mantêm sua postura neutra de técnica alheia a valores. Isso porque toda a carga axiológica está restrita ao campo social, "cuja eleição depende da apreensão, pelo juiz, dos valores reconhecidos pela sociedade".[38] Nessa vertente, volta-se somente ao tipo ideal (norma) como instrumento ou, melhor dizendo, o processo como pura técnica, estando a encargo dos operadores jurídicos qualquer reconhecimento de valores nas atividades.[39]

Ao se dar novo passo, viu-se como o processo civil não é mero instrumento aos direitos, ou *adjetivo* ao Direito Civil, mas propriamente um direito fundamental, inserido em um meio cultural e em determinada realidade histórica. Significa dizer que está o processo, como qualquer atividade de ponderação humana, impregnado por valores. Logo, não se trata apenas de um instrumento meramente técnico, integrado por regras externas de um legislador arbitrário[40] a ser complementado por certa carga valorativa externa, trazida por um juiz também arbitrário.[41]

---

[35] LIEBMAN, Enrico. *Manual de Direito Processual Civil*. v. 1. Rio de Janeiro: Forense, 1984, p. 46. Tradução de Cândido Rangel Dinamarco.

[36] DINAMARCO, Cândido Rangel. *A instrumentalidade do processo*. 12ª ed. São Paulo: Malheiros, 2005, p. 41. Em outra passagem (p. 47), reitera o argumento o jurista: "o juiz é o legítimo canal através de que o universo axiológico da sociedade impõe as suas pressões destinadas a definir e precisar o sentido dos textos, a suprir-lhes eventuais lacunas e a determinar a evolução do conteúdo substancial das normas constitucionais". E conclui (p. 48): "imbuído dos valores dominantes, o juiz é um intérprete qualificado e legitimado a buscar cada um deles, a descobrir o significado e a julgar os casos concretos na conformidade dos resultados dessa busca e interpretação".

[37] Idem, p. 48.

[38] AMARAL, Guilherme Rizzo. *Cumprimento e execução da sentença sob a ótica do formalismo-valorativo*. Porto Alegre: Livraria do Advogado, 2008, p. 30.

[39] Em outro sentido, não pode ser compreendida a lição de Dinamarco: o processo "é instrumento e é técnico, mas pelo canal da sua instrumentalidade jurídica social e política recebe os influxos do clima cultural que o envolve, tanto como o direito substancial". Assim, "quando se passa ao exame da estrutura interna do processo, mais se acentua a conotação técnica dos endereçamentos, ou seja, a preocupação de aperfeiçoar a engrenagem em si mesma, vista do ângulo interno e sem alusões ao mundo exterior". DINAMARCO, Cândido Rangel. *A instrumentalidade do processo*. 12ª ed. São Paulo: Malheiros, 2005, p. 267-269.

[40] ALVARO DE OLIVEIRA, Carlos Alberto. O formalismo-valorativo no confronto com o formalismo excessivo. *Revista de Processo*, São Paulo, nº 137, p. 7-31, jul. 2006, p. 10-11.

[41] Transcreve-se eloquente crítica ao sistema de instrumentalidade de Dinamarco: "O processualista que não define os valores caros à sua ciência reduz o papel desta última em demasia e coloca sobre os ombros do juiz

A tutela jurisdicional não se confunde com a decisão material do juiz, já que leva em conta os valores que decorrem do processo e as consequências dessa axiologia no plano social, produzindo efeitos na realidade fática. Daí a conclusão: "o jurídico que se realiza ou tende a se realizar não se manifesta apenas endoprocessualmente, mas, sobretudo, na esfera social, no mundo da vida".[42] Os valores são estruturadores do próprio processo, e não são a ele externos. Dessa maneira, a aproximação com a Constituição é refinada, de modo que se insere, no direito processual, modos de pensar próprios do direito constitucional, como ocorre pela aplicação da teoria das normas[43] e pelo constante emprego das eficácias dos direitos fundamentais.[44]

O desenvolvimento dessas premissas orientou a elaboração, a partir das bases da *instrumentalidade*, de uma teoria do processo a associar formalismo e valores: *o formalismo-valorativo*.[45] Daí, não é necessário que o operador traga à sua atividade o valor a ser respeitado pelo sistema processual, já que a Constituição e o próprio direito processual são plenos de axiologia, orientando a própria atividade jurisdicional. Então, as normas, ainda que meramente procedimentais e práticas, são expressões de concepções sociais, éticas, econômicas, políticas, ideológicas e jurídicas,[46] portando, por isso, a carga axiológica do direito processual.[47] O direito processual é, nessa linha, direito constitucional aplicado.[48]

– já carregado pelo volume absurdo de trabalho e por esdrúxulas condições para o seu exercício – a tarefa de descobrir caso a caso quais os valores a ponderar. O resultado é que, tendo cada homem diferentes visões de mundo, dificilmente poder-se-á contar com um mínimo de uniformidade na definição da carga axiológica a ser considerada na aplicação da lei processual. O surrado provérbio, 'para cada juiz uma sentença', ganha destaque. Abre-se margem, também, para que o juiz imponha a sua ideologia na aplicação da norma processual". AMARAL, Guilherme Rizzo. *Cumprimento e execução da sentença sob a ótica do formalismo-valorativo*. Porto Alegre: Livraria do Advogado, 2008, p. 30.

[42] ALVARO DE OLIVEIRA, Carlos Alberto. *Teoria e prática da tutela jurisdicional*. Rio de Janeiro: Forense, 2008, p. 73.

[43] Sobre o ponto, ver o Capítulo 5.

[44] Salienta Mitidiero: "enquanto a primeira constitucionalização do processo teve por desiderato incorporar normas processuais na Constituição, a segunda, própria de nosso tempo, visa atualizar o discurso processual com normas tipo-princípios e tipo-postulados, além de empregar como uma constante, a eficácia dos direitos fundamentais para solução dos mais variegados problemas de ordem processual". MITIDIERO, Daniel. *Colaboração no processo civil*: pressupostos sociais, lógicos e éticos. São Paulo: Revista dos Tribunais, 2009, p. 42-43.

[45] ALVARO DE OLIVEIRA, Carlos Alberto. *Do formalismo no processo civil*: proposta de um formalismo-valorativo. 4ª ed. São Paulo: Saraiva, 2010.

[46] ALVARO DE OLIVEIRA, Carlos Alberto. O formalismo-valorativo no confronto com o formalismo excessivo. *Revista de Processo*, São Paulo, nº 137, p. 7-31, jul. 2006, p. 11-12.

[47] Merece lembrança o ensinamento de Mauro Cappelletti que propôs, ao lado do formalismo dogmático, a aplicação de um "método de compreender o direito como um elemento da história dos valores e das idéias e valores que vivem e se movem e evoluem junto com as demais idéias – as idéias que constituem a vida e a história do homem". CAPPELLETTI, Mauro. A ideologia no processo civil. *Revista da Ajuris*, Porto Alegre, n. 23, p. 16-33, nov. 1981, p. 31.

[48] A associação entre processo e Constituição abre perspectivas, ensejando, à luz do desenvolvimento do pensamento jurídico, "uma nova compreensão do processo na tarefa de criação e aplicação do direito". FLACH, Daisson. Processo e realização constitucional: a construção do "devido processo". In: AMARAL, Guilherme Rizzo; CARPENA, Márcio Louzada. *Visões críticas do processo civil brasileiro*: uma homenagem ao Prof. José Maria Rosa Tesheiner. Porto Alegre: Livraria do Advogado, 2005, p. 11.

A percepção puramente formal-processual ou técnica-processual deve ser desfeita, estando aí um dos aspectos mais determinantes para a compreensão das invalidades processuais. Afinal, o estudo do processo com atenção unicamente à técnica remete às mais atrasadas fases dessa disciplina.[49] Não se deve manter formas por si, porque, "repelida a forma pela forma, forma oca e vazia, a sua persistência ocorre apenas na medida de sua utilidade ou como fator de segurança, portanto apenas e quando ligada a algum conteúdo, a algum valor considerado importante".[50]

Essa conclusão reassenta o reconhecimento de uma intensa ligação entre o direito processual e a cultura. O processo, ensina Galeno Lacerda, "há de traduzir, evidentemente, o modo de ser, de viver e de sentir do respectivo meio social".[51] Afinal, "se no processo se fazem sentir a vontade e o pensamento do grupo, expressos em hábitos, costumes, símbolos, fórmulas ricas de sentido, métodos e normas de comportamento, então não se pode recusar a esta atividade vária e multiforme o caráter de fato cultural".[52] No mesmo sentido, Daniel Mitidiero conclui que "a própria conformação das características do povo influencia na construção dos institutos jurídico-processuais".[53] Aliás, característica de todo o direito, uma vez que ele faz parte do conjunto de valores da sociedade humana e, por isto, é um fenômeno cultural.[54]

Além da cultura, a forte aproximação com a Constituição porta ao direito processual axiologia e dinamicidade, reproduzindo diretamente no formalismo

---

[49] Não se poderia deixar de dar o exemplo extremo: a já tradicional passagem de Gaio para um formalismo pernicioso da fase das *legis actiones romanas*. "Alguém buscou encontrar uma ação na provisão das XII Tábuas, com respeito ao corte de árvores ("de arboribus succisis"), mas ao formular sua pretensão, falou não em "árvores" ("arbores"), mas em "vinhas" ("vites"). Embora nas XII Tábuas esta última expressão fosse inquestionavelmente compreendida sob a palavra "arbores", o autor perdeu a demanda simplesmente porque usou uma palavra diferente daquela prevista na lei". ALVARO DE OLIVEIRA, Carlos Alberto. *Do formalismo no processo civil*. 4ª ed. São Paulo: Saraiva, 2010, p. 39.

[50] ALVARO DE OLIVEIRA, Carlos Alberto. *Do formalismo no processo civil*. 4ª ed. São Paulo: Saraiva, 2010, p. 27-28.

[51] LACERDA, Galeno. Processo e cultura. *Revista de Direito Processual Civil*, v. 3, p. 74-86, jan/jun. 1961, p. 74.

[52] "Nela, na verdade, se reflete toda uma cultura, considerada como o conjunto de vivências de ordem espiritual e material, que singularizam determinada época de uma sociedade. Costumes religiosos, princípios éticos, hábitos sociais e políticos, grau de evolução científica, expressão do indivíduo na comunidade, tudo isto, enfim, que define a cultura e a civilização de um povo, há de retratar-se no processo, em formas, ritos e juízos correspondentes". LACERDA, Galeno. Processo e cultura. *Revista de Direito Processual Civil*, São Paulo, v. 3, p. 74-86, jan/jun. 1961, p. 74.

[53] MITIDIERO, Daniel. *Elementos para uma teoria contemporânea do processo civil brasileiro*. Porto Alegre: Livraria do Advogado, 2005, p. 15.

[54] FALZEA, Angelo. *Introduzione alle scienze giuridiche: Il concetto del diritto*. 5ª ed. Milão: Giuffrè, 1996, p. 397. Vale referir, ainda, importante passagem de Mauro Cappelletti: "É uma realidade que o direito processual, e também a própria técnica do processo não é nunca algo arbitrário, mas algo que traz sua própria medida de exigências práticas e culturais de um determinado tempo. O direito processual, em suma, pode ser considerado, em certo sentido, se nos permitir a metáfora, um espelho no qual, com extrema fidelidade, se refletem os movimentos do pensamento, da filosofia e da economia de um determinado período histórico". CAPPELLETTI, Mauro. *El proceso civil en el derecho comparado*: las grandes tendencias evolutivas. Buenos Aires: EJEA, 1973, p. 14-15. Tradução de Santiago Sentís Melendo.

processual. Este é maior que a simples forma ou que as formalidades, já que engloba não apenas o invólucro do ato, mas a delimitação de poderes, faculdades e deveres dos sujeitos processuais, a coordenação de sua atividade, a ordenação do procedimento e a organização do processo, com vistas a que sejam atingidas suas finalidades primordiais, sempre relacionadas com as diretivas axiológicas constitucionais. Por isso, de um lado o formalismo é responsável por dar ordem ao procedimento, e, por outro, atua como garantia de liberdade contra o arbítrio estatal.[55] Trata-se, em última análise, de um modo de perceber as estruturas do direito processual mediante uma forte aproximação entre o processo e a Constituição. Em suma, aí está a essência do *formalismo-valorativo*, matriz teórica dos estudos a desenvolver nesta tese.

1.2. A NATUREZA DO PROCESSO

Dois grupos teóricos de maior relevância se podem listar no relativo à natureza do processo: a identificação do processo como uma *relação jurídica* ou como um *fato jurídico*. Nesse último caso, é passível de caracterização pelas figuras do *ato-complexo* ou do *procedimento*.

Para a primeira acepção, de elevada tradição, o processo se caracteriza por ser uma relação de direito público entre sujeitos com específicos pressupostos de existência e de validade. Essa vertente remete à origem do Direito Processual Civil como disciplina separada do direito material, tendo sido pensada para dar-lhe autonomia.

Considera-se que há uma relação jurídica distinta da relação de direito material, unindo o juiz e os contendores: a relação processual.[56] Tal teoria teve papel fundamental na história do direito processual, pois permitiu-lhe se desgarrar do direito substantivo de modo a criar espaço para o seu desenvolvimento como uma nova disciplina. Apesar da sua importância, estava fadada ao insucesso, pois as dificuldades existentes no enquadramento do processo como uma relação jurídica, tal como proposta por Bülow, manifestam-se claramente na característica essencialmente estática da "relação jurídica". Como o processo é dinâmico, não há saída senão apontar a absoluta impropriedade de associar o mesmo conceito, típico do direito material, à condição de natureza do processo.[57]

Goldschmidt, percebendo essa impropriedade, apresenta objeção à tese de Bülow, vendo no processo uma *situação jurídica*, já que as partes estariam apenas

---

[55] ALVARO DE OLIVEIRA, Carlos Alberto. *Do formalismo no processo civil*. 4ª ed. São Paulo: Saraiva, 2010, p. 29.

[56] BÜLOW, Oskar. La teoría de las excepciones procesales y los presupuestos procesales. Buenos Aires: EJEA, 1964. Tradução de Miguel Angel Rosas Lichtschein.

[57] Não obstante essa constatação, a referência ao processo como uma *"relação processual"* é comum na doutrina. A utilização terminológica decorre da teoria de Bülow sobre a natureza do processo.

diante de uma situação de expectativa da conduta judicial, uma situação relativa ao seu direito material. Disso assevera que as categorias de direito material, como o "direito subjetivo" e a "obrigação", corresponderiam às categorias de "expectativa" e de "ônus" no campo processual.[58]

O problema é originário: muito embora Bülow buscasse dar autonomia ao processo em relação ao direito material, acabou por aplicar-lhe conceitos, lógicas e institutos reproduzidos justamente do direito material, incompatíveis com o próprio modo de ser do direito processual.[59] Esse aspecto é determinante para refutar tanto a teoria do processo como relação jurídica, quanto a que zela ser uma situação jurídica.[60] Ocorre que, sendo o processo uma realidade dinâmica, "jamais pode ser explicado através de um conceito que pressupõe a análise de um modo de estar e não de um modo de ir sendo",[61] ponto suficiente para excluir a compreensão da natureza do processo como uma relação processual.

Na mesma linha está a crítica de Crisanto Mandrioli, sustentando não haver uma relação jurídica processual, mas uma situação jurídica subjetiva. Na clássica noção de relação jurídica, o tempo não interfere, sendo, ainda, impossível expressar uma dinâmica, pois "mais que uma relação jurídica, o processo é uma série de relações jurídicas em contínua evolução".[62] Conforme argumenta o autor, a primeira realidade do processo é a de ser uma atividade que se cumpre em função de um resultado, sendo adequado, daí, usar para o processo a terminologia "procedimento".[63]

---

[58] GOLDSCHMIDT, James. *Derecho procesal civil.* Barcelona: Labor, 1936. p. 7-9. Tradução de Leonardo Prieto Castro. Diante da crítica, é deveras interessante rememorar a curiosa posição de Calamandrei, ao analisar a posição de Goldschmitd. Afirma o italiano ser o processo uma *relação jurídica complexa* ou, por mais contraditório que possa ser a expressão, uma "relação em movimento". Em seus termos: "Somos questionados com dúvida se convém, científica e dogmaticamente, romper com a unidade e a individualidade jurídica do processo, concebido como relação jurídica complexa, em uma suposta situação jurídica, a qual ao invés de sucessivos e concatenados aspectos de uma única relação em movimento, são considerados separados um dos outros, aproximados apenas na sua mecânica sucessão de fato". CALAMANDREI, Piero. Il processo come situazione giuridica. *Rivista di Diritto Processuale Civile*, Padova, v. 4, Parte I, p. 219-226, 1927, p. 224.

[59] "De início, cumpre observar que a relação jurídica é um instituto que nasceu no direito material (...), daí transferido por Oskar Bülow ao campo do direito processual civil. Vem a lume a 'ciência' processual, pois, profundamente comprometida com esse ambiente metodológico (...) tomando de empréstimo um cabedal de conceitos já bem trabalhados e amadurecidos no direito material". MITIDIERO, Daniel. *Elementos para uma teoria contemporânea do processo civil brasileiro.* Porto Alegre: Livraria do Advogado, 2005, p. 140.

[60] O tema, de elevada complexidade, não comporta maiores aprofundamentos para os fins desta tese. Todavia, há obra de irrefutável clareza que merece referência: ALVARO DE OLIVEIRA, Carlos Alberto. *Teoria e prática da tutela jurisdicional.* Rio de Janeiro: Forense, 2008.

[61] SILVA, Paula Costa e. *Acto e processo*: o dogma da irrelevância da vontade na interpretação e nos vícios do acto postulativo. Coimbra: Coimbra Editora, 2003, p. 95.

[62] MANDRIOLI, Crisanto. *La rappresentanza nel processo civile.* Turim: UTET, 1959, p. 53.

[63] Após tecer as críticas, o autor encerra aderindo apenas terminologicamente à relação jurídica: "A noção de relação jurídica processual é bem diversa daquela comum de relação jurídica de tipo material, pois há a característica de não perder a sua unidade por expressar o contínuo mudar dos eventos do processo. Se termina por aderir somente terminologicamente à doutrina da relação jurídica processual, enquanto em substância ela já seja superada a partir do momento em que se considera que a unidade do processo é dada pela recíproca concatenação das individuais situações internas, querendo-se ou não usar, para este fenômeno, a terminologia, sempre

Outrossim, como ponderado por Daniel Mitidiero, o conceito de relação jurídica mostra-se um veículo apropriado à ideologia liberal francesa, de cunho individualista, supostamente desvinculada de valores. O jurista conclui que Bülow "nada mais fez que projetar o pretenso cientificismo neutro do conceito de relação jurídica para o ambiente específico do processo, dando azo a que também nesse campo a ideologia dominante encontrasse campo propício de atuação".[64]

Esses são todos fundamentos suficientes para afastar a teoria da relação jurídica como explicadora da natureza processual. Resta, então, abordar o segundo grupo teórico: tratá-lo como um fato jurídico, passível de subenquadramento no conceito de *ato-complexo* ou de *procedimento*. Em qualquer caso, há uma similitude: a produção do resultado depende de uma pluralidade de eventos, mas nem por isso se pode afirmar em conjunto as duas teorias, como, certamente inadvertido, faz Fredie Didier Jr. ao sustentar que "o procedimento é um ato-complexo",[65] pois são logicamente incompatíveis tais naturezas. O ato-complexo agrega atos que, em conjunto, preenchem o suporte fático de um ato maior; o procedimento une atos em sequência para os fins de produzir efeitos ao último ato da série. Então, como ensina Carnelutti, a distinção reside na razão que confere unidade aos fenômenos que justificam a produção de um dado efeito.[66]

Há um ato-complexo [em contraposição ao ato simples] quando "muitos atos, qualquer deles, por si, idôneo à satisfação de uma necessidade, devem se reunir a fim de que alcancem a satisfação de uma necessidade diversa e superior".[67] Por isso, no ato-complexo, os diversos atos que o compõem se diluem em um título que os transcende, apto a produzir efeitos apenas se integrado pelos atos necessários. Há o ato final e os atos condicionantes, necessários ao desenvolvimento regular do ato-complexo.[68]

Já no procedimento, os atos são agregados para a produção de um efeito que se adere ao último ato da sequência, razão pela qual não se fala em um ato final diverso dos atos de cadeia, mas de um único ato, integrado pelos atos que vão se sucedendo no tempo.[69] No caso, os vários atos combinados conservam suas individualidades, enquanto a coligação opera somente para a unidade do efeito jurí-

---

enraizada no uso de procedimento". MANDRIOLI, Crisanto. *La rappresentanza nel processo civile*. Turim: UTET, 1959, p. 53.

[64] MITIDIERO, Daniel. *Elementos para uma teoria contemporânea do processo civil brasileiro*. Porto Alegre: Livraria do Advogado, 2005, p. 142.

[65] DIDIER JR., Fredie. *Pressupostos processuais e condições da ação*: o juízo de admissibilidade do processo. São Paulo: Saraiva, 2005, p. 17.

[66] CARNELUTTI, Francesco. Forma degli atti complessi. *Rivista di Diritto Commerciale e del Diritto Generale delle Obbligazioni*. Milão, v. XXXV, Parte I, p. 457-479, 1937, p. 457.

[67] Idem, p. 457.

[68] MELLO, Marcos Bernardes de. *Teoria do fato jurídico*: plano da existência. 13ª ed. São Paulo: Saraiva, 2007, p.161.

[69] SILVA, Paula Costa e. *Acto e processo*: o dogma da irrelevância da vontade na interpretação e nos vícios do acto postulativo. Coimbra: Coimbra Editora, 2003, p. 100.

dico, cuja produção remonta à coordenação dos atos e recai normalmente sobre o último ato da série.[70]

Com o desenvolvimento da teoria procedimental, constatou-se a sua utilidade e precisão ao definir o fenômeno processual, se "podendo assim abandonar o desgastado e inadequado clichê da relação jurídica processual".[71] Afinal, a característica de procedimento é própria ao processo. Tem razão Calmon de Passos, ao indicar que o procedimento não se caracteriza por ser "uma pluralidade de atos e um só efeito, mas uma série de atos e uma série de efeitos causalmente coligados com vistas a um efeito conclusivo".[72] Desse modo, têm-se os atos finais, que concluem o processo, e os atos preparatórios, que conduzem ao ato final,[73] havendo uma coligação estrutural do processo pelo procedimento.

Na figura do ato complexo, porém, os atos condicionantes não devem necessariamente se realizar em dada sequência lógica, bastando estarem presentes para a constituição do ato complexo. Por outro lado, como no processo há um vínculo cronológico de causalidade entre os atos, tem-se aí uma constatação decisiva para a identificação de sua natureza não como um ato complexo, mas como uma espécie de procedimento.

Fazzalari, teórico que defende o processo como procedimento, vislumbra a estrutura do procedimento como constituída de "uma sequência de atos (atos preparatórios e ato final), cada um deles ligado ao outro, de maneira a ser a consequência do ato que o precede e o pressuposto do que o segue". Porém, adverte o jurista italiano, o efeito jurídico almejado não deriva do complexo de atos que compõem o procedimento, já que é dependente do ato final.[74] Essas conclusões servem de pressuposto para a própria conceituação de processo proposta pelo autor, como um procedimento em contraditório, porque o procedimento resta regulado a fim de que aqueles, afetados em sua esfera jurídica pelo ato final, possam dele participar. Havendo a contraposição de interessados, devem estar sob simétrica paridade, mediante o contraditório. E propriamente é o contraditório que faz distinguir o processo como uma espécie do gênero procedimento.[75]

O desenvolvimento dessas ideias de Fazzalari fez constar, inclusive, uma nova dinâmica sobre a ação. Se os atos são ligados pelo vínculo do procedimento em razão de uma sequência lógica, "de modo em que cada um pressupõe o presente (ou os precedentes) e é um pressuposto do seguinte (ou seguintes)", a própria noção de ação (processual) pode ser considerada como *uma posição subjetiva*

---

[70] CARNELUTTI, Francesco. Forma degli atti complessi. *Rivista di Diritto Commerciale e del Diritto Generale delle Obbligazioni*. Milão, v. XXXV, Parte I, p. 457-479, 1937, p. 458.

[71] FAZZALARI, Elio. *Istituzioni di diritto processuale*. Padova: CEDAM, 1975, p. 24.

[72] PASSOS, José Joaquim Calmon de. *Esboço de uma teoria das nulidades aplicadas às nulidades processuais*. Rio de Janeiro: Forense, 2005, p. 83.

[73] FAZZALARI, Elio. *Istituzioni di diritto processuale*. Padova: CEDAM, 1975, p. 160.

[74] Idem, p. 25.

[75] Idem, p. 28-29.

complexa de evolução progressiva, contendo, portanto, uma série de poderes, faculdades, deveres, ônus e direitos em sentido estrito, atribuídos pelo ordenamento ao autor ao longo do desenvolvimento do processo.[76]

Na mesma linha, Nicola Picardi conclui assumir a ação um caráter complexo, porquanto agrega uma pluralidade de posições processuais subjetivas e progressivas, já que se resolve em uma sequência que se desenvolve gradualmente no curso do processo.[77] Fazzalari refere compor-se o processo, em abstrato, de uma série de posições subjetivas (os deveres do juiz, a faculdade e os poderes das partes) e, em concreto, de uma série de atos ligados pelo procedimento.[78] A constatação interfere na concepção de ação processual, que passa a se apresentar "como uma situação subjetiva composta, isto é, como o conjunto dos poderes, das faculdades e dos deveres das partes no processo", individualizada e reduzida à unidade do vínculo que coordena ditos poderes, faculdades e deveres no procedimento.[79]

Nessa linha, afasta-se da origem maculada da teoria da relação jurídica, assumindo o processo natureza condizente com sua fluência característica. De igual maneira, com o relevo dado ao contraditório, aproxima o processo ainda mais da Constituição, dando-lhe ares democráticos e dinâmicos, livrando-o, por fim, da indiferença axiológica presente no conceito de relação jurídica.[80]

A compreensão do processo não como uma relação jurídica, nem como um ato-complexo, mas como um procedimento em contraditório reflete não apenas na polêmica da ação, mas em uma infinitude de temas processuais. Entre eles, a conceituação e a natureza dos atos jurídicos processuais, a ser trabalhado posteriormente, e de grande importância para a compreensão das invalidades processuais. Antes, porém, de tratar do plano jurídico da validade, mostra-se indispensável um estudo dos atos que compõem o procedimento processual, para fins de estabelecer as premissas de compreensão do tema.

---

[76] ALVARO DE OLIVEIRA, Carlos Alberto. *Teoria e prática da tutela jurisdicional*. Rio de Janeiro: Forense, 2008, p. 70.

[77] PICARDI, Nicola. *Manuale del processo civile*. Milão: Giuffrè, 2006, p. 131. E também, em outra fonte, com maior detalhamento: PICARDI, Nicola. *La successione processuale*: oggeto e limiti. Milão: Giuffrè, 1964, p. 23-78.

[78] FAZZALARI, Elio. *Note in tema di diritto e processo*. Milão: Giuffrè, 1957, p. 110.

[79] FAZZALARI, Elio. *Note in tema di diritto e processo*. Milão: Giuffrè, 1957, p. 112.

[80] MITIDIERO, Daniel. *Elementos para uma teoria contemporânea do processo civil brasileiro*. Porto Alegre: Livraria do Advogado, 2005, p. 144-145.

2. Os atos processuais no quadro geral dos atos jurídicos

Pontes de Miranda conceitua os atos jurídicos como uma espécie voluntária de fatos jurídicos. Consistem, aí, em uma exteriorização da vontade humana. Todavia, essa exteriorização apenas dará lugar a um ato jurídico quando diante de uma relevância aferida pela ingerência de uma norma jurídica.[81] A mesma acaba sendo a compreensão de Alexy, que conceitua atos jurídicos como "ações que não existiriam sem as normas jurídicas que para eles são constitutivas". Exemplificativamente, cita o casamento, que não seria possível sem normas de direito matrimonial e o ato de propor uma demanda judicial, impossível de concretização sem as normas de direito processual.[82] Justamente, o que diferencia os fatos comuns dos fatos jurídicos, categoria na qual se inserem os atos, é a intermediação do direito, sendo o ato jurídico um fato jurídico voluntário. Melhor dizendo, o ato é compreendido como uma manifestação da vontade humana, que preenche o suporte fático de um instituto de direito.

A categoria do ato jurídico encontra subespécies: o *ato jurídico stricto sensu* e o *negócio jurídico*. No primeiro, todos os efeitos decorrentes da sua prática já estão previamente estipulados na lei, sendo impossível aos agentes a sua deliberação. Daí, a vontade que estrutura o ato é simples, consistente na sua mera prática, cuja eficácia advém da lei[83] – por isso, diz-se que a vontade manifestada serve apenas para compor o suporte fático de uma categoria jurídica, não lhe determinando os efeitos.[84] Já nos negócios jurídicos, a eficácia depende de uma manifestação de vontade qualificada, direcionada a produzir determinado efeito jurídico.[85] A categoria está fundada na outorga de liberalidade às pessoas para autorregrar seus interesses, de modo a possibilitar a estruturação do conteúdo eficacional das relações jurídicas decorrentes.[86]

---

[81] PONTES DE MIRANDA. *Tratado de direito privado*. v. 2. Rio de Janeiro: Borsoi, 1954, p. 395 e segs.

[82] ALEXY, Robert. *Teoria dos direitos fundamentais*. São Paulo: Malheiros, 2008, p. 197. Tradução de Virgílio Afonso da Silva.

[83] AMARAL, Francisco. *Direito Civil*: introdução. 3ª ed. São Paulo: Renovar, 2000, p. 361-364.

[84] MELLO, Marcos Bernardes de. *Teoria do fato jurídico:* plano da existência. 13ª ed. São Paulo: Saraiva, 2007, p. 166.

[85] AMARAL, Francisco. *Direito Civil:* introdução. 3ª ed. São Paulo: Renovar, 2000, p. 361-364.

[86] MELLO, Marcos Bernardes de. *Teoria do fato jurídico*: plano da existência. 13ª ed. São Paulo: Saraiva, 2007, p. 129. Para uma exposição da origem da classificação, bem como dos critérios adotados na doutrina: RÁO, Vicente. *Ato jurídico*. 4ª ed. São Paulo: Revista dos Tribunais, 1999, p. 36-48.

Porém, sendo *ato jurídico stricto sensu* ou *negócio jurídico*, existem elementos comuns que dão sustento a uma teoria geral dos atos jurídicos. Neste capítulo, buscar-se-á, nos limites necessários para o desenvolvimento do tema das invalidades processuais, diferenciar os atos processuais dos demais atos jurídicos e identificar quais são os componentes desses atos. Com isso, oportunamente, poder-se-á analisar a atuação do plano da validade no Direito Processual Civil a partir da análise dos vícios sobre cada um de seus componentes, tendo em conta a estrutura valorativa da disciplina.

2.1. ATOS DO PROCESSO

Os atos processuais são uma subclasse dos atos jurídicos. Cumpre descobrir como ocorre a identificação de atos pertencentes a essa categoria. Os atos processuais distinguem-se dos demais atos jurídicos por terem a qualidade *processualidade*, mas simplesmente dizê-lo não soluciona o problema. O objetivo deste capítulo é, então, justificar essa qualidade, fazendo clara a maneira de identificá-la.

O tema da natureza dos atos, que, à primeira vista, aparenta ser exclusivamente teórico, tem grande relevância prática. Note-se que os efeitos que recaem sobre os atos de direito material são diferentes dos efeitos produzidos pelos atos processuais. Ademais, o sistema de invalidação dos atos substantivos é diverso daquele relativo aos atos processuais. Constata-se que a livre manifestação da vontade que, no sistema privado é o cerne do plano da validade, não ocupa tal posição de destaque no direito processual, embora mostre-se também relevante.[87] Afinal, a validade dos atos jurídicos busca apoio nas circunstâncias valorativas próprias do campo em que opera, razão pela qual a identificação de um ato como processual ou substancial é fundamental. Outrossim, a verificação é importante para a determinação dos efeitos decorrentes do ato, bem como do tempo, a partir do qual tais efeitos iniciam ou cessam.

Os atos processuais contêm *processualidade*. A dúvida, em última análise, perfaz-se em que consiste essa qualidade. Tentou-se responder com três critérios básicos, quais sejam: pela *produção de efeitos no processo,* pelos *sujeitos que os praticam*, ou pela *sede* em que se engendram. Esses, então, são os critérios tradicionais: o eficacial, o subjetivo e o local. Ao lado desses critérios, a doutrina, valendo-se da compreensão do processo como um procedimento, também buscou, a partir do desenvolvimento do critério local, associar a processualidade à condição de ato do procedimento.

---

[87] Sobre a relevância da vontade nos atos processuais, ver a tese: COSTA E SILVA, Paula. *Acto e processo:* o dogma da irrelevância da vontade na interpretação e nos vícios do acto postulativo. Coimbra: Coimbra Editora, 2003.

O conceito mais difundido de ato processual associa-o à produção de efeitos no processo. Para a maioria dos autores, os atos serão processuais quando constituírem, desenvolverem, conservarem ou modificarem o processo.[88] À semelhança do que ocorre com o direito material, a compreensão do processo como "relação jurídica" conduz à identificação do ato por seus efeitos.[89] Afinal, a etapa de autonomização do processo, vivida a partir de Bülow, pretendia construir um sistema independente e suficiente, a partir de conceitos conhecidos de direito privado, o que refletiu também na forma de identificação dos atos do processo.

O critério eficacial vem anotado, também, na segunda parte do art. 158 do Código de Processo Civil. A constatação da produção de efeitos no processo é imprescindível para haver *processualidade* no ato, mas insuficiente.[90] Note-se que existem atos notoriamente não processuais que têm importância no processo, como a eleição de domicílio,[91] determinando a competência. Por isso se sustentou que, além da verificação da produção de efeitos sobre o processo, devem estar presentes outros elementos para que o ato tenha *processualidade*. As soluções propostas encaminharam a ciência jurídica à análise dos critérios *subjetivo* e *local* do ato processual.

Quanto aos sujeitos, é conhecida a doutrina de Giuseppe Chiovenda, que admite, apenas, como próprios os atos praticados por aqueles que integrem a "relação processual",[92] excluindo-se, portanto, os atos praticados por testemunhas, peritos ou serventuários da justiça do rol de atos processuais, salvo em um sentido mais amplo e diferente.[93]

Não obstante a eloquente defesa do jurista, parece claro que a atividade jurisdicional exige a cooperação e a atividade de inúmeros sujeitos alheios à "relação processual" entendida estritamente. Por isso, tem razão Andrea Lugo ao afirmar que "os atos processuais são postos a existir pelas partes, pelo juiz, pelos componentes menores do órgão judiciário, dos sujeitos ocasionais do processo".[94] Isso porque os *sujeitos do processo* são em maior número que aqueles que angulam o

---

[88] Para citar alguns: ROCCO, Ugo. *Trattato di diritto processuale civile*. v. 2. Turim: UTET, 1957, p. 195; SANTOS, Moacyr Amaral. *Primeiras linhas de direito processual civil*, v. 1. São Paulo: Saraiva, 2007, p. 285; CINTRA, Antonio Carlos de Araújo; GRINOVER, Ada Pellegrini; DINAMARCO, Cândido Rangel. *Teoria geral do processo*. São Paulo: Malheiros, 1998, p. 331; LUGO, Andrea. *Manuale di Diritto Processuale Civile*. Milão: Guiffrè, 1961, p. 88; PEYRANO, Jorge W. Nulidades procesales con especial referencia a los distintos vicios que pueden generarlas. *Revista de Processo*, São Paulo, n. 82, p. 159-172, abr/jun. 1996, p. 161. CABRAL, Antônio do Passo. *Nulidades no processo moderno*. Rio de Janeiro: Forense, 2009, p. 139.

[89] COSTA E SILVA, Paula. *Acto e processo*: o dogma da irrelevância da vontade na interpretação e nos vícios do acto postulativo. Coimbra: Coimbra Editora, 2003, p. 179.

[90] "*O fato de produzir efeitos processuais não autoriza a conclusão de que o ato seja processual: é de rigor, para tanto, concorram outros requisitos*". MITIDIERO, Daniel. *Comentários ao Código de Processo Civil*. v. 2. São Paulo: Memória Jurídica, 2005, p. 16.

[91] SATTA, Salvatore. *Diritto Processuale Civile*. Padova: CEDAM, 1959, p. 168.

[92] Consignou-se a expressão apenas para descrever mais fielmente a teoria de Chiovenda.

[93] CHIOVENDA, Giuseppe. *Principios de Derecho Procesal Civil*. v. 2. Madri: Reus, 1925, p. 233. Tradução de Jose Casais y Santaló.

[94] LUGO, Andrea. *Manuale di Diritto Processuale Civile*. Milão: Giuffrè, 1961, p. 88..

tradicional e inadequado conceito de "relação processual". A mesma fundamentação encontra-se em Liebman. O jurista acolhe, além dos critérios eficacial e local, o subjetivo, mas com a ressalva de que os sujeitos do processo devem ser compreendidos em um sentido amplo, de modo que também se considerem processuais os atos do escrivão, do oficial de justiça e dos auxiliares do juiz.[95]

O critério subjetivo é incompleto, afinal, não é qualquer ato praticado pelas partes e pelo juiz que terá *processualidade*. A compra e venda de um bem entre autor e réu, paralela e absolutamente dissociada do processo em que litigam, não é, obviamente, um ato processual. Ainda, mesmo que realizada essa compra e venda como forma complementar para viabilizar um acordo judicial sobre um direito litigioso, ainda que instrumentalizado no processo, não se terá um ato processual, mas um típico ato de direito material: um negócio jurídico de compra e venda. Não se estará, aí, diante de um ato processual, mas de um simples ato processualizado.

Ora, o critério é vazio se qualquer pessoa que participe do processo passa a ser *sujeito do processo*, por isso o critério subjetivo não vale propriamente por si, mas como um supedâneo do critério local: basta que o sujeito praticante do ato participe do processo para ser o ato processual, o que pode levar à conclusão de que *os atos processuais são aqueles praticados no processo* (critério local).

Aliás, no Brasil, mostra-se positivamente sem razão a defesa do critério subjetivo, já que expressamente são reconhecidos como processuais, na Seção IV, do Título V, do Livro I, do Código de Processo Civil, atos praticados pelo escrivão, sujeito estranho à "relação processual". Podem ser processuais, também, os atos do perito, do escrivão, dos oficiais, dos avaliadores etc. Mostra-se necessário, portanto, mais que a identificação do sujeito do processo para a aferição da *processualidade*. A soma dos critérios eficacial e subjetivo tampouco responde satisfatoriamente à natureza dos atos praticados por escrivães, oficiais de justiça ou peritos.

A sede, por sua vez, foi reputada por Salvatore Satta como o único critério válido para identificar a qualidade de processual ao ato jurídico,[96] assim sendo porque "o ato se identifica com o processo, do qual é um elemento indissolúvel".[97] A *processualidade* do ato resultaria da qualidade que ele tem de constituir um elemento do processo de realização da tutela jurisdicional. Por isso o autor sustenta que o "o ato processual, na realidade, contém em si mesmo a sua definição, e a sua única definição possível, que é aquela de 'ato do processo'".[98] Como se vê, a adoção do critério local é elementar para que os atos processuais sejam distinguidos

---

[95] LIEBMAN, Enrico Tullio. *Manuale di Diritto Processuale Civile.* v. 1. Milão: Giuffrè, 1984, p. 198.

[96] SATTA, Salvatore. *Dirito Processuale Civile.* Padova: CEDAM, 1959, p. 164-169.

[97] Idem.

[98] Idem.

de atos de direito material. Com acerto, a lição de José Calmon de Passos afirma que é "impossível a processualidade de um ato extra-processual".[99]

Francesco Carnelutti, todavia, mostra-se contrário ao critério local, considerando-o, inclusive, irrelevante. Para o autor, a natureza processual dos atos reside na validade que têm para o processo e não no local onde foram realizados. Sustenta que ato processual é aquele realizado pelas partes, pelo juiz e seus auxiliares para pedir e administrar a justiça.[100] Por essa razão, o compromisso de arbitragem, na linha defendida pelo italiano, praticado fora do processo, é um ato processual; e a renúncia, praticada no processo, não o é.[101]

Discorda-se em parte do autor, valendo-se de seus próprios exemplos. A convenção de cláusula arbitral ou o compromisso de arbitragem realizado antes da existência de um processo constitui ato jurídico, e continuará sendo ato, mesmo que processo algum venha a existir. Como não existe ato processual fora do processo, não se pode ali reconhecer essa natureza. Ademais, a respectiva invalidação passa por critérios de direito material e não de direito processual, já que se dá ênfase à vontade dos compromissários e à disponibilidade do direito, o que induz à sua natureza substantiva.

Já quanto à renúncia, efetivamente se está diante de um ato de direito material, com o que se concorda plenamente, porque a renúncia expressa notoriamente uma vontade sobre um direito material, extinguindo-o, podendo ser realizada fora ou dentro do processo. Se realizada no bojo deste, as consequências nele verificadas são meros reflexos do ato jurídico material. "A renúncia ao direito, que se aponta como *res in iudicium deducta*, não é ato processual: produz efeitos processuais".[102] Nada impede que sejam praticados atos de direito material no processo, nem que a renúncia ao direito seja praticada fora dele. A sede, nesse caso, não altera a natureza do ato praticado, que será material.[103]

Essas últimas conclusões demonstram que o critério local é importante para distinguir atos processuais de atos materiais, porém é também insuficiente. O lo-

---

[99] PASSOS, José Joaquim Calmon de. *Esboço de uma teoria das nulidades aplicada às nulidades processuais*. Rio de Janeiro: Forense, 2005, p. 50. De igual maneira, sustentando a sede como critério: MADER, Alexandre. *Das invalidades no Direito Processual Civil*. São Paulo: Malheiros, 2010, p. 44.

[100] CARNELUTTI, Francesco. *Estudios de derecho procesal*. v. 1. Buenos Aires: Ediciones Juridicas Europa--America, 1952, p. 108. Tradução de Santiago Sentís Melendo.

[101] Idem, p. 425.

[102] PONTES DE MIRANDA. *Comentários ao Código de Processo Civil*. v. 3. Rio de Janeiro: Forense, 1997, p. 4.

[103] "A inserção ou a celebração do negócio jurídico de direito material ou do ato jurídico stricto sensu de direito material no curso do processo não o desnatura. A oferta ou a aceitação contida na petição inicial, ou na contestação, ou qualquer renúncia, ou revogação, que se faça na petição inicial, ou em petição ou requerimento posterior, tem de satisfazer os pressupostos de direito material e os efeitos de direito material somente são regidos pelo direito material. A alegação deles, no processo, é ato processual, com pressupostos e efeitos regidos pelo direito processual (e. g., a alegação de compensação)". PONTES DE MIRANDA. *Comentários ao Código de Processo Civil*. v. 3. Rio de Janeiro: Forense, 1997, p. 5-6.

cal da prática do ato processual é, por excelência, o processo; porém, nem todos os atos praticados no processo são atos processuais.

Alguns autores tentam resolver a questão unindo os critérios eficacial e local. Desse modo, além de ter por efeito a constituição, a conservação, o desenvolvimento, a modificação ou a extinção da "relação processual", deve o ato, para ser processual, ser sempre praticado no processo.[104]

Enrico Redenti qualifica como processuais os atos ou fatos que produzem efeitos primários, diretos e específicos, legalmente previstos, sobre a instauração, o desenvolvimento e o encerramento da "relação processual", porém, compreende também, na classificação de atos processuais, os provimentos que se formam no processo e com o processo, bem como aqueles outros atos que, realizados no processo, possam produzir efeitos fora dele.[105] A sua proposta mantém os exatos mesmos problemas das anteriores, não dando segurança à definição de ato processual.

O Código de Processo Civil brasileiro indica ser irrelevante o critério defendido por Giuseppe Chiovenda pela regulação de atos de sujeitos estranhos à "relação processual". A doutrina de Salvatore Satta, que admite exclusivamente a sede como critério, tampouco merece acolhida, já que, no processo, pode haver atos de direito material. A tese de *processualidade* pela produção de efeitos também se perfaz incompleta. Os critérios tradicionais, aplicados isoladamente ou mesmo em composição, são insuficientes para a aferição da natureza de atos jurídicos como materiais ou processuais.

A sede, todavia, merece um aprofundamento antes de se cogitar seu descarte. Isso se dá porque Salvatore Satta pensa ter o processo a natureza de uma relação jurídica, importando a visualização estática dos atos do processo e, consequentemente, dando lugar ao fracasso do seu critério, porém, se pensado o processo como um procedimento, e não como uma relação jurídica, visualizar-se-á que os atos do processo estão em um encadeamento dinâmico, mostrando-se diretamente vinculados com o iniciar, o desenvolver e o terminar do procedimento. Assim, se o processo é um procedimento em contraditório, então tal releitura do critério da sede fará reconhecer *processualidade* nos atos que compõem o procedimento. Essa qualidade não estará em atos quaisquer praticados no processo, mas apenas nos atos do proceder que, por consequência da dinâmica processual, produzem efeitos nela.

O aspecto decisivo para a celeuma está em reconhecer a razão pela qual os atos de natureza processual devem ser necessariamente praticados na sede processual. Isso se dá justamente pela natureza procedimental do processo, aspecto não

---

[104] ALVIM, Arruda. *Manual de Direito Processual Civil*. v. 1. São Paulo: Revista dos Tribunais, 1997, p. 421.

[105] REDENTI, Enrico. *Diritto Processuale Civile*. v. 1. Milão: Giuffrè, 1980, p. 216.

perceptível quando ele é visualizado como uma relação jurídica.[106] Assim, "ato do processo seria todo o ato que integra a sequência destinada ao proferimento de uma decisão que ponha termo ao litígio".[107] Luigi Montesano considera ato processual cada atividade com imediata e direta incidência na instauração do processo ou no ulterior desenvolvimento ao seu objetivo final. Em outros termos, são atos do procedimento. Para o autor, não são atos processuais aquelas atividades meramente preparatórias, ou realizadas fora do processo e apenas indiretamente a ele relevantes.[108]

Veja-se, por exemplo, que o direito material interage diretamente com o procedimento, como na determinação do uso de ritos especiais, ou nas diferentes tutelas que demanda da atividade jurisdicional ou, até mesmo, no grau de cognição necessário para a prestação jurisdicional – e nem por isso seus atos são considerados processuais. Daí, os efeitos que os verdadeiros atos processuais produzem no processo não são constitutivos da processualidade, mas mera consequência da sua condição essencial de atos do procedimento.

Calmon de Passos, embora ainda preso à noção de processo como relação jurídica, alcança uma interessante identificação dos atos processuais, combinando todos os critérios tradicionais, assim sentenciando: "o ato processual como aquele que é praticado no processo, pelos sujeitos da relação processual ou do processo, com eficácia no processo e que somente no processo pode ser praticado".[109]

Ainda assim, como já visto, o critério subjetivo mostra-se um critério vazio, afinal, qualquer pessoa que participe do processo pode ser considerada "sujeito do processo", o que faz esse critério nada resolver quanto à natureza dos atos processuais. Da mesma forma, os efeitos no processo são meramente sintomáticos de uma característica proveniente da releitura do critério da sede: os atos do processo são os atos do procedimento.

Após essas breves notas a respeito da identificação da natureza dos atos jurídicos processuais, pode-se definir "ato processual" como ato do procedimento, ou seja, apenas praticado e compreendido como peça-chave na dinâmica procedimental. Já aqueles atos insertos no processo, mas cuja essência não os vincula ao próprio procedimento, são meramente "atos processualizados", ou seja, atos de direito material que estão, por uma eventualidade, no processo.

---

[106] O erro de visualizar o processo como uma relação jurídica, e não como um procedimento confunde a compreensão do tema dos atos processuais. Vescovy, misturando as teorias da natureza processual e realizando uma contradição manifesta: "os atos processuais são os atos jurídicos do processo, do qual se compõe, como temos dito, de uma sucessão de atos tendentes a um fim. A relação processual significa uma combinação destes atos". VESCOVY, Enrique. *Teoria General del Proceso*. 2ª ed. Bogotá: Themis, 1999, p. 213.

[107] COSTA E SILVA, Paula. *Acto e processo*: o dogma da irrelevância da vontade na interpretação e nos vícios do acto postulativo. Coimbra: Coimbra Editora, 2003, p. 169.

[108] MONTESANO, Luigi. *Diritto Processuale Civile*. v. 1. Turim: Giappichelli, 1999, p. 321.

[109] PASSOS, José Joaquim Calmon de. *Esboço de uma teoria das nulidades aplicada às nulidades processuais*. Rio de Janeiro: Forense, 2005, p. 43.

2.2. OS COMPONENTES DO ATO JURÍDICO PROCESSUAL

Carnelutti, nos inúmeros aprofundamentos e classificações dos atos jurídicos que realiza em seu Sistema de Direito Processual Civil, separa os caracteres do ato jurídico, identificando os seus componentes.[110] Na exposição do autor, internamente estão a capacidade, a legitimidade,[111] a causa, a vontade e a forma, sendo externos o tempo e o lugar, os pressupostos e as condições.[112]

Qualquer ato jurídico terá sua composição perpetrada por caracteres ligados ao sujeito (capacidade e legitimidade), ao conteúdo (vontade e causa) e à sua materialidade (aqui, além da forma, deve-se considerar que os atos são praticados em certo tempo e lugar, podendo exigir atos antecedentes ou fatores instituídos na lei para sua realização perfeita, ou serem os próprios atos condições para a realização de outros atos jurídicos).

2.2.1. Componentes ligados ao sujeito

Como componentes ligados ao sujeito que pratica o ato, tem-se a capacidade e a legitimidade. A análise em questão reporta a um ponto comum: aquele que pratica o ato jurídico deve estar juridicamente amparado para o seu exercício.

---

[110] Entre as diversas terminologias adotadas na doutrina, as mais usuais indicam como "elementos" os componentes ligados ao plano da existência, como "requisitos" aqueles relacionados com a validade, e como "fatores" quando diante de afetação ao plano da eficácia (AZEVEDO, Antônio Junqueira de. *Negócio jurídico*: existência, validade e eficácia. 4ª ed. São Paulo: Saraiva, 2010, p. 25). Ainda, entre as nomenclaturas adotadas, alguns autores falam em "requisitos" como termo mais amplo que de "elementos" (RÁO, Vicente. *Ato jurídico*. 4ª ed. São Paulo: Revista dos Tribunais, 1999, p. 91 e segs.); outros distinguem "pressupostos", "elementos" e "circunstâncias" (CARNELUTTI, Francesco. *Teoria geral do direito*. São Paulo: Lejus, 2000. Tradução de Antônio Carlos Ferreira.). Nesta tese, valer-se-á do diferencial proposto por Calmon de Passos, consignando, todavia, que toda discussão trata-se tão somente de questão terminológica. Assim, para os fins desta tese, os "pressupostos" dizem respeito à existência dos atos; os "requisitos", à validade; e as "condições", à eficácia nos termos de Calmon de Passos: "Quando se cuida de ato jurídico, ou de tipo, que nada mais é que um ato ou o conjunto de atos jurídicos operando, no seu todo, como suposto de uma conseqüência jurídica específica, denominamos de pressuposto ao que precede ao ato e é para ele juridicamente relevante; qualificamos como condição tudo que a ele se segue e é exigido para a produção dos efeitos específicos que ao ato ou ao tipo se associam, chamando de requisitos tudo quanto integra a estrutura executiva do ato". PASSOS, José Joaquim Calmon de. *Esboço de uma teoria das nulidades aplicada às nulidades processuais*. Rio de Janeiro: Forense, 2005, p. 35.

[111] Em italiano, o autor usa o termo "legittimazione", que pode ser também traduzido para o português como "legitimação". Apesar da aparente identidade entre legitimidade e legitimação (até mesmo em razão de serem comumente utilizados como sinônimos em textos jurídicos), faz-se oportuno consignar que a doutrina processual tende a separar os institutos, dando-lhes significados distintos. A legitimidade consistiria em um poder aferido diante da relação de direito material, ou seja, referente ao mérito da causa; e a legitimação, como o poder de conduzir o processo (*Prozessführungsrecht*), sendo, aí, pressuposto processual. ARMELIN, Donaldo. *Legitimidade para agir no direito processual civil brasileiro*. São Paulo: Revista dos Tribunais, 1979, p. 115-116. No mesmo sentido: DIDIER JR. Fredie. *Pressupostos processuais e condições da ação*: o juízo de admissibilidade do processo. São Paulo: Saraiva, 2005, p. 229. Por essas razões, para melhor consignar a ideia do autor, preferiu-se traduzir para legitimidade, que deve ser aqui compreendida em sentido amplo, englobando tanto a *legitimidade em sentido estrito* quanto a *legitimação*.

[112] CARNELUTTI, Francesco. *Sistema del Diritto Processuale Civile*. v. 2. Padova: CEDAM, 1938, p. 130-135.

2.2.1.1. Capacidade

A capacidade se manifesta como "o pertencer pelo agente das qualidades pessoais necessárias para que um ato produza determinado efeito jurídico",[113] sendo, então, a "aptidão para a prática dos atos jurídicos".[114] O direito estabelece quem são os detentores dessa qualidade, podendo ela ser genérica ou específica. No Direito Civil, há a capacidade civil que é geral, como a determinante da aptidão de o agente exercer válida e juridicamente direitos, mediante a manifestação da sua vontade; outrossim, em cada ramo jurídico se estabelecem também capacidades específicas, determinando qualidades especiais para a prática de determinados atos.[115]

No Direito Processual Civil, o uso do termo "capacidade" resta normalmente vinculado aos atos das partes. Ao se examinar os pressupostos ou os requisitos processuais, é rotineiro deparar-se com diferentes capacidades, como a *de ser parte*, a *processual* e a *postulatória*, cada uma impondo qualidades diferentes necessárias para a parte ter aptidão jurídica de praticar certos atos.

A capacidade de ser parte pode ser entendida como a aptidão para ser sujeito do processo.[116] Sabido é que todas as pessoas têm capacidade de ser parte, mas a lei outorga a determinados entes, mesmo que despersonalizados, essa capacidade, como se verifica em diversos incisos do art. 12 do Código de Processo Civil, como a massa falida (III), a herança jacente (IV), o espólio (V), sociedades despersonalizadas (VII) e o condomínio edilício (IX).

---

[113] CARNELUTTI, Francesco. *Sistema del Diritto Processuale Civile*. v. 2. Padova: CEDAM, 1938, p. 136.

[114] RÁO, Vicente. *Ato jurídico*. 4ª ed. São Paulo: Revista dos Tribunais, 1999, p. 99.

[115] "Há dois tipos de capacidade, a de direito, que todos possuem, e a de fato, que só os maiores de 18 anos e os emancipados possuem. Além desses dois tipos, há também a capacidade negocial e a capacidade especial. Capacidade negocial é aquela exigida como plus, além da genérica, para a realização de atos jurídicos específicos. O referencial não é a idade, como para a capacidade de fato. Assim, para outorgar procuração particular a advogado, o outorgante deverá ser alfabetizado. Como se observa, além de ser maior de 18 anos, ou seja, além de possuir capacidade genérica, a pessoa deverá saber ler e escrever, para ser capaz para a celebração deste tipo de contrato. Os analfabetos maiores de 18 anos não podem, portanto, fazê-lo, a não ser por instrumento público, isto é, em cartório. Possuem capacidade genérica, mas não negocial, exigida especificamente para esse ato. Capacidade especial é aquela exigida para a realização de determinados atos, normalmente fora da esfera do Direito Privado. Aqui, o referencial será a idade, que pode coincidir ou não com a maioridade civil. Assim, temos para votar – 16 anos; para o casamento – 16 anos; para movimentar conta bancária – 16 anos; para o serviço militar – 17 anos etc. Observe-se que aos 16 anos o menor pode votar, mas para os demais atos necessita da assistência de seus pais. E assim por diante, em relação ao casamento, à habilitação para dirigir etc." FIUZA, César. *Direito Civil*: Curso completo. 6ª ed. Belo Horizonte: Del Rey, 2003, p. 114. Por sua vez, Pontes de Miranda nomeia a conhecida capacidade de fato como capacidade de obrar, assim definindo-a: "Capacidade de obrar é: a) capacidade de praticar ato-fato jurídico; b) a de praticar atos jurídicos stricto sensu; c) a de manifestar vontade que entre no mundo jurídico como negócio jurídico (capacidade negocial); d) a de praticar atos ilícitos em geral, isto é, a de praticar atos ilícitos relativos e a de praticar atos ilícitos absolutos (capacidade delitual)". PONTES DE MIRANDA. *Tratado de direito privado*. v. 1. Rio de Janeiro: Borsoi, 1954, p. 157.

[116] DIDIER JR. Fredie. *Pressupostos processuais e condições da ação*: o juízo de admissibilidade do processo. São Paulo: Saraiva, 2005, p. 111.

Já a capacidade processual "consiste na capacidade do sujeito de exercer os direitos e deveres processuais",[117] o que normalmente é identificável com a capacidade civil, porém, destaca-se que nem sempre coincidem, como na hipótese do cônjuge, que necessita do consentimento do outro para propor ações que versem sobre direitos imobiliários (art. 10).

Por fim, no tema das capacidades de Direito Processual Civil relacionadas às partes, tem-se a capacidade postulatória que nada mais é que "a capacidade de requerer em juízo, ou seja, a aptidão para intervir em juízo, praticando atos de parte".[118] Em regra, a capacidade postulatória recai sobre a figura do advogado. A lei, todavia, pode prever exceções, outorgando à própria parte a capacidade de postular, como o faz no caso dos juizados especiais cíveis, em causas de valor até 20 salários mínimos (Lei 9.099/95, art. 9º).

Pode-se falar em capacidades no Direito Processual Civil não só das partes, mas também de terceiros para a prática de atos processuais, como se dá com a capacidade de testemunhar, em regra presente, salvo nas hipóteses do art. 405, § 1º, do Código de Processo Civil. Da mesma maneira, poder-se-á visualizar a capacidade de um terceiro para intermediar a alienação por iniciativa particular a que trata o art. 685-C, a partir do credenciamento perante a autoridade judiciária.[119]

Nada impede, ainda, o exame da capacidade dos atos do juiz, do escrivão ou dos auxiliares da justiça, já que se pode falar também em uma "capacidade oficial", que outorgaria ao agente a aptidão de praticar atos oficiais. Ocorre que essa "capacidade oficial" restaria plenamente confundida com a própria legitimidade, uma vez que a qualidade que se exige para praticar o ato é justamente a de possuir o poder de realizá-lo (*legitimidade*). Estar investido na função, ou ter legitimidade, importa, *per se*, ter a capacidade; uma vez que caso esta restasse perdida, ter-se-ia de destituir o agente da função. Diante dessa constatação, Carnelutti fala na consequência da absorção da capacidade pela legitimidade nos atos oficiais.[120]

---

[117] CARVALHO, José Orlando Rocha de Carvalho. *Teoria dos pressupostos e dos requisitos processuais*. Rio de Janeiro: Lumen Juris, 2005, p. 141.

[118] Idem, p. 143.

[119] Sobre a alienação por iniciativa particular, ver SCARPARO, Eduardo. Primeiras palavras sobre a alienação por iniciativa particular. *Revista de Processo*, São Paulo, v. 163, p. 196-220, set. 2008.

[120] "Como o primeiro requisito de seus atos é a legitimidade, constituída, não só pela atribuição da função ao agente, mas pela manutenção nela, e como um pressuposto disso é a capacidade, a capacidade está implícita na legitimidade; não se poderia negar eficácia de um ato por defeito de capacidade sem contrastar com as normas sobre legitimidade, no sentido de que se desconheceria a pertença da função a quem nela estivesse legitimamente investido". CARNELUTTI, Francesco. *Sistema del Diritto Processuale Civile*. v. 2. Padova: CEDAM, 1938, p. 139-140.

2.2.1.2. Legitimidade

A legitimidade, em sentido lato, figura como uma posição do agente que lhe outorga o poder de praticar, válida e eficazmente, um ato jurídico. Assim, é a "qualidade outorgada exclusivamente pelo sistema jurídico", resultante em uma "situação jurídica oriunda precipuamente da titularidade de uma relação jurídica ou de uma posição em uma situação de fato, à qual o direito reconhece efeitos jurígenos".[121] A legitimidade jurídica é a qualidade atribuída, pelo direito, que outorga poderes a um sujeito para praticar determinados atos.

Assim como a capacidade, a categoria é bastante trabalhada em Direito Processual Civil, no relativo aos atos das partes. No ponto, estabeleceu-se, inclusive, uma diferença conceitual entre "legitimidade *ad causam*" (legitimidade em sentido estrito) e "legitimação", a partir da separação do *poder de conduzir o processo* (*Prozessführungsrecht*) da categoria ampla da legitimidade.[122]

A partir dessa partição, associa-se a legitimidade *ad causam* como a posição jurídica do sujeito diante do processo, aferida em razão do direito material. Há legitimidade quando estiverem os sujeitos vinculados passiva ou ativamente em uma relação jurídica de direito substantivo afirmada pelo autor. Nos termos de Alfredo Buzaid, a legitimidade é a "pertinência subjetiva da ação",[123] representativa de um vínculo entre os sujeitos da demanda e a situação jurídica apresentada.

Na teoria de Liebman, adotada no Código de Processo Civil brasileiro, a ação processual tem natureza abstrata, significando o direito a uma sentença de mérito; porém, seu exercício resta sujeito a três condições: a legitimidade *ad causam*, o interesse em agir e a possibilidade jurídica do pedido.[124] Caso não presentes, ter-se-ia a carência de ação processual e, consequentemente, a impossibilidade de uma análise do mérito da causa, extinguindo-se o processo na forma do art. 267, VI, da lei processual civil.[125]

---

[121] ARMELIN, Donaldo. *Legitimidade para agir no direito processual civil brasileiro*. São Paulo: Revista dos Tribunais, 1979, p. 11.

[122] A partir daí sentencia Fredie Didier Jr.: "Legitimação é a atribuição deste poder jurídico de conduzir determinado processo. Legitimidade é a situação jurídica do sujeito diante de determinado processo". DIDIER JR. Fredie. *Pressupostos processuais e condições da ação*: o juízo de admissibilidade do processo. São Paulo: Saraiva, 2005, p. 231.

[123] BUZAID, Alfredo. *Agravo de petição no sistema do CPC*. São Paulo: Saraiva, 1956, p. 89.

[124] LIEBMAN, Enrico Tullio. *Manuale di diritto processuale civile*. v. 3, 3ª ed. Milão: Giuffrè, 1975, p. 143-145.

[125] A legitimimidade *ad causam*, muito embora tenha restado indicada por Liebman como uma condição da ação e, por isso, dita alheia ao mérito da causa, reflete justamente um exame de mérito. Sobre o ponto, a doutrina tem efetuado pertinente crítica, que não vai pormenorizada em razão das limitações do objeto desta tese. Para aprofundamento, ver, entre outros, DIDIER JR., Fredie. *Pressupostos processuais e condições da ação*: o juízo de admissibilidade do processo. São Paulo: Saraiva, 2005, p. 212-216, bem como MARINONI, Luiz Guilherme. *Novas linhas do processo civil*. 3. ed. São Paulo: Malheiros, 1999, p. 212; FABRÍCIO, Adroaldo Furtado. Extinção do processo e mérito da causa, *Revista de Processo*, São Paulo, n. 58, p. 7-32, abr/jun. 1990, p. 07-32; LACERDA, Galeno de. *Despacho saneador*. 2ª ed. Porto Alegre: SAFE, 1985, p. 75-93; BEDAQUE, José Roberto dos Santos. *Efetividade do processo e técnica processual*. São Paulo: Malheiros, 2006, p. 278-293.

Como refere Bedaque, a legitimidade processual é um reflexo da própria legitimação do direito material. Isso porque a validade e a eficácia de um ato dependem de o agente estar investido de condição legal para praticá-lo. No direito processual, isso determina que o ato seja realizado por "sujeitos que, em tese, encontram-se naquela situação da vida trazida à apreciação do juiz", por isso conclui ser sempre a situação substancial afirmada que determina a legitimidade.[126]

Em suma (e para não adentrar em acirrados debates acerca da correção da *legitimidade ad causam* como condição da ação), limita-se aqui a indicar o critério eleito pela lei brasileira para o exercício da ação processual. Verifica-se não o direito constitucional abstrato de ação, mas a ação exercida (conforme as asserções do autor em sua inicial) e afere-se, diante da relação jurídica de direito material, a titularidade para demandar e ser demandado (legitimidade ativa e passiva).

Já a *legitimação,* considerando a divisão terminológica do conceito de legitimidade referido supra, consiste no *poder de conduzir o processo.* Esse poder está, em regra, nas mãos do próprio titular da situação jurídica material (*legitimação ordinária*) ou, excepcionalmente, no âmbito de atuação de um terceiro que, em nome próprio, defende direito alheio (*legitimação extraordinária*).[127] Cumpre consignar, ainda, que no relativo aos processos coletivos, vêm-se falando em "representatividade adequada", terminologia herdada da *Common Law,*[128] atada ao poder de representar uma coletividade.[129]

Em contrapartida, consignando-se a doutrina contrária, Dinamarco defende as condições da ação das críticas referindo que tais "desvios de perspectiva são devidos ao intensíssimo grau de influência do direito material na verificação das condições da ação, que chega a estrangular e mesmo dá a impressão de aniquilar, nesse ponto, o espaço existente entre os dois pontos do ordenamento jurídico. Ceder a essa falsa impressão, todavia, significa levar a indesejáveis extremos a teoria abstrata da ação, minimizando a valia de suas condições". DINAMARCO, Cândido Rangel. *A instrumentalidade do processo.* 12ª ed. São Paulo: Malheiros, 2005, p. 224.

[126] BEDAQUE, José Roberto dos Santos. *Direito e processo*: influência do direito material sobre o processo. 5ª ed. São Paulo: Malheiros, 2009, p. 108. A respeito, José Orlando Rocha de Carvalho esclarece que tradicionalmente se afirma que detém legitimidade "aquele que é o titular da relação material posta à análise no processo submetido à jurisdição. Em tese, pois, somente aquela pessoa que está vinculada à relação de direito material e que seja, supostamente, o titular daquele direito subjetivo que está postulando em juízo, é que está legitimada à propositura da demanda e, em situação inversa, aquele que figure na sujeição passiva da relação material será, também, o que deva sofrer a ação dele. Tem-se aí, por conseguinte, a definição da legitimação ativa e passiva para a causa". CARVALHO, José Orlando Rocha. *Teoria dos pressupostos e dos requisitos processuais.* Rio de Janeiro: Lumen Juris, 2005, p. 18.

[127] ARMELIN, Donaldo. *Legitimidade para agir no direito processual civil brasileiro.* São Paulo: Revista dos Tribunais, 1979, p. 115-116. Convém referir, ainda, o clássico estudo de Barbosa Moreira sobre o tema: MOREIRA, José Carlos Barbosa. Apontamentos para um estudo sistemático da legitimação extraordinária. *Revista dos Tribunais.* São Paulo, v. 58, p. 9-18, jun.1969.

[128] No direito norte-americano, a Rule 23 of the Federal Rules of Civil Procedure em sua alínea "a" estabelece os requisitos para a Class Action, estando no item "4" a exigência de que "o representante das partes deverá proteger equitativa e adequadamente os interesses da classe", daí advindo a nomenclatura. No texto original da lei: *the representative parties will fairly and adequately protect the interests of the class.*

[129] Sobre o tema, sustentou Fredie Didier Jr. haver duas fases de análise da representação adequada para fins de legitimação coletiva. A primeira dar-se-ia na verificação da autorização legal; e, a segunda, pelo juiz, fazendo o controle in concreto da adequação da legitimidade. DIDIER JR., Fredie. O controle jurisdicional da legitimação coletiva e as ações coletivas passivas (o art. 82 do CDC). In: MAZZEI, Rodrigo; NOLASCO, Rita Dias. (orgs.).

Não obstante a separação de categorias, relativamente aos atos das partes em legitimidade *ad causam* e legitimação, ambas podem ser derivadas da categoria da legitimidade jurídica *lato sensu*, entendida como um poder outorgado a determinado sujeito para a prática válida e eficaz de certos atos jurídicos.

Também se fala em legitimidade para outros atos que não o exercício da ação no direito processual. É o caso da legitimidade recursal, classificada como requisito intrínseco de admissibilidade dos recursos (art. 499 do Código de Processo Civil)[130] ou da legitimidade para intervir,[131] que outorga, ao terceiro, o poder de ingressar no feito, na forma que a lei determinar, de acordo com seu interesse jurídico na causa (arts. 50 a 80).

Tendo em mente os atos do juiz, a legitimidade remete a questões relativas à categoria da competência, a partir da constatação de que há uma distribuição de poderes aos órgãos jurisdicionais.[132] Assim, carece de legitimidade o juiz que julga causa para a qual é absolutamente incompetente, uma vez que o direito não lhe outorgou essa posição de poder.

Processo Civil Coletivo. São Paulo: Quartier Latin do Brasil, 2005, p. 95-105, p. 97. Assim sendo, complementa-se com o dizer de Mancuso, "o critério ou condição legitimante não repousa na titularidade, mas na idoneidade de seu portador". MANCUSO, Rodolfo de Camargo. *Ação Civil Pública:* Em defesa do meio ambiente, do patrimônio cultural e dos consumidores. 10ª. ed. São Paulo: Revista dos Tribunais., 2007, p. 107. Ainda, ver: GIDI, Antônio. *A Class Action como instrumento de tutela coletiva dos direitos*: ações coletivas em uma perspectiva comparada. São Paulo: Revista dos Tribunais, 2007, p. 99-135.

[130] "O requisito da legitimidade para recorrer deve ser obedecido em todos os recursos para que sejam conhecidos e se possa resolver-lhes o mérito. No entanto, quando o mérito do recurso for a própria legitimidade para a causa, não se pode inadmitir sob o fundamento da falta de legitimidade". NERY JUNIOR, Nelson. *Teoria geral dos recursos*. 6ª ed. São Paulo: Revista dos Tribunais, 2004, p. 314-315. "Assim como a legitimação para agir é condição do exercício regular do direito de ação, e portanto da possibilidade de julgar-se o mérito da causa, analogamente a legitimação para recorrer é requisito de admissibilidade do recurso, que precisa estar satisfeito para que o órgão ad quem dele conheça, isto é, o julgue no mérito. (...) Por razões óbvias de conveniência, trata a lei de limitar o círculo dos possíveis recorrentes. Surge, então, nesse contexto – à semelhança do que ocorre no concernente à propositura mesma da ação –, o problema da legitimidade, impondo-se verificar se quem interpôs o recurso se inclui ou não no elenco dos habilitados a fazê-lo". MOREIRA, José Carlos Barbosa. *Comentários ao Código de Processo Civil*, v. 5. Rio de Janeiro: Forense, 1981, p. 326.

[131] "As diversas situações jurídicas em que se colocam os mais variados terceiros são avaliadas, para efeito de admissibilidade de intervirem no processo (voluntariamente ou por exigência de uma das partes), pelo modo como se relacionam com a pretensão posta com vista à tutela jurisdicional (...). Compete à lei descrever as situações legitimantes e determinar o modo como cada terceiro é admitido a intervir". DINAMARCO, Cândido Rangel. *Intervenção de terceiros*. 4ª ed. São Paulo: Malheiros, 2006, p. 23. Conforme ensina Athos Gusmão Carneiro, o que legitima o terceiro a intervir advém de diversos pressupostos, sendo que "um deles, concorrente em todos os casos de intervenção (exceto nos casos de oposição), é o de que o terceiro deve ser juridicamente interessado no processo pendente". CARNEIRO, Athos Gusmão. *Intervenção de Terceiros*. 3ª ed. São Paulo: Saraiva, 1986, p. 45.

[132] Vicente Ráo refere-se no capítulo que dedica à legitimidade, à competência como exemplo de legitimidade no Direito Judiciário, dando-lhe, todavia, a denominação de "capacidade objetiva". RÁO, Vicente. *Ato Jurídico*. 4ª ed. São Paulo: Revista dos Tribunais, 1999, p. 111-114. Da mesma forma, Marcos Bernardes de Mello refere-se à denominação distinta que a doutrina dá aos componentes do ato jurídico quando diante de estudos de Direito Público e de Direito Privado. Ressalva o autor, todavia, que, seja sob a denominação de "capacidade" ou de "competência", trata-se do mesmo componente, já que as peculiaridades dos campos jurídicos "não lhes transmudam a essência". MELLO, Marcos Bernardes de. *Teoria do Fato Jurídico:* plano da Existência. 13ª ed. São Paulo: Saraiva, 1998, p. 158-159.

2.2.2. Componentes ligados ao conteúdo

O conteúdo vem entendido na conjunção da vontade com a causa de instituição do ato jurídico. Embora sejam institutos bastante trabalhados no campo do direito material, também tem aplicação em sede processual. Demonstrar-se-á essa relevância.

2.2.2.1. Causa

A noção de causa é ponto de grande controvérsia e de elevada complexidade.[133] Nos acirrados debates em *teoria do negócio jurídico*, disciplina que tradicionalmente conduz o tema, talvez o único consenso existente sobre o conceito de causa é que ele indica "a razão determinante, o porquê de quem se obriga",[134] acepção que, notadamente, liga-se à noção de *causa final* aristotélica.[135] Embora centrado no tema dos negócios jurídicos, o estudo da teoria da causa ultrapassa esse cercado, já que a causa se apresenta como um dos componentes do ato, necessário, então, para uma teoria dos atos jurídicos.[136]

Na *teoria clássica*,[137] elaborada na França e recepcionada nos arts. 1108, 1131, 1132 e 1133 do Código Napoleão,[138] a causa é subjetiva e compreendida

---

[133] "Dificilmente se encontrará no campo da dogmática, um problema que tenha provocado e venha provocando tantas e tão profundas divergências quanto ao problema da causa. Opiniões as mais diversas, senão contraditórias, reinam entre os causalistas, quer entre os sequazes da teoria subjetiva, quer entre os partidários da teoria objetiva, quer entre os que se afastam destas duas correntes doutrinárias, ou entre os que procuram conciliá-las". RÁO, Vicente. *Ato Jurídico*. 4ª ed. São Paulo: Revista dos Tribunais, 1999, p. 92.

[134] MARTINS-COSTA, Judith Hofmeister. A teoria da causa em perspectiva comparativista: a causa no Sistema Civil Francês e no Sistema Civil Brasileiro. *Revista da Ajuris*, Porto Alegre, v. 45, p. 213-244, mar. 1989, p. 219.

[135] Refere Abbagnano: "se perguntar a causa significa perguntar o porquê de uma coisa, esse porquê pode ser diferente e há, portanto, várias espécies de causas. Num primeiro sentido, é causa aquilo de que uma coisa é feita e que permanece na coisa, como, p. ex., o bronze é causa da estátua e a prata é causa da taça. Num segundo sentido, a causa é a forma ou o modelo, isto é, a essência necessária ou substância de uma coisa. Nesse sentido é causa do homem a natureza racional que o define. Num terceiro sentido, é causa aquilo que dá início à mudança ou ao repouso: por exemplo, o autor de uma decisão é a causa dela, o pai é causa do filho e, em geral, o que produz a mudança é causa da mudança. Num quarto sentido, a causa é o fim e, p.ex. a saúde é a causa de se passear. Causa material, causa formal, causa eficiente e causa final são, portanto, todas as causas possíveis, segundo Aristóteles". ABBAGNANO, Nicola. *Dicionário de Filosofia*. São Paulo: Martins Fontes, 2000, p. 125.

[136] ANDRADE, Fábio Siebeneichler de. Causa e "consideration". *Revista da Ajuris*, Porto Alegre, v. 53, p. 276-284, nov. 1991, p. 280. No mesmo sentido, considerando a causa como elemento integrante e necessário para uma teoria dos atos jurídicos: COUTO E SILVA, Clovis do. Teoria da causa no Direito Privado. *Revista Jurídica*, Porto Alegre, v. 8, p. 21-30, mar/abr. 1954, p. 22.

[137] Para fins de dar atenção apenas aos pontos de maior importância para o estudo a ser desenvolvido, iniciar-se-á a exposição pela Teoria Clássica Francesa. Não obstante, como demonstra Clovis do Couto e Silva, o conceito de causa tem origem remota na *traditio* e na *condictio* romanas. Esses institutos, reelaborados pela doutrina medieval sob a "teoria do vestimento", deu suporte à dissociação no direito moderno entre os planos do obrigar-se e do adimplir. Por isso, no direito alemão, o direito das obrigações e o direito das coisas estão rigidamente separados, fazendo com que o acordo sobre a transmissão de um bem seja abstrato, embora seja causal a compra e venda. COUTO E SILVA, Clovis do. *A obrigação como processo*. Rio de Janeiro: FGV, 2007, p. 44-61.

[138] GARIBOTTO, Juan Carlos. *La causa final del acto jurídico*. Buenos Aires: Abeledo-Perrot, 1985, p. 14-15.

como um fim abstrato desejado pelo contratante, imediato e presumido pela lei, ou revelado pela natureza do ato, específico e invariável nos contratos jurídicos da mesma espécie. Seria, então, a razão abstrata para a realização de um ato jurídico. Nessa teoria, a abstração impede o exame do foro íntimo da parte contratante, já que essa esfera, na lógica liberal francesa, é totalmente alheia ao controle judicial, uma vez que o indivíduo é livre e desobrigado de expor os razões que inspiram seus atos jurídicos.[139] Daí se distingue causa de motivo,[140] uma vez que a causa está nos elementos materiais do negócio: "é a consideração da contraprestação procurada pelo contrato", enquanto que os motivos são íntimos ao indivíduo e externos ao ato.

Em oposição à teoria clássica, diversos autores, entre eles Ernst, Laurent e Planiol,[141] repudiam como inútil o conceito, fundando o *anticausalismo*. Para eles, os resultados da aplicação da teoria da causa poderiam ser reproduzidos na noção de objeto ou de consenso, de modo que "a noção de causa das obrigações poderia ser riscada da lei sem que esta fosse comprometida".[142] A partir da crítica, desenvolveu-se o *neocausalismo*, dando dois significados distintos à causa: subjetivo e objetivo. Surgiram, outrossim, defensores de teorias ecléticas.

A *teoria neocausalista subjetiva* é uma continuação da teoria clássica e tem a causa como a finalidade do contrato, considerada como sendo a intenção das partes, ou seja, o seu propósito específico.[143] Ela tem origem na reelaboração progressiva pelos tribunais franceses do sentido de causa, "de modo a considerá-la não mais como um elemento abstrato, sempre igual em cada tipo de contrato, mas de maneira concreta, conduzido a investigação dos magistrados ao foro íntimo das partes".[144] Não significa, todavia, a aptidão de livre perquirição judicial sobre as

---

[139] MARTINS-COSTA, Judith Hofmeister. A teoria da causa em perspectiva comparativista: a causa no Sistema Civil Francês e no Sistema Civil Brasileiro. *Revista da Ajuris*, Porto Alegre, v. 45, p. 213-244, mar. 1989, p. 224.

[140] COUTO E SILVA, Clovis do. Teoria da causa no Direito Privado. *Revista Jurídica*, Porto Alegre, v. 8, p. 21-30, mar/abr. 1954, p. 22.

[141] Também se faz presente a crítica em autores mais modernos, como ocorre com Dabin, para quem a noção de causa nada mais é que um erro histórico e fruto de uma anomalia. Segundo o autor, "sempre a questão acaba em saber se a teoria da causa tem sentido e qual é este, e a esse aspecto as explicações que ministram as mais modernas doutrinas causalistas são francamente decepcionantes". DABIN, Jean. *La teoria de la causa*. 2ª ed. Madri: Editorial Revista de Derecho Privado, 1955, p. XIII. Tradução de Francisco Pelsmaeker e adaptação de Francisco Bonet Ramon. No Brasil, o anticausalismo vem sendo defendido, entre outros, por Vicente Ráo, ao reproduzir as lições dos críticos à causa. RÁO, Vicente. *Ato jurídico*. 4ª ed. São Paulo: Revista dos Tribunais, 1999, p. 92-98.

[142] GARIBOTTO, Juan Carlos. *La causa final del acto jurídico*. Buenos Aires: Abeledo-Perrot, 1985, p. 14-15.

[143] AMARAL, Francisco. *Direito Civil*: introdução. 3ª ed. São Paulo: Renovar, 2000, p. 413-420. De fato, há aproximação entre as doutrinas: "Na verdade, a concepção neocausalista não se diferencia substancialmente do causalismo clássico, já que em ambos se considera que a causa é o fim perseguido pelos praticantes do ato, independentemente ao aspecto mencionado de que a segunda doutrina [clássica] atentava apenas à questão causal havida dentro das obrigações convencionais". LAJE, Eduardo Jorge. *La noción de causa en el derecho civil*. Buenos Aires: Arayú, 1954, p. 39.

[144] MARTINS-COSTA, Judith Hofmeister. A teoria da causa em perspectiva comparativista: a causa no Sistema Civil Francês e no Sistema Civil Brasileiro. *Revista da Ajuris*, Porto Alegre, v. 45, p. 213-244, mar. 1989, p. 230.

razões particulares, mas apenas àquelas que comporiam o negócio, distinguindo--se causa e motivo.[145]

A atuação, então, tem em consideração o ato em seu ambiente intelectual e moral, competindo para o exame do ato a descoberta dos *móveis individuais* que o expliquem .[146] Quer-se, então, identificar quais são os *móveis individuais relevantes* pelo exame do contrato.[147] Caso os *móveis* se comuniquem com o negócio, sendo eles ilícitos ou imorais, o ato resta viciado e afetado de invalidade,[148] pois é atacado um de seus elementos constitutivos: a causa.[149]

Essa orientação amplia o exame do conceito de causa, do reduzido campo dos negócios jurídicos para o dos atos jurídicos em geral.[150] Ao contrário da teoria subjetiva clássica, tem significativa importância quando diante de atos com finalidade ilícita, ou para o tratamento jurídico dos atos simulados, uma vez que, apenas concretamente, poder-se-ia identificar finalidades torpes de atos, em tese, lícitos.

A *teoria neocausalista objetiva*, por outro lado, não avalia os atos em concreto, pois considera a causa como a finalidade típica do negócio.[151] A causa apresenta-se como a razão econômico-jurídico, o fim prático ou a função econômico-social que o sistema atribui a cada ato.[152] Assim, na compra e venda, a função é trocar coisa por dinheiro; na locação, troca do uso pelo aluguel. Na apresentação de um recurso, a reapreciação de uma decisão. Essa orientação permitiu

---

[145] "O motivo é um factor psicológico que não é compreendido no ato de vontade criador da obrigação, e, por conseguinte, não é um elemento constitutivo do acordo das vontades, enquanto a causa é parte integrante deste ato de vontade e, consequentemente, do contrato". CAPITANT, Henri. *De la cause des obligations*. Paris: Librarie Dalloz, 1927, p. 24.

[146] COUTO E SILVA, Clovis do. Teoria da causa no Direito Privado. *Revista Jurídica*, Porto Alegre, v. 8, p. 21-30, mar/abr. 1954, p. 26.

[147] "O contrato é essencialmente um acordo de vontades; é o acordo de vontade que determina o seu conteúdo. Tudo o que contém foi acordado entre as partes, ou seja, a causa acordada torna-se componente do contrato. Por outro lado, mantém-se fora do campo contratual e, portanto, não pode afetar a validade das convenções, o que não era conhecido e desejado por ambas as partes. A motivação psicológica que determina alguém a se obrigar não faz parte do acordo de vontades. Com efeito, enquanto o credor sempre, ou quase sempre, conhece a causa da obrigação do seu devedor, porque, em princípio, esta causa resulta da natureza mesmo do contrato concluído, ele ignora geralmente o motivo pelo qual este último obrigou-se, porque o seu conhecimento não influencia sobre as condições do contrato". CAPITANT, Henri. *De la cause des obligations*. Paris: Librarie Dalloz, 1927, p. 23-24.

[148] GARIBOTTO, Juan Carlos. *La causa final del acto jurídico*. Buenos Aires: Abeledo-Perrot, 1985, p. 23.

[149] A influência do direito canônico é nítida, já que associa a moral ao direito contratual, fazendo da causa o substrato teórico para seu controle nos negócios jurídicos. Ilustrativamente, não custa referir que no direito canônico, "condenavam-se os contratos com causa ilícita ou imoral, e a usura, considerando-se rescindíveis os contratos em que houvesse lesão ou que o preço não fosse justo". AMARAL, Francisco. *Direito Civil*: introdução. 3ª ed. São Paulo: Renovar, 2000, p. 416. Para aprofundamento histórico, com amparo no direito romano e canônico, ver CAPITANT, Henri. *De la cause des obligations*. Paris: Librarie Dalloz, 1927, p. 92-171.

[150] GARIBOTTO, Juan Carlos. *La causa final del acto jurídico*. Buenos Aires: Abeledo-Perrot, 1985, p. 24.

[151] Idem, p. 27.

[152] "A causa ou razão de ser do negócio se identifica com a função econômico-social de todo negócio considerado em si mesmo" (...) "Considerada sob aspecto social, abstração produzida pelo direito, a causa do negócio é propriamente a função econômico-social que caracteriza o tipo de negócio como ato de autonomia privada (típica neste sentido) e determina seu conteúdo mínimo necessário". BETTI, Emilio. *Teoria Generale del Negozio Giuridico*. Nápoles: Edizioni Scientifiche Italiane, 1994, p. 181.

remover as principais objeções dos anticausalistas à causa como condição de validade do ato jurídico.[153]

Também, em aproximação ao sentido funcional-objetivo, alguns autores classificam a causa "como interesse material ou moral, a cuja realização tende o agente". Visualiza-se o ato como um movimento estimulado por um interesse, que é a causa.[154] Nessa linha também é a compreensão de Carnelutti, ao argumentar: "a causa do movimento da vontade, ou seja, da vontade e, portanto do ato, é o interesse. Entre a causa e a forma está a vontade, que muda o interesse em evento". Assim, conclui o italiano: "se a forma é o elemento físico do ato e a vontade seu elemento psicológico, a causa é seu elemento econômico".[155]

Os motivos, também nessa teoria, ficam excluídos do conceito de causa, sendo irrelevantes para os efeitos do ato, salvo se expressamente estabelecidos como requisitos pela lei.[156] A causa objetivamente considerada "é uniforme e constante em todos os negócios concretos que pertencem ao mesmo tipo",[157] sendo, daí, plenamente distinguível dos motivos, essencialmente subjetivos.

No Direito Civil Brasileiro, embora os Códigos de 1916 (art. 82) e, por sua influência, o de 2002 (art. 104) tenham excluído do rol de requisitos do negócio jurídico a causa, encontram-se reminiscências do instituto em seus textos.[158] No atual Código Civil, vê-se, exemplificativamente, no art. 166, III, e no art. 167, a figura da causa em perspectiva subjetiva. O primeiro determina a nulidade do negócio jurídico quando "o motivo determinante, comum a ambas as partes, for ilícito", e o segundo impõe a consequência da nulidade ao negócio simulado. Também em ótica subjetiva, o Código de Processo Civil, em seu art. 129, determina que o juiz deve exercer controle e impedir a prática de atos simulados, proferindo, nesses casos, sentença que obste o objetivo torpe das partes.

Ora, para verificar a licitude do "motivo determinante" ou se as partes valeram-se do processo para "conseguir fim proibido em lei", ou para as hipóteses previstas nos incisos do art. 167 do Código Civil, é imprescindível perceber a causa em aspecto subjetivo, buscando-se os *móveis individuais determinantes* para a prática dos atos jurídicos. Assim, embora não seja a causa em sentido subjetivo a pedra de toque da validade dos atos jurídicos em geral, ela é eleita pelo legislador como aspecto ainda presente na avaliação jurídica do ato, inclusive do ato processual, por isso não se mostra possível o seu descarte completo do conceito de ato

---

[153] CAMPOS FILHO, Paulo Barbosa de. *O problema da causa no Código Civil Brasileiro*. São Paulo: Max Limonad, 1960, p. 127.

[154] Idem, p. 156.

[155] CARNELUTTI, Francesco. *Sistema del Diritto Processuale Civile*. v. 2. Padova: CEDAM, 1938, p. 396.

[156] AMARAL, Francisco. *Direito Civil:* introdução. 3ª ed. São Paulo: Renovar, 2000, p. 417-418.

[157] BETTI, Emilio. *Teoria generale del negozio giuridico*. Nápoles: Edizioni Scientifiche Italiane, 1994, p. 183.

[158] A respeito, merece referência o estudo de Paulo Barbosa de Campos Filho, no qual sustenta a extirpação da causa como elemento do negócio jurídico a partir do Código Civil de 1916. CAMPOS FILHO, Paulo Barbosa. *O problema da causa no Código Civil Brasileiro*. São Paulo: Max Limonad, 1960, p. 47-48.

jurídico, como propõe a teoria objetiva. De outra banda, a causa com apoio exclusivamente subjetivo mostra-se insuficiente, uma vez que reduz o dilema a uma esfera psíquica do indivíduo, condicionando o ato jurídico a motivações íntimas, ainda que lícitas e morais, não evidentes na manifestação de vontade.

Nessa linha, as teorias causalistas "ecléticas" ou "unitárias" levam em conta aspectos subjetivos e objetivos. As teorias subjetiva e objetiva são meramente parciais, representando, cada uma, aspectos diferentes da mesma questão, por isso não há contradição em sua dupla acolhida, uma complementando a outra. O ato persegue uma finalidade abstrata e objetiva, mas também se dá relevância ao propósito do sujeito ao praticá-lo, incorporando-o ao ato, como razão determinante da declaração da vontade.[159] Em suma, determinam a necessidade de aproximação entre a função econômico-jurídica de um ato e o motivo determinante para a sua prática, de modo que exista harmonia entre a vontade dos sujeitos e o esquema preestabelecido na norma.[160]

Exemplo de teoria eclética é a proposta por Giovanni Ferri. O jurista, bastante influenciado pela orientação italiana objetiva, sustenta que "os tipos como formas organizadas de uma categoria de atividades econômicas, cristalizam também a ordem de interesses que normalmente tais atividades são destinadas a realizar", razão pela qual "um esquema típico de atividade contém tipificizado também a correspondente ordem de interesses".[161] Todavia, distancia-se do conceito fundamental de Betti, indicando ser a causa não uma função econômico-jurídica, mas uma função econômico-individual, para os fins de conduzir e indicar os valores levados em consideração pelas partes contratantes na celebração do negócio.[162] Por isso, defende que o ato deve ser visto em concreto, sendo, daí, possível compreender a gradatividade subjetiva da qual a causa é caracterizada.[163] Em razão disso, exemplificativamente, diz que, na realização da função econômico-individual do contrato, pode-se deduzir que a ilicitude do motivo é relevante porque encontra fundamento no papel concreto que tenha assumido o negócio.[164]

A teoria da causa é tema polêmico e muito trabalhado na teoria dos negócios jurídicos, notadamente no campo do Direito Civil, porém as construções daquela disciplina são, na verdade, mais amplas que o cercado contratual, uma vez que são próprias de uma teoria dos atos jurídicos em geral. O fato constata-se da total aplicabilidade do conceito de causa aos *atos jurídicos stricto sensu*, uma vez que a prévia determinação dos efeitos pela lei, e não pela vontade, não serve, por si, de pretexto para excluir a causa como componente do ato.

---

[159] GARIBOTTO, Juan Carlos. *La causa final del acto jurídico*. Buenos Aires: Abeledo-Perrot, 1985, p. 27.

[160] AMARAL, Francisco. *Direito Civil*: introdução. 3ª ed. São Paulo: Renovar, 2000, p. 418.

[161] FERRI, Giovanni. *Causa e tipo nella teoria del negozio giuridico*. Milão: Giuffrè, 1966, p. 355.

[162] Idem, p. 371.

[163] Idem, p. 372.

[164] Idem, p. 382.

No direito processual, especialmente para o estudo das invalidades, a assertiva é bastante oportuna, interferindo diretamente na ingerência de princípios como o da finalidade e do prejuízo.[165] Veja-se, exemplificativamente, que a causa da citação, em perspectiva objetiva, é chamar o réu ao processo para se defender, realizando o contraditório. Daí, eventualmente, quando se pondera sobre a validade em razão de um determinado vício no ato citatório, o alcance dessa causa é aspecto certamente perquirido, tanto que institui o art. 244 do Código de Processo Civil justamente a irrelevância da forma, se a finalidade do ato foi atingida sem prejuízo (art. 249, § 1º).

Enrico Redenti argumenta que a idoneidade de um ato, no processo, para produzir efeitos é dada ou reconhecida pela lei porque, desse modo, podem-se alcançar as funções processuais, sendo essa a causa objetiva do ato ou da sua eficácia.[166] A causa, então, resta no direito processual como fundamento dos efeitos do ato, que se justificam mediante o cumprimento de uma função no procedimento.[167] Descobrir essa função é o mesmo que identificar a causa em sentido objetivo, sendo tarefa imprescindível no exame dos institutos de direito processual, especialmente quando diante de análise da validade.

Não obstante, no processo, a causa e a vontade[168] são elemento cujas importâncias são reduzidas ou até mesmo excluídas pela doutrina em geral.[169] A exclusão desses institutos do estudo processual é fruto do contexto histórico-científico vivido a partir de Bülow[170] para a criação de uma nova disciplina – a processual –, autônoma e independente do direito material.[171] Certo é que, hoje, aquela separação entre processo e direito material sofreu irreversíveis desgastes, especialmente pela sua aproximação com a Constituição; mas algumas consequências da incorporação originária desse ideário permanecem silentes e são irrefletidamente repetidas na doutrina em geral, como ocorre com o problema da causa.

---

[165] Oportunamente (item 5.4.2.3), serão aprofundados os princípios, especialmente tendo em vista o plano da validade dos atos processuais. Em termos gerais, vão explicitados nos arts. 244 e 249, § 1º, do Código de Processo Civil, determinando a validade dos atos mesmo se praticados em desconformidade com o modelo legal, caso seja alcançada a finalidade instituída na lei, sem a ocorrência de prejuízos.

[166] REDENTI, Enrico. *Profili pratici del Diritto Processuale Civile*. 2ª ed. Milão: Giuffrè, 1939, p. 502.

[167] Assim define causa Fazzalari, vinculando-a ao escopo legal: "Essa consiste no escopo que a norma assinala ao sujeito e ao qual este deve adequar a escolha do conteúdo do ato: é o elemento que resta apontado, nos modelos normativos dos atos não totalmente vinculados, em correspondência da escolha confiada ao sujeito e como índice para o exercício dessa escolha". FAZZALARI, Elio. *Istituzioni di Diritto Processuale*. Padova: CEDAM, 1975, p. 158-159.

[168] O problema da vontade nos atos processuais será trabalhado no item 2.2.2.2.

[169] Mais expresso não poderia ser Calmon de Passos: "A vontade e a causa, normalmente, são irrelevantes em matéria de atos processuais". PASSOS, José Joaquim Calmon de. *Esboço de uma teoria das nulidades aplicadas às nulidades processuais*. Rio de Janeiro: Forense, 2005, p. 58.

[170] BÜLOW, Oskar. La teoría de las excepciones procesales y los presupuestos procesales. Buenos Aires: EJEA, 1964. Tradução de Miguel Angel Rosas Lichtschein.

[171] Antônio do Passo Cabral indica que a concentração do fenômeno processual na concepção de forma é fruto de "uma espécie de xenofobismo" dos processualistas em quererem apartar o processo do direito material. CABRAL, Antônio do Passo. *Nulidades no processo moderno*. Rio de Janeiro: Forense, 2009, p. 160.

Como causa e vontade são temas intimamente ligados à autonomia privada, e são fulcrais à estrutura do Direito Civil, foram gradualmente extirpados da compreensão processual, substituindo-se suas funções por uma verdadeira hipertrofia da forma,[172] porém a supressão da causa é impossível de se realizar mediante a ampliação das funções daquela no procedimento. A tentativa de excluí-la produz a incorporação das suas funções por outros institutos, apenas aparentemente dissociados da teoria da causa dos atos jurídicos. Veja-se que, no processo civil, a importância da causa é manifestamente clara na adoção do princípio da finalidade dos atos processuais, atualmente com suporte no art. 244 do Código de Processo Civil.

Com o desenvolvimento do direito processual, a força dada à forma acabou primeiramente engrandecida para, após, ser mitigada – resultando, inclusive, na sua surpreendente superação pela causa em sentido objetivo. Para o arrepio dos que defendem uma separação total entre direito material e processual, pode-se deduzir, com facilidade, do art. 244 do Código de Processo Civil, um princípio de que "a causa supera a forma". Pode-se dizer que, na doutrina processual, a teoria da causa vem inserta, camufladamente, no "princípio da finalidade" e nunca diretamente relacionada com a teoria dos atos jurídicos. Essa ocultação da causa na atual compreensão dos atos processuais tem, ao fundo, o antigo e superado objetivo de distanciar, ao máximo, direito processual e material.

Já em aspecto subjetivo, a causa também se mostra aplicada ao Direito Processual Civil, muito embora com força nitidamente menor que no direito material.[173] Para constatar sua importância, basta pensar nos atos simulados,[174] cuja lei processual, em seu art. 129, trata de repudiar, ou nas questões relacionadas à litigância de má-fé, previstas no art. 17 do Código de Processo Civil.[175]

---

[172] A hipertrofia da forma no Direito Processual Civil será aprofundada quando for trabalhado o problema da vontade nos atos processuais (item 2.2.2.2).

[173] "Quanto à causa subjetiva (intento do sujeito agente considerado como " porque", isso é, como o motivo, do ato de sua parte) não pode ter relativo aos atos processuais a importância que, dentro de certos limites, pode ter nos negócios jurídicos, porque (neste campo) a lei liga os efeitos à voluntariedade e à combinação objetiva de conteúdo-forma e não à vontade intencional ou à vontade final interna". REDENTI, Enrico. *Profili pratici del Diritto Processuale Civile.* 2ª ed. Milão: Giuffrè, 1939, p. 502.

[174] Exemplificativamente, fazendo-se um paralelo com o art. 167, II, do Código Civil, o depoimento testemunhal falso contém declaração sabidamente falsa, possuindo, daí, um vício de causa. A aplicação da teoria da causa nos atos processuais leva à distinção dessa hipótese com a do testemunho, que relata uma percepção que o depoente tem para si como verdadeira, mas que, na verdade, é falsa. Isso porque, no primeiro caso, há vício na causa do ato, uma vez que os motivos torpes ou ilícitos que o determinam o maculam. Já com relação ao segundo caso, a prova será válida, dependendo unicamente da apreciação judiciária para a consideração dos fatos declarados, conforme art. 130 do Código de Processo Civil, por isso, o juiz não pode se valer de prova falsa como fundamento para decidir, pois essa é inválida, ao passo que pode apreciar livremente a prova validamente produzida.

[175] Comentando o art. 243 do Código de Processo Civil, Daniel Mitidiero reconhece função à causa nos atos processuais, tratando-a com sentido exclusivamente subjetivo, ao afirmar a sua relevância para a demonstração da culpa ou dolo para fins de imposição de sanções atinentes à má-fé. MITIDIERO, Daniel. *Comentários ao Código de Processo Civil.* v. 2. São Paulo: Memória Jurídica, 2005, p. 403.

2.2.2.2. Vontade

Por definição, ato jurídico é uma manifestação de vontade juridicamente relevante. Assim, independentemente da disciplina jurídica que determina tal relevância, há sempre uma vontade que é manifestada. Doutrinariamente, assim como ocorre com o problema da causa, o estudo da vontade é mais desenvolvido no campo do Direito Civil por força do princípio da autonomia da vontade, pilar de todo o direito obrigacional, sendo fonte também de uma classificação dos atos conforme a função exercida pela vontade.[176]

A volição engloba não só o querer, ou seja, o conteúdo da vontade manifestada, mas também o querer manifestá-la;[177] afinal, somente a vontade exteriorizada tem valor jurídico.[178] Então, a vontade, considerada como componente do ato jurídico, supõe duas etapas: querer o conteúdo da manifestação e querer realizá-la.[179]

Com perspectivas no processo civil, Nicola Picardi esclarece que, embora a finalidade [dir-se-ia a causa objetiva] do ato processual seja previamente determinada pela lei, a exigência de certeza e conservação dos valores jurídicos, na concatenação dos atos do processo, faz levar em conta a vontade do comportamento de quem tenha criado certo ato. Todavia, faz-se prescindível perquirir sobre o intento do autor de conseguir o fim que o legislador tenha atribuído àquele ato, bastando atestar o querer praticar o ato. "Em outras palavras, não conta a vontade dos efeitos (que é requisito típico dos negócios jurídicos), mas a simples vontade do ato".[180]

---

[176] Daí, em um *negócio jurídico*, a vontade determina o próprio conteúdo do ato, podendo as partes que o celebram fixar-lhes livremente seus efeitos. Já no *ato jurídico stricto sensu*, os efeitos estão todos previamente determinados pela lei, não sendo lícito aos agentes suprimi-los ou ampliá-los, competindo à vontade dos praticantes apenas avaliar sobre a sua realização ou não.

[177] RÁO, Vicente. *Ato jurídico*. 4ª ed. São Paulo: Revista dos Tribunais, 1999, p. 117.

[178] MELLO, Marcos Bernardes de. *Teoria do fato jurídico:* plano da existência. 13ª ed. São Paulo: Saraiva, 1998, p. 153-155.

[179] Marcos Bernardes de Melo traz um elucidativo exemplo a respeito da necessidade de querer a expressão da vontade: "um indivíduo que, comparecendo a um leilão, em localidade cujos usos desconhece, exprime, involuntariamente, um gesto que significa um lance (p. ex.: acena com a cabeça para cumprimentar uma pessoa conhecida que identificou na platéia), não está, efetivamente ofertando". MELLO, Marcos Bernardes de. *Teoria do fato jurídico*: plano da existência. 13ª ed. São Paulo: Saraiva, 2007, p. 146. O exemplo do autor claramente o posiciona ao lado da Teoria da Declaração, no conhecido contraponto de Direito Civil com a Teoria da Vontade. Em linhas gerais, essas teorias divergem sobre o valor entre a vontade verdadeira e a vontade declarada, tentando justificar qual deve prevalecer em caso de conflito. Na *Teoria da Declaração*, cuja referência usual é o direito alemão, o importante é a declaração, independentemente da vontade efetivamente existente, buscando-se a segurança nas relações privadas. Já na *Teoria da Vontade*, de matriz francesa, o que deve ser preservado é a verdadeira vontade, independentemente do constante na declaração. Antônio Junqueira de Azevedo, ao contrapor as teorias, pondera que o erro é o mesmo nas duas: "ambas admitem a existência de dois elementos no negócio jurídico: a vontade e a declaração", enquanto que, em sua opinião, "não há dois elementos, mas apenas um, e este é a declaração de vontade". Para o autor, a vontade faz parte do ato jurídico, mas não é elemento necessário à existência do ato, mas sim à sua validade. AZEVEDO, Antônio Junqueira de. *Negócio jurídico*: existência, validade e eficácia. 4ª ed. São Paulo: Saraiva, 2010, p. 82-83.

[180] PICARDI, Nicola. *Manuale del processo civile*. Milão: Giuffrè, 2006, p. 219.

Igualmente, Redenti sustenta que a única vontade relevante processualmente é a de querer manifestar o ato, sendo insignificante que o sujeito queira também o conteúdo da manifestação. Assim porque os efeitos dos atos no direito processual decorreriam apenas da figura exterior (*a forma*) que o ato tenha assumido.[181] Na mesma linha, Calmon de Passos expõe que as circunstâncias volitivas do agente são restringidas pela forma no processo. Isso se dá porque a simples produção da manifestação ou da declaração de vontade seria suficiente para a eficácia do ato, de modo que a voluntariedade, extremo interno do ato jurídico, teria sua relevância relegada no Direito Processual Civil, em favor da forma assumida. Então, na forma "está o sinal, e isso basta. Consequentemente, o requisito da voluntariedade é praticamente absorvido pelo requisito de forma".[182]

A supressão da vontade pela forma representa uma enorme simplificação do mecanismo processual. Afinal, "se a cada ato do procedimento fosse realizada uma indagação acerca da correspondência dos efeitos à intenção e acerca da formação da vontade interior, o processo não caminharia mais".[183] Exclui-se, daí, em favor do valor efetividade, a análise volitiva dos atos processuais no processo, de modo a dar relevância apenas ao correto cumprimento da forma. Essa é a razão pela qual, no entender de Calmon de Passos, não se poder sequer cogitar ser a vontade intencional um requisito indispensável do ato processual, dado que "somente os atos jurídicos de direito material comportam o exame da conformidade ou não entre a vontade interna e a vontade manifestada".[184] Por isso, o jurista aproxima os atos processuais da categoria do ato-fato jurídico,[185] visto que "ainda quando o resultado da ação permaneça no âmbito do querer humano, da responsabilidade do agente, o querer que aqui opera é um querer que é a expressão da vontade normativamente expressa".[186] Como se verá futuramente, não se concorda com essa categorização proposta.

---

[181] "Basta que o ato, em si, seja voluntariamente realizado, porque esse produz efeitos, segundo a figura exterior que tenha assumido, sejam ou não esses efeitos intencionalmente previstos, pensados ou queridos, e sem que se possa indagar como o sujeito foi induzido ou se determinou ao cumprimento (voluntário) daquele ato". REDENTI, Enrico. *Profili pratici del Diritto Processuale Civile*. 2ª ed. Milão: Giuffrè, 1939, p. 499-500.

[182] PASSOS, José Joaquim Calmon de. *Esboço de uma teoria das nulidades aplicadas às nulidades processuais*. Rio de Janeiro: Forense, 2005, p. 59.

[183] REDENTI, Enrico. *Profili pratici del Diritto Processuale Civile*. 2ª ed. Milão: Giuffrè, 1939, p. 499-501.

[184] PASSOS, José Joaquim Calmon de. *Esboço de uma teoria das nulidades aplicadas às nulidades processuais*. Rio de Janeiro: Forense, 2005, p. 62-63.

[185] "Ato humano é o fato produzido pelo homem; às vezes, não sempre, pela vontade do homem. Se o direito entende que é relevante essa relação entre o fato, a vontade e o homem, que em verdade é dupla (fato, vontade--homem), o ato humano é ato jurídico, lícito ou ilícito e não ato-fato, nem fato jurídico *stricto sensu*. Se, mais rente ao determinismo da natureza, o ato é recebido pelo direito como fato do homem (relação "fato, homem"), com o que se elide o último termo da primeira relação e o primeiro da segunda, pondo-se entre parênteses o quid psíquico, o ato, fato (dependente da vontade) do homem, entra no mundo jurídico como ato-fato jurídico". PONTES DE MIRANDA. *Tratado de direito privado*. v. 2. Rio de Janeiro: Borsoi, 1954, p. 372-373.

[186] PASSOS, José Joaquim Calmon de. *Esboço de uma teoria das nulidades aplicada às nulidades processuais*. Rio de Janeiro: Forense, 2005, p. 68.

Ainda assim, conforme Zanzucchi, a vontade nos atos processuais tem algum valor quando diante dos atos produzidos pelas partes, às quais compete dar-lhes existência e fixar-lhes o conteúdo, mas não os dotar de efeitos, visto que a eficácia dos atos processuais advém da lei e não da vontade.[187] Essa simples constatação é, por sua vez, determinante para a exclusão, pela doutrina em geral, da categoria do *negócio jurídico processual*,[188] diminuindo-se ainda mais o valor da vontade no direito processual.

Há uma inegável limitação sobre a análise da vontade nos atos do processo, sendo tal determinado em favor da efetividade processual. Por outro lado, existe uma ligação forte entre os valores *efetividade* e *segurança jurídica*, do que se deduz uma importante consequência: para essa restrição ao exame da vontade se manter no processo, as formas processuais precisam assumir uma dimensão de grande importância, de modo a manter um equilíbrio valorativo. Então, com o veto de análise sobre o conteúdo volitivo do ato, a exigência mais rigorosa para o cumprimento da forma produz uma relativa segurança de ser salutar a vontade manifestada, ainda que não seja ela passível de exame no processo.[189]

Tradicionalmente, afirma-se que "a vontade não pertence à materialidade executiva do ato e somente esta deve ser posta para o problema da perfeição ou imperfeição do ato".[190] Essa limitação dar-se-ia justamente pela natureza procedimental do processo, impondo-se meios de garantir seu desenvolvimento até o ato final, de um modo seguro. Tem-se, aí, a justificação da hipertrofia da forma em detrimento da vontade. Daí, "a volição dos atos processuais seria apenas genérica, a simples consciência e vontade de praticar o ato, desnecessário que estivesse finalisticamente direcionada à produção de determinado efeito".[191]

A irrelevância da vontade mostra-se como um verdadeiro dogma no Direito Processual Civil.[192] Não obstante, nos atos das partes, o art. 158 do Código de Pro-

---

[187] "Nos próprios atos das partes, onde a vontade do sujeito tem maior importância, a referida vontade concorre como elemento que não só dá existência ao ato, mas também que lhe determina livremente o conteúdo, mas não, porém, como elemento que determina seus efeitos, por isso que o sujeito dá ao ato aquele conteúdo que, segundo a lei, é conforme a sua medida e ao seu escopo, e então os efeitos do ato se produzem só pelo fato de que o ato foi realizado daquele modo da lei e independentemente da intenção ou do motivo interno do sujeito; ou o sujeito dá ao ato um conteúdo disforme à natureza e ao escopo do ato, e então este não produz seus efeitos, mas isso pelo só fato que este foi se realizar de modo disforme da lei". ZANZUCCHI, Marco Tullio. *Diritto Processuale Civile*. v. 1. 6ª ed. Milão: Giuffrè, 1964, p. 418-419.

[188] Adotar ou não a categoria dos negócios jurídicos processuais é ponto irrelevante para fins propostos nesta pesquisa. Por ora, limita-se a perquirir sobre a função e relevância da vontade nos atos processuais em geral.

[189] Assim Redenti, considerando que nesse regime de exclusão da vontade "resta necessária uma disciplina das formas bem mais rigorosa. As prescrições de forma, de um lado, podem advertir as partes da importância do ato e das suas consequências, antes que o realizem, e, de outro, fazem mais simples e mais ágil a determinação legal dos efeitos com relação ao seu teor extrínseco". REDENTI, Enrico. *Profili pratici del Diritto Processuale Civile*. 2ª ed. Milão: Giuffrè, 1939, p. 499-501.

[190] PASSOS, José Joaquim Calmon de. *Esboço de uma teoria das nulidades aplicadas às nulidades processuais*. Rio de Janeiro: Forense, 2005, p. 64.

[191] CABRAL, Antônio do Passo. *Nulidades no processo moderno*. Rio de Janeiro: Forense, 2009, p. 162.

[192] A expressão "o dogma da irrelevância da vontade" vai atribuída à Paula Costa e Silva, cuja tese de doutoramento certificou tratar-se de uma crença infundada no pertinente à interpretação e aos vícios de vontade nos atos

cesso Civil Brasileiro reconhece a vontade nos atos dispositivos, inclusive para fins de dar-lhe eficácia imediata, independente de homologação judicial. Também, não se nega relevância da vontade nos atos postulatórios em geral, sendo ela objeto de interpretação, uma vez que o conteúdo da manifestação não pode ser deduzido exclusivamente da sua materialidade, mas externar-se por sucessivas declarações lógicas, expositoras de razões e de fatos, ou, ainda, em mera atividade material.[193]

Sem embargo da doutrina tradicional, há casos em que, mesmo no direito processual, a vontade do conteúdo da manifestação deve ser analisada. Buscar-se-á demonstrar tal assertiva mediante a indicação de pelo menos três institutos presentes na legislação brasileira processual: *o justo motivo*, a *litigância de má-fé* e o *erro material*.

O art. 183, § 1º, do Código de Processo Civil, determina que a não realização de um ato processual não faz precluir o respectivo direito quando houve evento imprevisto e alheio à vontade que impediu o sujeito de praticar o ato. Disso, conclui-se que a *omissão não voluntária* pela parte é relevante ao direito processual, já que reverte a ocorrência da preclusão. Questão importante é, a partir daí, saber se apenas a omissão deve ser voluntária ou se o mesmo se aplica ao agir. Paula Costa e Silva responde que seria contraditório sustentar o repúdio às omissões involuntárias e a tolerância com as ações também involuntárias. Assim, "se a omissão releva enquanto tal porque se traduz num comportamento omissivo involuntário, a acção também só pode ser considerada relevante se lhe corresponder uma conduta voluntária". Afinal, complementa a autora, "o sistema se encontra estruturado pressupondo que as actuações dos sujeitos processuais são voluntárias".[194] Veja-se: nas omissões involuntárias (justo motivo), o exame da forma não pode reverter uma preclusão; pois basta uma simples e lógica constatação: não existe forma no ato não praticado.

Outrossim, não há como explicar senão pela perquirição do conteúdo (causa e vontade) dos atos processuais exteriorizados a aplicação de pena por litigância de má-fé.[195] A vontade intencional manifestada no ato (e não a forma que ele assumiu) é o principal objeto de análise em diversos incisos do art. 17 do Código de Processo Civil, já que "apenas um comportamento voluntário pode ser valorado sob o ponto de vista das finalidades do agente".[196]

---

postulativos. COSTA E SILVA, Paula. *Acto e processo*: o dogma da irrelevância da vontade na interpretação e nos vícios do acto postulativo. Coimbra: Coimbra Editora, 2003.

[193] ZANZUCCHI, Marco Tullio. *Diritto Processuale Civile*. v. 1. 6ª ed. Milão: Giuffrè, 1964, p. 416.

[194] COSTA E SILVA, Paula. *Acto e processo*: o dogma da irrelevância da vontade na interpretação e nos vícios do acto postulativo. Coimbra: Coimbra Editora, 2003, p. 316

[195] Sobre a litigância de má-fé e seu exame, ver COSTA E SILVA, Paula. *A litigância de má fé*. Coimbra: Coimbra Editora, 2008.

[196] COSTA E SILVA, Paula. *Acto e processo*: o dogma da irrelevância da vontade na interpretação e nos vícios do acto postulativo. Coimbra: Coimbra Editora, 2003, p. 316

Para constatar que a parte pretendeu "alterar a verdade dos fatos" (Código de Processo Civil, art. 17, II), verifica-se, diante dos dados objetivos constantes no processo, a existência de uma vontade de mentir e a possível escusabilidade na omissão do fato. A verdade é subjetiva, manifestando-se mediante versões. Daí, mesmo que a versão dos fatos apresentada pela parte em suas peças não seja a mesma acolhida na sentença, não se tem a configuração automática da litigância de má-fé. Ter-se-á a má-fé, porém, quando "o réu sabe que determinado fato é falso e ainda assim o sustenta na contestação", sendo, nesse caso, "óbvio que não se está diante de qualquer defesa de verdade subjetiva, mas propriamente de uma mentira".[197] A mentira deliberada é a hipótese que autoriza a condenação por litigância de má-fé, mas, para tanto, é indispensável identificar se o sujeito que praticou o ato queria dizer a verdade ou se queria mentir; ou seja, analisar a vontade como conteúdo da manifestação, diante dos elementos objetivamente fundamentáveis constantes no processo. Percebe-se, no exemplo, que o modo de exteriorização do ato em nada auxilia para a configuração da má-fé.

De igual modo, atente-se ao inciso VII do art. 17 do Código de Processo Civil: se a parte "interpuser recurso com intuito manifestamente protelatório" será considerada litigante de má-fé. Ora, não há como saber se o "intuito" da parte ao praticar o recurso era protelar o feito com atenção apenas à forma adotada. No caso, é indispensável analisar a própria causa subjetiva, elemento interno do ato que se constitui no motivo pelo qual o sujeito o pratica.

Já com relação ao *erro material*, faz-se presente a previsão no art. 463, I, do Código de Processo Civil, determinando a possibilidade de o juiz modificar a sentença após a sua publicação "para lhe corrigir, de ofício ou a requerimento da parte, inexatidões materiais, ou lhe retificar erros de cálculo". Erros materiais são "inexatidões materiais que se percebem primo ictu oculi e que, sem maior exame, se verifica não traduzem o pensamento ou a vontade do prolator da sentença".[198] Isso ocorre quando a análise do próprio ato faz verificar um erro ostensivo, porém é lógica irrefutável que para se constar uma divergência entre manifestação e vontade é necessário, ao menos, reconhecer haver uma vontade analisável.

Remeter qualquer dessas três hipóteses ao exame de forma (*modo de exteriorização*) é fundamentar no vazio, já que não há forma a ser analisada na omissão para que a considere decorrente de um justo impedimento (art. 183, § 1º). É irrelevante, para a configuração da litigância de má-fé, o fato de o recurso ter ou não cumprido a forma determinada pela lei (art. 17, VII); sendo, ainda, totalmente sem importância o modo de expressão (escrito ou oral) utilizado para a deturpação dos fatos (art. 17, II); ou, por fim, ser impossível constatar uma divergência entre manifestação e vontade (erro material) se não se reconhece a existência de uma

---

[197] SCARPARO, Eduardo. Tópicos sobre a colaboração com a instrução probatória. *Revista Jurídica,* Porto Alegre, nº 366, p. 77-104, abr. 2008, p. 87-88.

[198] SANTOS, Moacyr Amaral. *Comentários ao Código de Processo Civil.* v. 4. 3ª ed. Rio de Janeiro: Forense, 1982, p. 418-419.

vontade analisável. Em suma: para identificar o justo impedimento, a má-fé e o erro material, o juiz atenta ao próprio conteúdo do ato (causa e vontade), ou seja, não tão somente à sua exteriorização (forma).

A doutrina tradicional tem dificuldades para bem compreender essas objeções porque, embora reconheça haver vontade nos atos processuais, veda em qualquer hipótese o seu exame. É de se chamar atenção que, em posicionamento extremado,[199] determinada corrente chega a classificar os atos processuais como atos-fatos, retirando-lhes qualquer relevância que se pudesse dar à vontade. Ora, se é verdadeiro o que se demonstrou, a vontade representa um elemento importante nos atos do Direito Processual Civil, sendo, por isso, errôneo sustentar que os atos processuais são "atos-fatos" ou afirmar que a vontade do conteúdo da manifestação não existe ou não tem qualquer foro de análise nos atos processuais.

Nem só por isso, todavia, é correto concluir que se terá a análise da vontade no direito processual do mesmo modo que no direito material civil. A vontade, tanto do conteúdo quanto da manifestação, integra todo ato jurídico; porém, em alguns sistemas, a perquirição da sua higidez é forçadamente diferida para nova sede, como ocorre no Direito Processual Civil. No processo, a rigor, a análise da vontade nos atos não ocorre com profundidade, por força do valor efetividade. Lembrando o perspicaz ensinamento de Enrico Redenti,[200] se cada ato do procedimento exigisse ter a perfeição da vontade atestada para a produção dos efeitos, ter-se-ia uma pulverização incontável de lides dentro de cada processo, com efeito de retardar incomensuravelmente ou até mesmo tornar impossível a prestação da tutela jurisdicional.

Se, por um lado, não se pode excluir da consistência do ato jurídico praticado no processo o seu caráter volitivo, por outro, pode-se restringir o exame da validade dos atos no âmbito endoprocessual, limitando a análise apenas às questões pertinentes à regularidade do ato considerado como parte integrante do procedimento.[201] Salvo exceção prevista na lei processual, a causa subjetiva e a vontade de seus atos não devem ser analisadas no próprio processo, mas em demanda própria, nos termos da lei civil.

Há, assim, um diferimento da impugnação da validade fundada no conteúdo subjetivo (vontade e causa subjetiva) dos atos processuais. Em alguns casos, essa análise é postergada ou para uma ação rescisória, no caso de ser o ato atacado uma sentença de mérito (art. 485),[202] ou para uma ação anulatória, na forma do art. 486 do Código de Processo Civil, sendo expressamente determinada na lei a apli-

---

[199] PASSOS, José Joaquim Calmon de. *Esboço de uma teoria das nulidades aplicadas às nulidades processuais.* Rio de Janeiro: Forense, 2005, p. 68.

[200] REDENTI, Enrico. *Profili pratici del Diritto Processuale Civile.* 2ª ed. Milão: Giuffrè, 1939, p. 499-501.

[201] COSTA E SILVA, Paula. *Acto e processo*: o dogma da irrelevância da vontade na interpretação e nos vícios do acto postulativo. Coimbra: Coimbra Editora, 2003, p. 187-188.

[202] Faz-se a ressalva de que nem todos os casos de ação rescisória previstos no art. 485 do Código de Processo Civil remetem ao exame da vontade ou da causa, todavia é manifestamente clara essa remissão nos incisos I, III, VIII e IX.

cação do regime do Direito Civil. Daí, como os atos judiciais que não dependem de sentença serão examinados "nos termos da lei civil", as questões relativas ao conteúdo subjetivo desses atos restam relegadas ao exame do direito material, em ação própria, ou seja, em regime extraprocessual, simplificando-se o processo em favor do valor efetividade.[203]

Os atos jurídicos processuais podem, então, ser analisados por duas óticas: a processual e a de direito material. No curso do processo, resta única a perspectiva processual, que exclui da análise, salvo exceção, a perquirição aprofundada sobre a higidez da vontade manifestada. De outro lado, esse ato praticado no processo, cuja vontade não pôde, com extensão, ser avaliada, terá exame com minúcias de seu conteúdo subjetivo se exercida uma ação própria, nos termos da lei civil.[204]

Ora, exatamente o mesmo ato não pode ser considerado como um *ato-fato*, cuja vontade não pode, em sede alguma, ser apreciada, e, concomitantemente, como um *ato jurídico*, que comporta esse aprofundado exame em ação própria. Agora, parece claro que, no direito processual, ao menos no brasileiro, tem-se apenas uma limitação endoprocessual de análise da vontade e da causa subjetiva, para fins de promover o valor efetividade. De outra banda, mesmo com a limitação de cognição dos atos processuais dentro do processo, não se exclui, do direito, a possibilidade de sua averiguação plena. Mas, para tanto, é necessário um meio próprio que, na maior parte dos casos, é a ação anulatória prevista no art. 486 do Código de Processo Civil.

Por ora, basta a compreensão de que a vontade integra o conteúdo de qualquer ato jurídico, muito embora, endoprocessualmente, não possua a mesma importância que tem extraprocessualmente ou em relação aos atos de direito substancial.[205] A consequência é que o exame da validade pelas normas processuais tem análise severamente restringida em favor da perfeição dos outros componentes e, em especial, da forma.

2.2.3. Componentes ligados à materialidade

Além dos sujeitos e do conteúdo, a norma determina que o ato jurídico seja cumprido em determinadas condições de exteriorização material. Isso ocorre por-

---

[203] O mesmo ocorre no direito português, como demonstra Paula Costa e Silva, ao analisar o art. 301 do respectivo Código de Processo Civil. A autora deixa clara a existência de duas vias de impugnação: "O legislador processual limitou-se a resolver os problemas que a impugnação do acto, enquanto acto integrado ao processo, pode suscitar. Quanto ao restante, remeteu para o direito substantivo". COSTA E SILVA, Paula. *Acto e processo*: o dogma da irrelevância da vontade na interpretação e nos vícios do acto postulativo. Coimbra: Coimbra Editora, 2003, p. 187-188.

[204] Justificando a forma como único componente relevante do ato processual, "muitos afirmam que, quando a lei fala em vícios de forma, estaria restringindo a disciplina das nulidades dos atos do processo apenas a defeitos processuais, excluindo os vícios de vontade, previstos nas regras do direito material e que não poderiam ser verificados no processo". CABRAL, Antônio do Passo. *Nulidades no processo moderno*. Rio de Janeiro: Forense, 2009, p. 161.

[205] ZANZUCCHI, Marco Tullio. *Diritto Processuale Civile*. v. 1. 6ª ed. Milão: Giuffrè, 1964, p. 418.

que, inevitavelmente, o ato assume alguma forma e se realiza em condições de tempo e lugar, sendo possível que o direito regule tais componentes. Da mesma maneira, pode a norma exigir que o ato seja cumprido apenas após outro ato (antecedente necessário), ou fazer o próprio ato constituir uma condição para a eficácia de um ato posterior.

2.2.3.1. Forma e circunstâncias

A forma é o aspecto relativo ao modo como deve se exteriorizar o ato. Em sentido estrito, é simplesmente o invólucro do ato processual. Nas palavras de Carlos Alberto Alvaro de Oliveira, "cuida-se de signos pelos quais a vontade se manifesta e dos requisitos a serem observados em sua celebração",[206] ou, nos termos de Fazzalari, "seu modo de aparecer na realidade".[207] Carnelutti, por sua vez, traz um elucidativo exemplo: "forma quer dizer a parte externa de um ser, como do vaso ou do molde, no qual se contém a essência".[208]

Os atos jurídicos são dependentes de uma forma,[209] seja ela pré-disposta na lei, seja ela realizada conforme a livre vontade do agente praticante do ato, mas importante é perceber que a exteriorização do ato obedece a um invólucro, porém não só desse exterior empírico está composto o tipo.[210] Conforme sustenta, com razão, Calmon de Passos, "o termo 'forma', por mais extensão que se lhe dê, apenas pode incluir os elementos extrínsecos do ato, traduzindo seu aspecto exterior".[211]

Não é incomum, todavia, a doutrina se referir a uma *forma em sentido amplo*, que abarcaria, além da forma em sentido estrito, a língua e as condições de tempo e lugar adotadas na promoção do ato, ou até mesmo as prescrições legais relativas ao conteúdo.[212]

Outrossim, existem aspectos de concretização do tipo jurídico que não se referem ao seu invólucro ou ao seu conteúdo, mas a questões exteriores. São de-

---

[206] ALVARO DE OLIVEIRA, Carlos Alberto. *Do formalismo no processo civil.* 4ª ed. São Paulo: Saraiva, 2010, p. 26.

[207] FAZZALARI, Elio. *Istituizioni di Diritto Processuale.* Padova: CEDAM, 1975, p. 157. No mesmo sentido, para a definição estrita de forma: MITIDIERO, Daniel. O problema da invalidade dos atos processuais no Direito Processual Civil brasileiro contemporâneo. *Genesis,* Curitiba, p. 46-69, jan/mar. 2005, p. 49.

[208] CARNELUTTI, Francesco. *Sistema del Diritto Processuale Civile.* v. 2. Padova: CEDAM, 1938, p. 160.

[209] "Se um ato é jurídico quando produz consequências de direito, isso é, quando o direito o liga a elas, não se pode conceber juridicidade senão quando o direito preestabelece a forma". CARNELUTTI, Francesco. *Sistema del Diritto Processuale Civile.* v. 2. Padova: CEDAM, 1938, p. 168.

[210] A respeito do conceito de tipo e seus elementos, ver o disposto no item 7.2.

[211] PASSOS, José Joaquim Calmon de. *Esboço de uma teoria das nulidades aplicadas às nulidades processuais.* Rio de Janeiro: Forense, 2005, p. 108.

[212] Assim é a orientação de Cândido Dinamarco: "O conjunto de todos os requisitos gerais e particulares do atos do processo é composto de exigências referentes ao modo como cada um deve ser realizado, ao lugar em que o será e ao tempo de sua realização. Tais são os elementos que integram a forma do ato processual, ou seja, o conjunto de meios pelos quais os sujeitos do processo expressam suas intenções e suas vontades". DINAMARCO, Cândido Rangel. *Instituições de Direito Processual Civil.* v. 2. São Paulo: Malheiros, 2004, p. 536-537.

terminações que não são intrínsecas à forma, como o tempo e o lugar em que se realizou o ato jurídico, ou a exigência ou não de atos preparatórios antecedentes ou condicionantes para a perfeição do ato. Essas condições não são intrínsecas ao ato, mas simples circunstâncias de sua produção, podendo também ser chamadas de *formalidades*.[213] As circunstâncias refletem o modo de ser dos atos, consistindo nas ligações estabelecidas entre o próprio ato e o ambiente exterior, sendo, assim, "não tanto uma qualidade, quanto uma posição do ato".[214]

Muitos autores associam essas formalidades com a forma propriamente dita,[215] o que não deve prevalecer; entretanto, não é a simples dissociação que permite afastar as circunstâncias do tipo processual e, consequentemente, alterar o plano jurídico de análise ou o modo de produção de eficácia dos atos.[216]

São inúmeros os artigos do Código de Processo Civil que estabelecem o tempo para a realização do ato,[217] aspecto que, embora alheio à forma, integra o tipo. Um recurso pode tanto ser inadmissível por desrespeito à forma determinada pela lei, quanto ao prazo de sua interposição. Também se pode pensar como uma circunstância a prévia determinação na lei dos horários para a prática dos atos no art. 172 do Código de Processo Civil, entre outros exemplos.

O lugar da realização do ato também apresenta-se como uma formalidade, eventualmente, prevendo a lei as condições específicas da realização dos atos.[218] A regra geral é a realização na sede do juízo, como dispõe o art. 176. De outra banda, orientações específicas existem no Código de Processo Civil, determinando, por

---

[213] ALVARO DE OLIVEIRA, Carlos Alberto. *Do formalismo no processo civil*. 4ª ed. São Paulo: Saraiva, 2010, p. 27.

[214] CARNELUTTI, Francesco. *Sistema del Diritto Processuale Civile*. v. 2. Padova: CEDAM, 1938, p. 129. Em seus Comentários ao Código de Processo Civil, Daniel Mitidiero sustenta, valendo-se, também, de um argumento meramente topológico, que a separação das formalidades da forma é bem clara no direito brasileiro, pois "nosso Código trata da forma dos atos processuais no Capítulo I do Título V do Livro I, separando-a nitidamente da matéria versada no Capítulo II dos mesmos Título V, Livro I, que cuida do tempo e do lugar dos atos do processo". MITIDIERO, Daniel. *Comentários ao Código de Processo Civil*. v. 2. São Paulo: Memória Jurídica, 2005, p. 19-20.

[215] SILVA, Ovídio Baptista da. *Curso de Processo Civil*. v. 1. 7ª ed. São Paulo: Revista dos Tribunais, 2006, p. 190-191; DINAMARCO, Cândido Rangel. *Instituições de Direito Processual Civil*. v. 2. São Paulo: Malheiros, 2004, p. 536-537. LIEBMAN, Enrico Tullio. *Manuale di Diritto Processuale Civile*. v. 1. 2ª ed. Milão: Giuffrè, 1957, p. 187.

[216] O ponto será debatido quando trabalhado o conceito de tipo, no item 7.2.

[217] "O tempo, como aspecto da natureza e do mundo, não é outra coisa senão expressão da sua mudança, isso é, da história; assim, porque a realidade está em mudança, história e realidade frequentemente se confundem. A posição de um ato em tal mudança é isso que se chama de tempo do ato; a inserção de qualquer ato na história ocorre em um ponto do tempo". CARNELUTTI, Francesco. *Sistema del Diritto Processuale Civile*. v. 2. Padova: CEDAM, 1938, p. 428.

[218] Nas palavras de Carnelutti, "lugar é uma porção do espaço e, em particular, na consideração horizontal do espaço, uma porção da superfície terrestre; lugar do ato é o ponto do espaço e, em particular, o ponto da superfície terrestre no qual o ato ocorre". CARNELUTTI, Francesco. *Sistema del Diritto Processuale Civile*. v. 2. Padova: CEDAM, 1938, p. 450. Há de se ressalvar que a definição de Carnelutti não leva, e nem poderia, dado ao ano em que foi formulada (1938), em consideração a possibilidade de prática de atos em meio eletrônico, no qual o *lugar* não coincide com uma posição físico-espacial, mas sim com uma "virtualidade".

exemplo, no art. 411, que algumas autoridades serão ouvidas, se arroladas como testemunhas, em suas residências.

Já as *condições* dos atos processuais ocorrem, a exemplo do direito negocial, quando os efeitos jurídicos de um ato dependem de um fato diverso. Trata-se de um evento posterior ao ato do qual depende, total ou parcialmente, a produção dos efeitos deste.[219] O fenômeno, ao contrário do que possa inadvertidamente parecer, não se restringe aos negócios jurídicos, mas é extensível a todos os atos imperativos,[220] sendo, inclusive, bastante comum no Direito Processual Civil brasileiro.[221]

São diversos os casos: a Lei 9.800/99, em seu art. 2º, possibilita o protocolo de petições mediante *fac-símile*; todavia, condiciona a eficácia do ato à entrega dos originais em cinco dias, contados, ou do término do prazo (quando há prazo fixado), ou do recebimento do material (na inexistência de prazo para a prática do ato); o art. 158, parágrafo único, do Código de Processo Civil, determina que a desistência só produz efeitos após a homologação por sentença; o art. 804 permite ao juiz condicionar a liminar ao caucionamento, entre outros. Em todos esses exemplos, tem-se a eficácia de um ato processual condicionada por outro ato futuro, sendo esse aspecto externo ao primeiro.

Carnelutti também refere a "pressupostos"[222] como circunstâncias dos atos jurídicos processuais para "indicar um evento diverso do ato e anterior ao mesmo, da qual o ato depende no todo ou em parte para a sua eficácia".[223] Para evitar a confusão terminológica, já que ao termo está com uso consagrado no que pertine aos supostos ligados à existência, tratar-se-á de "antecedente necessário". Como o processo tem natureza procedimental, a cadeia de atos é organizada para fins de alcançar uma finalidade, instituindo ligações lógicas entre os atos, por isso, a citação regular do réu é ato necessário para a decretação da revelia; a sentença é antecedente da apelação; a apresentação de quesitos é anterior à confecção do laudo; entre incontáveis outros exemplos.

Assim, os componentes empíricos do ato são a forma em sentido estrito e as suas circunstâncias, que dirão respeito ao tempo, ao lugar, às condições e aos antecedentes necessários. Ademais, o ato processual, à semelhança dos demais atos

---

[219] CARNELUTTI, Francesco. *Sistema del Diritto Processuale Civile*. v. 2. Padova: CEDAM, 1938, p. 465.

[220] Idem, p. 457.

[221] Na lei processual é diuturna a previsão de condições legais, cuja origem, como o próprio nome já refere, está na lei. De outra banda, pode-se também falar em condições convencionais, estas, sim, derivadas da vontade e, por isso, típicas do Direito Civil.

[222] O autor expressamente faz ressalva relativa à terminologia: "Prescindindo do uso particular, ao qual a palavra pressuposição foi destinada na doutrina de um célebre jurista alemão [referindo-se a Bülow], além de na ciência penal como no direito processual, se chamam pressupostos os fatos constitutivos de uma situação jurídica, ou os elementos ou alguns dos elementos de um ato jurídico. Naturalmente este uso da palavra não poderemos ter como incorreto; a questão não diz respeito à correção, mas a conveniência, a qual, penso que melhor opera no sentido de reservar esta palavra para a denotação dos requisitos externos, diversos das condições". CARNELUTTI, Francesco. *Sistema del Diritto Processuale Civile*. v. 2. Padova: CEDAM, 1938, p. 480.

[223] CARNELUTTI, Francesco. *Sistema del Diritto Processuale Civile*. v. 2. Padova: CEDAM, 1938, p. 480.

jurídicos, resta composto por capacidade, legitimidade, causa, vontade, forma e circunstâncias. Oportunamente, estudar-se-á quais as consequências que o direito processual determina para cada desvio desses componentes. Antes, porém, examina-se o plano jurídico da validade.

3. O plano da validade

Tradicionalmente divide-se o estudo dos atos e fatos jurídicos em três níveis: existência, validade e eficácia. Na análise dos atos esses são os três enfoques de exame para verificar se seus os componentes foram cumpridos plenamente.[224] Reconhece-se o fato, associando-o a um tipo normativo, dando conta da sua existência jurídica. Realizado esse passo, perquire-se no confronto com o tipo, se houve seu preenchimento satisfatório para fins de julgar a validade do ato que, conforme ditar a sua eficácia, produz ou não efeitos. Tem-se, então, três planos: existência, validade e eficácia. Para fins de dar ênfase ao tópico específico objeto desta pesquisa, centrar-se-ão os esforços em acalarar o plano da validade, estudando-o com aprofundamento nos capítulos seguintes.

3.1. O EXAME DE VALIDADE

Para se alcançar o exame de validade dos atos jurídicos a existência do ato já restou constatada.[225] Apenas atos existentes submetem-se ao exame comparativo de precisão entre o ato e a norma, por isso, diz-se que a atividade própria do plano da validade é perquirir se o modo com que o ato teve seu suporte fático preenchido foi suficiente.

Enquanto o estudo do plano da existência determina a atenção aos pressupostos do suporte fático, ou seja, dos supostos que permitem o reconhecimento do ato como portador de um sentido jurídico, a validade demanda a busca aos supostos complementares: os chamados requisitos. Os requisitos são, por assim dizer, os atributos dos pressupostos.

O plano da validade tem apenas um viés de exame: o confronto do ato existente com a norma jurídica que o regula. A invalidade nada mais é que uma con-

---

[224] AZEVEDO, Antônio Junqueira de. *Negócio Jurídico*: existência, validade e eficácia. 4ª ed. São Paulo: Saraiva, 2010, p. 24.

[225] "Sempre que se fala de ato viciado, está-se a pensar em ato existente, no sentido físico e no jurídico. A propósito daquilo que não se manifestou no mundo ou, manifestando-se, não penetrou na esfera jurídica, descabe pensar-se em validade ou invalidade, em eficácia ou ineficácia". FABRÍCIO, Adroaldo Furtado. Réu revel não citado 'querela nullitatis' e ação rescisória. *Revista da Ajuris*, Porto Alegre, nº 42, p. 7-32, mar. 1988, p. 7.

sequência determinada pelo direito em razão do desvio da norma jurídica.[226] Daí, a sua constatação depende e está ontologicamente associada à comparação do ato com a norma.

Do desvio, porém, nem sempre decorre a invalidade. Afinal, nada impede que seja pré-excluída a invalidação pelo próprio sistema normativo, conforme os objetivos e fundamentos valorativos da disciplina jurídica a qual se aplica. Exemplificativamente, o direito processual tem, por função precípua, possibilitar um modo justo, igual, participativo, seguro e efetivo de prestar a tutela jurisdicional,[227] ou seja, de, em conformidade com os valores assentados na ordem constitucional, bem possibilitar o cumprimento das normas de direito material. Isso remete à característica de instrumentalidade, que repercute na pré-exclusão da invalidade de atos viciados, se, apesar da falha na sua realização, forem suficientes para cumprir a respectiva finalidade, sem a ocorrência de prejuízo (art. 249, § 1º).

Essa aplicação da instrumentalidade, todavia, não pode ser realizada em todos os ramos jurídicos, já que está associada às funções e aos valores da disciplina processual.[228] Assim, ocorrendo o desvio da norma, o jurista dosa as consequências e avalia os requisitos para a decretação da invalidade em função da gravidade do vício e das repercussões da preservação do ato viciado, forte na intermediação valorativa fundamentada na Constituição.

3.2. VALIDADE E VALORATIVIDADE

Ensina Falzea que a expressão "dever ser", típica do silogismo jurídico, refere-se impreterivelmente ao plano axiológico, porque "toda norma de conduta, jurídica ou ética, define um valor do agir humano".[229] Explica o autor que a causalidade jurídica é comumente compreendida em paralelo com a causalidade fática. Assim como "o sol causa o desgelo" (efeito físico), "o contrato produz o dever de pagamento" (efeito jurídico). Conclui com acerto que "se o efeito físico expressa uma necessidade de fato, o efeito jurídico expressa uma necessidade axiológica".[230]

---

[226] A doutrina divide-se a respeito da natureza da invalidade. Alguns a consideram uma consequência e outros uma sanção. O tema será estudado no item 3.3.

[227] ALVARO DE OLIVEIRA, Carlos Alberto; MITIDIERO, Daniel. *Curso de processo civil*: Teoria Geral do processo civil e parte geral do Direito Processual Civil. São Paulo: Atlas, 2010, p. 16.

[228] Exemplificativamente, não se poderia argumentar que não há crime (violação da norma proibitiva penal) se não houve prejuízo, nos chamados crimes formais. De igual maneira, não se pode dizer que uma infração de trânsito (ex. passar o sinal vermelho) não seria digna de sanção, em razão de não se ter atropelado qualquer pedestre.

[229] FALZEA, Angelo. *Richerche di teoria generale del diritto e di dogmatica giuridica*. II: dogmatica giuridica. Milão: Giuffrè, 1997, p. 19.

[230] Idem, p. 18-21.

Há no direito uma correlação inafastável entre norma e valor. A questão a ser averiguada, neste momento, diz respeito ao tipo de vínculo (substancial ou formal) entre a axiologia e o direito e à natureza (ideal ou real) dessa carga valorativa.[231] Tais soluções repercutem na compreensão da validade das normas e dos atos, uma vez que determinam os critérios para a apuração da perfeição e da eficácia.[232]

O *jusnaturalismo* entende o jurídico como um valor de natureza *ideal-substancial*, de modo que o próprio direito é um valor do tipo ético-material, sendo, portanto, fruto de uma compreensão imutável e superior. E assim se dá no direito natural antigo, no medieval e no moderno.[233] Essa teoria, cujo aprofundamento

---

[231] Para um estudo de grande valor e pormenorizado dos diferentes conceitos de direito atentando a esses critérios: FALZEA, Angelo. *Introduzione alle scienze giuridiche:* il concetto del diritto. 5ª ed. Milão: Giuffrè, 1996.

[232] O estudo da validade na teoria geral do direito deve indicar os critérios para que uma determinada norma seja considerada válida. Robert Alexy indicou três comumente utilizados, decorrentes do modo como se perceba a relação entre moral e direito. Em primeiro lugar há uma *teoria sociológica da validade*, com atenção a fatos sociais como a obediência e o sentimento de vinculação à norma. De outra banda, pode-se falar em uma *teoria ética da validade*, associando-a com uma razão moral, como no caso das teorias jusnaturalistas que veem na "lei natural" o fundamento ético da norma. Ainda fala-se em uma *teoria jurídica da validade*, cujo valer liga-se à edição da norma por uma autoridade cuja competência deriva de uma norma de nível superior. ALEXY, Robert. *Teoria dos Direitos Fundamentais*. São Paulo: Malheiros, 2008, p. 60-61. Tradução de Virgílio Afonso da Silva. Em categorias que se aproximam das teorias de validade apontadas por Robert Alexy, que são aplicadas independentemente, Miguel Reale sustentou que o estudo da validade das normas jurídicas se dá em três aspectos, de modo conjunto: (a) *o social*, relacionado à eficácia ou à efetividade da norma, ligada ao reconhecimento do direito pela comunidade no plano social; (b) *o formal ou técnico-jurídico*, concernente à competência e aos processos de produção e reconhecimento no plano normativo; e (c) *o ético*, remontando aos fundamentos, o valor objetivado pela regra de direito. Desse modo, no entender do jurista, são três os aspectos essenciais da validade: o fundamento, a vigência e a eficácia, refletindo aqui sua teoria tridimensional do direito (fato-valor-norma). REALE, Miguel. *Lições preliminares de direito*. 3ª ed. São Paulo: Saraiva, 1976, p. 105-116.

[233] Na tradição clássica, o direito natural é formado por princípios e valores jurídicos mais amplos e universais que aqueles encontrados nos ordenamentos positivos particulares. O direito natural é aqui relacionado diretamente à natureza do homem e aos seus valores fundamentais. O jusnaturalismo medieval, por sua vez, acrescenta a compreensão da razão, de modo que, por meio dela, seria possível alcançar os princípios supremos do agir moral, conhecendo a lei natural. A filosofia escolástica é insistente em afirmar que o direito natural associa-se à concepção da razão orientada teleologicamente. Já no direito moderno, com a influência do modo de pensar das ciências naturais, teve-se a independência do direito natural dos pressupostos religiosos, sendo ele uma disciplina puramente racional, dedutível da natureza do homem. Outrossim, houve uma mudança significativa no Século XVIII, com a subjetivação dos direitos naturais, de modo a justificar o isolamento do Estado das esferas de liberdade dos indivíduos. FALZEA, Angelo. *Introduzione alle scienze giuridiche:* il concetto del diritto. 5ª ed. Milão: Giuffrè, 1996, p. 38-52. Também merece referência a reconstrução jusnaturalista a partir da crítica kantiana. A filosofia kantiana apontava o condicionamento pela situação de qualquer opção ética de caráter material, fazendo desacreditados os princípios jusracionalistas acríticos. Nessa linha, Savigny, Hugo e Feuerbach construíram a noção de que a justiça do direito positivo restaria fundada na autonomia moral da pessoa e da sua vontade ética. Tudo isso associado à compreensão da ordem jurídica como forma de tornar possível a maior liberdade compatível com a liberdade de outros sujeitos. Daí, na ética de Kant, estava um dos principais fundadores do formalismo científico. Nesse ambiente cultural, a Escola Histórica propôs-se a explorar a dimensão histórica do direito e da ciência jurídica, fazendo do direito racionalista algo relativamente histórico. Isso fez com que o direito já não pudesse ser compreendido como um sistema de leis naturais gerais e a-históricas da sociedade humana, ou apenas como mero produto de um legislador racional. A historicidade do direito advinha da historicidade do próprio povo; o direito apresentava-se como uma manifestação cultural do espírito do povo. A desvinculação com a matriz ética-material do jusnaturalismo não retirou, todavia, do jusnaturalismo importantes condições para o desenvolvimento da chamada Escola Histórica. Já Feurerbach valeu-se da respectiva metodologia para fins de sustentar a organização lógica não-contraditória e racional da matéria jurídica. Então, se, de um lado, o direito

não se faz necessário para os fins desta tese, encontra em critérios ideais e superiores de justiça, referentes ao divino ou à razão, os suportes para aplicação de toda atividade jurídica.[234]

Por outro lado, o *jusformalismo* assenta-se na ideia de que a característica essencial da lógica de aplicação jurídica é a avaloratividade.[235] Nessa linha, como a ciência busca um conhecimento puramente objetivo, os *juízos de valor* devem ser excluídos.[236] A noção elementar apoia-se na ideia de que a própria expressão da norma (a contraposição entre o "ser" e o "dever ser") pressupõe uma análise de uma estrutura lógico-formal.[237] O resultado é uma concepção *ideal-formal* de direito, fazendo do sistema positivo formal um limite insuperável à indagação jurídica.[238]

Observa-se que, no jusformalismo positivista de Kelsen, fez-se necessário retirar do estudo jurídico das normas qualquer influência de valores para que, em sua aplicação, se buscasse exclusivamente validade diante do próprio sistema jurídico.[239] Para afastar o valor da ciência jurídica, fez-se necessária a criação de uma norma jurídica que fundamentasse as demais na interpretação e na aplicação do direito, para excluir da prática e da teoria do direito outros referenciais que não os

---

era histórico, por outro, a respectiva elaboração filosófica determinava a organização interna dessa matéria. Daí a ligação metodológica entre a forma e a matéria correspondente ao modelo científico kantiano. Essa percepção de metodologia formal jurídica abriu espaços para o desenvolvimento do jusformalismo, porém, "uma vez que a liberdade é aqui sempre pensada, no sentido da filosofia idealista, como responsabilização da pessoa autônoma e dotada de vontade livre, não se justificaria a censura de que a Escola Histórica, com seu afastamento do jusnaturalismo, teria entregue a fundamentação moral do direito a um puro positivismo" (p. 428). WIEACKER, Franz. *História do direito privado moderno*. 3ª ed. Lisboa: Fundação Calouste Gulbenkian, 2004, p. 397-429. Tradução de A. M. Botelho Hespanha.

[234] FALZEA, Angelo. *Richerche di teoria generale del diritto e di dogmatica giuridica*. II: dogmatica giuridica. Milão: Giuffrè, 1997, p. 47-48.

[235] Deve-se, desde logo, esclarecer que Kelsen, principal doutrinador jurídico dessa teoria, não pensa o direito como um instituto dissociado da história ou desprovido de significância axiológica. Para o autor, apesar de o direito ser determinado por valores, eles são indiferentes para a conformação da ciência jurídica. Não é da incumbência do jurista avaliar se a norma é boa ou má, mas apenas aplicá-la em conformidade com a técnica formal jurídica. Em seus termos: "Se bem que a ciência jurídica tenha por objecto normas jurídicas e, portanto, os valores jurídicos através delas constituídos, as suas proposições são, no entanto – tal como as leis naturais da ciência da natureza – uma descrição do seu objecto alheia aos valores (*wertfreie*). Quer dizer: esta descrição realiza-se sem qualquer referência a um valor metajurídico e sem qualquer aprovação ou desaprovação emocional". KELSEN, Hans. *Teoria pura do direito*. 4ª ed. Coimbra: Armênio Amado Editor, 1979, p. 125. Tradução de João Baptista Machado.

[236] BOBBIO, Norberto. *O positivismo jurídico*: lições de filosofia do direito. São Paulo: Ícone, 2006, p. 135. Tradução e notas de: Marco Pugliesi, Edson Bini e Carlos Rodrigues.

[237] FALZEA, Angelo. *Introduzione alle scienze giuridiche*: il concetto del diritto. 5ª ed. Milão: Giuffrè, 1996, p. 70.

[238] FALZEA, Angelo. *Richerche di teoria generale del diritto e di dogmatica giuridica*. II: dogmatica giuridica. Milão: Giuffrè, 1997, p. 49.

[239] "Se bem que a ciência jurídica tenha por objecto normas jurídicas e, portanto, os valores jurídicos através delas constituídos, as suas proposições são, no entanto – tal como as leis naturais da ciência da natureza – uma descrição do seu objecto alheia aos valores (wertfreie). Quer dizer: esta descrição realiza-se sem qualquer referência a um valor metajurídico e sem qualquer aprovação ou desaprovação emocional". KELSEN, Hans. *Teoria pura do direito*. 4ª ed. Coimbra: Armênio Amado Editor, 1979, p. 125. Tradução de João Baptista Machado.

estritamente normativos, como os advindos da cultura, da sociologia, da política, da história e da economia, entre outros.[240]

Por isso, o *jusformalismo* enxerga unicamente um vínculo valorativo do tipo ideal, uma vez que a análise axiológica material é indesejável e vetada. Não é em outro sentido que Kelsen defende a purificação da teoria do direito, com a libertação de elementos estranhos à lógica técnico-jurídica.[241] O resultado da "libertação da ciência" é a formalização do jurídico quando se tem em foco a validade, o que repercute na separação das noções de validade e de valor.[242] Daí, os juízos de valoração nessa concepção, embora passíveis de realização, restam estranhos à atividade jurídica, cuja lógica é estritamente formal.[243]

Além dessas concepções jurídicas de axiologia ideal, há as que concebem o direito como um valor real. Para elas, o valor é juridicamente relevante e obtenível diretamente da realidade. Destaca-se, aí, o *jusvoluntarismo* (orientação subjetiva) e as concepções derivadas da compreensão do *direito como interesse* (orientação objetiva).

---

[240] Voltando a Kelsen, ver-se-á que a interpretação das normas não se apresenta como um dado de descoberta, mas de constituição de um significado. Em outros termos: é um ato de vontade. Há na aplicação do direito uma moldura dentro da qual existem várias possibilidades. Desse modo, a "interpretação de uma lei não deve conduzir a uma única solução como sendo a única correta, mas possivelmente a várias soluções" (KELSEN, Hans. *Teoria pura do direito*. 4ª ed. Coimbra: Armênio Amado Editor, 1979, p. 466-467. Tradução de João Baptista Machado.). Ocorre que, para o paradigma liberal, o ato restará invariavelmente arbitrário senão quando embasado em categorias reconhecidas juridicamente. Daí, havendo uma moldura de aplicação possível do direito, com diversas interpretações admissíveis sobre a incidência de uma norma jurídica, o juiz terá de escolher. Essa escolha, para dar credibilidade e manter-se fiel ao dogma da onipotência do legislador e da separação de poderes, deve ser fundada em razões "puramente" jurídicas. Nessa senda, coerente com um sistema puro de valores seria criar *normas* para dar suporte à interpretação, harmonização e aplicação do direito (os princípios). Para tanto, se identificam os enunciados legais que possuem um elemento comum, uma identidade de fundo – a vinculação a um valor –, criando-se uma unidade por meio de uma atividade de tecnização das normas. Desse conjunto de enunciados ligados por um fundamento comum, busca-se a "purificação" com a extirpação do valor para a constituição de uma nova norma, um *princípio*, que lhes daria fundamentos interna e coerentemente diante do próprio sistema, justificando tomadas de decisões não arbitrárias e não valorativas. Ocorre, todavia, que, nessa vereda, não se excluem os valores da aplicação jurídica. Apenas há um mascaramento, derivado da confusão entre valor e princípio, associados nesta categoria normativa. Sobre a onipotência do legislador, discorreu Norberto Bobbio, ligando-a ao jusracionalismo da sociedade pós-Revolução Francesa, estabelecendo-se a crença de ser possível uma ciência da legislação, fundada nas leis naturais da razão, leis universais e imutáveis aplicáveis e válidas a todos os tempos e lugares. (BOBBIO, Norberto. *O positivismo jurídico*: lições de filosofia do direito. São Paulo: Ícone, 1995, p. 65. Tradução e notas de: Marco Pugliesi, Edson Bini e Carlos Rodrigues.).

[241] "Quando a si própria se designa como 'pura' teoria do Direito, isto significa que ela se propõe a garantir um conhecimento apenas dirigido ao Direito e excluir deste conhecimento tudo quanto não pertença ao seu objecto, tudo quanto não se possa, rigorosamente, determinar como Direito. Quer isto dizer que ela pretende libertar a ciência jurídica de todos os elementos que lhe são estranhos". KELSEN, Hans. *Teoria pura do direito*. 4ª ed. Coimbra: Armênio Amado Editor, 1979, p. 17. Tradução de João Baptista Machado.

[242] "O grande esforço de dotar a análise do direito dos conceitos e das categorias técnicas necessárias para a fundação de uma ciência jurídica portou o risco (que frequentemente é mais do que um risco) de perder o contato com a realidade jurídica e de encontrar o fundamento da validade em uma coerência interna lógica e em uma abstrata ordem sistemática". FALZEA, Angelo. *Introduzione alle scienze giuridiche: il concetto del diritto*. 5ª ed. Milão: Giuffrè, 1996, p. 73

[243] No *juspositivismo*, portanto, existem normas injustas e válidas, sendo essa justiça (valor) completamente irrelevante para a ciência jurídica. BOBBIO, Norberto. *O positivismo jurídico*: lições de filosofia do direito. São Paulo: Ícone, 2006, p. 137-138. Tradução e notas de: Marco Pugliesi, Edson Bini e Carlos Rodrigues.

O *jusvoluntarismo* afirma o direito como um valor posto pela vontade humana (voluntarismo) mediante um livre contrato ou imposto pela vontade do legislador (imperativismo). Essas concepções são valorativas reais e subjetivas.[244] Significam, em qualquer de suas expressões, a redução do valor jurídico a um vinculo de vontade,[245] a partir do pressuposto de que na vontade está a origem da sociedade e, por conseguinte, das suas leis.[246] No *jusvoluntarismo,* a interpretação se reduz a uma perquirição da vontade, ou seja, uma declaração que considera a intenção do legislador.[247]

De outra banda, partindo-se da filosofia *utilitarista*, Jhering vale-se da categoria do "interesse", para fins de dar ao direito um significado essencialmente prático.[248] O direito existe para se realizar, e a sua formação depende da luta e do conflito entre indivíduos e coletividade, fundada na tensão estabelecida para o alcance dos próprios fins e a satisfação de suas próprias aspirações e interesses.[249] Daí, o direito subjetivo de tutela de um interesse é também um dever diante da coletividade, porque o direito objetivo e os fins para os quais este é formado dependem do exercício do direito subjetivo pelo interessado. Em suma, se o direito subjetivo é um interesse juridicamente tutelável, o direito objetivo é compreendido como a proteção dos interesses do grupo social, devendo assegurar as condições de existência da coletividade e dos indivíduos que a compõem.[250]

---

[244] FALZEA, Angelo. *Richerche di teoria generale del diritto e di dogmatica giuridica.* II: dogmatica giuridica. Milão: Giuffrè, 1997, p. 50.

[245] FALZEA, Angelo. *Introduzione alle scienze giuridiche*: il concetto del diritto. 5ª ed. Milão: Giuffrè, 1996, p. 88.

[246] ROUSSEAU, Jean-Jacques. *O contrato social.* Porto Alegre: L&PM, 2007. Tradução de Paulo Neves.

[247] Lembrando-se Chiovenda, a "declaração da vontade concreta da lei". CHIOVENDA, Giuseppe. *Instituições de direito processual civil.* São Paulo: Saraiva, 1969. Tradução por J. Guimarães Mengale. Aí a conclusão de Falzea: "o querer normativo não tem outra condição de validade senão o querer pelo qual é editada a norma e que não se pode determinar de outro meio o significado da proposição normativa senão reconstruindo histórica e psicologicamente a vontade de quem a tenha formulado". FALZEA, Angelo. *Introduzione alle scienze giuridiche:* il concetto del diritto. 5ª ed. Milão: Giuffrè, 1996, p. 90.

[248] Jhering, na primeira fase de seus trabalhos, valia-se de uma fantasia criadora para descobertas dogmáticas, descrevendo e elogiando a arte da construção jurídica, mediante o método histórico-natural, porém, "a partir do fim dos anos cinquenta desenvolveu-se em Jhering uma auto-destruição massiva da jurisprudência dos conceitos expressa pela primeira vez nas anônimas *Vertrauliche Briefe,* onde se denunciava o absurdo da jurisprudência dos conceitos ou construtiva. Esta desilusão tornou-se claramente, para Jhering, uma necessidade pessoal em virtude da experiência da irrealidade das suas imagens intelectivas. Neste ponto, exerceram uma influência conjunta tanto o afastamento definitivo da metafísica do direito do idealismo kantiano, como a metafísica historicista do romantismo, e o vigor de uma necessidade de intuição da realidade que evoluía, com uma progressiva maturidade, das fantasias lógicas para a realidade social". WIEACKER, Franz. *História do direito privado moderno.* 3ª ed. Lisboa: Fundação Calouste Gulbenkian, 2004, p. 514-515. Tradução de A. M. Botelho Hespanha.

[249] JHERING, Rudolf Von. A luta pelo direito. 2ª. ed. Rio de Janeiro: Lumen Juris, 1998, p. 69-102.

[250] "As tendências históricas, exigências sociais e os interesses concretos de pessoas, grupos e da comunidade são as verdadeiras forças motrizes do direito". FALZEA, Angelo. *Introduzione alle scienze giuridiche:* il concetto del diritto. 5ª ed. Milão: Giuffrè, 1996, p. 271. Essa compreensão de Falzea é notadamente associada às conclusões de Jhering: "qual é então o fim do direito? Já vimos que o fim dos atos do ser animado está na realização das suas condições de existência. Tornando a lançar mão desta definição, podemos dizer que o direito representa a forma da garantia das condições de vida da sociedade, assegurada pelo poder de coação de que o Estado dispõe". JHERING, Rudolf Von. *A evolução do Direito.* Salvador: Progresso, 1953. Convém fazer o apontamento de que, na edição em português consultada desta obra, não consta indicativo de tradutor do alemão (*Zweck im Recht*).

Essa percepção faz com que o *interesse* ocupe o espaço central, antes ocupado pela *vontade* nas concepções valorativas reais.[251] O interesse se transforma no elemento substancial, não somente do direito subjetivo, mas também do direito objetivo.[252] Reconhece-se dois momentos distintos e imbricados: **(a)** o *substancial*, identificado como as condições da vida da sociedade e do indivíduo, e **(b)** o *formal*, traduzido nos fenômenos da norma e da coação. Há, no direito, então, uma relação ativa entre a substância e a forma.

Muito embora esse movimento caracterize-se como de reconstrução das compreensões acerca do direito positivo, apoia-se no próprio positivismo jurídico-científico. Como o positivismo havia se desvinculado de uma ideia de direito suprapositivo (direito natural), a partir do momento em que a construção jurídica não se autolegitima apenas formalmente, a explicação do direito busca imposição por suas causas reais. Nesse aspecto, assenta-se como inafastável a correlação entre a finalidade e a construção jurídica, já que "a explicação causal do agir humano é necessariamente a sua explicação através de uma proposição (determinada) de fins pelo homem".[253]

O caminho intelectual decorrente dessa compreensão é perceber que a correlação das expressões "interesse" e "finalidade" direcionam a uma análise valorativa. Considera-se "bom" (análise axiológica) o alcance dos interesses. Daí, o direito não constitui um sistema mais ou menos fechado, mas sim "um meio do qual se serve o legislador para atingir seus fins, para promover certos valores".[254] O desenvolvimento inicial de Jhering por Angelo Falzea faz derivar uma concepção real objetiva dos valores jurídicos. Isso, a partir do pressuposto cujas raízes mais antigas encontram-se ainda na compreensão material da Escola Histórica[255] de que "o direito é uma realidade que o homem encontra na sua vida e define na sua linguagem e na sua cultura, como base de valores positivamente válidos, independentemente de cada vontade arbitrária e de cada mera subjetividade".[256] Assim, a aproximação com a cultura é patente, de modo que na base de toda norma

---

[251] Sobre as relações entre interesse e vontade, ver JHERING, Rudolf Von. *A evolução do Direito*. Salvador: Progresso, 1953. Transcreve-se alguns trechos para fins de esclarecimento: "A satisfação que se espera daquele que quer, é o fim do seu querer. Nunca a ação em si mesma é um fim, mas simplesmente um meio de o atingir" (fl. 24), daí, "o ato não pode existir sem o fim. Agir e agir com um fim, são expressões equivalentes. Um ato sem algum fim não pode existir, exatamente como não pode existir um efeito sem causa" (fl. 25). Ainda, estudando o fim do direito, Jhering não deixa dúvidas sobre a transferência da vontade ao interesse ao afirmar: "A vontade julga-se segundo o fim a que ela se propõe. É o fim da vontade que caracteriza o ato como sendo justo ou não justo" (fl. 334).

[252] FALZEA, Angelo. *Introduzione alle scienze giuridiche:* il concetto del diritto. 5ª ed. Milão: Giuffrè, 1996, p. 202-204.

[253] WIEACKER, Franz. *História do direito privado moderno*. 3ª ed. Lisboa: Fundação Caloustre Gulbenkian, 2004, p. 517. Tradução de A. M. Botelho Hespanha.

[254] PERELMAN, Chaïm. *Lógica jurídica*. São Paulo: Martins Fontes, 2004, p. 70. Tradução de Vergínia Pupi.

[255] Não mantém, porém ligações com a compreensão formal da referida escola, notadamente ligada às concatenações do tipo lógico-matemáticas dos sistemas jurídicos.

[256] FALZEA, Angelo. *Richerche di teoria generale del diritto e di dogmatica giuridica*. II: dogmatica giuridica. Milão: Giuffrè, 1997, p. 52-53.

jurídica está um problema e valores da vida, que não podem ser compreendidos ou resolvidos pela justiça sem uma referência à realidade social e às suas exigências.[257]

Com Jhering: "imaginar que o direito deve ser o mesmo em toda a parte é uma concepção tão falsa como a de submeter todos os doentes ao mesmo tratamento",[258] pois, "um ordenamento jurídico positivo é um conjunto de interesses que sem dúvida nasce da vida em comum, mas que se manifesta – e deve se manifestar para ser positivamente válido – na comum experiência e na cultura".[259] Assim, a tese da realidade objetiva do direito exprime que o direito não é alheio à realidade, mas por ela formado e integrado. O direito, como valores reais, tem por consequência "colocar o direito positivo no âmbito do mundo real".[260]

Diante da exposição dessas diferentes aproximações entre valor e direito, perquire-se qual é mais adequada ao atual estágio do constitucionalismo e ao *formalismo-valorativo*. Essa consideração mostrar-se-á decisiva para a compreensão dos fenômenos da validade dos atos processuais, a se realizar na segunda parte desta obra.

De início, verifica-se que o *jusnaturalismo* dificilmente encontraria suporte sólido no direito hodierno, tendo-se em vista a derrocada das compreensões fundadas na religião ou em uma razão natural apta a organizar inequivocamente todas as relações humanas. Assim, basta reconhecer que o direito é obra do homem e fruto de suas escolhas na ponderação de valores para ver-se a impossibilidade de sua adaptação. Os valores do direito não são ideais e eternos, mas historicamente situados e se constituem como interesses de um grupo social, condicionando o comportamento dos membros do grupo.[261]

Já o esquema do *jusformalismo*, excludente de qualquer valor na operação jurídica, vincula o direito ao exame exclusivamente lógico-hermético. Nele, não poderia ser reivindicada qualquer expressão cultural para uma tomada de decisão, pois os valores estariam absolutamente fora do âmbito da lógica formal.[262] Um formalismo jurídico radical "pode enfatizar de tal maneira a idealidade sobre a realidade a ponto de reduzir o inteiro mundo da experiência jurídica a um universo abstrato ideal de tipo lógico ou, ainda, geométrico puro, onde toda referência

---

[257] FALZEA, Angelo. *Richerche di teoria generale del diritto e di dogmatica giuridica*. II: dogmatica giuridica. Milão: Giuffrè, 1997, p. 55-56.

[258] JHERING, Rudolf Von. *A evolução do Direito*. Salvador: Progresso, 1953, p. 335.

[259] FALZEA, Angelo. *Richerche di teoria generale del diritto e di dogmatica giuridica*. II: dogmatica giuridica. Milão: Giuffrè, 1997, p. 60-61.

[260] FALZEA, Angelo. *Introduzione alle scienze giuridiche:* il concetto del diritto. 5ª ed. Milão: Giuffrè, 1996, p. 493.

[261] Idem, p. 239-240.

[262] CANARIS, Claus-Wilhelm. *Pensamento sistemático e conceito de sistema na ciência do direito*. Lisboa: Fundação Calouste Gulbenkian, 1989, p. 30. Tradução de Antônio Menezes Cordeiro.

ou reclamo à realidade dos concretos interesses humanos reste obscurecida ou dispersa".[263]

Essas concepções idealistas não encontram sustento no constitucionalismo hodierno. Sobre o ponto, Canaris argumenta que "a unidade valorativa é sempre do tipo material e só pode realizar-se numa ordem jurídica historicamente determinada".[264] Por isso, um sistema lógico-formal é "inadequado para exprimir a unidade interior e a adequação de uma determinada ordem jurídica positiva", porque a unidade de um sistema não deriva da ideia de justiça do tipo lógico, mas sim valorativo ou axiológico.[265]

Outrossim, sustenta Zagrebelsky que, em tempos de um Estado Constitucional, a lei resta submetida a uma relação de adequação com um estrato jurídico elevado, estabelecido na Constituição.[266] Essa ponderação normativa axiológica não prescinde de um contexto, de modo que a percepção da carga valorativa da Constituição pressupõe um exame do tipo real (histórico, social, cultural etc.) e não apenas ideal. Falzea é também muito perspicaz em observar que "o jurista não pode focar os interesses sociais se não atravessar o diafragma e os limites visuais do texto".[267]

É por isso que também não se sustenta a lógica *voluntarista*, na medida em que não é o direito fruto de arbítrio das partes ou de um legislador que determina o valor tutelado pela ordem jurídica.[268] Afinal, sendo a vontade um fato da consciência subjetiva individual, o sistema *voluntarista* acaba por contradizer a função própria do direito como fenômeno humano e social. Assim é porque as normas "têm sempre o seu fundamento nas exigências de uma convivência humana e em consequência de determinados juízos de valores".[269] Como a lei, a sociedade e o Estado não são seres dotados de consciência e, portanto, capazes de entender e querer, resta impossível ver a vontade como essência universal do direito.[270]

---

[263] FALZEA, Angelo. *Introduzione alle scienze giuridiche:* Il concetto del diritto. 5ª ed. Milão: Giuffrè, 1996, p. 274.

[264] CANARIS, Claus-Wilhelm. *Pensamento sistemático e conceito de sistema na ciência do direito.* Lisboa: Fundação Calouste Gulbenkian, 1989, p. 27. Tradução de Antônio Menezes Cordeiro.

[265] Idem, p. 28 e 30.

[266] ZAGREBELSKY, Gustavo. *El derecho dúctil.* Madri: Trotta, 1997, p. 34. Tradução de Marina Gascón.

[267] FALZEA, Angelo. *Introduzione alle scienze giuridiche:* il concetto del diritto. 5ª ed. Milão: Giuffrè, 1996, p. 240.

[268] E essas conclusões também são plenamente aplicáveis ao direito processual, como ensina Carlos Alberto Alvaro de Oliveira: "Mostra-se totalmente inadequado conceber o processo, apesar do seu caráter formal, como mero ordenamento de atividades dotado de cunho estritamente técnico, integrado por regras externas, estabelecidas pelo legislador de modo totalmente arbitrário". ALVARO DE OLIVEIRA, Carlos Alberto. O formalismo-valorativo no confronto com o formalismo excessivo. *Revista de Processo,* São Paulo, nº 137, p. 7-31, jul. 2006, p. 10-11.

[269] ASCARELLI, Tullio. Concetto di titolo di credito. *Banca, borsa e titoli di credito,* Milão, Anno XVII, Prima Parte, p. 367-388, 1954, p. 375.

[270] Ademais, a teoria "associa de maneira condicionante a justiça à força", repercutindo em uma degradação da justiça de valor supremo da sociedade humana a um instrumento para os fins dos mais fortes. FALZEA, Angelo. *Introduzione alle scienze giuridiche:* il concetto del diritto. 5ª ed. Milão: Giuffrè, 1996, p. 110-118.

Em suma: a norma jurídica tem um significado objetivo, declarado pela base da linguagem e em referência a um sistema de normas, prescindindo, para tanto, da vontade do legislador.[271]

Daí, o condicionamento existente na norma jurídica entre fato e efeito jurídico é axiológico, real e objetivo. Assim é porque o direito é um sistema de valores que derivam de uma vida comum, manifestando-se na experiência e na cultura. Justamente por tudo isso, o efeito jurídico deve representar uma solução adequada, fundada em um harmônico balanceamento de valores.[272] A teoria adotada qualifica-se como um *axiologismo realista*, que identifica a colocação de valores jurídicos no universo da realidade empírica.[273]

Como o valor real objetivo dá causa à norma, o seu exame é indispensável para a análise da validade. Essa conclusão é alcançável também ao exame dos atos jurídicos. Afinal, é visível o paralelo entre a teoria da validade das normas e a teoria da validade dos atos, pois, em qualquer delas, o objeto de apreciação (ato ou norma) deve estar de acordo com um referente normativo axiologicamente compreendido. Enquanto a norma será válida mediante a sua compatibilização com o ordenamento jurídico, efetivamente diante de uma norma de hierarquia superior, o ato será válido ou inválido se em conformidade com as normas jurídicas que o regulam.

Com isso, a validade dos atos se dá em um plano de análise inferior ao da validade das normas, porém, a lógica de verificação da validade de normas e de atos é semelhante, uma vez que a atividade depende da comparação com uma norma, entendida em seu substrato valorativo. Se o referencial normativo é axiologicamente (em sede real e objetiva) construído, há um suporte valorativo no exame da validade de normas e atos.

Tendo-se em vista que a validade é uma "qualificação que se atribui a atos jurídicos, inclusive de natureza legislativa, que são conformes com o direito daquela comunidade, especificamente, não contendo qualquer mácula que os torne defeituosos",[274] faz-se necessário verificar como o ato será conforme o direito de uma comunidade. No atual estágio do constitucionalismo,[275] com o reiterado engrandecimento do papel dos valores no núcleo do ordenamento jurídico, não se

---

[271] FALZEA, Angelo. *Introduzione alle scienze giuridiche:* il concetto del diritto. 5ª ed. Milão: Giuffrè, 1996, p. 235-236.

[272] FALZEA, Angelo. *Richerche di teoria generale del diritto e di dogmatica giuridica.* II: dogmatica giuridica. Milão: Giuffrè, 1997, p. 60-61.

[273] FALZEA, Angelo. *Introduzione alle scienze giuridiche:* Il concetto del diritto. 5ª ed. Milão: Giuffrè, 1996, p. 259.

[274] MELLO, Marcos Bernardes de. *Teoria do fato jurídico:* plano da validade. 6ª ed. São Paulo: Saraiva, 2004, p. 2.

[275] Zagrebelsky contrapõe os termos "constitucionalismo" e "legalismo". O constitucionalismo envolve a legislação em uma rede de vínculos jurídicos, reconhecidos em sua aplicação; vínculos estes indissociáveis de valores e princípios. Já o legalismo apresenta a Constituição como um mero indicativo de orientações a ser respeitado pelo legislador. ZAGREBELSKY, Gustavo. *El derecho dúctil.* Madri: Trotta, 1997, p. 151. Tradução de Marina Gascón.

pode almejar que sejam esses alheios à avaliação jurídica. No processo, há de se considerar a recíproca influência entre seus valores e fins, configurando no formalismo um complexo universo de elementos indissociáveis.[276]

As normas são editadas para cumprir finalidades que podem ser desdobradas e aprofundadas até o alcance do valor que as sustenta.[277] Há finalidades imediatas, diretamente derivadas da conduta prevista, e finalidades mediatas, que encontram fundamento último em um valor real objetivo protegido pela Constituição, por isso, o determinante da instituição de uma norma, em última análise, é a necessidade de promover um valor culturalmente assentado. Da incorporação da finalidade última normativa ao direito positivo, reconhece-se haver uma *valoratividade positivada*, que compreende a relação axiológica como substancial-real.

Ascarelli ensina que a própria democracia exige que sejam conciliados a lei e o valor para que homem possa considerar-se em sociedade. Afirma, daí, que "não é possível agir sem afirmar em conjunto o valor da própria ação; e quando cai essa possibilidade, nada verdadeiramente permanece senão uma geral indiferença e uma cega violência".[278] Reconhecer que uma norma é editada para promoção de um valor constitucionalizado e, ao mesmo tempo, dizer ser avalorativo o sistema jurídico de apreciação dos atos é cometer essa exata violência, o que não se pode permitir em tempos de um Estado Constitucional.

Para a disciplina processual, convém reiterar que o formalismo-valorativo reconhece intensamente a vinculação entre normas, valores e cultura. Assim sendo, a aplicação às invalidades processuais das ideias e noções do *formalismo-valorativo* reforça a necessidade de aproximação entre o processo e a Constituição, demandando estudo voltado ao normativo em conjunto com o axiológico de matriz substancial, real e objetiva.

3.3. NATUREZA DA INVALIDADE

É comum a doutrina ver na invalidade a natureza de *sanção*, e, mais especificamente, de uma *pena*. A invalidade tratar-se-ia de uma reação do ordenamento

---

[276] "A estrutura mesma que lhe é inerente depende dos valores adotados e, então, não se trata de simples adaptação técnica do instrumento processual a um objetivo determinado, mas especialmente de uma escolha de natureza política, escolha essa ligada às formas e ao objetivo da própria administração judicial". ALVARO DE OLIVEIRA, Carlos Alberto. *Do formalismo no processo civil*. 4ª ed. São Paulo: Saraiva, 2010, p 94.

[277] Por exemplo, a norma que determina que sejam fundamentadas as decisões tem, por fim, possibilitar aos interessados conhecerem as razões do decidir, compreendendo logicamente o porquê da decisão. Desdobrando essa finalidade, verificar-se-á que a exigência de fundamentação também busca evitar decisões arbitrárias, dando transparência e racionalidade às atividades estatais decisórias e, por aí dizendo, ao fim de promover o direito ao contraditório. Por essa última associação, liga-se, também ao fundamento democrático, possibilitando o diálogo e a participação dos particulares nas tomadas de decisão. E diante da possibilidade de controle racional da decisão, de participação, de evitar o arbítrio, verificar-se-á, ao fim, a ligação íntima da norma com o valor segurança.

[278] ASCARELLI, Tullio. Processo e democrazia. *Rivista Trimestrale di Diritto e Procedura Civile*, Padova, n. 3, ano XII, p. 844-860, set. 1958, p. 851.

pelo emprego de meios inadequados ao alcance de uma meta eleita pelo próprio sistema.

Considera-se que a violação de uma conduta prescrita na norma determina o ilícito, que pode decorrer tanto de uma ação quanto de uma omissão. Diz-se que, "o ato inválido é o que contém um ato ilícito, cuja sanção é a nulificação".[279] Daí, certamente influenciado pelos estudos de direito penal, dotou-se a invalidade de uma natureza sancionatória, forma de explicar uma dupla função operada pelo instituto: a prevenção e a repressão.[280]

Contrariando essa postura, com o suporte nos ensinamentos de Herbert Hart sobre distinções entre normas imperativas e potestativas, sustenta Carlos Alberto Alvaro de Oliveira que essas normas conectam classes de ações a consequências jurídicas. Sendo assim, a sua lesão não induz a um ilícito, mas, sim, a uma ação inválida, inapta a alcançar a sua finalidade. A invalidade "expressará, então, a inidoneidade de alguma ação para poder alcançar as conseqüências jurídicas a que se propôs como fim o agente".[281]

Os conceitos de validade ou invalidade "não interferem de modo algum com aqueles de licitude e ilicitude".[282] Desse modo, falar de invalidade como sanção é impossível, dado que a sanção sempre indicará uma reação do ordenamento à violação de um preceito de caráter imperativo, portadora de um dever jurídico, ao passo que, no processo civil, emerge a natureza de instrumentalidade das suas normas.[283]

Perceba-se: normalmente as normas de processo, especialmente as procedimentais, são regras que não impõem deveres a serem cumpridos sob pena de sanções, mas definem os modos como os atos devem ser praticados. Pelo fato de as normas imperativas separarem os comportamentos lícitos dos ilícitos, as consequências para o descumprimento são sanções; já a inobservância das potestativas produz falta de idoneidade das consequências jurídicas do ato.[284] O Código de Processo Civil, em seu art. 17, determina imperativamente a vedação de com-

---

[279] DIDIER JR., Fredie. *Curso de Direito Processual Civil*: Teoria Geral do Processo e Processo de Conhecimento. v. 1. 10ª Ed. Salvador: Ius Podivm, 2008, p. 249-250. No mesmo sentido, com a ressalva de não equiparar os termos "sanção" e "pena": CABRAL, Antônio do Passo. *Nulidades no processo moderno*. Rio de Janeiro: Forense, 2009, p. 31. No mesmo sentido, MADER, Alexandre. *Das invalidades no Direito Processual Civil*. São Paulo: Malheiros, 2010, p. 35.

[280] AULETTA, Ferrucio. *Nullità e "inesistenza" degli atti processuali civili*. Padova: CEDAM, 1999, p. 61.

[281] ALVARO DE OLIVEIRA, Carlos Alberto. Notas sobre o conceito e a função normativa da nulidade. In: ALVARO DE OLIVEIRA, Carlos Alberto. *Saneamento do processo*: estudos em homenagem ao professor Galeno Lacerda. Porto Alegre: Sergio Antônio Fabris, 1989, p. 131-139, p. 138. No mesmo sentido, não admitindo o caráter sancionatório das invalidades: KOMATSU, Roque. *Da invalidade no processo civil*. São Paulo: Revista dos Tribunais, 1991, p. 181-188.

[282] MINOLI, Eugenio. *L'acquiescenza nel processo civile*. Milão: Dottor Francesco Vallardi, 1942, p, 150.

[283] Idem, p, 149.

[284] ALVARO DE OLIVEIRA, Carlos Alberto. Notas sobre o conceito e a função normativa da nulidade. In: ALVARO DE OLIVEIRA, Carlos Alberto. *Saneamento do processo*: estudos em homenagem ao professor Galeno Lacerda. Porto Alegre: Sergio Antônio Fabris, 1989, p. 131-139, p. 132 e 138.

portamentos, sendo que a consequência de sua infração é uma sanção e não uma invalidação. De outro lado, sanção alguma há com o descumprimento de algum requisito que a lei determina para a perfeição de um ato (*v.g. a indicação da causa de pedir na petição inicial*); este apenas pode sofrer as consequências da invalidade, uma vez que não há idoneidade para a conformação de suas finalidades.

Passo Cabral associa, no âmbito processual, os deveres às normas imperativas negativas, e os ônus às normas técnicas ou potestativas. Embora bem refira que, no relativo a estas, "quem infringe uma regra assim não comete ilícito, mas apenas pratica uma ação inválida, ineficaz",[285] o autor prefere denominar a consequência derivada do descumprimento de ônus processuais como uma "sanção positiva" ou "regulatória". Em suma, sustenta haver uma "sanção premial" ou "positiva", pela qual o Estado fomenta determinadas condutas, porquanto o risco da invalidação induz a comportamentos válidos. Então, considera a invalidade uma sanção positiva destinada a uma indução comportamental regulatória.[286]

Nesse ponto, o autor em nada inova, salvo em denominar de "sanção positiva" uma consequência normativa. Afinal, basta constatar que a dita indução comportamental ocorre também no relativo aos deveres, uma vez que o risco de ilicitude também induz à prática de condutas lícitas, para se concluir que a "indução de comportamentos" não contribui em realmente nada para a averiguação da natureza das invalidades. Prefere a categoria da "sanção", da qual a doutrina majoritária equivocadamente se vale, mesmo tendo constatado as diferenças que o direito realiza diante de violações de normas imperativas e potestativas.

Logo, não se concorda em dar à invalidação a natureza de sanção ("negativa" ou "positiva") ao descumprimento de normas processuais. A invalidação é apenas uma consequência da inidoneidade do ato.[287] Essa constatação tem importância na compreensão das aplicações dos sistemas de invalidade processuais, especialmente pela associação entre os valores fundamentais da disciplina e dos seus princípios, em especial o da finalidade. O reflexo dessas considerações no sistema processual será desenvolvido ao seu tempo. Por ora, são suficientes as linhas traçadas, seguindo-se com estudo da abordagem temporal de análise do plano da validade dos atos processuais.

3.4. VALIDADE E TEMPORALIDADE

A invalidade é um estado do ato que, para se constituir, supõe perquirição com retroação. Significa que o tempo considerado para a decretação de invalidade

---

[285] CABRAL, Antônio do Passo. *Nulidades no processo moderno*. Rio de Janeiro: Forense, 2009, p. 209.

[286] Idem, p. 207-213.

[287] "Nulidade não é pena, posto que as leis e os juristas digam, a cada passo, 'sob pena de nulidade'. É consequência da violação da lei de forma a que se atribuiriam, se nula não fosse, algum ou alguns efeitos". PONTES DE MIRANDA. *Comentários ao Código de Processo Civil*. v. 3. 4ª ed. Rio de Janeiro: Forense: 1997, p. 365.

não é contemporâneo à apreciação judicial, mas sim ao tempo da formação do ato jurídico.[288] A questão apenas toma relevo quando diante de um problema de sucessão de leis no tempo. Dessa maneira, de nada adianta reconhecer a retroação como característica do exame de validade do ato, se não estiverem bem compreendidas as diretivas do direito intertemporal processual.

A doutrina brasileira, a respeito das relações intertemporais legislativas, apresenta-se como uma simbiose entre as teorias clássicas de Francesco Gabba, centrada no conceito de direito adquirido, e de Paul Roubier, na qual se daria a incidência imediata dos efeitos sobre a situação jurídica.

Em forte síntese, Francesco Gabba defende que a lei nova incide sobre os fatos pretéritos, salvo àqueles protegidos por direitos adquiridos. Argumenta que, historicamente, a edição e a revogação de leis têm vínculos com critérios de justiça, de modo que a lei nova retroage e se aplica a situações pretéritas em razão de seu vínculo com o justo. Apesar disso, quando houver já a aquisição de direitos fundados na lei antiga, a aplicação da nova lei repercutiria sentimentos de injustiça, razão pela qual não haveria, nesses casos, a retroatividade da nova lei.[289]

Paul Roubier, por outro lado, criticando fortemente a teoria fundada nos direitos adquiridos,[290] defende a aplicação imediata da lei (e não retroativa) aos fatos passados, no relativo aos seus efeitos futuros. A nova lei atingiria também os fatos pendentes, mas tal não se daria de maneira retroativa, uma vez que os efeitos produzir-se-iam apenas a partir de sua vigência, mantendo íntegros aqueles produzidos sob a vigência da lei anterior.[291] Quando, porém, se dá uma pendência de um

---

[288] DIDIER JR., Fredie. *Pressupostos processuais e condições da ação*: o juízo de admissibilidade do processo. São Paulo: Saraiva, 2005, p. 13.

[289] Algumas passagens representativas: "Em épocas de revoluções, um povo destrói instituições tornadas incompatíveis com as ideias e com as tendências que sustentaram os antigos. Quase sempre, ainda que as abolições de instituições existentes se fazem em nome de princípios de justiça que sempre existiram, ou que pelo menos eram já professados ao tempo fim ao qual se faz remontar a retroatividade da lei abolitiva. Nessa circunstância, precisamente, encontram essa justificação" (p. 33). "O verdadeiro e próprio limite à eficácia das leis novas sobre fatos e relações jurídicas anteriores foi sempre reconhecido (...) são (...) os verdadeiros e próprios direitos adquiridos mediante aqueles fatos e aquelas relações" (p. 41-42). "O aforismo portanto: as leis não são retroativas, é muito geral; é este o juízo que nós devemos fazer. (...) Dever-se-á substituir àquela fórmula por esta outra mais exata e mais completa: as leis não podem ser retroativas de maneira a violar o direito adquirido". (p. 42). E, finalmente, "a retroatividade da lei não é injusta, salvo quando violar direitos adquiridos, nós não podemos certamente seguir o exemplo de não poucos escritos que, além do reconhecimento de tal verdade, acostumaram todavia a associar à ideia da retroatividade àquela de injustiça". (p. 43) GABBA, Carlos Francesco. *Teoria della retroattività delle leggi*. v. 1. 2ª. ed. Turim: Unione Tipográfico Editrice, 1884.

[290] Criticando a imprecisão do conceito de direito adquirido de que se vale a doutrina contrária, refere: "Assim compreendido, o direito adquirido é nada mais que um pavilhão que cobre qualquer espécie de mercadorias, e, desembaraçando-se dessa fórmula, não se encontra nada de sólido nem de sério". ROUBIER, Paul. *Les conflits de lois dans le temps*: théorie dite de la non-retroactivité des lois. v. 1. Paris: Recueil Sirey, 1929, p. 323.

[291] "A base fundamental da ciência dos conflitos de leis no tempo é a distinção do efeito retroativo e do efeito imediato da lei. Isso parece um dado muito simples: o efeito retroativo é a aplicação no passado; o efeito imediato é a aplicação no presente; não parece difícil definir e distinguir esses dois momentos da duração. Se a lei pretende ser aplicada a fatos terminados (facta praeteria), é retroativa; se pretende ser aplicada a situações em curso (facta pendentia), dever-se-á estabelecer uma separação entre as partes posteriores, para as quais a lei nova deve ser aplicada, que não terá jamais nada além de um efeito imediato; enfim, relativa aos fatos vindouros

regime jurídico e a mudança da lei, estabelece o autor um corte, tendo por parâmetro a "situação jurídica", conceito que retrataria todo o desenvolvimento de uma relação submetida ao direito (constituição, produção de efeitos e extinção).[292]

No direito brasileiro, bastante importante é a contribuição de Rubens Limongi França. O jurista expôs a compreensão historicamente determinada pelo ordenamento brasileiro como uma simbiose entre essas duas teorias. Assim é, porque, muito embora se determine, em regra, a eficácia imediata da nova legislação, tem-se a proteção dos direitos adquiridos como limites à possível retroatividade da lei.[293] Para alcançar essa conclusão, indica, no plano constitucional, que nele estão os princípios da irretroatividade das leis e de proteção do direito adquirido. Afirma que a regra da aplicação da lei nova é a irretroatividade, podendo ser excepcionada, desde que não se ofenda o direito adquirido. Já no plano infraconstitucional, a solução dá-se conforme o art. 6º da Lei de Introdução ao Código Civil (LICC) de 1942,[294] deixando bastante clara a posição eclética do ordenamento brasileiro a partir da alteração promovida pela Lei nº. 3.238/1957. Como demonstra Rubens Limongi França, essa incidência conjunta das teorias não é incompatível e está historicamente assentada na tradição jurídica brasileira.[295]

Nessa compreensão, a lei tem efeito imediato, mas o limite de tais efeitos é o direito adquirido. Submetendo essas ideias ao direito processual, três sistemas a respeito da lei no tempo são apontados: (a) *sistema da unidade processual*, no qual se considera o processo como uno, devendo ser regido por uma única lei, o que importa ou retroagir a lei nova ou aplicar a lei antiga às situações futuras; (b) *sistema das fases processuais*, que reparte o processo em fases autônomas (postulatória, saneadora, probatória, decisória, recursal), fazendo cada fase um conjunto de atos inseparáveis, a ser regido por uma única lei; e (c) *o sistema do isolamento dos atos processuais*, para o qual, apesar de considerar o processo um conjunto de atos, considera-os isoladamente, para os efeitos de aplicação da lei nova.[296]

A aplicação do sistema da unidade processual, sob a vertente que determina a retroação, viria radicalmente de encontro aos anseios de segurança jurídica. Afinal, aplicar a lei nova a atos já praticados significa exigir a previsão das exigências da lei futura ao praticar o ato. Por outro lado, aplicar a lei antiga a todos os atos

---

(*facta futura*), é claro que a lei não pode ser retroativa". ROUBIER, Paul. *Les conflits de lois dans le temps*: théorie dite de la non-retroactivité des lois. v. 1. Paris: Recueil Sirey, 1929, p. 371.

[292] ROUBIER, Paul. *Les conflits de lois dans le temps*: théorie dite de la non-retroactivité des lois. v 1. Paris: Recueil Sirey, 1929, p. 379-380.

[293] FRANÇA, Rubens Limongi. *Direito intertemporal brasileiro*. 2ª ed. São Paulo: Revista dos Tribunais, 1968.

[294] Decreto-Lei 4.657. Art. 6º. "A Lei em vigor terá efeito imediato e geral, respeitados o ato jurídico perfeito, o direito adquirido e a coisa julgada".

[295] FRANÇA, Rubens Limongi. *Direito intertemporal brasileiro*. 2ª ed. São Paulo: Revista dos Tribunais, 1968, p. 539-549.

[296] SANTOS, Moacyr Amaral. *Primeiras linhas de Direito Processual Civil*. v. 1. 25ª ed. São Paulo: Saraiva, 2007, p. 31-32.

processuais mostra-se possível, mas contrário à lógica, uma vez que a nova lei deve, ao menos em tese, ser mais adequada ao contexto cultural e às necessidades processuais, razão pela qual deve ter sido editada.

O sistema das fases processuais, por sua vez, resta de difícil aplicação, uma vez que não mais se pode dividir o processo em etapas e fases estanques como outrora. Há uma complexidade de diversos fatores nas ditas fases do processo, como se vê a existência de atos de decisão na chamada fase postulatória (art. 273) ou até mesmo a produção de provas na etapa recursal (art. 517), entre tantos outros exemplos que poderiam facilmente ser formulados. Diante disso, difícil seria definir as fases processuais e, consequentemente, a lei a ser aplicada.

Resta o sistema do isolamento dos atos processuais, acolhido pela legislação processual brasileira. O disposto no art. 1.211, segunda parte, do Código de Processo Civil, determina a aplicabilidade imediata da lei processual, dando conta de que a integridade de cada ato deve ser perquirida conforme a lei vigente no momento de sua criação.

Nada mais razoável, uma vez que o praticante do ato não pode prever quais as mudanças normativas advirão, estabelecendo novos requisitos antes não previstos. Também não é coerente determinar a repetição ou complementação dos atos praticados regularmente no passado para suprir um requisito futuro. Lembra-se da máxima "o tempo rege o ato". Consequentemente, a análise de validade deve retroagir ao sistema legal vigente no momento de sua constituição, salvo se a lei posterior determinar expressamente o contrário.

O art. 1.211 do Código de Processo Civil assenta-se teoricamente na teoria objetiva de Paul Roubier.[297] Afinal, trata-se da eficácia imediata da lei processual aos feitos pendentes, em nada referindo a lei acerca de direitos adquiridos. De outra banda, não se trata de aplicação retroativa da lei, mas sim de incidência, desde logo, aos eventos pendentes, tal qual demonstrado pelo jurista francês.

Isso não significa, por outro lado, que inexiste a figura dos direitos adquiridos também em seara processual. Afinal, a proibição de que a lei nova atinja situações processuais já consolidadas ou extintas ao tempo da lei antiga tem vinculação com os direitos processuais adquiridos,[298] cuja força normativa se extrai do direito fundamental previsto no art. 5º, XXXVI, da Constituição Federal ("a lei não prejudicará o direito adquirido, o ato jurídico perfeito e a coisa julgada"). Como não se pode ler o art. 1.211 do Código de Processo Civil sem atentar ao disposto no art. 5º, XXXVI, da Constituição Federal, não há conclusão outra senão de que, também no direito processual, vige a conjunção das teorias de Francesco Gabba e Paul Roubier.

---

[297] ROUBIER, Paul. *Les conflits de lois dans le temps*: théorie dite de la non-retroactivité des lois. v. 1. Paris: Recueil Sirey, 1929.

[298] LACERDA, Galeno. *O novo Direito Processual Civil e os feitos pendentes*. 2ª. ed. Rio de Janeiro: Forense, 2006, p. 3.

Também deve ser ponderado que a adoção do sistema de isolamento dos atos processuais não é absoluta. Lembrando-se a natureza procedimental do processo, verifica-se que um ato pode ter repercussão em atos posteriores na cadeia procedimental. Se o nexo entre o ato praticado pela lei anterior e o novo ato a ser praticado na lei nova refletir a incompatibilidade da lei nova, deve-se manter a sistematização da lei antiga.[299]

A jurisprudência do Superior Tribunal de Justiça vem reconhecendo a existência de direito processuais adquiridos quando da superveniência da lei processual. Assim, quando da entrada em vigor da Lei 10.351/2001, que reformara o art. 475 do Código de Processo Civil para exinguir a necessidade de reexame necessário nas condenações da Fazenda Pública inferiores a 60 salários mínimos, pronunciou-se a corte pela aplicação da lei nova aos feitos pendentes, à exceção dos casos em que restasse consolidado o direito da Fazenda Pública de haver a reapreciação da causa pelo tribunal.[300]

Também, quando da visualização da incidência da Lei 11.232/2005, o Superior Tribunal de Justiça afirmou a inexistência de direito adquirido ao rito e determinou a aplicação imediata da lei processual aos feitos pendentes, dando aplicação à teoria do isolamento dos atos processuais. No caso, pretendia a recorrente que fosse intimado o executado da penhora na pessoa de seu advogado (art. 475-J, § 1º, da atual redação do Código de Processo Civil) e não pessoalmente, como determinava a lei anterior (então art. 669 do CPC), vigente ao tempo da realização da penhora.[301]

---

[299] AMARAL, Guilherme Rizzo. *Estudos de direito intertemporal e processo.* Porto Alegre: Livraria do Advogado, 2007, p. 22.

[300] "PROCESSO CIVIL. DIREITO INTERTEMPORAL. LEI 10.352/01. EXTINÇÃO DE REEXAME NECESSÁRIO. APLICAÇÃO AOS PROCESSOS PENDENTES, RESSALVADOS OS DIREITOS PROCESSUAIS ADQUIRIDOS. RECURSO ESPECIAL PROVIDO. 1. "Preenchidos os pressupostos do reexame necessário à luz da lei vigente (art. 475 do CPC), a superveniente modificação da norma, quando já ultrapassado o prazo do recurso voluntário, não compromete o direito processual da Fazenda de ver reapreciada a sentença pelo tribunal" (REsp 642.838/SP, 1ª Turma, redator para acórdão Min.Teori Zavascki, DJ de 02/09/2004). 2. No caso concreto, a sentença foi proferida em 13.05.1992, ficando nela consignado o seguinte: "Sujeita a presente decisão ao reexame necessário pelo E. Tribunal Regional Federal da 3ª Região em São Paulo, a quem serão encaminhados os autos, após decorrido o prazo recursal voluntário" (fls. 118). Em 23 de junho de 1992, foi certificada a não interposição de recurso voluntário por parte da Fazenda Nacional (fls. 120), tendo sido os autos encaminhados à instância superior, para o reexame obrigatório. Nesse momento, portanto, estava consolidado o direito processual da Fazenda Pública ao julgamento da causa pelo Tribunal, nos termos do art. 475 do CPC, então vigente. 3. Recurso especial a que se dá provimento". (REsp 933.553/MS, Rel. Ministro TEORI ALBINO ZAVASCKI, PRIMEIRA TURMA, julgado em 19/06/2007, DJ 29/06/2007 p. 524).

[301] "PROCESSUAL CIVIL. APLICAÇÃO INTERTEMPORAL DA LEI 11.232/05. CUMPRIMENTO DE SENTENÇA. PENHORA REALIZADA SOB VIGÊNCIA DA LEI ANTIGA. INTIMAÇÃO DA PENHORA, ATO PENDENTE E COLHIDO PELA LEI NOVA, PODE SE REALIZAR NA PESSOA DO ADVOGADO DO EXECUTADO, NOS TERMOS DO ART. 475-J, § 1º, CPC. – Embora o processo seja reconhecido como um instrumento complexo, no qual os atos que se sucedem se inter-relacionam, tal conceito não exclui a aplicação da teoria do isolamento dos atos processuais, pela qual a lei nova, encontrando um processo em desenvolvimento, respeita a eficácia dos atos processuais já realizados, e disciplina, a partir da sua vigência, os atos pendentes do processo. Esse sistema, inclusive, está expressamente previsto no art. 1.211 do CPC. – Se pendente a intimação do devedor sobre a penhora que recaiu sobre os seus bens, esse ato deve se dar sob a forma do art. 475-J, § 1º, CPC, possibilitando a intimação do devedor na pessoa de seu advogado. Recurso

À parte isso, sustenta-se, em estudos de direito intertemporal, que deve se adotar um conceito extensivo de ato jurídico perfeito – o "ato consumado" –, tendo-se a regulação de sua validade conforme o tempo de consumação do ato. A noção de ato consumado impede a aplicação da lei vigente, tanto para invalidar o ato praticado em conformidade com os requisitos da lei anterior, bem como para aproveitar ou convalidar o ato que, porventura, não tenha um de seus requisitos preenchidos. Assim "o ato jurídico consumado sob a égide da lei antiga não pode ser invalidado e nem convalidado pela lei nova".[302]

Na primeira hipótese, se para a validade de um ato jurídico a "Lei Processual 1" previa somente o requisito "A" e, após, entrou em vigência "Lei Processual 2", que dispunha a necessidade de "A + B", o ato realizado antes da vigência desta será válido se apenas contiver "A". Assim, para a invalidação, o vício do ato deve existir ao tempo de realização do ato processual em questão.[303]

Na segunda hipótese de aplicação do conceito, se a "Lei Processual 3" previa, para a realização de um ato jurídico, os requisitos "C + D", tendo o ato sido praticado sob sua vigência, sem a observância do requisito "D", entrando em vigor a "Lei Processual 4", que ao revogar a anterior estabeleceu apenas o requisito "C" para a prática do ato, ter-se-ia a impossibilidade de aproveitamento ou convalidação pela simples superveniência da lei nova.[304]

Pense-se o caso de um recurso intempestivo considerado o prazo da lei vigente ao tempo de sua propositura. Se, porém, antes do respectivo julgamento advier nova lei ampliando o prazo recursal, ter-se-á a admissibilidade do recurso? A resposta é negativa. A incidência da nova lei seria impossível, já que se estaria retroagindo seus efeitos aos atos consumados. A segurança jurídica age aí, fazendo com que a modificação da lei não acarrete defeitos sobre atos pretéritos, nem para que a extirpação de um requisito venha a tornar válido um ato invalidado praticado sob a lei anterior.

Faz-se importante a preservação dos atos processuais perfeitos, celebrados em harmonia com o sistema jurídico vigente. Da mesma forma, a ampliação da

---

Especial provido". (REsp 1076080/PR, Rel. Ministra NANCY ANDRIGHI, TERCEIRA TURMA, julgado em 17/02/2009, DJe 06/03/2009).

[302] AMARAL, Guilherme Rizzo. *Estudos de direito intertemporal e processo*. Porto Alegre: Livraria do Advogado, 2007, p. 19-20. A lição não é nova, como se verifica em Carlos Maximiliano: "A forma de ato jurídico é a fixada por lei vigente na data em que o mesmo foi concluído; portanto, se à mesma não se atendeu no momento oportuno, não se dará convalescença, na hipótese de norma posterior dispensar ou deixar de impor o descumprido requisito extrínseco". MAXIMILIANO, Carlos. *Direito Intertemporal*: teoria da retroatividade das leis. 2ª ed. Rio de Janeiro: Freitas Bastos, 1955, p. 37.

[303] PEYRANO, Jorge W. Nulidades procesales con especial referencia a los distintos vicios que pueden generarlas. *Revista de Processo*, São Paulo, n. 82, p. 159-172, abr/jun. 1996, p. 171.

[304] Isso não impede, todavia, que se opere a convalidação dos atos em razão do alcance da finalidade e da ausência de prejuízo, caso essas circunstâncias estejam presentes e essas formas de convalidação estejam normatizadas ao tempo da prática do ato.

proteção para o *ato consumado* impede toda sorte de insegurança jurídica no processo.[305]

3.5. SOBRE A IRREGULARIDADE

Por fim, no que tange à primeira aproximação geral do estudo com o plano da validade, incumbe o exame das irregularidades. Inicialmente, destaca-se que as irregularidades compõem institutos cuja perquirição se dá no nível da validade. Isso significa que esse exame se dá no confronto com a norma e aplica a técnica da retroação.

A constatação primordial, para a compreensão das irregularidades, é de que nem sempre os desvios da norma ensejam a invalidação do ato. Quando houver defeito, mas ele for insuficiente para a invalidação, estar-se-á diante de um ato válido e, ao mesmo tempo, irregular. Isso ocorre porque o vício não perturbou ou em nada interferiu na produção dos efeitos esperados. Aí, não se cogita haver uma invalidade, mas uma mera irregularidade.

A falta de numeração nas páginas do processo inegavelmente é um uma violação ao art. 167 do Código de Processo Civil. Todavia, não dá azo a uma invalidade, porque "é defeito que não diz respeito a requisito estrutural do ato (que não atinge a eficiência do suporte fático), mas tão-somente à conduta infringente de norma instituidora de dever ao sujeito agente",[306] ou seja, uma simples irregularidade. Nessa lógica, a irregularidade não é espécie do gênero invalidade, porque os atos eivados com esse pequeno vício serão válidos, produzindo plenamente seus efeitos típicos.

Em razão disso, Dinamarco sustenta que "a lei não dá maior importância a suas próprias exigências, quando superficialmente formais, porque insignificante ou nenhuma é a relação dessas exigências com a indispensável seriedade na produção do resultado querido pelo agente".[307] Isso não significa, todavia, que essas irregularidades não possam produzir efeitos de outra ordem, como a responsabilidade civil ou punições disciplinares administrativas a servidores, partes ou ao advogado.[308]

---

[305] AMARAL, Guilherme Rizzo. *Estudos de direito intertemporal e processo*. Porto Alegre: Livraria do Advogado, 2007, p. 20.

[306] DALL'AGNOL JR., Antônio Janyr. Para um conceito de irregularidade processual. In: ALVARO DE OLIVEIRA, Carlos Alberto. *Saneamento do Processo*: estudos em homenagem ao professor Galeno Lacerda. Porto Alegre: Sergio Antonio Fabris, 1989, p. 83-108, p. 103.

[307] DINAMARCO, Cândido Rangel. *Instituições de Direito Processual Civil*. v. 2. 4ª ed. São Paulo: Malheiros, 2004, p. 583-584.

[308] Idem, p. 584.

Para Calmon de Passos,[309] irregulares são os atos eivados de atipicidade que não provocam qualquer prejuízo. Utiliza, então, o jurista a existência ou não do prejuízo como critério distintivo entre o inválido e o irregular. Não existem, na linha de Calmon de Passos, atos inválidos que não causem prejuízos, o que será aprofundado quando for trabalhada a sua sistematização. Nessa linha, a invalidade é "apenas uma consequência possível do juiz de comparação entre conduta praticada e a norma legal".[310]

A jurisprudência do Superior Tribunal de Justiça traz alguns exemplos ilustrativos a respeito das irregularidades no processo civil. No REsp 1.096.598/MG, decidiu-se que a juntada de documentos após a sentença, em desconformidade com o art. 517, configurar-se-ia mera irregularidade quando não se apresentaram relevantes, sendo inclusive ignorados pelo tribunal ao julgamento da apelação.[311] De igual modo, no AgRg no Ag 839.381/RS, ponderou-se que o mero erro no preenchimento de auto de penhora não induz à invalidade do processo executivo, tratando-se de mera irregularidade.[312] Ou ainda, no REsp 418.393/MA, concluiu-se que até mesmo a indicação equivocada do réu, quando mencionado o órgão e não a pessoa jurídica de direito público, não serve para fins de reconhecimento da ilegitimidade passiva.[313]

Por ora, resta a conclusão de que a irregularidade é uma análise sobre o plano da validade diante de uma violação da norma que não redundou em uma invalidação. Ocorre quando há um vício, no ato, irrelevante em relação à validade

---

[309] PASSOS, Calmon de. *Esboço de uma teoria das nulidades aplicadas às nulidades processuais.* Rio de Janeiro: Forense, 2005, p. 111.

[310] CABRAL, Antônio do Passo. *Nulidades no processo moderno.* Rio de Janeiro: Forense, 2009, p. 28.

[311] "PROCESSUAL CIVIL E EMPRESARIAL. RECURSO ESPECIAL. PATENTE. PROVA JUNTADA AOS AUTOS APÓS A SENTENÇA. INEXISTÊNCIA DE FATO NOVO. MERA IRREGULARIDADE ANTE A AUSÊNCIA DE PREJUÍZO. (...) Admite-se, nos termos dos arts. 397, 398 e 517 do CPC, a juntada de documentos novos após a sentença. Conquanto não atendam ao requisito da novidade, os documentos juntados não apresentaram elementos relevantes e foram desconsiderados pelo Tribunal, razões pelas quais não houve prejuízo que justificasse o reconhecimento de nulidade. Inteligência do art. 249, § 1º, do CPC. (...)" (REsp 1096598/MG, Rel. Ministra NANCY ANDRIGHI, TERCEIRA TURMA, julgado em 20/08/2009, DJe 18/11/2009).

[312] "PROCESSUAL CIVIL. NULIDADE DO AUTO DE PENHORA. VALOR INCORRETO. AUSÊNCIA DE PREJUÍZO. 1. 'A instrumentalidade do processo e o perfil deste no direito contemporâneo não permitem que meras irregularidades constituam empeço à satisfação da prestação jurisdicional' (REsp 175.546/RS, 4ª Turma, Rel. Min. Sálvio de Figueiredo Teixeira, DJ de 13.9.1999). 2. Não-verificado nenhum tipo de prejuízo à parte, decorrente de erro no preenchimento do valor do auto de penhora, não há falar em nulidade do processo executivo. 3. Agravo regimental desprovido". (AgRg no Ag 839.381/RJ, Rel. Ministra DENISE ARRUDA, PRIMEIRA TURMA, julgado em 24/04/2007, DJ 31/05/2007 p. 372).

[313] "PROCESSUAL CIVIL. REINTEGRAÇÃO EM CARGO PÚBLICO. LEGITIMIDADE PASSIVA AD CAUSAM. PETIÇÃO INICIAL. ERRO MATERIAL. MERA IRREGULARIDADE. Em ação para obter reintegração em cargo público, o mero erro material na indicação do réu, mencionando-se o órgão onde o servidor estava lotado ao invés da pessoa jurídica de direito público, não acarreta extinção do processo sem julgamento de mérito, por ilegitimidade de parte, mormente se a citação foi dirigida ao Estado, que contestou e praticou normalmente os atos do processo, devidamente representado em juízo por seus procuradores. Recurso não conhecido". (REsp 418.393/MA, Rel. Ministro FELIX FISCHER, QUINTA TURMA, julgado em 07/05/2002, DJ 03/06/2002 p. 264).

do ato em si mesmo ou do procedimento como um todo.[314] Atos irregulares são plenamente válidos se não ensejaram prejuízos aos fins da norma e do sistema processual. São, então, irregularidades aqueles atos viciados, mas perfeitamente aproveitáveis no processo.

---

[314] DINAMARCO, Cândido Rangel. *Instituições de Direito Processual Civil*. v. 2. 4ª ed. São Paulo: Malheiros, 2004, p. 584.

4. Interesses públicos e privados: distinção e relevância para o problema das invalidades processuais

O modelo para os atos processuais é instituído com algum propósito em um sistema legal. Além das questões valorativas (serão oportunamente estudadas), o tipo é pensado para resguardar interesses, tanto públicos quanto privados. Esse direcionamento da norma à tutela de um interesse varia conforme as aspirações culturais em que são instituídas.

Na maior parte dos casos, é extremamente difícil a identificação do fundamento prevalente. Não obstante, a averiguação dos interesses públicos ou privados sobre uma norma é necessária para a identificação do titular da proteção jurídica, sendo essencial para a busca do conteúdo concreto do princípio da finalidade. Os interesses orientam também o poder de intervenção de ofício, um tema central às invalidades processuais, razões pelas quais se faz recomendável direcionar os estudos ao desenvolvimento do tema na doutrina hodierna.

4.1. PRIMEIRAS PALAVRAS SOBRE A DICOTOMIA PÚBLICO-PRIVADO

Em geral, identifica-se, nas relações contemporâneas, o esfumaçamento entre os limites do "Direito Público" e do "Direito Privado". A inserção de um ramo do direito como "Público" ou "Privado" é cada vez mais tormentosa, porque esse direcionamento exige remissão às funções institucionais contemporâneas da ciência jurídica.

Discute-se se a distinção entre o "Direito Público" e o "Direito Privado" foi engendrada no Direito Romano ou às vésperas do Código de Napoleão. Aponta-se comumente para a resposta o seu ingresso na história do pensamento jurídico ocidental pela seguinte passagem do *Corpus Iuris Civilis,* de Ulpiano:

> São dois os temas deste estudo: o público e o privado. Direito público é o que se volta ao estado da res Romana, privado o que se volta à utilidade de cada um dos indivíduos, enquanto tais. Pois alguns são úteis publicamente, outros particularmente. O direito público se consti-

tui nos sacra, sacerdotes e magistrados. O direito privado é tripartido: foi, pois, selecionado ou de preceitos naturais, ou civis, ou das gentes.[315]

Contudo, o famoso texto no qual se fundou a duplicidade *ius publicum* e *ius privatum* direcionava-se a um pensamento absolutamente diverso do resultado alcançado após dois mil anos de ciência jurídica. Quando Ulpiano afirmou *huius studii duae sunt positiones: publicum et privatum*, queria dizer que as questões jurídicas poderiam ser estudadas em duas perspectivas. Todavia, "o texto foi geralmente entendido como se as posições tivessem características substanciais, como se o Direito Público e o Direito Privado fossem distintos, e neste debate sem solução se refletiram nos séculos as concepções e as ideologias da ciência jurídica, até nossos dias".[316]

Historicamente, apenas no século XVIII houve uma diferenciação forte entre as esferas econômicas e das relações políticas, entre a sociedade civil e o Estado.[317] Nesse período, foi preconizada uma separação quase absoluta entre o direito que regularia os interesses gerais ("Direito Público") e as relações entre indivíduos ("Direito Privado").[318]

A dicotomia[319] fundou-se na ideologia liberal de igualdades formais, própria às necessidades econômicas emergentes ao desenvolvimento do capitalismo.[320] Pela edição desses limites ao poderio estatal, construiu-se o "Direito Privado" e,

---

[315] Digesto, 1.1.1.2. Valeu-se da Tradução de Hélcio Maciel França Madeira. No original: "Huius studii duae sunt positiones, publicum et privatum. Publicum ius est quod ad statum rei Romanae spectat, privatum quod ad singulorum utilitatem pertinet. Dicendum est igitur de iure privato, quod tripertitum est; collectum est enim ex naturalibus praeceptis aut gentium aut civilibus". MADEIRA, Hélcio Maciel França. *Digesto de Justiniano: Liber Primus*: Introdução ao Direito Romano. São Paulo: Revista dos Tribunais; Osasco: Centro Universitário FIEO, 2002, p. 17-18.

[316] SATTA, Salvatore. Il formalismo nel processo. *Rivista Trimestrale di Diritto e Procedura Civile*, Milão, ano XII, n. 4, p. 1141-1158, dez. 1958, p. 1151.

[317] FACCHINI NETO, Eugênio. Reflexões histórico-evolutivas sobre a constitucionalização do direito privado. In: SARLET, Ingo Wolfgang. *Constituição, Direitos Fundamentais e Direito Privado*. Porto Alegre: Livraria do Advogado, 2006, p. 13-62, p. 18.

[318] FINGER, Julio César. Constituição e Direito Privado: algumas notas sobre a chamada constitucionalização do direito civil. In: SARLET, Ingo Wolfgang (org.). *A Constituição concretizada*: construindo pontes com o público e o privado. Porto Alegre: Livraria do Advogado, 2000, p. 85-106, p. 86.

[319] As grandes dicotomias (como a público-privado), explica Bobbio, caracterizam-se por terem a capacidade de "a) dividir um universo em duas esferas, conjuntamente exaustivas, no sentido de que todos os entes daquele universo nelas tenham lugar, sem nenhuma exclusão, e reciprocamente exclusivas, no sentido de que um ente compreendido na primeira não pode ser contemporaneamente compreendido na segunda; b) de estabelecer uma divisão que é ao mesmo tempo total, enquanto todos os entes aos quais atualmente e potencialmente a disciplina se refere devem nela ter lugar, e principal, enquanto tende a fazer convergir em sua direção outras dicotomias que se tornam, em relação a ela, secundárias". BOBBIO, Norberto. *Estado, governo e sociedade*. 14ª ed. São Paulo: Paz e Terra, 2007, p. 13-14. Tradução de Marco Aurélio Nogueira.

[320] "Esta separação entre público e privado tornava a economia um campo infenso à intervenção estatal". SARMENTO, Daniel. Interesses públicos vs. interesses privados na perspectiva da teoria e da filosofia constitucional. In: SARMENTO, Daniel (org.). *Interesses públicos versus interesses privados*: desconstruindo o princípio de supremacia do interesse público. Rio de Janeiro: Lúmen Juris, 2005, p. 23-116, p. 36.

em especial, o Direito Civil.[321] Assim, forte no princípio de abstenção de atuação estatal no mercado, o modelo do Estado Liberal se baseou em um rígido afastamento entre Estado e sociedade.[322] Consequentemente, nas relações privadas, era terminantemente proibida a influência do poder público.

A partir da ruptura promovida pela Revolução Francesa, o Direito Privado passou a espelhar a ideologia burguesa, retratando necessidades das classes que tomaram o poder.[323] Ademais, o implemento do modo de produção capitalista exigia uma universalização dos conceitos de liberdade e propriedade, dando a todos a aptidão de se ter capacidade negocial, para que a vinculação do trabalhador não fosse com a terra e com o senhor feudal, mas sim com o contrato. Daí a autonomia privada ganhou um conteúdo autônomo e operativo.[324]

Nesse prospecto, surgiu a necessidade de dotar os trabalhadores da condição de ser com *liberdade negocial,* criando-se as premissas para o assentamento de um sistema de produção mediado pelo contrato, e não pelas relações entre a coletividade. Então, a dissociação entre o Poder Público e essa liberdade privada passou a ser ponto essencial não só na organização econômica, mas também na esquematização jurídica. Concebeu-se, assim, o "Direito Privado" como um espaço alheio à política.[325]

Até mesmo a origem dos direitos fundamentais está fortemente vinculada ao desiderato de separação entre os espaços privados e públicos. Afinal, na sua gênese, funcionavam como *direitos de defesa,*[326] visando à limitação do poder estatal. Os direitos fundamentais de primeira geração dão ao indivíduo direitos subjetivos, capazes de proteger uma esfera de liberdade, a fim de se impedir interferências ou agressões no espaço de autonomia pessoal.[327] E, justamente, a *autonomia privada* passou a representar a formalização jurídica pela qual se atribuiu a exclusivida-

---

[321] FACHIN, Luiz Edson; RUZYK, Carlos Eduardo Pianovski. Direitos Fundamentais, dignidade da pessoa humana e o novo Código Civil: uma análise crítica. In: SARLET, Ingo Wolfgang. *Constituição, Direitos Fundamentais e Direito Privado.* Porto Alegre: Livraria do Advogado, 2006, p. 89-106, p. 92.

[322] SARMENTO, Daniel. Interesses públicos vs. interesses privados na perspectiva da teoria e da filosofia constitucional. In: SARMENTO, Daniel (org.). *Interesses públicos versus interesses privados*: desconstruindo o princípio de supremacia do interesse público. Rio de Janeiro: Lúmen Juris, 2005, p. 23-116, p. 35.

[323] FACCHINI NETO, Eugênio. Reflexões histórico-evolutivas sobre a constitucionalização do direito privado. In: SARLET, Ingo Wolfgang. *Constituição, Direitos Fundamentais e Direito Privado.* Porto Alegre: Livraria do Advogado, 2006, p. 13-62, p. 20.

[324] PRATA, Ana. *A tutela constitucional da autonomia privada.* Coimbra: Almedina, 1982, p. 9.

[325] Conforme sustenta Raiser, essa crença era terminantemente falsa, já que tal dissociação significava um meio de a sociedade burguesa se afirmar e ganhar estabilidade. RAISER, Ludwig. Il futuro del diritto privato. In: *Il compito del diritto privato.* Milão: Giuffrè, 1990, p. 215-239, p. 238.

[326] A terminologia é de Alexy, ao relacionar direitos a ações negativas como direitos de defesa. O jurista vê tríplice função negativa: de impedir o embaraço de ações, de não afetação de características e situações, bem como de não eliminação de posições jurídicas. ALEXY, Robert. *Teoria dos direitos fundamentais.* São Paulo: Malheiros, 2008, p. 196-201. Tradução de Virgílio Afonso da Silva.

[327] SARLET, Ingo Wolfgang. Os direitos fundamentais sociais na Constituição de 1988. In: SARLET, Ingo Wolfgang. (org.) *O Direito Público em tempos de crise*: estudos em homenagem a Ruy Ruben Ruschel. Porto Alegre: Livraria do Advogado, 1999, p. 129-173, p. 142.

de do domínio da economia às vontades individuais, vedando-se a intervenção estatal.[328] Afinal, um dos aspectos fortes de uma grande dicotomia é a limitação recíproca dos seus campos, "no sentido de que a esfera do público chega até onde começa a esfera do privado e vice-versa".[329]

Contudo, a separação absoluta entre os interesses públicos e privados sofreu abalos com as inúmeras mudanças sociais que advieram na história mundial, culminando no Estado Capitalista Intervencionista (*Welfare State*).[330] A partir da mudança nas relações político-econômicas, o Estado deixou de ser mero espectador, para protagonizá-las, disciplinando-as de forma cogente.[331] Com a abertura das fronteiras de atuação do Estado, ele "foi aos poucos se reapropriando do espaço conquistado pela sociedade civil burguesa até absorvê-lo completamente na experiência extrema do Estado total". Nesse extremo oposto do Estado Liberal, assenta-se o primado do público sobre o privado que "se funda sobre a contraposição do interesse coletivo ao interesse individual e sobre a necessária subordinação, até eventual supressão, do segundo ao primeiro".[332]

Nessa sequência, as codificações, antes símbolos das distinções absolutas entre o público e o privado, perderam progressivamente força para leis esparsas e não concentradas; operando uma verdadeira inflação legislativa.[333] Essas transformações políticas abriram espaço para a elaboração de direitos fundamentais de segunda e, posteriormente, com o Estado Democrático de Direito, de terceira e quarta gerações.[334]

---

[328] PRATA, Ana. *A tutela constitucional da autonomia privada*. Coimbra: Almedina, 1982, p. 49.

[329] BOBBIO, Norberto. *Estado, governo e sociedade*. 14ª ed. São Paulo: Paz e Terra, 2007, p. 14. Tradução de Marco Aurélio Nogueira.

[330] Sobre a autonomia privada, Raiser expõe que "nos últimos decênios, foi reafirmada a sua função de sustentáculo do direito privado com a criação de uma ampla tutela jurídica, sob a forma de um direito geral de personalidade. Tutela-se, assim, não somente a propriedade, entendida como esfera de domínio sobre os bens materiais que garantem a liberdade, mas também a própria pessoa. A partir da Primeira Guerra Mundial, sempre foi imposto ao lado desse princípio, integrando-o e corrigindo-o com o conceito ético do indivíduo como membro da comunidade, vale dizer, o conceito de responsabilidade social". RAISER, Ludwig. Il futuro del diritto privato. In: *Il compito del diritto privato*. Milão: Giuffrè, 1990, p. 215-239, p. 217.

[331] Sobre o ponto, merece nota que na passagem do Estado Liberal Clássico ao Estado Social de Direito, "as tarefas do magistrado e dos aparelhos administrativos se multiplicaram. Mas a ampliação desses aparelhos determinou, para além e contra as intenções, um incremento dos poderes do juiz". PICARDI, Nicola. A vocação do nosso tempo para a jurisdição. In: *Jurisdição e processo*. Rio de Janeiro: Forense, 2008, p. 1-32, p. 5. Organizador e revisor técnico da tradução: Carlos Alberto Alvaro de Oliveira. Ainda sobre o ponto, mister fazer referência à CAPPELLETTI, Mauro. *Juizes legisladores?* Porto Alegre: Sergio Antonio Fabris Editor, 1999. Tradução de Carlos Alberto Alvaro de Oliveira.

[332] BOBBIO, Norberto. *Estado, governo e sociedade*. 14ª ed. São Paulo: Paz e Terra, 2007, p. 24-25. Tradução de Marco Aurélio Nogueira. No mesmo sentido, FACCHINI NETO, Eugênio. Reflexões histórico-evolutivas sobre a constitucionalização do direito privado. In: SARLET, Ingo Wolfgang. *Constituição, Direitos Fundamentais e Direito Privado*. Porto Alegre: Livraria do Advogado, 2006, p. 13-62, p. 24.

[333] SARMENTO, Daniel. Interesses públicos vs. interesses privados na perspectiva da teoria e da filosofia constitucional. In: SARMENTO, Daniel (org.). *Interesses públicos versus interesses privados*: desconstruindo o princípio de supremacia do interesse público. Rio de Janeiro: Lúmen Juris, 2005, p. 23-116, p. 39.

[334] Sobre o ponto, ver BONAVIDES, Paulo. *Curso de Direito Constitucional*. 10ª ed. São Paulo: Malheiros, 2000.

Evita-se aqui um estudo histórico pormenorizado da origem dos direitos fundamentais ou sobre o desenvolvimento das atuações do Estado na economia. Basta, para os limites e objetivos deste estudo, a constatação de que o aparecimento das novas gerações de direitos fundamentais está intimamente ligado à valorização das esferas públicas. A partir de certo ponto do itinerário histórico jurídico, social e cultural, percebeu-se que a divisão absoluta entre "Direito Privado" e "Direito Público" deixou de se apresentar consistente, visto que a autonomia privada e os direitos individuais não mais puderam ser compreendidos isolados da organização pública da comunidade.

Passou o Direito a exercer um movimento de compressão da autonomia da vontade, marco do Estado Liberal, fundado na ideia de responsabilidade social.[335] Ainda, o desenvolvimento das sociedades determinou maior influência dos estados sobre as relações particulares, tanto que, seguindo essa tendência, as Constituições posteriores à 2ª Guerra Mundial começaram a disciplinar temas antes exclusivamente regrados pelos diplomas cíveis, iniciando um processo de "*publicização do Direito Privado*". Nessa linha, alguns direitos fundamentais passaram do corpo do Código Civil, cânone do "Direito Privado" do modelo burguês, ao texto constitucional, ápice normativo do "Direito Público".

No Estado Social, as preocupações das autoridades públicas são mais amplas que a defesa das fronteiras, a segurança externa e a ordem interna. Nesse modelo, o Estado passou a intervir ativamente na economia, seja diretamente, como gestor de certos serviços sociais, seja indiretamente, disciplinando as relações privadas comerciais.[336] Mas o Estado Social também não se manteve íntegro com o desenrolar da história. O posterior processo de globalização econômica fragilizou o Estado, que viu reduzidos seus poderes de condicionar, pela soberania, a atuação de forças presentes em seu território,[337] retomando-se, pela via reversa, parte do poderio dos interesses e das liberdades privadas. A globalização econômica diminuiu a soberania política das nações, uma vez que os Estados perderam parte de seu poder de regulamentação independente.[338] Pode-se ver a queda do

---

[335] RAISER, Ludwig. Il futuro del diritto privato. In: *Il compito del diritto privato*. Milão: Giuffrè, 1990, p. 215-239, p. 217.

[336] FACCHINI NETO, Eugênio. Reflexões histórico-evolutivas sobre a constitucionalização do direito privado. In: SARLET, Ingo Wolfgang. *Constituição, Direitos Fundamentais e Direito Privado*. Porto Alegre: Livraria do Advogado, 2006, p. 13-62, p. 28-29. Conforme propõe Raiser, "as intervenções do Estado aos fins de impulsionar e controlar, também no âmbito tradicional do Direito Privado, aumentaram a partir da Primeira Guerra Mundial. O processo intensificou-se durante o regime nacional-socialista e, depois de 1945, não obstante o retorno às garantias constitucionais de liberdade e aos princípios da economia de mercado, continuaram a ganhar terreno por efeito das tendências sociais e assistenciais do Estado, até mesmo para se falar de uma perda de função do Direito Privado e de uma redução de seu campo de aplicação". RAISER, Ludwig. Il futuro del diritto privato. In: *Il compito del diritto privato*. Milão: Giuffrè, 1990, p. 215-239, p. 218.

[337] SARMENTO, Daniel. Interesses públicos vs. interesses privados na perspectiva da teoria e da filosofia constitucional. In: SARMENTO, Daniel (org.). *Interesses públicos versus interesses privados*: desconstruindo o princípio de supremacia do interesse público. Rio de Janeiro: Lúmen Juris, 2005, p. 23-116, p. 42.

[338] FACCHINI NETO, Eugênio. Reflexões histórico-evolutivas sobre a constitucionalização do direito privado. In: SARLET, Ingo Wolfgang. *Constituição, Direitos Fundamentais e Direito Privado*. Porto Alegre: Livraria do Advogado, 2006, p. 13-62, p. 26.

Poder Público de intervir nas esferas particulares na constante privatização de bens estatais ou até mesmo no campo jurisdicional, como se percebe pelo relativo crescimento da arbitragem e de outros meios alternativos à solução de litígios.[339] Movimentos de reinserção do Estado como poder ativo na economia também são, por outro lado, sentidos, como bem se observa nas respostas dadas às recentes crises econômicas mundiais.

Parece incontestável, ao alvorecer do terceiro milênio d.C. da história mundial, que o radicalismo liberal, ao defender interesses privados, e o intervencionismo exagerado do *Estado Total,* pugnando a supremacia do interesse público a qualquer custo, decaíram pela névoa ideológica que lhes era própria e fazia-os refutar freneticamente um ao outro. Com efeito, "o interesse público e os interesses dos cidadãos, que antes eram vistos como potencialmente antagônicos, passam a ser vistos como em princípio reciprocamente identificáveis",[340] justamente porque, conforme as orientações ideológicas e sociais, a realização e a defesa do interesse do indivíduo podem ser um interesse da coletividade.[341] Não é por menos que fundada doutrina não vê entre esses interesses qualquer hierarquia, pois "ambos são reconhecidos na Constituição em condições de igualdade".[342] Há uma convergência cada vez mais presente entre as tendências públicas e privadas.[343]

No atual momento, em que se percebe estar sempre presente a historicidade das condutas humanas – especialmente as jurídicas –, a lição de Salvatore Satta não poderia ser mais pertinente, para fechar esta breve introdução à temática dos interesses:

> Todo este mundo de conceitos jurídicos que tendemos a considerar como realidade, este mundo formal que também constitui parte da nossa cultura, e ao qual dificilmente poderíamos renunciar, deve ser olhado não com desconfiança, mas com certo sentido de relatividade. Se as coisas que expusemos são verdadeiras, necessário reconhecer que da história, isto é da vida, vem a nós, juristas, uma lição de humildade.[344]

---

[339] SARMENTO, Daniel. Interesses públicos vs. interesses privados na perspectiva da teoria e da filosofia constitucional. In: SARMENTO, Daniel (org.). *Interesses públicos versus interesses privados*: desconstruindo o princípio de supremacia do interesse público. Rio de Janeiro: Lúmen Juris, 2005, p. 23-116, p. 43.

[340] ARAGÃO, Alexandre Santos de. A supremacia do interesse público no advento do Estado de Direito e na hermenêutica do Direito Público contemporâneo. In: SARMENTO, Daniel (org.). *Interesses públicos versus interesses privados*: desconstruindo o princípio de supremacia do interesse público. Rio de Janeiro: Lúmen Juris, 2005, p. 1-22, p. 3.

[341] PRATA, Ana. *A tutela constitucional da autonomia privada*. Coimbra: Almedina, 1982, p. 52.

[342] SCHIER, Paulo Ricardo. Ensaio sobre a supremacia do interesse público sobre o privado e o regime jurídico dos direitos fundamentais. In: SARMENTO, Daniel (org.). *Interesses públicos versus interesses privados*: desconstruindo o princípio de supremacia do interesse público. Rio de Janeiro: Lúmen Juris, 2005, p. 217-246, p.233.

[343] FACCHINI NETO, Eugênio. Reflexões histórico-evolutivas sobre a constitucionalização do direito privado. In: SARLET, Ingo Wolfgang. *Constituição, Direitos Fundamentais e Direito Privado*. Porto Alegre: Livraria do Advogado, 2006, p. 13-62, p. 28.

[344] SATTA, Salvatore. Il formalismo nel processo. *Rivista Trimestrale di Diritto e Procedura Civile*, Milão, ano XII, n. 4, p. 1141-1158, dez. 1958, p. 1152.

Considerando que o Direito Processual Civil, sob a perspectiva do formalismo-valorativo, é Direito Constitucional aplicado, é fácil concluir que esses movimentos, percebidos na Teoria Geral do Estado, repercutem na organização processual. Antes, porém, de compreender a sua influência no processo civil, buscar-se-á aproximar a dicotomia Público/Privado dos interesses por elas resguardados.

4.2. DIREITOS FUNDAMENTAIS E INTERESSES PÚBLICOS E PRIVADOS

A partir da constatação da convergência do público e do privado, pode-se questionar sobre a conveniência ou até sobre a possibilidade de se categorizar ramos de direito como regradores deste ou daquele interesse. Os três critérios mais utilizados para a distinção – prevalência de interesses, natureza de subordinação nas relações, ou sujeito envolvido – são falhos.[345]

Os dois últimos podem ser mais facilmente afastados. A *natureza de subordinação* não serve para caracterizar as relações públicas, pois está também presente na maioria das relações atualmente classificadas como privadas, face às desigualdades estruturais econômicas da sociedade contemporânea, o que é facilmente constatável no Direito Individual do Trabalho e no Direito do Consumidor. De igual maneira, a identificação da ordem pública, pela simples participação do Estado na relação jurídica, não explica a atuação estatal em sede privada, como mostram muitos exemplos extraídos do Direito Administrativo.[346]

A prevalência de interesses como pauta para enquadrar determinado ramo jurídico como pertencente ao "Direito Público" ou ao "Direito Privado", embora seja entre elas a mais razoável, parece ser atualmente de difícil aplicação. Veja-se que o "Direito Público" deve orientar-se também pelo respeito dos interesses particulares, sobretudo daqueles essenciais à pessoa. Na outra via, no "Direito Privado", cada vez mais se fazem presentes normas de ordem pública, que condicionam interesses particulares em proveito de propósitos coletivos.

A influência do público sobre o privado na ciência jurídica contemporânea funda-se, entre outros suportes, no dever de respeito e de promoção dos direitos e interesses de privados pelos entes estatais. Afinal, a partir do enfraquecimento

---

[345] SARMENTO, Daniel. Interesses públicos vs. interesses privados na perspectiva da teoria e da filosofia constitucional. In: SARMENTO, Daniel (org.). *Interesses públicos versus interesses privados*: desconstruindo o princípio de supremacia do interesse público. Rio de Janeiro: Lúmen Juris, 2005, p. 23-116, p. 30-32.

[346] "Para disciplinar as empresas públicas e as relações por elas estabelecidas, como para conceder a privados ajuda econômica de qualquer tipo (subsídios, créditos, garantias, etc.), o Estado pode valer-se de formas jurídicas privadas, como de Direito Público. O Direito Privado utilizado a esses fins foi definido como 'direito privado administrativo' ". RAISER, Ludwig. Il futuro del diritto privato. In: *Il compito del diritto privato*. Milão: Giuffrè, 1990, p. 215-239, p. 220.

da ideologia liberal clássica, o Estado tornou-se o primeiro devedor da prestação global dos direitos fundamentais.[347]

A própria natureza desses direitos exige a tutela pelo Estado de certos bens essenciais à dignidade dos particulares, que, por isso, devem ser beneficiados com "vigorosa proteção diante dos poderes públicos, inclusive quando estes afirmam estar perseguindo interesses da coletividade".[348] Mas, além dessa garantia de não ofensa, porque os direitos fundamentais não estão vinculados a uma ideologia estritamente individualista, ganhou espaço o que a doutrina chamou de *dimensão objetiva dos direitos fundamentais.*

Identifica-se, nos direitos fundamentais, além da função de defesa frente a intervenções do Poder Público, os princípios objetivos de todo ordenamento jurídico. Estabelece a Lei Fundamental uma ordem objetiva de valores, dando força vinculante a todos os direitos fundamentais.[349] Os direitos fundamentais, por isso, não conferem aos particulares puramente direitos subjetivos, "mas constituem também as próprias bases jurídicas da ordem jurídica da coletividade".[350]

Ora, se os direitos fundamentais consistem no valor máximo de proteção do Estado Democrático de Direito, eles obviamente não se limitam ao impedimento de intervenção. Não possuem apenas uma esfera subjetiva, dando aos cidadãos o domínio e a garantia à sua preservação, mas também uma dimensão objetiva, impulsionando a atuação concreta e norteando a interpretação e a aplicação de todo o corpo normativo.[351] "A razão de ser dos direitos fundamentais é exatamente de que aquilo que é especialmente importante para o indivíduo, e que pode ser juridicamente protegido, deve ser juridicamente garantido".[352]

Em outros termos, "os direitos fundamentais cristalizam valores essenciais de uma comunidade política, que devem se irradiar por todo o seu ordenamento, e atuar não só como limites, mas também como impulso e diretriz para a atuação

---

[347] SARLET, Ingo Woflgang. *A eficácia dos direitos fundamentais.* Porto Alegre: Livraria do Advogado, 1998, p. 335.

[348] SARMENTO, Daniel. Interesses públicos vs. interesses privados na perspectiva da teoria e da filosofia constitucional. In: SARMENTO, Daniel (org.). *Interesses públicos versus interesses privados*: desconstruindo o princípio de supremacia do interesse público. Rio de Janeiro: Lúmen Juris, 2005, p. 23-116, p. 102.

[349] HESSE, Konrad. *Derecho Constitucional y Derecho Privado.* Madri: Civitas, 1995, p. 57. Tradução de Ignacio Gutiérrez Gutiérrez.

[350] SARMENTO, Daniel. Interesses públicos vs. interesses privados na perspectiva da teoria e da filosofia constitucional. In: SARMENTO, Daniel (org.). *Interesses públicos versus interesses privados*: desconstruindo o princípio de supremacia do interesse público. Rio de Janeiro: Lúmen Juris, 2005, p. 23-116, p. 82.

[351] Também por isso, a dimensão objetiva dos direitos fundamentais, além de determinar a conduta ativa do Estado, é pressuposto para a transindividualidade dos direitos fundamentais, sendo exigíveis não só do Estado mas também de terceiros particulares, já que determina que a todos interessa a sua proteção e aplicação. HESSE, Konrad. *Derecho Constitucional y Derecho Privado.* Madri: Civitas, 1995. Tradução de Ignacio Gutiérrez Gutiérrez.

[352] ALEXY, Robert. *Teoria dos direitos fundamentais.* São Paulo: Malheiros, 2008, p. 506. Tradução de Virgílio Afonso da Silva.

dos Poderes Públicos".[353] A partir de então, a tutela e promoção sobre os direitos fundamentais, ainda que sobre os de primeira geração, portanto individuais, tornou-se um interesse público, já que o catálogo de direitos fundamentais expressará princípios para que o indivíduo possa desenvolver livremente a sua dignidade no âmbito social. Ocorre que, para tanto, será necessário garantir os pressupostos do exercício das liberdades jurídicas, o que justifica a atuação positiva.[354]

4.3. A AUTONOMIA DA VONTADE E O "DIREITO PÚBLICO"

Sendo um interesse público, a proteção dos direitos fundamentais não significa, contudo, a irrelevância das vontades particulares. Se, por um lado, resta ao Estado o dever de promover os direitos fundamentais, e em razão disso, agir por impulso próprio em sua defesa; por outro, deve ter cuidado para não sufocar a autonomia privada, representante da espontaneidade das relações sociais e, também, uma dimensão importante da dignidade humana.[355]

Apesar de se exaltar a relevância da conquista dos direitos fundamentais sociais a partir da segunda geração, não se pode esquecer dos primeiros direitos fundamentais que se "dirigem a uma obrigação de abstenção por parte dos poderes públicos, implicando para estes um dever de respeito a determinados bens e interesses da pessoa humana".[356] O limite à atividade de prestação do Estado será, então, justamente o fundamento subjetivo da dignidade humana.[357]

---

[353] SARMENTO, Daniel. Interesses públicos vs. interesses privados na perspectiva da teoria e da filosofia constitucional. In: SARMENTO, Daniel (org.). *Interesses públicos versus interesses privados*: desconstruindo o princípio de supremacia do interesse público. Rio de Janeiro: Lúmen Juris, 2005, p. 23-116, p. 82-83.

[354] ALEXY, Robert. *Teoria dos direitos fundamentais*. São Paulo: Malheiros, 2008, p. 506. Tradução de Virgílio Afonso da Silva.

[355] "Pertence ao que permanece e deve ser conservado o princípio fundamental do Direito Privado, a autonomia privada, em particular na forma da liberdade contratual. Constitui, por assim dizer, o aspecto ativo e positivo da personalidade, o âmbito no qual a pessoa pode atuar como ser autônomo e responsável, no qual não é lícito converter-la em simples meio para os fins sociais". HESSE, Konrad. *Derecho Constitucional y Derecho Privado*. Madri: Civitas, 1995, p. 75. Tradução de Ignacio Gutiérrez Gutiérrez. Em igual sentido, SARMENTO, Daniel. Interesses públicos vs. interesses privados na perspectiva da teoria e da filosofia constitucional. In: SARMENTO, Daniel (org.). *Interesses públicos versus interesses privados*: desconstruindo o princípio de supremacia do interesse público. Rio de Janeiro: Lúmen Juris, 2005, p. 23-116, p. 47. "A autonomia privada – como conteúdo de um direito fundamental e princípio inspirador do reconhecimento de várias faculdades jurídicas primárias, designadamente da liberdade contratual – resulta do valor da autodeterminação da pessoa, e, mais em geral, da sua liberdade". PINTO, Paulo Mota. Autonomia privada e discriminação: algumas notas. In: SARLET, Ingo Wolfgang (org.). *Constituição, Direitos Fundamentais e Direito Privado*. Porto Alegre: Livraria do Advogado, 2006, p. 361-404, p. 378. Sustenta Ludwig Raiser: "a autonomia privada se afirma em função do livre desenvolvimento da personalidade, reconhecendo a possibilidade de autorregulamentar as relações jurídicas através de contratos, sobretudo ao fim de troca de bens e serviços, bem como a faculdade de criar entes jurídicos e de dar-lhes um ordenamento". RAISER, Ludwig. Il futuro del diritto privato. In: *Il compito del diritto privato*. Milão: Giuffrè, 1990, p. 215-239, p. 216.

[356] SARLET, Ingo Wolfgang. Os direitos fundamentais sociais na Constituição de 1988. In: SARLET, Ingo Wolfgang. (org.) *O direito público em tempos de crise*: estudos em homenagem a Ruy Ruben Ruschel. Porto Alegre: Livraria do Advogado, 1999, p. 129-173, p. 142.

Não se faz desnecessário reiterar que os direitos fundamentais sociais têm seu argumento básico na liberdade. Em primeiro lugar, porque não há qualquer valor na permissão jurídica de se fazer ou deixar de se fazer algo, caso não haja uma liberdade fática (real), possibilitando a escolha entre alternativas. Em segundo lugar, porque, nas atuais condições, a liberdade de um grande número de sujeitos titulares de direitos fundamentais depende de atividades estatais para ter seu espaço de concretização.[358]

Os mais significativos perigos para a subsistência dos direitos à autonomia privada e à liberdade contratual estão na proliferação de regulamentações estatais imperativas. Tais normatizações "resultam menos instrumentos de um Estado autoritário todo-poderoso do que aspectos do moderno Estado Social, que ao último extremo faz não só desnecessária, como também impossível a configuração responsável e autônoma da própria vida".[359] Como Tocqueville certa vez questionara ironicamente: tantas previsões e imposições estatais não poderiam significar a liberação dos indivíduos por completo do "incômodo de pensar e da angústia de viver?".[360]

No direito alemão, para evitar tal brutalidade, segue-se que "os direitos fundamentais objetivam, em primeira linha, assegurar ao indivíduo uma abrangente margem de liberdade de ação em regime de autodeterminação e responsabilidade perante si mesmo".[361] Prevalece, assim, a tese de que os direitos fundamentais servem, em primeiro lugar, à defesa de intervenções por parte do Estado nos bens jurídicos dos indivíduos. Adicionalmente a essa função, tem sustentado a jurisprudência do Tribunal Constitucional Federal alemão a ação de obrigar o Estado à proteção de seus cidadãos.[362] Há, então, em um primeiro momento, a abstenção, e, em segundo, o dever de atuação.

---

[357] "O legislador deve ter em conta que não pode se reduzir a recortar a autodeterminação e a responsabilidade individuais, pois a autonomia privada compreende também a possibilidade de assumir por livre decisão obrigações que os poderes públicos não poderiam impor ao cidadão". HESSE, Konrad. *Derecho Constitucional y Derecho Privado*. Madri: Civitas, 1995, p. 64. Tradução de Ignacio Gutiérrez Gutiérrez.

[358] ALEXY, Robert. *Teoria dos direitos fundamentais*. São Paulo: Malheiros, 2008, p. 503-504. Tradução de Virgílio Afonso da Silva.

[359] HESSE, Konrad. *Derecho Constitucional y Derecho Privado*. Madri: Civitas, 1995, p. 75. Tradução de Ignacio Gutiérrez Gutiérrez.

[360] Na sequência, Tocqueville complementa: "Depois de ter tomado cada um por sua vez, dessa maneira, e depois de o ter petrificado sem disfarce, o soberano estende o braço sobre a sociedade inteira; cobre a sua superfície com uma rede de pequenas regras complicadas, minuciosas e uniformes, através das quais os espíritos mais originais e as almas mais vigorosas não seriam capazes de vir à luz para ultrapassar a multidão; não esmaga as vontades, mas as enfraquece, curva-as e as dirige; raramente as força a agir, mas constantemente opõe resistência à ação; nunca destrói, mas impede de nascer; nunca tiraniza mas comprime, enfraquece, prejudica, extingue e desumaniza, e afinal reduz cada nação a não ser mais que rebanho de animais tímidos e diligentes, dos quais o governo é o pastor". TOCQUEVILLE, Alexis de. *A democracia na América*. 2ª.ed. Belo Horizonte: Ed. Itatiaia, 1977, p. 532. Tradução de Neil Ribeiro da Silva.

[361] NEUNER, Jörg. O Código Civil da Alemanha (BGB) e a Lei Fundamental. In: SARLET, Ingo Wolfgang (org.). *Constituição, Direitos Fundamentais e Direito Privado*. Porto Alegre: Livraria do Advogado, 2006, p. 247-271, p. 259.

[362] CANARIS, Claus-Wilhelm. A influência dos direitos fundamentais sobre o direito privado na Alemanha. In: SARLET, Ingo Wolfgang (org.). *Constituição, Direitos Fundamentais e Direito Privado*. Porto Alegre: Livraria do Advogado, 2006, p. 225-246, p. 239.

Nessa linha, a Lei Fundamental alemã reconhece, "no quadro de catálogos dos direitos fundamentais, também a competência dos sujeitos jusprivatistas para configurar relações jurídicas com autonomia, isto é, celebrar contratos, estabelecer disposições testamentárias ou contrair matrimônio".[363] No Brasil, outrossim, há expressa defesa constitucional de direitos derivados da autodeterminação individual, como a liberdade de associação (CF, art. 5º, XX), o direito de propriedade (CF, art. 5º, XXII), liberdade de crença e de trabalho (CF, art. 5º, VIII), a livre iniciativa (CF, arts. 1º, IV, e 170), entre outros tantos. Parece claro que o respeito às escolhas individuais constitui um direito fundamental no ordenamento brasileiro como um todo, e não exclusivamente no Direito Privado.

Ao longo da história, a autonomia privada, pela posição e funções outorgadas pela Constituição ao Estado na defesa de direitos fundamentais, restou condicionada, mas não de todo extinta. Trata-se de um direito que, para se afigurar plenamente, pressupõe uma situação fática de igualdade entre os interessados, visto que na desigualdade a autonomia de um conduz à falta de liberdade do outro.[364] As liberdades individuais – como as econômicas, religiosas e políticas – são componentes da democracia, o que faz indispensável que o Direito as reconheça associadas aos interesses públicos.

Em contrapartida, os espaços privados não devem ser abarcados pelo público de modo absoluto. Do contrário, os resguardos da intimidade e dos interesses pessoais, que protegem dimensões inegáveis da dignidade individual, estariam fadados ao desaparecimento. Afinal, a "clivagem entre público e privado foi elemento constitutivo da primeira geração dos direitos fundamentais"[365] e não se cogita, outrossim, estejam esses direitos-liberdades em patamar hierárquico inferior aos direitos fundamentais de segunda, terceira ou quarta geração, sob pena de a própria dignidade humana tornar-se irrelevante.

A liberdade individual engloba a privacidade, a intimidade e o livre exercício da vida privada. Liberdade significa "poder realizar, sem interferências de qualquer gênero, as próprias escolhas individuais", exercendo o indivíduo autonomamente o próprio projeto de vida, como melhor convier.[366] Justamente aí reside a razão de ser da atuação positiva estatal: criar as condições de liberdade fática para

---

[363] NEUNER, Jörg. O Código Civil da Alemanha (BGB) e a Lei Fundamental. In: SARLET, Ingo Wolfgang (org.). *Constituição, Direitos Fundamentais e Direito Privado*. Porto Alegre: Livraria do Advogado, 2006, p. 247-271, p. 252.

[364] HESSE, Konrad. *Derecho constitucional y derecho privado*. Madri: Civitas, 1995, p. 78-79. Tradução de Ignacio Gutiérrez Gutiérrez.

[365] FACHIN, Luiz Edson; RUZYK, Carlos Eduardo Pianovski. Direitos Fundamentais, dignidade da pessoa humana e o novo Código Civil: uma análise crítica. In: SARLET, Ingo Wolfgang (org.). *Constituição, Direitos Fundamentais e Direito Privado*. Porto Alegre: Livraria do Advogado, 2006, p. 89-106, p. 91.

[366] MORAES, Maria Celina Bodin de. O conceito de dignidade humana: substrato axiológico e conteúdo normativo. In: SARLET, Ingo Wolfgang (org.). *Constituição, Direitos Fundamentais e Direito Privado*. Porto Alegre: Livraria do Advogado, 2006, p. 107-149, p. 138.

fins de possibilitar ao indivíduo uma escolha livre entre as alternativas jurídicas permitidas.[367]

Ao se dosar o grau de intervenção estatal admitido pela estrutura dos direitos fundamentais, soluciona-se um conflito endógeno sobre o conteúdo da dignidade, que não pode ter solução abstrata, com a tutela de um suposto interesse público soberano. Se, por um lado, a autonomia privada representa um pilar essencial da dignidade, forte na liberdade; por outro, haverá a contraposição do dever de solidariedade social,[368] refletindo uma atuação de garantir a liberdade fática (real).[369] Assim, não surpreende a correta posição de parte da doutrina defendendo ser impossível prefixar com rigidez o interesse público, "sobretudo pela relativização de todo padrão de comparação".[370]

Tanto é que nas relações entre os direitos de defesa e os direitos sociais não há razoabilidade em sustentar haver uma dicotomia ou dualismo absoluto. Não custa lembrar que a Constituição indica que "a relação entre ambas as categorias de direitos fundamentais é complementar, e não reciprocamente excludente".[371] Em face dessa nova perspectiva constitucional, a identificação genérica e abstrata do interesse prevalente entre o público e o privado, como barreira tanto à intervenção quanto ao exercício das vontades particulares. Sendo assim, passa a ter difícil identificação "as fronteiras entre as categorias público/privado", pois elas "estão cada vez mais nebulosas".[372]

A contraposição entre o público e o privado deixou de ser nítida. Os limites de exercício do poder assumiram características peculiares: enquanto o público se privatiza, o privado adquire conotações públicas. Existe uma conexão entre poderes de diferentes naturezas, atada por uma complexa teia de contatos e interdependências.[373] Enquanto na origem o "Direito Privado" foi compreendido ao reino

---

[367] ALEXY, Robert. *Teoria dos direitos fundamentais*. São Paulo: Malheiros, 2008, p. 503. Tradução de Virgílio Afonso da Silva.

[368] MORAES, Maria Celina Bodin de. O conceito de dignidade humana: substrato axiológico e conteúdo normativo. In: SARLET, Ingo Wolfgang (org.). *Constituição, Direitos Fundamentais e Direito Privado*. Porto Alegre: Livraria do Advogado, 2006, p. 107-149, p. 138.

[369] *Liberdade fática (real)*, para Alexy é a verdadeira possibilidade de escolher entre alternativas permitidas. ALEXY, Robert. *Teoria dos direitos fundamentais*. São Paulo: Malheiros, 2008, p. 503. Tradução de Virgílio Afonso da Silva.

[370] ARAGÃO, Alexandre Santos de. A supremacia do interesse público no advento do Estado de Direito e na hermenêutica do Direito Público contemporâneo. In: SARMENTO, Daniel (org.). *Interesses públicos versus interesses privados*: desconstruindo o princípio de supremacia do interesse público. Rio de Janeiro: Lúmen Juris, 2005, p. 1-22, p. 7.

[371] SARLET, Ingo Wolfgang. Os direitos fundamentais sociais na Constituição de 1988. In: SARLET, Ingo Wolfgang. (org.) *O direito público em tempos de crise*: estudos em homenagem a Ruy Ruben Ruschel. Porto Alegre: Livraria do Advogado, 1999, p. 129-173, p. 150.

[372] SARMENTO, Daniel. Interesses públicos vs. interesses privados na perspectiva da teoria e da filosofia constitucional. In: SARMENTO, Daniel (org.). *Interesses públicos versus interesses privados*: desconstruindo o princípio de supremacia do interesse público. Rio de Janeiro: Lúmen Juris, 2005, p. 23-116, p. 44.

[373] BILBAO UBILLOS, Juan Maria. *Los derechos fundamentales en la frontera entre lo público y lo privado*. Madri: Mcgraw-Hill, 1997, p. XIV.

apolítico da economia, e o "Direito Público" foi definido como direito do aparato administrativo, campo no qual poderia haver intervenção do Estado, hoje, como reforça Ludwig Raiser, "não é mais possível continuar a sustentar a autonomia do Direito Privado como sistema de princípios jurídicos liberais completamente isolado do Direito Público".[374]

No Direito Civil, a autonomia privada sofreu significativos freios por meio de normas que privilegiam aspectos públicos de responsabilidade social. O Direito do Consumidor regula relações de comércio, mas tem suas normas qualificadas como de "ordem pública e interesse social" (Código de Defesa do Consumidor, art. 1°). Percebe-se o privado sendo contaminado pelo público. Não mais se pode afirmar a existência de ramos de direitos movidos exclusivamente por um interesse isolado, porque o próprio significado do jurídico está voltado à cooperação e à harmonia entre o social e o particular. As modificações políticas e econômicas não repercutiram somente na organização do Estado, mas na inteira estrutura da sociedade, induzindo mudanças profundas, tanto no Direito Público quanto no âmbito social tradicionalmente regulado pelo Direito Privado.[375]

Não é novidade apontar que "alguns princípios básicos do direito processual civil encontram suas origens exatamente naquele caráter público ou privado, indisponível ou disponível".[376] No processo civil, para aproximar expressamente a temática até agora trabalhada ao propósito central desta tese, a regulação entre os interesses de fundo sobre a norma é típica da política de equilíbrio entre os princípios dispositivo e da oficialidade. Não se esquece que o Direito Processual Civil é Direito Constitucional aplicado, o que faz com que as mudanças na compreensão do poder político estatal reflitam diretamente em sua conformação. Daí, no processo civil, "atualmente, o que se constata é a dificuldade de identificar o caráter dito eminente da norma processual violada. Ou seja, identificar o caráter público ou privado da norma".[377]

Perdeu validade o modelo de rígida subdivisão do ordenamento jurídico em dois sistemas fechados ("Direito Público" e "Direito Privado"), esquema adequado à realidade histórica do Século XIX.[378] Os espaços públicos e privados "não são separados de modo tão rígido e esquemático" como no Estado Liberal e, "muito embora eles possuam características e peculiaridades próprias, devem ser cortados transversalmente pelos princípios emancipatórios atrelados aos direitos hu-

---

[374] RAISER, Ludwig. Il futuro del diritto privato. In: *Il compito del diritto privato*. Milão: Giuffrè, 1990, p. 215-239, p. 223.

[375] Idem, p. 224.

[376] CAPPELLETTI, Mauro. A ideologia no processo civil. *Revista da Ajuris*, Porto Alegre, n. 23, p.16-33, nov. 1981, p. 23.

[377] SILVEIRA, Marco Antônio Karam. Invalidade processual. *Revista Gênesis de Direito Processual Civil*, Curitiba, n. 38, p. 732-754, out/dez. 2005, p. 738.

[378] RAISER, Ludwig. Il futuro del diritto privato. In: *Il compito del diritto privato*. Milão: Giuffrè, 1990, p. 215-239, p. 224.

manos e à democracia".[379] Justamente a integração do direito com a democracia e com os direitos fundamentais exige que sejam consideradas as potencialidades da integração entre os interesses públicos e privados em todos os ramos jurídicos. A propósito, refere Ludwig Raiser a imperiosidade de uma relação dialética e de recíproco complemento funcional que existe entre "Direito Público" e "Direito Privado".[380]

Mesmo admitindo-se coerentes estas categorias, não se pode pensar o "Direito Público" e o "Direito Privado" como dois ordenamentos independentes, sem ligações. Ambos têm por base a mesma estrutura constitucional. Significa dizer que essa categorização será sempre, e apenas, metodológica; didática, portanto, sem renegar interesses que compõem o pilar central da Constituição que vincula todo o direito.

Os direitos fundamentais albergam princípios que, ora têm em vista a dimensão individual, ora a dimensão social da pessoa, sem que isso crie um conflito a ser solucionado por patamares de hierarquia.[381] Antes de qualquer conflito, existe uma cooperação das dimensões, que conduzem aos caminhos traçados pela Constituição. Não é por menos que "os direitos fundamentais 'privados' devem integrar a própria noção do que seja o interesse público e este somente se legitima na medida em que nele estejam presentes aqueles".[382] Assim, "na definição de interesse público estão também contidos elementos privados".[383]

A cooperação entre interesse público e privado vem anotada também em estudos processuais. Para dar início a essa aproximação, destaca-se o pensar de Micheli, ao referir: "na verdade, no processo civil interesse privado e interesse público não estão em contraste, mas em uma posição de colaboração, que pode assumir diversas intensidades e diversas proteções".[384] O Direito Processual Civil

---

[379] SARMENTO, Daniel. Interesses públicos vs. interesses privados na perspectiva da teoria e da filosofia constitucional. In: SARMENTO, Daniel (org.). *Interesses públicos versus interesses privados*: desconstruindo o princípio de supremacia do interesse público. Rio de Janeiro: Lúmen Juris, 2005, p. 23-116, p. 48.

[380] RAISER, Ludwig. Il futuro del diritto privato. In: *Il compito del diritto privato*. Milão: Giuffrè, 1990, p. 215-239, p. 228. "Indivíduo e sociedade: tais são os dois principais ângulos da geografia humana. Esses dois ângulos são, ao mesmo tempo, as suas duas necessidades. Uma não existe sem a outra. Mas há duas guerras nestas duas fronteiras: a guerra da opressão, que é a preponderância do Estado sobre o indivíduo; a guerra do individualismo, que é a supremacia do indivíduo sobre o Estado. Dois excessos produtos de um único erro: a falta de identidade moral entre ambos". PASQUALINI, Alexandre. O Público e o Privado. In: SARLET, Ingo Wolfgang. (org.) *O direito público em tempos de crise*: estudos em homenagem a Ruy Ruben Ruschel. Porto Alegre: Livraria do Advogado, 1999, p. 15-37, p. 36.

[381] NEGREIROS, Teresa. A dicotomia público-privado frente ao problema da colisão de princípios. In: TORRES, Ricardo Lobo (org). *Teoria dos direitos fundamentais*. Rio de Janeiro: Renovar, 2001, p. 343-381, p. 371.

[382] SCHIER, Paulo Ricardo. Ensaio sobre a supremacia do interesse público sobre o privado e o regime jurídico dos direitos fundamentais. In: SARMENTO, Daniel (org.). *Interesses públicos versus interesses privados*: desconstruindo o princípio de supremacia do interesse público. Rio de Janeiro: Lúmen Juris, 2005, p. 217-246, p. 228.

[383] ÁVILA, Humberto Bergmann. Repensando o 'princípio da supremacia do interesse público sobre o particular'. In: SARMENTO, Daniel (org.). *Interesses públicos versus interesses privados*: desconstruindo o princípio de supremacia do interesse público. Rio de Janeiro: Lúmen Juris, 2005, p. 171-215, p. 207.

[384] MICHELI, Gian Antonio. *L'onere della prova*. Padova: CEDAM, 1942, p. 80.

é tradicionalmente enquadrado como um ramo do "Direito Público", o que não significa seu afastamento dos interesses privados. Pelo contrário, como é Direito Constitucional aplicado, emprega os valores abrigados na ordem maior na qual está inserido.

4.4. O PROCESSO E AS INVALIDADES: INTERESSES PÚBLICOS E PRIVADOS

O Direito Processual ordena e direciona os modos como a atividade jurisdicional toma assento; finalidade essa com cunho predominantemente público.[385] Com a aquisição para si do monopólio da resolução de litígios, o Estado, por consequência, fez-se responsável pela organização dos modos de dizer o direito e, se necessário, impor coativamente sua realização.[386] O processo organiza-se por normas de caráter constitucional que estabelecem abstratamente os deveres e poderes do órgão jurisdicional, bem como os poderes, faculdades e ônus das partes, que se concretizam em situações subjetivas processuais ao longo do procedimento.[387]

Como o direito processual reconhece e determina os limites e modelos de atuação do Estado ao exercer a atividade jurisdicional, qualifica-se didaticamente, se adotado o critério da preponderância de interesses, como ramo do "Direito Público".[388] Esse dado não impede que nessa organização estatal sejam previstas normas para a tutela do interesse particular; pelo contrário, essa tutela privada é indispensável para o equilíbrio do sistema processual.[389]

Veja-se que, mesmo sendo a atividade jurisdicional voltada preponderantemente ao interesse público, ainda assim a sua organização não faz irrelevante os interesses privados. Exemplo frequente disso é a manifestação do princípio dispositivo no Direito Processual Civil. Tem-se desde o poder exclusivo da parte de pedir a tutela jurisdicional e fixar o objeto material do processo (sentido mate-

---

[385] "O processo, ramo do direito público, certamente deve conviver com especificidades normativas: as normas que regem o direito privado, onde há muito maior autonomia individual, invariavelmente seriam diferentes daquelas aplicáveis ao direito processual, que regula também relações entre particulares e o Estado-juiz". CABRAL, Antônio do Passo. *Nulidades no processo moderno*. Rio de Janeiro: Forense, 2009, p. 24-25.

[386] ALVARO DE OLIVEIRA, Carlos Alberto; MITIDIERO, Daniel. *Curso de Processo Civil*: Teoria Geral do Processo Civil e parte geral do Direito Processual Civil. São Paulo: Atlas, 2010, p. 7.

[387] ALVARO DE OLIVEIRA, Carlos Alberto. *Teoria e prática da tutela jurisdicional*. Rio de Janeiro: Forense, 2008, p. 17.

[388] Esse enquadramento, convém referir, muito bem se assentava à tentativa de separação do Direito Processual do Direito Civil levada a cabo a partir de Bülow. Assim, dando maior força à cientificização do processo, fruto de uma "relação de direito público" (a relação processual), ao contrário das "relações de direito privado" típicas do Direito Civil.

[389] Essa é também a conclusão de Antônio do Passo Cabral: "Pensamos como a doutrina majoritária, que a publicização do processo pôs relevo nos interesses estatais. Mas não podemos esquecer os interesses privados, que, às vezes, também são encontrados no processo (sobretudo no processo civil). Também estes merecem tutela, devendo haver um equilíbrio entre público e privado". CABRAL, Antônio do Passo. *Nulidades no processo moderno*. Rio de Janeiro: Forense, 2009, p. 86.

rial), como o direito à escolha da técnica e dos instrumentos para a formação do convencimento judicial (sentido processual).[390] Essa ingerência afeta inclusive os poderes do juiz sobre o procedimento em especial, sobre a sua legitimidade para decretar algumas invalidades.[391]

Ainda assim, com o propósito de manter o processo como ramo autônomo do direito material, por vezes, a doutrina repudia a inserção de interesses privados no bojo da estruturação processual. Essa adoção teórica tem origens históricas: reforça-se o mecanismo de ruptura com o "Direito Privado", para a consolidação da nova ciência no desenvolvimento teórico de Bülow, ao demonstrar a viabilidade de uma ciência processual alheia ao direito material, sob o manto da "relação processual".[392]

Com o desenvolvimento, a autonomização do processo traduziu-se na proibição de solucionar as lacunas da lei processual com respostas encontradas no direito material. Daí, vedado o recurso ao Código Civil, o direito processual torna-se capaz de resolver tudo de modo soberano.[393] Então, o processo publicizou-se, afastando-o das relações privadas, fazendo com que o direito material e o processual se desenvolvessem paralelamente, com nenhuma ou muito pouca influência recíproca.[394]

Essa postura não mais se justifica, em razão do reconhecimento da atuação de valores fundamentais da ordem constitucional na organização processual. Basta perceber que a autonomia do direito processual não é esboroada com o reconhecimento de vínculos recíprocos entre direito material e processual, em especial se os laços são os direitos fundamentais previstos na Constituição.

O ponto confirma-se quando se reconhece que nem mesmo quando a lei disciplina ao extremo todas as etapas do procedimento jurisdicional, consegue-se suprimir a vontade dos litigantes, pois "a eles sempre serão deferidas opções e escolhas legítimas, desde propor ou não a demanda, passando por que argumentos utilizar, quais provas produzir, a decisão de manejar ou não recursos etc.".[395] Se as partes devem conduzir paritariamente com o juiz o processo,[396] é evidente que há seu interesse tutelado na conformação do procedimento.[397]

---

[390] ALVARO DE OLIVEIRA, Carlos Alberto; MITIDIERO, Daniel. *Curso de Processo Civil*: Teoria Geral do Processo Civil e parte geral do Direito Processual Civil. São Paulo: Atlas, 2010, p. 65.

[391] O tema será trabalhado no item 7.3.

[392] BÜLOW, Oskar. *La teoría de las excepciones procesales y los presupuestos procesales*. Buenos Aires: EJEA, 1964. Tradução de Miguel Angel Rosas Lichtschein.

[393] COSTA E SILVA, Paula. *Acto e processo*: O dogma da irrelevância da vontade na interpretação e nos vícios do acto postulativo. Coimbra: Coimbra Editora, 2003, p. 31-33.

[394] SCARPARO, Eduardo. O processo como instrumento dos direitos fundamentais. *Revista da Ajuris*, Porto Alegre, n. 105, p. 135-152, mai. 2007, p. 139.

[395] CABRAL, Antônio do Passo. *Nulidades no processo moderno*. Rio de Janeiro: Forense, 2009, p. 12.

[396] MITIDIERO, Daniel. *Colaboração no processo civil*: pressupostos sociais, lógicos e éticos. São Paulo: Revista dos Tribunais, 2009.

[397] Essa posição de poder, todavia, não poderá ser exercida em detrimento da colaboração com o processo, como advertia já Micheli: "A renovação da estrutura do processo civil, em particular a característica dos poderes conferidos às partes, operam-se enquanto esses poderes possam encontrar uma limitação geral no princípio da

Contemporaneamente, as discussões centrais sobre a divisão dicotômica entre "Direito Público" e "Direito Privado" são travadas usando-se como paradigmas o Direito Civil e o Direito Constitucional. Isso se deveu à inserção paulatina de matérias tradicionalmente tratadas pelo "Direito Privado" na Constituição, ápice normativo do "Direito Público". Tal aspecto é decisivo para emergirem tantos questionamentos.

Como o Direito Processual Civil já era considerado ramo do "Direito Público", a inserção de normas processuais na Constituição não gerou a mesma forma de repercussão experimentada pelo Direito Civil. Não faz sentido falar-se em *publicização do Direito Público*. Todavia, as mudanças institucionais trazidas pela história não produziram apenas a *publicização do Direito Privado*, mas também a efetiva integração entre o público e o privado no seio constitucional. O Direito Constitucional passou a tratar de temas de "Direito Privado". Nessa vereda, não se deve concluir apenas que se deu a *publicização do privado*, mas também que a matriz normativa de todo o sistema jurídico brasileiro acolheu expressamente alguns de seus elementos, aspecto que se refletiu em todos os ramos do direito, inegavelmente subordinados e orientados pelos valores da Constituição. Há, nessa lógica, uma *privatização do público*.[398] Não poderia ser mais precisa a lição de Bobbio: "os dois processos, de publicização do privado e de privatização do público, não são de fato incompatíveis, e realmente compenetram-se um no outro".[399]

Reconheceu-se o que era manifesto: a existência de influências fortes entre os sistemas públicos e os privados. A regulação entre os interesses de fundo mostra-se em toda a conformação processual, em especial na distribuição de poderes durante o processo. Assim, exige-se a condução do processo pelo magistrado, refletindo o seu caráter público, mas também, e de modo não menos importante, possibilita-se às partes faculdades que lhe são exclusivas.[400]

---

colaboração", considerado como uma gradual transformação dos direitos individuais em funções da utilidade pública. MICHELI, Gian Antonio. *L'onere della prova*. Padova: CEDAM, 1942, p. 79-81.

[398] "O processo de publicização do privado é apenas uma das faces do processo de transformação das sociedades industriais mais avançadas. Ele é acompanhado e complicado por um processo inverso que se pode chamar de privatização do publico". BOBBIO, Norberto. *Estado, governo e sociedade*. 14ª ed. São Paulo: Paz e Terra, 2007, p. 26. Tradução de Marco Aurélio Nogueira. Ainda, pondera Ana Prata que "a orientação mais comum é a que se pode reconduzir à fórmula publicização do direito privado, mas também não falta quem fale de recontratualização da vida econômica, isto é, numa espécie de reprivatização do direito público". Daí, dessa indecisão conceitual, conclui haver uma indissociabilidade entre os conceitos de direito público e direito privado. PRATA, Ana. *A tutela constitucional da autonomia privada*. Coimbra: Almedina, 1982, p. 52-54.

[399] BOBBIO, Norberto. *Estado, governo e sociedade*. 14ª ed. São Paulo: Paz e Terra, 2007, p. 27. Tradução de Marco Aurélio Nogueira.

[400] "Em verdade, os interesses público e privado estão unidos funcional e teleologicamente. Ambos são protegidos igualmente pelas normas processuais e não se pode afirmar, mesmo no contexto publicista em que se insere o direito processual na atualidade, que não existam escopos da jurisdição voltados para a salvaguarda de interesses dos particulares envolvidos no litígio. Não podemos resgatar o privatismo romano, mas não devemos incorrer em outro erro, no extremo oposto, de pender para algo que poderíamos denominar hiperpublicismo" CABRAL, Antônio do Passo. *Nulidades no processo moderno*. Rio de Janeiro: Forense, 2009, p. 86. "Interessante é observar como a diferença de grau entre a disponibilidade e a indisponibilidade do objeto, isto é, do bem jurídico material, influi necessariamente nas regras de processo. As repercussões dessa gradação nos vários tipos de processos

Cumpre o repetido alerta de que o propósito da distinção e enquadramento aos ramos do direito como públicos ou privados foi justamente limitar ou possibilitar o controle estatal sobre as relações sociais e que essa conformação não mais pode ser compreendida de modo absoluto. Existem, no direito processual, normas que resguardam predominante interesse particular, o que não guarda qualquer contradição com a sua inclusão, caso assim se queira insistir, como ramo do "Direito Público", que é, sustenta-se, exclusivamente didática.

E é por isso que existem violações ao tipo legal que não podem ser conhecidas de ofício pelo juiz, como é o caso da incompetência relativa (art. 304 do Código de Processo Civil). No ponto, vale-se da lição de Piero Pajardi ao defender uma cultura processual que considera "o processo como baluarte da pessoa e não do Estado". O processo não pode impor uma ética que não reconhece o espaço das liberdades jurídicas das pessoas. Afinal, "pensar, por exemplo, que no processo civil a parte não possa ser ouvida por depoimento formal por ser 'inútil', que não possa conciliar porque o Estado perde a possibilidade de impor o seu juízo, que o juiz possa ir além dos limites da demanda, mostra-se para nós monstruoso, somente monstruoso".[401]

Para Adolfo Bidart, há dois modos de determinar se a norma jurídica direciona-se à tutela do público: "a expressa qualificação dada pela lei (tal disposição é de ordem pública) ou o estudo de seu conteúdo (determinar se ela interessa primordialmente à ordem pública)".[402] Nessa última hipótese, ter-se-á o estudo da qualidade da norma no contexto de uma relação social maior. Soluções simples e gerais, como as excludentes da perspectiva particular, são mais sedutoras, porquanto excluem a reflexão sobre as dinamicidades da vida cultural. Fáceis; todavia, incompletas.

O que irá acentuar o caráter público do Direito Processual é o interesse do Estado em regular e administrar a tarefa de solução dos litígios, que tomou para si com exclusividade.[403] Há, inegavelmente, interesse público na efetividade e na segurança jurídica, de modo que as normas de processo possam garantir os direitos fundamentais de participação (ação e defesa), com seus consentâneos normativos

---

explicam as soluções várias e específicas para problemas como o impulso processual, a extensão dos poderes do juiz e dos direitos e deveres processuais das partes, os efeitos da aquiescência, a natureza da preclusão e da coisa julgada, a distinção quanto aos vícios do ato processual, a disponibilidade das provas, a substituição e a sucessão no processo, e tanto outros." LACERDA, Galeno. O Código como sistema legal de adequação do processo. *Revista do IARGS – Comemorativa do cinquentenário 1926-1976*, Porto Alegre, p. 163-170, 1976, p. 165. A lição de Galeno Lacerda deve ser lida em conformidade com o tempo em que foi escrita. Veja-se que a oficialidade aumentou no sistema brasileiro, o que induz a outras características as distribuições de poderes. Por exemplo, o trecho que induz ser a disponibilidade da prova conduzida pela disponibilidade do objeto merece ressalva, pois a instrução probatória está ancorada em um interesse público.

[401] PAJARDI, Piero. *Processo al processo*. Padova: CEDAM, 1985, p. 120-121.

[402] BIDART, Adolfo Gelsi. *De las nulidades en los actos procesales*. Montevideo: Garcia Morales, 1949, p. 119.

[403] Não se desconhece, todavia, da arbitragem como alternativa para a solução de litígios, promovida perante particulares. Essa possibilidade, porém, apenas se deu diante da autorização estatal, mediante exceção, com limitações aos objetos passíveis de julgamento, inclusive com a exclusão das atividades executivas da seara de regulação arbitral.

de justiça, forte na dimensão objetiva dos direitos fundamentais; mas não será ele o único interesse atrelado à atividade, pois, caso contrário, ter-se-ia uma generalização que ignora a esfera privada e olvida as diretrizes constitucionais que são próprias ao processo. Ainda, a finalidade de realização do direito material estaria relegada a um segundo plano, sorvida por um valor falso e estritamente público de justiça ou compreendida como mero pressuposto da paz social. Isso traria repercussões drásticas aos direitos fundamentais à autonomia privada e à autodeterminação, hoje não tão fortes quanto na época do Estado Liberal; mas ainda de considerável relevância. Do contrário, estar-se-ia ignorando a aptidão do sujeito de optar segundo sua vontade, o que produz diretamente a diminuição de sua condição de sujeito de direito livre e o desprezo de sua dignidade.

Equivocada também seria a argumentação sustentando ter finalidade exclusivamente pública todas as disposições processuais em decorrência da dureza das suas normas na compreensão do processo como um direito fundamental e, assim, indisponível aos particulares. Nada a obstar quanto à dignificação do processo com sua eleição como um dos mais importantes dos direitos fundamentais, sendo enunciado no art. 8° da Declaração Universal dos Direitos do Homem. Ocorre que o direito a um processo justo é essencialmente flexível, adaptável às circunstâncias sociais e culturais, o que importa a compreensão jurisdicional consciente das multifacetadas realidades que ele envolve. O processo como direito fundamental é o que conduz a uma ordem justa e, por assim dizer, uma ordem ciente de sua própria ontologia, ou seja, que reconhece em sua estruturação interesses públicos e também privados. Certamente, em toda norma processual está inserida parcela de interesse público. Entretanto, e aqui o elemento chave, não só dele ela será constituída. O caráter público do Direito Processual não significa, então, que sejam todas suas normas erigidas exclusivamente para essa causa.

Nesse ponto, parece claro que a estreita ligação do Direito Processual com o Direito Constitucional fez com que fossem acolhidos pelo processo valores e direitos tradicionalmente ligados ao Direito Privado. A *publicização do Direito Privado* não foi um caminho de via única, já que significou maior proteção aos direitos fundamentais ligados ao interesse privado, bem como repercutiu alterações no sistema constitucional, chegando ao ponto de refleti-las em todos os campos do Direito.

Importante, portanto, que a aplicação e hermenêutica da ciência processual deem-se atentas aos valores e interesses tutelados pela ordem constitucional, sejam eles preponderantemente públicos ou privados, ainda mais com a dissipação contemporânea da dicotomia "Direito Público" e "Direito Privado" erguida a partir do final do Século XVIII. Não é a categorização do Direito Processual Civil como ramo do "Direito Público" que determina a inexistência de interesse privado relevante no campo processual.

A identificação de um interesse privado tutelável na própria organização do processo será ponto chave para compreender os poderes de atuação para a decretação de uma invalidade, a serem oportunamente trabalhados. Também a cultura e as invalidades processuais permeiam-se na passagem estrutural do processo de um sistema estritamente lógico-teórico a uma percepção de racionalidade prática,[404] ou, em outros termos, à lógica do *formalismo-valorativo* proposta por Carlos Alberto Alvaro de Oliveira.[405]

Essas últimas considerações ganham grande significado quando se trata de admitir efeitos dos atos formados com defeitos, por meio da incidência de normas para abrandar essas exigências. Presente, ainda, uma tendência histórica na liberalização das formas processuais,[406] o que remete a uma mudança nos paradigmas sobre o processo, especificamente sobre as invalidades, tema a ser desmitificado.

---

[404] MITIDIERO, Daniel. O problema da invalidade dos atos processuais no Direito Processual Civil brasileiro contemporâneo. *Genesis*, Curitiba, jan/mar. 2005, p. 46-69.

[405] ALVARO DE OLIVEIRA, Carlos Alberto. *Do formalismo no processo civil*. 4ª ed. São Paulo: Saraiva, 2010.

[406] Idem, p. 33-34.

5. Axiologia e deontologia: suas aplicações no plano da validade

É aspecto central à compreensão do plano das validades no Direito Processual Civil contemporâneo o estudo de seus valores e suas normas. O processo volta-se a salvaguardar os interesses protegidos, sob o manto de uma organização fundada em valores. Assim, é vital que o processo civil seja um instrumento de confiança do cidadão. Também o é que a atividade judiciária seja desenvolvida conforme o direito ao processo justo e, para tanto, as normas processuais são produzidas, por isso, impõe-se ao processo o curso que melhor harmonizar os seus valores fundamentais. As noções de finalidades remetem aos valores a serem idealmente atingidos com o transcurso da atividade processual, entre os quais merecem especial referência a justiça, a paz social, a segurança e a efetividade.[407]

No que diz respeito ao tema das invalidades processuais, ganha especial relevo a tensão existente entre a *segurança jurídica* e a *efetividade*.[408] Eis, então, os objetivos do capítulo: refletir sobre os modos de influência da segurança jurídica e da efetividade no que tange às invalidades processuais e na conformação dos princípios norteadores do sistema de invalidades brasileiro. Antes, porém, de adentrar especificamente no tema, faz-se indispensável terem sido consolidados os conceitos necessários para a identificação de distinção entre valores, princípios, regras e postulados normativos, pontos relevantes na compreensão das invalidades processuais.

5.1. VALORES, PRINCÍPIOS, REGRAS E POSTULADOS NORMATIVOS

De início, impõe-se a distinção entre as normas (categoria na qual se inserem regras, princípios e postulados normativos)[409] e os valores. Enquanto as normas

---

[407] ALVARO DE OLIVEIRA, Carlos Alberto. *Do formalismo no processo civil*. 4ª ed. São Paulo: Saraiva, 2010, p. 99-115.

[408] Não se nega existirem outros valores além desses que são integrantes da correta compreensão do processo justo, entretanto, tendo atenção aos limites e objetivos desta tese, centrar-se-á na segurança e na efetividade.

[409] Valer-se-á nesta tese da classificação normativa de Humberto Ávila. A respeito, ÁVILA, Humberto Bergmann. *Teoria dos princípios*. 5ª ed. São Paulo: Malheiros, 2006.

estão vinculadas ao *deôntico*, os *valores* associam-se ao *axiológico*. No campo deôntico propõe-se uma análise do dever ser. Assim, atuam os princípios jurídicos, exemplificativamente, como *mandamentos de otimização*, para permitir, exigir ou proibir condutas. Os valores, por sua vez, remetem à análise do "bom", e não do "devido".[410]

Essa diferenciação não reduz nem contraria a conclusão de Falzea de que o direito constitui-se como valores positivados, mediante uma relação de natureza substancial, real e objetiva.[411] A distinção está no fato de que os princípios estão em um grau de concretização maior do que os valores, uma vez que já tem em si uma bipartição do tipo jurídica, ou seja, de previsão e de consequência. O princípio indica sempre, portanto, a direção da consequência jurídica.[412] devida em função da acolhida do valor no ordenamento positivo.

> Assim, por exemplo, detrás do princípio da auto-determinação negocial está o valor da liberdade; mas enquanto este só por si, ainda não compreende qualquer indicação sobre as conseqüências jurídicas daí derivadas, aquele já exprime algo de relativamente concreto, e designadamente que a proteção da liberdade é garantida através da legitimidade, conferida a cada um, para a regulação autônoma e privada das suas relações com os outros.[413]

Então, temos os valores como fins, como o que se busca alcançar; e as normas jurídicas como o instrumental para obtê-los. Especificamente sobre os valores, Robert Alexy visualiza-os como "critérios de valoração", já que são as razões e suportes para classificar determinado objeto como bom ou ruim. Um automóvel pode ser *bom* por ser *seguro*. Pode também ser *ruim* por ter pouca *potência*. Dependendo do critério (do valor adotado), tem-se um bom ou mau automóvel. Nesse exemplo, "segurança" e "potência" são os *critérios de valoração*, ou seja, os valores.

Como alerta Robert Alexy, as valorações baseadas em único critério podem dar ensejo a um fanatismo. Em geral, as valorações baseiam-se em diversos valores, entre os quais é necessário sopesar. Dessa maneira, assenta-se a conclusão de que classificar algo como "bom" é expressão de uma atividade de ponderação, de uma valoração global,[414] pois identificar um processo como bom, envolve a integração dos valores que o estruturam.

Quanto ao deôntico, vale-se da abordagem de Humberto Ávila. Em estudo intitulado "Teoria dos Princípios",[415] o jurista pontua as estruturas das normas ju-

---

[410] ALEXY, Robert. *Teoria dos direitos fundamentais*. São Paulo: Malheiros, 2008, p. 145. Tradução de Virgílio Afonso da Silva.

[411] FALZEA, Angelo. *Introduzione alle scienze giuridiche*: il concetto del diritto. 5ª ed. Milão: Giuffrè, 1996.

[412] CANARIS, Claus-Wilhelm. *Pensamento sistemático e conceito de sistema na ciência do direito*. Lisboa: Fundação Calouste Gulbenkian, 1989, p. 86-87. Tradução de Antônio Menezes Cordeiro.

[413] Idem, p. 87.

[414] ALEXY, Robert. *Teoria dos direitos fundamentais*. São Paulo: Malheiros, 2008, p. 150. Tradução de Virgílio Afonso da Silva.

[415] ÁVILA, Humberto Bergmann. *Teoria dos princípios*. 5ª ed. São Paulo: Malheiros, 2006.

rídicas ao delinear três espécies: as regras, os princípios e os postulados. Outrossim, assentou o conteúdo de cada espécie, bem como o modo de sua aplicação e confrontamento.

Na acepção do jurista, regras são normas imediatamente descritivas, retrospectivas e com pretensão de decidibilidade e abrangência, sendo necessária para sua aplicação a correspondência entre o conceito normativo e o conceito fático.[416] Trazendo um exemplo de Direito Processual Civil, poder-se-ia afirmar que se não houver interesse em agir (art. 267, VI) haverá carência de ação e, com isso, deve-se extinguir o processo sem julgamento de mérito. Tal norma, se estudada diante dessa perspectiva, é uma *regra*.[417]

Já os princípios seriam normas imediatamente finalísticas, prospectivas e com pretensão de complementaridade e de parcialidade, sendo necessária para sua aplicação a correlação entre o estado de coisas a ser alcançado e a conduta necessária à sua promoção.[418] Os princípios dão, portanto, critérios para *tomar uma posição* diante de situações concretas que, *a priori*, parecem indeterminadas.[419] Em razão disso, a positivação dos princípios produz a obrigação da adoção dos comportamentos necessários à realização dos fins eleitos. Exemplificativamente, o contraditório vincula-se ao valor segurança jurídica e à preservação democrática, exigindo que os processos sejam conduzidos mediante formas que permitam a participação efetiva e o diálogo entre os sujeitos do processo. Nessa lógica, trata-se o contraditório de um *princípio*.[420]

Finalmente, os postulados não são diretamente descritivos, nem finalísticos; mas situam-se no terreno das metanormas, definindo-se a estrutura de aplicação de princípios e regras. Diferentemente dos princípios, os postulados não impõem a promoção de um estado de coisas desejado, nem descrevem comportamentos como as regras, mas sim a aplicação do dever de promover um fim, bem como

---

[416] ÁVILA, Humberto Bergmann. *Teoria dos princípios*. 5ª ed. São Paulo: Malheiros, 2006, p. 78.

[417] A hipótese também poderia ser enquadrada como regra se adotada a perspectiva de Alexy: "regras são normas que são sempre ou satisfeitas ou não satisfeitas. Se uma regra vale, então, deve se fazer exatamente aquilo que ela exige; nem mais nem menos. Regras contêm, portanto, determinações no âmbito daquilo que é fática e juridicamente possível". ALEXY, Robert. *Teoria dos direitos fundamentais*. São Paulo: Malheiros, 2008, p. 91. Tradução de Virgílio Afonso da Silva. Do mesmo modo, mediante o uso das categorias de Dworkin, como se vê: "As regras são aplicáveis à maneira do tudo-ou-nada. Dados os fatos que uma regra estipula, então ou a regra é válida, e neste caso a resposta que ela fornece deve ser aceita, ou não é válida, e neste caso em nada contribui para a decisão". DWORKIN, Ronal. *Levando os direitos a sério*. São Paulo: Martins Fontes, 2002, p. 39. Tradução de Nelson Boeira.

[418] ÁVILA, Humberto Bergmann. *Teoria dos princípios*. 5ª ed. São Paulo: Malheiros, 2006, p. 78-79.

[419] ZAGREBELSKY, Gustavo. *El derecho dúctil*. Madri: Trotta, 1997, p. 110. Tradução de Marina Gascón.

[420] Na definição trabalhada por Alexy, temos princípios como "mandamentos de otimização, que são caracterizados por poderem ser satisfeitos em graus variados e pelo fato de que a medida devida de sua satisfação não depende somente das possibilidades fáticas, mas também das possibilidades jurídicas". ALEXY, Robert. *Teoria dos direitos fundamentais*. São Paulo: Malheiros, 2008, p. 90. Tradução de Virgílio Afonso da Silva. Já para Dworkin, os princípios têm uma dimensão de peso, ao contrário das regras (p. 42). Do mesmo modo, não há uma consequência jurídica que se segue automaticamente de princípios quando as condições são dadas, como se dá nas regras (p. 40). DWORKIN, Ronald. *Levando os direitos a sério*. São Paulo: Martins Fontes, 2002, p. 40-42. Tradução de Nelson Boeira.

os modos de raciocínio e argumentação. Eles demandam a ordenação e a relação entre elementos como *meio* e *fim, critério* e *medida* ou *regra geral* e *regra especial*.[421] Então, pensa-se a *proporcionalidade* como norma de coesão e coexistência entre diferentes normas processuais, ora antagônicas, determinando-se, ora a prevalência de uma, ora a prevalência de outra. Ainda, mesmo valores como a segurança e a efetividade podem sofrer sopesamento mediante uma metanorma, ou, melhor dizendo, um postulado normativo aplicativo.[422]

Importante é destacar que os dispositivos legais podem assumir tanto a função de regra, como de princípio ou de postulado, dependendo-se da perspectiva de análise do intérprete. As conexões valorativas realizadas e a finalidade a ser alcançada conduzem, nessa perspectiva, a especificidade da norma.[423] Exemplificativamente, o artigo 17 do Código de Processo Civil pode ser tanto enquadrado como regra quanto como princípio. O enunciado em si não se amolda às categorias pré-concebidas sem a atividade argumentativa e sem o contexto.

Afinal, se for dada ênfase ao aspecto teleológico, ter-se-á o fortalecimento argumentativo de sua vinculação com a lealdade das partes, do qual derivam inúmeros comportamentos possíveis de concretizar o estado de coisas desejado. Por outro lado, pode-se visualizar o dispositivo atento à sua descritividade e consequência pré-estipulada (regra), tal qual quando a parte pratica comportamento que se amolda às hipóteses previstas nos seus incisos, devendo ser reputada como litigante de má-fé, inclusive para responder pela indenização e multa de que trata o art. 18.

O plano deôntico é composto por regras, princípios e postulados aplicativos, dizendo respeito ao dever ser. A norma é essencialmente deôntica e está associada a um valor (um critério para o bom), situado no plano axiológico. Assim, delimitados os conceitos, passa-se ao exame de alguns valores de suma importância ao tema das invalidades processuais.

---

[421] ÁVILA, Humberto Bergmann. *Teoria dos princípios.* 5ª ed. São Paulo: Malheiros, 2006, p. 122-125.

[422] Essa é, entre outras tantas, a contribuição central defendida na tese de doutoramento de Guilherme Rizzo Amaral, ao trabalhar o *formalismo-valorativo*, valendo-se da ponderação como método de solução de conflitos normativos no cumprimento de sentença e no processo executivo. Para aprofundamento, ver AMARAL, Guilherme Rizzo. *Cumprimento e execução da sentença sob a ótica do formalismo-valorativo.* Porto Alegre: Livraria do Advogado, 2008.

[423] "Por isso, não é correto afirmar que um dispositivo constitucional contém ou é um princípio ou uma regra, ou que determinado dispositivo, porque formulado dessa ou daquela maneira, deve ser considerado como um princípio ou como uma regra. Como o intérprete tem a função de medir e especificar a intensidade da relação entre o dispositivo interpretado e os fins e valores que lhe são, potencial e axiologicamente, sobrejacentes, ele pode fazer a interpretação jurídica de um dispositivo hipoteticamente formulado como regra ou como princípio. Tudo depende das conexões valorativas que, por meio da argumentação, o intérprete intensifica ou deixa de intensificar e da finalidade que entende deva ser alcançada". ÁVILA, Humberto Bergmann. *Teoria dos princípios.* 5ª ed. São Paulo: Malheiros, 2006, p. 41-42. Robert Alexy refere-se sobre o problema referindo-se ao enunciado da "dignidade humana", que em parte deve ser tratado como regra; em parte como princípio. ALEXY, Robert. *Teoria dos direitos fundamentais.* São Paulo: Malheiros, 2008, p. 111. Tradução de Virgílio Afonso da Silva.

5.2. VALORES

Neste capítulo, estudar-se-ão os valores mais pertinentes e atuantes no exame de validade. Não significa que estes esgotam o campo axiológico processual ou que, eventualmente, a atenção a outros valores não restem necessárias para se pensar o plano da validade. Os eleitos apenas são aqueles necessários para as conclusões que se busca alcançar nesta pesquisa.

5.2.1. Segurança e efetividade nas invalidades processuais

Aspecto essencial na percepção do processo sob a perspectiva do formalismo-valorativo está na permanente tensão entre segurança jurídica e efetividade. Convém, antes de aprofundar o estudo sobre esse conflito que se estabelece diuturnamente no desenvolvimento do processo, apontar qual a natureza desses pilares do direito processual.

5.2.1.1. Convívio harmônico entre segurança e efetividade no plano da validade processual

O peso da cultura sobre os institutos do processo promove convívios diversos entre os seus valores e normas ao longo dos tempos.[424] Sendo assim, a identificação de um fundamento teórico-axiológico na relação entre o tipo e validade processual passa necessariamente por uma compreensão cultural e, assim dizendo, axiológica-real-objetiva.[425]

A importância do respeito às determinações preestabelecidas na norma processual varia conforme o contexto. Banal é afirmar que, apesar de o formalismo religioso romano das *legis actiones* encontrar suporte na cultura de então, tem-se hoje outra perspectiva sobre o tema. Essa constatação, apesar da sua obviedade, leva à assertiva, já não tão trivial, de que as reflexões sobre a validade dos atos processuais precisam ser realizadas com atenção aos valores que lhes dão sustento no contexto cultural. Isso significa que não se deve almejar a perenidade das conclusões alcançadas, pois os valores situam-se no âmbito da cultura, sendo o direito um vínculo axiológico de natureza substancial, real e objetiva, por isso mutável e dinâmico.

---

[424] A respeito, ver os inúmeros sistemas jurídicos estudados por Galeno Lacerda, sob a perspectiva cultural. LACERDA, Galeno. Processo e cultura. São Paulo, *Revista de Direito Processual Civil*, v. 3, p. 74-86, jan/jun. 1961.

[425] Sobre essa qualificação: FALZEA, Angelo. *Introduzione alle scienze giuridiche*: il concetto del diritto. 5ª ed. Milão: Giuffrè, 1996.

As mudanças culturais que caracterizam a *modernidade líquida*, no termo cunhado por Zygmunt Bauman[426] – ou seja, a imediatez e a maior dinamicidade em relação à "modernidade sólida" –, repercutiu em todos os ramos do conhecimento humano. Consequentemente, a solidez e segurança das relações estabelecidas no processo tenderam a perder espaço para a exigência de resultados da vida contemporânea.

As significações que emergem das exigências processuais não mais estão fundadas em valores místicos, religiosos, de intensa perquirição filosófica abstrata, direcionando buscas na realidade por certezas realizáveis somente no plano das ideias, mas são tencionadas com força significativa pelo propósito da praticidade. Esse ditame de efetividade, embora não encerre a importância de outros valores, ganhou peso em razão da cada vez mais veloz dinâmica da sociedade hodierna.

Ante esse quadro, é comum o desejo por um processo realmente efetivo, capaz de dar solução suficiente e com presteza às necessidades que o direito material confia ao processual.[427] A consequência do acolhimento dessa perspectiva, especialmente pela natureza de complexo valorativo da efetividade, é a valorização da celeridade, da eficiência, da eficácia e do acesso à justiça, a fim de que o processo produza o máximo de satisfatividade,[428] ou seja, para que preste uma tutela jurisdicional adequada.

De qualquer sorte, esse anseio não pode redundar em superficialidade das argumentações e das cognições ou possibilitar o exercício arbitrário do poder jurisdicional ou, ainda, vetar a devida participação dos envolvidos na causa. O processo deve ser capaz de atingir seu objetivo maior: a pacificação com justiça. E para tanto, um equilíbrio harmonioso entre a segurança e a efetividade é primordial, de tal modo que essa preocupação deve ser bem entendida para o estudo de qualquer tema da disciplina, em especial, as invalidades processuais.

Em uma sociedade pluralista como a contemporânea, tem-se como central característica o constante reequilíbrio através da transação de valores,[429] razão pela qual a dimensão do direito pela intermediação de princípios, por sua maleabilidade, apresenta-se como perspectiva possível para a conformação do jurídico com o presente momento histórico. Assim, os valores no processo são constantemente sopesados, refletindo em distintas relações entre os princípios no ordenamento jurídico processual.

---

[426] BAUMANT, Zygmunt. *A modernidade líquida*. Rio de Janeiro: Jorge Zahar Editora, 2001. Tradução de Plínio Dentzien.

[427] Sobre uma classificação das tutelas materiais, em demanda às tutelas processuais, ver MARINONI, Luiz Guilherme. *Técnica processual e tutela dos direitos*. 2ª ed. São Paulo: Revista dos Tribunais, 2008.

[428] CARVALHO, José Orlando Rocha de. *Teoria dos pressupostos e dos requisitos processuais*. Rio de Janeiro: Lúmen Iuris, 2005, p. 199-200.

[429] ZAGREBELSKY, Gustavo. *El derecho dúctil*. Madri: Trotta, 1997, p. 125.125. Tradução de Marina Gascón.

Para o processo desenvolver-se de modo harmônico, mostra-se necessário o equilíbrio entre seus valores.[430] A norma processual tem por fulcro a organização de um processo justo, com aptidão a fornecer os anteparos necessários à concretização do direito e da justiça. A segurança e a efetividade são valores essenciais para o direcionamento do processo, visando a satisfazer finalidades e auxiliando o juiz na aplicação das regras e princípios,[431] uma vez que elas são, entre outros valores, os próprios fundamentos das normas processuais.

A prestação jurisdicional é atividade que comporta sempre desgastes, seja pelas despesas privadas ou públicas, seja pelos prejuízos decorrentes da não fruição do direito pelo titular. Essa atividade, acrescida ao valor temporal, representa o custo da resolução do conflito. Nos termos de Galeno Lacerda, jamais se logrará uma justiça perfeita, mas "diminuir esse passivo, sem prejudicar o acerto da decisão, será tender para o ideal de justiça".[432]

Afinal, simplificar o processo é também afirmar importantes valores e princípios, como a celeridade, a simplicidade e a economia processual, o que direciona o processualista a evitar formas e formalidades exageradas, complexas e inúteis. Essa vertente, todavia, não pode fazer com que restem desfigurados os atos processuais, a ponto de trazer consequências funestas à segurança dos direitos,[433] nem pode dirimir o direito fundamental à participação no processo.

A efetividade está relacionada à economia processual, à simplicidade e ao aproveitamento do ato processual, à celeridade e à proteção do direito *in natura* pela tutela específica,[434] significando, em síntese, a necessidade de que seja prestada "jurisdição tanto quanto possível eficiente, efetiva e justa, mediante um processo sem dilações ou formalismos excessivos".[435] Já a segurança jurídica liga-se à previsibilidade, à confiança legítima, ao respeito à lei, à estabilidade das situações jurídicas e à busca da verdade na pesquisa dos fatos.[436] Segurança jurídica é valor intimamente relacionado ao conceito de Estado Democrático de Direito, sendo baluarte de importantes direitos fundamentais, necessários a garantir o cidadão

---

[430] O processo engloba um complexo de valores. Neste capítulo tratar-se-á apenas da segurança jurídica e da efetividade, tendo em vista que são os mais relevantes para os objetivos desta obra.

[431] ALVARO DE OLIVEIRA, Carlos Alberto. O formalismo-valorativo no confronto com o formalismo excessivo. *Revista de Processo*, São Paulo, nº 137, p. 7-31, jul. 2006, p. 13.

[432] LACERDA, Galeno. *Despacho saneador*. Porto Alegre: Sergio Antonio Fabris, 1985, p. 5.

[433] SANTOS, Moacyr Amaral. Nulidades processuais. In. *Enciclopédia Saraiva do Direito*. v. 55. São Paulo: Saraiva, p. 163-171, 1977-1982, p. 163.

[434] Para um desenvolvimento de cada um dos elementos, ver AMARAL, Guilherme Rizzo. *Cumprimento e execução da sentença sob a ótica do formalismo-valorativo*. Porto Alegre: Livraria do Advogado, 2008, p. 47-56.

[435] ALVARO DE OLIVEIRA, Carlos Alberto. *Teoria e prática da tutela jurisdicional*. Rio de Janeiro: Forense, 2008, p. 126.

[436] Também foram desenvolvidos os elementos pertinentes à segurança jurídica em AMARAL, Guilherme Rizzo. *Cumprimento e execução da sentença sob a ótica do formalismo-valorativo*. Porto Alegre: Livraria do Advogado, 2008, p. 56-78.

contra o arbítrio estatal, mediante a salvaguarda de elementos fundados em uma sociedade democrática.[437]

Na perspectiva valorativa do formalismo processual, a segurança jurídica e a efetividade estruturam o processo em tênue equilíbrio. Ambos os valores têm sempre lugar e função no ordenamento processual, mas a incidência de cada um é dosada pela concorrência com o outro, em um sistema de pesos e de contrapesos. Isso se dá para a realização de um processo justo, seja no âmbito legislativo/abstrato, seja no viés jurisdicional/concreto.

Senão veja-se a escolha legislativa dos prazos: a contestação no procedimento ordinário deve ser entregue em quinze dias (CPC, art. 297). Caso houvesse uma potência cultural incomensurável da efetividade, esse prazo poderia ser reduzido para dez minutos. Inegavelmente, o processo teria um desfecho mais rápido, aspecto que influencia a efetividade.[438] Todavia, suprimir-se-iam as possibilidades de defesa, de diálogo, de reflexão (segurança jurídica). Da mesma forma, o contrário é verdadeiro, podendo-se sobrepor a segurança jurídica em face daquela, dilatando o mesmo prazo para dois anos, com a consequente inversão dos problemas resultantes do desequilíbrio. Afinal, "o exercício do direito de defesa, direito fundamental de caráter processual ligado à segurança, não pode ser excessivo nem desarrazoado".[439]

Ressalva-se, todavia, que as situações a serem tuteladas apresentam particularidades que atuam na confrontação entre esses valores. Assim, em tutelas de urgência há uma peculiaridade – *a urgência* – que determina a prevalência da efetividade. Dessa constatação, pode-se compreender, porque, no processo cautelar, o prazo para contestar é de cinco dias (art. 802), e não de quinze, como é no procedimento ordinário (art. 297).

O conflito entre os valores da efetividade e da segurança jurídica, no âmbito do Direito Processual Civil, reflete uma opção básica que repercute intensamente nas forças e nas relações entre todos os princípios processuais. Barbosa Moreira, em leitura semelhante de tal dicotomia, comenta a razão inversa no processo entre simplicidade do procedimento e extensão de garantias.[440] A dúvida já *clássica* questiona a qual vertente deve direcionar-se o Direito Processual Civil: se à efetividade ou à segurança. A resposta a essa ponderação indica o caminho para solucionar uma das maiores discussões de política processual. De notar, ainda,

---

[437] ALVARO DE OLIVEIRA, Carlos Alberto. *Teoria e prática da tutela jurisdicional*. Rio de Janeiro: Forense, 2008, p. 125.

[438] Assim por ver na efetividade um complexo valorativo, conforme trabalhado no item 5.2.1.

[439] Idem, p. 129.

[440] MOREIRA, Barbosa. Miradas sobre o processo civil contemporâneo. *Revista da Ajuris*, Porto Alegre, n. 65, p. 92-108, nov. 1995.

que a resposta a tal equacionamento nem sempre é pré-estabelecida, merecendo contínuo reexame na atividade de aplicação das normas processuais.[441]

Não se pode optar absoluta e cegamente em favor da efetividade do processo ou das garantias democráticas ligadas à segurança jurídica, uma vez que ambos os complexos valorativos fundamentam diretos fundamentais e, por isso, são essenciais à organização das atividades jurisdicionais. Parece óbvio que esses valores se relacionam intensamente, o que significa que a mudança de perspectiva sobre um acarreta necessariamente consequências sobre o outro. Daí a conclusão de Robert Alexy: "em geral, valorações baseiam-se em diversos critérios, entre os quais é necessário sopesar, porque esses critérios competem entre si. A classificação como 'bom' é, então, expressão de uma valoração global".[442]

Nessa linha, é imprescindível buscar as melhores formas de prestar a tutela, ou seja: ágil e eficientemente e sem dela extrair participação e segurança. Percebe-se, até então, que uma separação dicotômica absoluta entre segurança jurídica e efetividade do meio processual categoriza, isola e impede a compreensão de ambos os valores. São valores que caminham juntos e, em função disso, um não detém prevalência na organização normativa sobre o outro. O critério para a preponderância entre a efetividade ou a segurança jurídica dar-se-á pelas necessidades da vida, como se dá ênfase à efetividade, nas tutelas de urgência, e à segurança, na imutabilidade da coisa julgada material.

Mais uma vez, percebe-se que o Direito Processual Civil (como todo o direito) é disciplina fortemente ligada aos valores de uma sociedade. Nos tempos atuais, tem-se a Constituição não apenas como reguladora do aparato estatal, mas como ápice de um sistema normativo que consagra valores. Tanto a efetividade quanto a segurança jurídica têm nela assento, aspecto indispensável para um Estado Constitucional.

5.2.1.2. O conflito no âmbito das invalidades

Em regra a efetividade luta pela desconsideração da invalidade e pelo consequente aproveitamento do ato defeituoso. A segurança jurídica batalha pela invalidação e pelo respeito rígido ao tipo, criando-se um conflito axiológico estrutural ao plano da validade processual. Pode ocorrer, contudo, uma inversão prejudicial: basta que o tipo não tutele valores. Nesse caso, o seu resguardo enseja um *formalismo excessivo*, dando anteparo a uma falsa efetividade, a *efetividade perni-*

---

[441] Jose Roberto Bedaque propõe a segurança jurídica como um subproduto da efetividade. Isso faz em razão do conceito de efetividade que acolhe: "Processo efetivo é aquele que, observado o equilíbrio entre os valores segurança e celeridade, proporciona às partes o resultado desejado pelo direito material". BEDAQUE, José Roberto dos Santos. *Efetividade do processo e técnica processual*. São Paulo: Malheiros, 2006, p. 49. Em razão da conceituação de efetividade trabalhada no item 5.2.1. faz-se importante pontuar a necessidade de interagir os valores efetividade e segurança como em patamares de igualdade e não em subordinação.

[442] ALEXY, Robert. *Teoria dos direitos fundamentais*. São Paulo: Malheiros, 2008, p. 150. Tradução de Virgílio Afonso da Silva.

ciosa.[443] Somado a isso, pode-se afirmar que o mau emprego da forma é um dos responsáveis pela demora no processo, pois o transforma em instrumento a serviço de formalismo estéril.[444]

Vê-se com facilidade no Direito Processual Civil a presença de inúmeras maneiras sustentadas pela efetividade para que o processo desconsidere o desvio do tipo. A segurança jurídica, por sua vez, atua como obstáculo, estabelecendo-se no tema das invalidades processuais um verdadeiro mecanismo de pesos e contrapesos valorativos. Pode-se citar, em atenção à efetividade, os princípios da instrumentalidade das formas, do aproveitamento dos atos, da conservação, da causalidade, do interesse e da economia processual.[445] As suas incidências, em função da adstrição realizada pela segurança jurídica, não são plenas, mas suficientes para gerar um afrouxamento sobre a rigidez das previsões normativas.

Importante é ter presente que tanto como forma de segurança às partes quanto de advertência ao juiz é máxima a necessidade de se preservar os direitos fundamentais processuais como o contraditório, a igualdade, a inafastabilidade do controle jurisdicional e a cláusula do devido processo legal ou de um direito ao processo justo. Os atos do procedimento devem ser em conformidade com a lei, não por anseio de rigor irrefletido das exigências legais, "mas na medida da necessidade de cumprir certas funções do processo e porque existem as funções a cumprir".[446]

Sendo assim, cumpridas as finalidades do processo, o vício ao tipo sem repercussão na correção da decisão e na participação, por não atacar fortemente a segurança jurídica, não refletirá fundação suficiente ao enfraquecimento da efetividade processual. A razão da idoneidade do ato está, justamente, na preservação do eixo axiológico processual da Constituição, não abalado significativamente no caso.

O tipo processual nada mais é que um meio de se garantir fins. Daí, só há invalidade quando essas finalidades não forem atingidas.[447] Deve-se ter em mente, então, quais os fins se almejam garantidos com a norma e, portanto, atentar, em última análise, quais os valores que a sustentam. Não obstante, já se afirmou que o sistema de invalidades processuais não se refere ao conteúdo do direito, mas

---

[443] Termos com grifos cunhados por ALVARO DE OLIVEIRA, Carlos Alberto. Efetividade e processo de conhecimento. *Revista da Ajuris*, Porto Alegre, n. 75, p. 120-135, set., 1999. e, aprofundando algumas considerações: ALVARO DE OLIVEIRA, Carlos Alberto. O formalismo-valorativo no confronto com o formalismo excessivo. *Revista de Processo*, São Paulo, nº 137, jul. 2006, p. 7-31.

[444] BEDAQUE, José Roberto dos Santos. *Efetividade do processo e técnica processual*. São Paulo: Malheiros, 2006, p. 32.

[445] ALVARO DE OLIVEIRA, Carlos Alberto. *Do formalismo no processo civil*. 4ª ed. São Paulo: Saraiva, 2010, p. 265.

[446] DINAMARCO, Cândido Rangel. *A instrumentalidade do processo*. 12ª ed. São Paulo: Malheiros, 2005, p. 157.

[447] THEODORO JUNIOR, Humberto. Nulidades no Código de Processo Civil. *Revista de Processo*, São Paulo, n. 30, p. 38-59, abr/jun. 1993, p. 44.

exclusivamente à forma, de modo que se trata "não de um desvio das finalidades de justiça desejados pela lei, mas dos meios indicados".[448] Nessa linha, ignora-se o valor e se antevê a forma como simples técnica, uma postura teórica a ser refutada.

Por compreender que a Constituição atua e determina o próprio modo de ser do direito, parece irrefutável a afirmação de que os valores constitucionais integram o sistema processual. Justamente por isso, não podem ser ignorados ao se decretar uma invalidade ou ao deixar de fazê-lo. Sendo o vínculo axiológico do direito do tipo substancial-real, e não formal-ideal, é indispensável que se atente ao caráter axiológico e, portanto, teleológico das normas processuais no exame de validade.

Não mais se mantém a defesa de uma visão formal ideal do direito. Isso ocorre, também, face às mudanças que determinaram um aumento de credibilidade da lógica argumentativa em detrimento da acolhida pela ciência de explicações meramente empíricas ou do método indutivo-experimental. Essas mudanças gerais na produção do conhecimento certamente se refletiram no processo.[449]

Salvatore Satta afirma com perplexidade que "um dos aspectos mais misteriosos do formalismo é o seu custo".[450] Não é difícil constatar que as exigências formais representam um passivo muito grande ao processo e à sociedade, devendo, por isso, serem utilizadas apenas na medida necessária para salvaguardar os direitos fundamentais dos cidadãos. Quando são excessivas, produzem riscos à própria concretização de direitos fundamentais.

Veja-se o requisito constante no art. 282, I, do Código de Processo Civil. A indicação do juiz ou tribunal a que a petição é dirigida tem serventia apenas para que a peça alcance corretamente ao destinatário competente. Identificados as finalidades próximas e os valores a proteger, vê-se, na prática, que a extinção do processo por inépcia da inicial fundada exclusivamente no art. 282, I, é *em qualquer hipótese* uma medida contrária à efetividade e ao direito.

Ora, como forma de promoção da efetividade, o juiz dizendo-se competente e recebendo uma petição que não contenha esse requisito, deve dar curso ao processo, até mesmo em função da incidência do art. 249, § 1°, do Código de Processo Civil.[451] Assim é porque ausente de qualquer prejuízo. Por outro lado, se o magistrado que recebe a peça sem designação do destinatário é incompetente,

---

[448] COUTURE, Eduardo. *Fundamentos del Derecho Procesal Civil*. Buenos Aires: Aniceto Lopes, 1942, p. 222.

[449] ALVARO DE OLIVEIRA, Carlos Alberto. O formalismo-valorativo no confronto com o formalismo excessivo. *Revista de Processo*, São Paulo, n° 137, p. 7-31, jul. 2006, p. 17. Ver, também, MITIDIERO, Daniel. *Colaboração no processo civil*: pressupostos sociais, lógicos e éticos. São Paulo: Revista dos Tribunais, 2009.

[450] SATTA, Salvatore. Il formalismo nel processo. *Rivista Trimestrale di Diritto e Procedura Civile*, Milão, n. 4, ano XII, p. 1141-1158, dez. 1958, p. 1142. Esclarece-se que o autor usa o termo "formalismo" no sentido de totalidade das exigências de forma e das formalidades da lei.

[451] Para esse exemplo, tem-se por pressuposto o princípio *Kompetenz Kompetenz*, a indicar ser o próprio juiz sempre competente para dizer de sua competência. DIDIER JR., Fredie. *Pressupostos processuais e condições da ação*: o juízo de admissibilidade do processo. São Paulo: Saraiva, 2005, p. 158.

deverá, por dever legal, conforme o § 2º do art. 113, remetê-la ao juiz competente que, por sua vez, conduzirá o feito.

Em determinados casos, a busca pelo valor a preservar uma exigência do tipo deixa clara a sua total impropriedade. Essa contradição pode ser tanto intrínseca ao sistema processual, como na extinção por inépcia da inicial referida; quanto extrínseca, com anteparos no empírico, quando o contexto fizer inaplicável a regra específica diante do caso particular.[452] Em razão disso, o estudo do tipo deverá buscar não apenas o fim próximo que se almeja, mas também o valor que sustenta a exigência. A declaração da relevância processual da infração ao modelo instituído requer uma análise dos valores essenciais ao processo. Então, o cumprimento do tipo representa um benefício a ser resguardado apenas se embasado nos valores que compõe a ordem constitucional.

Mire-se a importância das peças obrigatórias para formação do agravo de instrumento. "A exigência legal de determinadas peças processuais para o conhecimento do Agravo de Instrumento não é aleatória. Os documentos obrigatórios são meios para a perfeita compreensão da pretensão recursal",[453] ou para identificação dos advogados para que recebam as intimações (como as cópias das procurações) ou, ainda, sobre a sua tempestividade (como as cópias da certidão da intimação da decisão agravada). Daí, quando ausentes, não se têm nos autos os pressupostos mínimos de desenvolvimento do recurso. Sem elas, a defesa e o julgamento ficam efetivamente impossibilitados.

Lembrando que as exigências do tipo são vinculadas a uma finalidade, pode-se também ponderar que, quando nos autos do agravo de instrumento constarem outros meios de aferir as informações normalmente portadas pelas peças obrigatórias, deve ser conhecido o recurso, como, por exemplo, se for possível atestar a tempestividade do recurso, mesmo diante da ausência da certidão de intimação. A respeito disso, decidiu o Superior Tribunal de Justiça no REsp 1.187.970/SC. No caso, o juiz falimentar determinara a revogação dos poderes dos advogados da massa falida, não se tendo intimado ditos procuradores. Diante da alegação de inexistência de intimação pela via oficial, contou-se o prazo para o recurso mediante o recebimento de uma notificação extrajudicial de revogação de poderes, realizada pelo síndico, dando cumprimento à decisão judicial recorrida.[454]

---

[452] Nesse caso, urge a incidência do postulado normativo da razoabilidade como equidade para fins de dar solução justa e, por assim ser, em consonância com as pretensões valorativas da norma jurídica. Sobre o postulado da razoabilidade, ver: ÁVILA, Humberto Bergmann. *Teoria dos princípios*. 5ª ed. São Paulo: Malheiros, 2004, p. 138-148.

[453] FILARDI, Hugo. Vícios processuais e sanabilidade. *Revista de Processo*, São Paulo, n. 141, p. 191-196, nov. 2006, p. 193.

[454] "AGRAVO REGIMENTAL. RECURSO ESPECIAL. AGRAVO DE INSTRUMENTO. PEÇA OBRIGATÓRIA. CERTIDÃO DE INTIMAÇÃO DA DECISÃO AGRAVADA. FORMALISMO EXCESSIVO. PROVA DIABÓLICA. MEIO DIVERSO DE VERIFICAÇÃO DA TEMPESTIVIDADE. NOTIFICAÇÃO EXTRAJUDICIAL. POSSIBILIDADE. 1 – Em homenagem ao princípio da instrumentalidade, a ausência da certidão de intimação da decisão agravada pode ser suprida por outro instrumento hábil a comprovar a tempestividade do agravo de instrumento. 2 – Exigir dos agravados a prova de fato negativo (a inexistência de intimação da decisão

Não se pode cogitar, também, que para o conhecimento do agravo, exijam-se peças que não constem expressamente no rol do art. 525, I, do Código de Processo Civil. Isso porque, quando a lei diz serem as demais peças "facultativas", conforme o entender do agravante (art. 525, II), não é coerente ler haver ali uma obrigatoriedade. Caso a cópia da petição inicial seja indispensável à compreensão da demanda, deve o julgador, fazendo uso dos seus poderes de relator, baixar o recurso em diligência, ordenando a juntada da cópia ao instrumento, em valorização do contraditório.[455] Isso porque, o princípio do contraditório leva à construção de um processo cooperativo.[456]

O mesmo raciocínio, com objetivo de dar atenção à substancialidade do tipo, pode-se realizar sobre a exigência do art. 526 do Código de Processo Civil. Existem dificuldades na doutrina sobre o enquadramento sistêmico do dispositivo, já que se trata de um requisito de admissibilidade, cuja análise está sujeita exclusivamente à manifestação da parte.[457] Importante, porém, para os limites propostos neste capítulo, destacar-se que o requerimento do agravado é indispensável para a inadmissibilidade do agravo por ausência de comunicação da interposição em primeiro grau de jurisdição.

Questionando-se sobre qual o objetivo substancial dessa exigência, vê-se que há intrínseca relação com os direitos de defesa. O objetivo da entrega de cópia da petição de agravo em primeiro grau é possibilitar ao agravado a plena defesa, principalmente quando o trâmite processual se dá em outra comarca que não a da sede do Tribunal de Justiça.[458]

Logo, se o agravado ofereceu resposta completa e tempestiva ao recurso, parece claro que não sofreu qualquer prejuízo. Outrossim, vê-se que se a competência territorial do processo for a mesma da sede do órgão de segundo grau, a falta do protocolo das cópias na primeira instância não trazem qualquer diminuição do contraditório e da ampla defesa do agravado. Nesses casos, a inadmissão do agravo faz-se sem propósito.

---

recorrida) equivale a prescrever a produção de prova diabólica, de dificílima produção. Diante da afirmação de que os agravados somente foram intimados acerca da decisão originalmente recorrida com o recebimento da notificação extrajudicial, caberia aos agravantes a demonstração do contrário. 3 – Dentro do contexto dos deveres de cooperação e de lealdade processuais, é perfeitamente razoável assumir que a notificação remetida por uma das partes à outra, em atenção à determinação judicial e nos termos da Lei 6.015/73, supre a intimação de que trata o art. 525, I, do CPC. Agravo a que se nega provimento". (AgRg no AgRg no REsp 1187970/SC, Rel. Ministra NANCY ANDRIGHI, TERCEIRA TURMA, julgado em 05/08/2010, DJe 16/08/2010).

[455] ALVARO DE OLIVEIRA, Carlos Alberto. O formalismo-valorativo no confronto com o formalismo excessivo. *Revista de Processo*, São Paulo, nº 137, jul. 2006, p. 7-31, p. 28.

[456] MITIDIERO, Daniel. *Colaboração no processo civil*: pressupostos sociais, lógicos e éticos. São Paulo: Revista dos Tribunais, 2009.

[457] DALL'AGNOL JUNIOR, Antonio Janyr. Vicissitudes do artigo 526 do Código de Processo Civil. *Síntese Jornal*, Porto Alegre, ano 7, n. 73, p. 1-2, mar. 2003.

[458] WAMBIER, Luiz Rodrigues; WAMBIER, Tereza Arruda Alvim. *Breves comentários à 2ª fase da reforma do Código de Processo Civil*. São Paulo: Revista dos Tribunais, 2002, p. 162.

Existe, porém, uma razão complementar à exigência: possibilitar a revisão da decisão atacada pelo juiz prolator. Como se depreende da redação do art. 529, a decisão pode ser revertida ainda em primeiro grau, se assim julgar prudente aquele magistrado. Nesse caso, deve-se comunicar ao Tribunal de Justiça sobre a reforma, causando a perda do objeto do agravo de instrumento. Nessa linha, a entrega de cópias em primeiro grau leva ciência ao juiz da interposição do recurso. Com base nas razões apresentadas na peça, pode ele inclusive convencer-se de seu equívoco, alterando a decisão.

Ainda assim, não se teria uma razão suficiente para provocar a inadmissibilidade do agravo. Lembre-se que o maior interessado em comunicar ao órgão colegiado a reforma total do decisório é o próprio agravante. Não o fazendo, corre o risco de ver confirmada a decisão atacada. E a confirmação por órgão hierarquicamente superior ao juízo de primeira instância não lhe será nada benéfica. Afinal, há reforço da segurança jurídica pela revisão de um julgado por órgão hierarquicamente superior; e a efetividade nada perde.

Nesse caso, o interesse privado contribui mais prestamente ao progresso da atividade processual do que o interesse público. Daí por que é exclusivamente particular o poder de iniciativa para o reconhecimento dessa causa de inadmissibilidade do recurso.[459] Em linhas gerais, a inadmissibilidade ocorre quando há falta de aptidão do procedimento para alcançar o seu resultado.[460] No caso, o procedimento de agravo resta inadmissível em face da impropriedade das oportunidades de defesa. Ora, não se concretizando qualquer mácula ao contraditório e à ampla defesa, não se tem presente a causa para a inadmissibilidade do procedimento. Não custa lembrar que o formalismo tem um sentido transcendente, e não meramente vazio. Dessa maneira, reconhece-se que a simples violação do tipo não gera invalidade, se cumprido com o ato o fim proposto.[461]

A melhor resposta à questão do não conhecimento do agravo de instrumento por falta de comunicação ao juízo de primeiro grau passa pela submissão de análise do fundamento de valor da norma (finalidade última). Imprescindível, ainda, a averiguação do prejuízo efetivo à defesa para que a inadmissibilidade do recurso tenha lugar. Do contrário, estar-se-á diante de uma exigência que não tutela nenhum valor, apenas dá lugar a soluções lesivas ao direito fundamental a um processo devido.

Mas dispensar os ornamentos postiços e deixar descobertos os elementos principais da construção não me parece uma empresa sem riscos: tenho muito medo de que, ao serem

---

[459] Sobre a iniciativa para o reconhecimento de invalidades, ver o item 7.3.

[460] PASSOS, José Joaquim Calmon de. *Esboço de uma teoria das nulidades aplicada às nulidades processuais*. Rio de Janeiro: Forense, 2005, p. 38.

[461] VÉSCOVI, Enrique. *Teoría general del proceso*. Bogotá: Themis, 1999, p. 258.

tirados os embelezamentos de certos discursos, como de certas fachadas, se perceba que, por baixo deles, em vez de robustas vigas, há tão somente um frágil estuque.[462]

Deixe-se expresso, porém, que não se está a propor a abertura indiscriminada do tipo processual, culminando em ruir com o procedimento instituído e com o formalismo. Sabe-se que as exigências do tipo cumprem diversas funções no processo, cuja mais saliente é a obstrução ao arbítrio.[463] A antiga lição de que se "não fossem as formalidades da lei, a chicana, a duplicidade, o arbítrio, e a injustiça predominariam como toda a facilidade"[464] não pode ser esquecida. Por outro lado, a contínua adequação do procedimento aos valores constitucionais e o juízo crítico sobre o regramento processual muito podem contribuir para a concreção da justiça e favorecer o estabelecimento dos direitos. Não é por outro motivo que "a flexibilidade do procedimento às exigências da causa é, no entanto, fundamental para a melhor consecução dos seus fins".[465]

Salutar perceber que o formalismo pernicioso começa onde o direito termina, pondo, no lugar do movimento de uma experiência jurídica livre, uma falsa experiência imóvel do vazio.[466] Exigências legais inúteis não podem ser usadas para dar uma falsa efetividade aos tribunais ou efetividade meramente estatística. Essa proposta *formal-solipsista* não serve à legitimação do Poder Judiciário nem promove a justiça. Por outro lado, algumas previsões do tipo são muito importantes para que essa legitimação esteja presente, impedindo-se o arbítrio do juiz e o abuso das partes.

Se por um lado "o formalismo obcecado e irracional é fator de empobrecimento do processo e cegueira para os seus fins";[467] por outro, o informalismo excessivo não concorre tampouco para a justiça.[468] Não é por menos que um equilíbrio de valores sobre a compreensão do tipo processual exige uma visão consciente dos parâmetros socioculturais contemporâneos, de modo a fazer possível a efetivação de uma organização do procedimento e de uma distribuição de poderes no processo civil voltados para a busca da justiça.

---

[462] CALAMANDREI, Piero. Eles, os juízes, vistos por um advogado. São Paulo: Martins Fontes, 1997, p. 85. Tradução de: Eduardo Brandão.

[463] Veja-se o estudo de ALVARO DE OLIVEIRA, Carlos Alberto. *Do formalismo no processo civil*. 4ª ed. São Paulo: Saraiva, 2010.

[464] TOLEDO, Francisco Eugenio. *Nullidades do Processo Civil e Commercial*. São Paulo: Typ. de J. P. Cardozo, 1906, p. 35.

[465] DIDIER JUNIOR, Fredie. Sobre dois importantes, e esquecidos, princípios do processo: adequação e adaptabilidade do procedimento. *Revista da Ajuris*, Porto Alegre, nº 83, p. 166-178, set. 2001, p. 177. Sobre o ponto, ver, também: LACERDA, Galeno. O Código como sistema legal de adequação do processo. *Revista do IARGS – Comemorativa do cinqüentenário 1926-1976*, Porto Alegre, p. 163-170, 1976.

[466] SATTA, Salvatore. Il formalismo nel processo. *Rivista Trimestrale di Diritto e Procedura Civile*, Milão, n. 4, ano XII, p. 1141-1158, dez. 1958, p. 1144.

[467] DINAMARCO, Cândido Rangel. *A instrumentalidade do processo*. 12ª ed. São Paulo: Malheiros, 2005, p. 155.

[468] ALVARO DE OLIVEIRA, Carlos Alberto. *Do formalismo no processo civil*. 4ª ed. São Paulo: Saraiva, 2010, p. 266.

Vê-se claramente que "o desrespeito às formas processuais, sobre não conduzir à prestação jurisdicional qualificada, pode resultar, muitas vezes, em graves injustiças".[469] A acomodação do procedimento em modelos predeterminados, a resguardar valores constitucionais, alberga a segurança jurídica indispensável à realização de um processo justo. As formas e formalidades são uma preciosa garantia aos direitos das partes,[470] e é com essa função que se devem considerá--las.[471]

> Entre a forma e a liberdade existe uma relação característica: a experiência histórica demonstra o paralelismo das suas linhas de desenvolvimento e a sua recíproca dependência. O período de maior florescimento da liberdade ocupa também o reino de maior rigor da forma, a qual impede o degenerar da liberdade pela permissão, sendo garantia de disciplina e de ordem.[472]

As exigências do tipo processual são importantes, mas elas devem ser compreendidas em consonância com os próprios objetivos do direito. Consequentemente, nenhum ordenamento pode abdicar de elasticidade e economicidade pela garantia puramente formal.[473] Afinal, não é lógico exigir-se a sua repetição ou o suprimento da falta se o ato alcançou sua finalidade.[474] Mas a finalidade do ato não será somente aquela mais próxima; estará sempre ligada ao valor que sustenta o tipo.

Defende-se, inclusive, ser a grande contribuição do processualista para o direito a atividade de eliminar ou abrandar o problema do formalismo pernicioso e simplificar o processo para que a técnica não crie óbices ao seu desenvolvimento.[475] Todavia, ao fazê-lo, o cuidado deve ser extremo para que não se comprometa o valor essencial da segurança, já que o formalismo virtuoso é verdadeiro fator de garantia ao resguardo de direitos fundamentais.

Na lógica do *formalismo-valorativo*, mesmo as normas processuais formais têm no fundo finalidades substanciais – os valores – que devem ser preservados, para que possa o processo adaptar-se às variações da vida, salvaguardando a essência do direito fundamental ao processo justo, equilibrado no eixo segurança e efetividade.[476] E é justamente pela imprescindibilidade de entender o processo

---

[469] LOPES, João Batista. Os poderes do juiz e o aprimoramento da prestação jurisdicional. *Revista de Processo*, São Paulo, n. 35, p. 24-67, abr/jun. 1984, p. 24.

[470] WAMBIER, Teresa Arruda Alvim. *Nulidades do processo e da sentença*. São Paulo: Revista dos Tribunais, 1997, p. 139.

[471] VÉSCOVI, Enrique. *Teoría general del proceso*. Bogotá: Themis, 1999, p. 258.

[472] ZANZUCCHI, Marco Tullio. *Diritto Processuale Civile*. v. 1. 6ª ed. Milão: Giuffrè, 1964, p. 427.

[473] TOMMASINI, Raffaele. Nullità (diritto privato). In: Enciclopedia del Diritto. Vol XXVIII, Milão: Giuffrè, 1978, p. 866-908, p. 869.

[474] TESHEINER, José Maria. *Pressupostos processuais e nulidades no processo civil*. São Paulo: Saraiva, 2000, p. 118.

[475] BEDAQUE, José Roberto dos Santos. *Efetividade do processo e técnica processual*. São Paulo: Malheiros, 2006, p. 25.

[476] Merece nota a contribuição de Raffaele Tommasini, ao estudar as invalidades no Direito Privado, estabelecendo uma coerência entre a forma do negócio e a sua necessidade substancial: "Somente em uma visão comple-

com sua complexidade de valores que não se pode tratar de invalidades processuais sem ter claro o diuturno embate entre a segurança jurídica e a efetividade.

Assim, nem sempre a batalha pelo cumprimento rígido das prescrições legais do procedimento é vencida pela segurança jurídica. Esse valor interage diuturnamente com a efetividade, compondo os dois pratos de uma balança que não deve desequilibrar. O critério maior para a resolução do conflito segurança-efetividade passa necessariamente pela análise dos fundamentos do tipo e pela realidade da vida. Em última análise, reconhecendo-se que "a ciência nasce da vida e não a vida da ciência".[477]

5.3. PRINCÍPIOS ESPECÍFICOS DAS INVALIDADES PROCESSUAIS

Buscar-se-á, neste momento, delinear as expressões e a identificação de abrangência dos princípios diretamente relacionados com o sistema de invalidades no Direito Processual Civil brasileiro. Importante assinalar que o objetivo deste capítulo da tese é visualizar os dispositivos legais sob a perspectiva finalística-valorativa. Tendo-se em vista que não se busca apenas exaltar a importância dos princípios frente ao ordenamento jurídico, discurso que tomaria cunho predominantemente epidítico, buscar-se-á também indicar, através da identificação do estado de coisas desejado, as condutas, de modo a erigir e legitimar critérios para a sua aplicação.

5.3.1. Noções gerais: princípios no Direito Processual Civil

O desenvolvimento do Direito Processual Civil fez serem explicitados princípios, cujas missões são as de indicar um estado desejado de coisas, de nortear as atividades processuais e de impor a adoção de comportamentos. O uso de princípios com real força normativa é comum a partir das mudanças no constitucionalismo após o desfecho da Segunda Guerra Mundial. Não é difícil listar alguns princípios processuais com fundamento constitucional expresso: "devido processo legal, isonomia, juiz natural, inafastabilidade do controle jurisdicional, contraditório, ampla defesa, publicidade e motivação das decisões judiciais".

Não significa que se encerrem nesses os princípios processuais, tanto que se pode falar em outros, tais como princípio do duplo grau de jurisdição, da ins-

---

xa, que saiba colher seja o senso lógico-prático da deformidade entre o fato (da vida) e o esquema (legal) seja a elasticidade dos critérios que presidem à eficácia jurídica, pode encontrar a sua explicação mais de acordo com todo o regime de patologia negocial e da nulidade; regime que tem uma precisa coerência própria que critérios formais não conseguem atingir" TOMMASINI, Raffaele. Nullità (diritto privato). In: *Enciclopedia del Diritto.* Vol XXVIII, Milão: Giuffrè, 1978, p. 866-908, p. 869.

[477] SATTA, Salvatore. Il formalismo nel processo. *Rivista Trimestrale di Diritto e Procedura Civile*, Milão, n. 4, ano XII, p. 1141-1158, dez. 1958, p. 1157.

trumentalidade das formas, dispositivo, da demanda, da economia processual, da lealdade, entre tantos outros não previstos expressamente na Lei Maior. Todos, porém, têm intrínsecas ligações com a Constituição, estatuto máximo do direito pátrio e denunciador de uma gama de valores e propósitos jurídico-sociais.

Os princípios compõem funções importantes no ordenamento jurídico, visto que, além de serem a manifestação normativa próxima dos valores,[478] determinando condutas, servem para dar unidade ao sistema, bem como para orientar todo o trabalho interpretativo. Outrossim, incidem diretamente sobre as práticas jurídicas, pois obrigam a adoção de comportamentos necessários à promoção do estado de coisas desejado.

Os princípios podem induzir a mandamentos de otimização colidentes, estejam eles atados ao valor segurança ou ao valor efetividade, problema que se resolve, para Robert Alexy, mediante a ponderação e a precedência de um em face de outro sob determinadas circunstâncias a serem apuradas diante do caso.[479] Desse modo, a vigência de princípios, possivelmente colidentes na ordem jurídica, apenas mostra-se possível caso não sejam compreendidos com caráter absoluto. Inexistindo uma hierarquia entre os valores constitucionais que dão suporte aos princípios correlatos, somente se pode estabelecer tal convivência de normas potencialmente antagônicas mediante a prudência e a ponderação.[480]

Não se deve desenvolver uma busca científica sobre o fundamento da validade de atos jurídicos sem se ater a uma abordagem sobre os seus princípios. No tema "invalidades processuais", alguns ganham relevo especial: "economia processual, liberdade das formas, instrumentalidade das formas, aproveitamento e causalidade".[481] Isso não significa que apenas esses têm espaço na discussão ou

---

[478] Convém reiterar, todavia, como apontado no item 5.1. que "os princípios afastam-se dos valores porque, enquanto os princípios se situam no plano deontológico e, por via de consequência, estabelecem a obrigatoriedade de adoção de condutas necessárias à promoção gradual de um estado de coisas, os valores situam-se no plano axiológico ou meramente teleológico e, por isso, apenas atribuem uma qualidade positiva a determinado elemento". ÁVILA, Humberto Bergmann. *Teoria dos princípios*. 5ª ed. São Paulo: Malheiros, 2006, p. 80.

[479] ALEXY, Robert. *Teoria dos direitos fundamentais*. São Paulo: Malheiros, 2008, p. 93. Tradução de Virgílio Afonso da Silva.

[480] ZAGREBELSKY, Gustavo. *El derecho dúctil*. Madri: Trotta, 1997, p. 125. Tradução de Marina Gascón.

[481] Tereza Arruda Alvim Wambier listou quinze princípios relativos às invalidades processuais: 1. o processo é forma; 2. as formas têm caráter instrumental; 3. não há nulidade sem prejuízo; 4. nulidades instituídas precipuamente no interesse das partes, ainda que absolutas, são sanáveis; 5. nulidades instituídas no interesse público são insanáveis; 6. economia processual; 7. nulidades relativas só podem ser arguidas pelo interessado; 8. princípio da interdependência; 9. princípio do contraditório; 10. princípio da proteção; 11. princípio da conservação e aproveitamento; 12. princípio da celeridade; 13. princípio da comunicação; 14. princípio da especificidade; 15. princípio da eficácia do ato viciado. (WAMBIER, Teresa Arruda Alvim. *Nulidades do processo e da sentença*. São Paulo: Revista dos Tribunais, 4ª. ed, 1997, p. 139-150.). Na listagem se encontram normas que pela aplicação da doutrinadora, caso adotada a classificação de Humberto Ávila, mais se assemelham a regras a princípios (4, 5, 7, 14), regras essas sobre as quais persiste forte questionamento doutrinário. Ademais, é listado princípio que, embora tenha relação com a temática, não traz propriamente conteúdo tão íntimo com as invalidades (13) a ponto de destacá-lo. Do contrário, ter-se-ia de sublinhar também o devido processo legal, a isonomia, o juiz natural, entre outros que não foram arrolados. Ainda, pela proposta desta tese, os princípios da finalidade e do prejuízo são elementos da instrumentalidade das formas e não alheios a ela.

AS INVALIDADES PROCESSUAIS CIVIS NA
PERSPECTIVA DO FORMALISMO-VALORATIVO

123

que neles se encerrem as construções sobre o plano da validade no Direito Processual Civil. Significa, tão somente, que esses princípios são os mais relevantes para a defesa que se pretende realizar nesta tese.

5.3.2. Princípios relativos a invalidades processuais em espécie

5.3.2.1. Economia processual

A doutrina nacional, de modo geral, tem visualizado, na economia processual, a necessidade de que sejam empreendidos esforços para *alcançar o máximo de efeitos*, o melhor resultado da atuação da lei, *com o mínimo de atividades processuais.*[482]

O uso da máquina pública gera gastos ao Estado e aos particulares. Logicamente, quanto mais atos processuais são realizados, e quanto mais prolonga-se o embate, mais caro resta o processo. A economia pode ser percebida, nessa perspectiva, como um verdadeiro *valor*, induzindo a classificação de um processo como bom se houver baixo dispêndio de riquezas ou se houver poucos atos. Sendo assim, o processo que consiste em determinar o vencedor mediante o "cara ou coroa" será um processo bom, sendo essa análise axiológica e não deôntica.[483]

O princípio da economia processual, porém, não representa apenas esse critério valorativo, mas também busca amparo em outros valores como a efetividade, sendo fruto de um sistema de ponderação resolvido no campo deôntico. Isso induz à correlação entre a economia e a efetividade, determinando, exemplificativamente, reflexos no campo do aproveitamento dos atos processuais ou dos poderes do juiz. Desse modo, como as finalidades do processo devem ser alcançadas da forma menos gravosa para o Estado e para as partes,[484] a *economia processual* atua na distribuição de poderes no processo, com vistas a dotar o juiz de poderes de iniciativa na administração da justiça de modo ativo, rápido e profícuo.[485]

Ao harmonizar-se com outros princípios, a economia processual vale como critério corretivo dos males que afligem o sistema, tais como custos, duração ou ineficiência, funcionando, também, para estabelecer um equilíbrio ponderado entre os princípios dispositivo e inquisitório.[486] A sua aplicação pode permitir a

---

[482] Por todos, NERY JUNIOR, Nelson. *Princípios do processo civil na Constituição Federal.* 8ª ed. São Paulo: Revista dos Tribunais, 2004, p. 36.

[483] Retoma-se, portanto, a distinção proposta por Robert Alexy, trabalhada no item 5.1.

[484] LOPES JUNIOR, Aury Celso Lima. Breves considerações sobre as inovações processuais penais da Lei 9.099/95. *Revista da Ajuris*, v. 67, Porto Alegre, p. 335-370, jul. 1996, p. 340.

[485] COMOGLIO, Luigi Paolo. *Il principio di economia processuale.* v. 2. Padova: CEDAM, 1982, p. 321.

[486] Idem, p. 278.

iniciativa oficial sobre formas instrumentais que se aparentam idôneas para simplificar e acelerar de modo razoável o alcance dos fins processuais.[487]

Comoglio identificou na economia processual três distintas ingerências sobre o ordenamento jurídico. Funciona como (a) *postulado político* ou orientação programática da legislação processual, estando aqui notoriamente atada no campo axiológico; como (b) *critério interpretativo* para fazer claro o objetivo da lei; e como (c) *parâmetro* de uniformidade da aplicação prática da lei pelo juiz e pelo operador jurídico[488] dos enunciados legais.

O princípio da economia processual atua especialmente no controle da utilidade objetiva do provimento jurisdicional, na verificação das condições de proponibilidade da demanda, na conservação dos atos viciados, cujo escopo houver sido alcançado, bem como na possibilidade de se pronunciar condenações atípicas, prevenindo-se juízos sucessivos.[489]

Para aproximação prática do princípio, vejam-se dois julgados do Supremo Tribunal Federal. No primeiro, tem-se a incidência da economia processual como forma de impedir o desvirtuamento das razões valorativas do procedimento. No segundo, o Supremo Tribunal Federal converte recursos de embargos de declaração em agravos regimentais, de modo a possibilitar a atuação específica da tutela pleiteada.

Assim, em aplicação direta do princípio da economia processual, o Supremo Tribunal Federal já decidiu que, ante a ausência de juízo de admissibilidade em recurso extraordinário no tribunal de origem, faz-se dispensável a remessa ao tribunal *a quo*, mesmo sem cumprimento da fase procedimental do art. 542 do Código de Processo Civil.[490]

Nesse julgado, usou-se da economia processual para ampliar os poderes do juiz (no caso dos Ministros), suprimindo etapas do procedimento preestabelecido no Código de Processo Civil. Isso ocorre tendo-se em vista que a finalidade precípua do juízo prévio de admissibilidade do recurso extraordinário é de abreviar a tramitação de recursos sem os requisitos mínimos de processamento. No caso,

---

[487] COMOGLIO, Luigi Paolo. *Il principio di economia processuale*. v. 2. Padova: CEDAM, 1982, p. 288.

[488] Idem, p. 283.

[489] idem, p. 279-280. Quando o autor fala em condenações atípicas, está tratando da "condanna in futuro", expediente defendido pela doutrina italiana para fins de regular condutas ainda não realizadas pelas partes.

[490] "EMBARGOS DE DECLARAÇÃO RECEBIDOS COMO AGRAVO REGIMENTAL. RECURSO EXTRAORDINÁRIO. INEXISTÊNCIA DE JUÍZO DE ADMISSIBILIDADE NO TRIBUNAL DE ORIGEM. RETORNO À ORIGEM PARA TAL FIM. EXCESSIVO FORMALISMO. DISPENSA. PRINCÍPIOS DA ECONOMIA E DA CELERIDADE PROCESSUAL. DANOS MATERIAIS. RESPONSABILIDADE NA TRANSFERÊNCIA DE AÇÕES PELO DEPOSITÁRIO. NATUREZA INFRACONSTITUCIONAL. Embora não tenha havido juízo de admissibilidade no Tribunal de origem, dispensa-se o retorno dos autos à origem para tal fim, por aplicação dos princípios da economia e da celeridade processual. A questão referente à responsabilidade pela transferência de ações pelo depositário a terceira pessoa é de natureza infraconstitucional. Agravo regimental a que se nega provimento". (Embargos Declaratórios no Recurso Extraordinário nº 414.461/SP. Relator: Min. Joaquim Barbosa. Órgão Julgador: Segunda Turma. Julgamento em 12/06/2007, Publicado no Diário da Justiça da União em 01/02/2008, Ementa. Vol 2305-05, p. 964).

se remetidos os autos ao tribunal de origem, ter-se-ia uma atividade prolongada e inútil, visto que o próprio Supremo Tribunal Federal já visualizara o não preenchimento de ditos requisitos. Mediante o princípio, orientado no plano valorativo pela efetividade processual, atuou-se imediatamente, não admitindo o recurso, independentemente de análise feita pelo tribunal de origem.

Em outros julgados, tanto o Supremo Tribunal Federal como o Superior Tribunal de Justiça têm convertido o recurso de embargos de declaração sobre decisão monocrática em recurso extraordinário ou especial em agravo interno.[491] Justificam a conversão e o acréscimo do poderio ao julgador, tendo-se em vista os princípios da fungibilidade e da economia processual. Isso quando os embargos declaratórios pleiteiam efetivamente a reforma da decisão, buscando-se efeitos infringentes sobre o julgado. Para evitar que do julgamento dos embargos declaratórios advenha o agravo interno e, considerando a possibilidade formal de conversão, os Tribunais Superiores têm, de ofício, convertido o recurso em agravo interno e, nele, apreciado seu objeto.[492]

Verifica-se que apesar de a economia processual ter a sua mais forte realização na relação de proporção entre iniciativas das partes e do juízo, visando à melhor *administração da justiça*, por seu laço com o princípio da adequação, pode irradiar-se potencialmente no procedimento, interessando particularmente ao estudo das invalidades.[493]

Por tal correlação não se dar apenas com a adequação, mas com a instrumentalidade, com a causalidade e com a conservação, constata-se a impropriedade de

---

[491] Consigna-se aqui a preocupação com a falsa sinonímia que a jurisprudência vem dando aos termos "Agravo Regimental" e "Agravo Interno". Isso porque, o primeiro apenas teria incidência em casos em que o Relator utiliza-se de um poder de condução do feito, fazendo-se as vias administrativas de representante do órgão colegiado, não se tratando o Agravo Regimental de um recurso, mas de mero expediente administrativo, vez que sem previsão em lei formal. Já o Agravo Interno, com previsão legal no art. 557, § 1º, do Código de Processo Civil, teria cabimento nos casos de julgamento monocrático, ou seja, de decisão do recurso, e não de mero processamento administrativo do feito. Sobre o ponto, ver CARNEIRO, Athos Gusmão. *Recurso Especial, Agravos e Agravo Interno*. 5ª ed. Rio de Janeiro: Forense, 2008, p. 335-337.

[492] Por todos no STF: "Embargos de declaração em recurso extraordinário. 2. Decisão monocrática do relator. Embargos de declaração recebidos como agravo regimental. (...)". (RE-ED 383354 / RS – RIO GRANDE DO SUL. EMB.DECL.NO RECURSO EXTRAORDINÁRIO Relator(a): Min. GILMAR MENDES Julgamento: 06/12/2005. Órgão Julgador: Segunda Turma. DJ 03-02-2006 PP-00087 EMENT VOL. 2219-7, p 1418). Já no STJ, por sua vez, também por todos, "EMBARGOS DE DECLARAÇÃO RECEBIDOS COMO AGRAVO REGIMENTAL. APLICAÇÃO DO PRINCÍPIO DA FUNGIBILIDADE. TAXA DE JUROS. MÉDIA DE MERCADO. REEXAME DE PROVA. SÚMULA 7/STJ. 1. Embargos de declaração recebidos como agravo regimental, com fundamento nos princípios da fungibilidade recursal e da economia processual. (...)". (EDcl no Ag 916.637/RS, Rel. Ministro FERNANDO GONÇALVES, QUARTA TURMA, julgado em 17.06.2008, DJ 30.06.2008 p. 1). A economia processual, todavia, não é princípio único do processo. No exemplo, poder-se-ia objetar que a conversão também determina a perda de oportunidade da parte recorrente. Afinal, nada garante que o objeto do recurso interposto (embargos declaratórios) seria o mesmo que o do recurso a ser oportunamente confeccionado (agravo interno). Essa crítica perdura com ainda mais razão se considerado que os embargos de declaração são recursos de fundamentação vinculada, conforme art. 535 do Código de Processo Civil. Deve-se ter demasiado cuidado na aplicação para que a economia não repercuta no esboroamento de um direito ao contraditório em sentido forte. Sobre o ponto, ver MITIDIERO, Daniel. *Colaboração no processo civil*: pressupostos sociais, lógicos e éticos. São Paulo: Revista dos Tribunais, 2009.

[493] COMOGLIO, Luigi Paolo. *Il principio di economia processuale*. v. 2. Padova: CEDAM, 1982, p. 321.

realizar atos absolutamente desnecessários ou repetir atos aproveitáveis, inclusive aqueles "inadequados à ação exercida". Assim são os atos "não decisórios do processo desenvolvido perante autoridade absolutamente incompetente".[494] Isso porque atos inúteis implicam despesas desnecessárias, além de atravancar o mecanismo judiciário.[495]

Em defesa da economia processual, Tereza Arruda Alvim Wambier usa termos fortes para apontar a tendência de que se "passe por cima de nulidades, no sentido de não decretá-las, inclusive as absolutas".[496] A lógica exprime bem a diretiva do princípio, mas, tecnicamente, não se "passa por cima" das *nulidades*, mas sim do *defeito*, visto que a invalidade depende da decretação e lhe é posterior. Nessa linha, a constituição da invalidade sofre notória interferência do princípio da economia processual, a fim de que não seja decretada senão quando falharem as tentativas de aproveitamento.

Como o princípio da economia processual não tem prevalência normativa sobre outros princípios processuais, o alerta de Humberto Theodoro Junior acerca da ampliação excessiva da sua incidência é deveras importante, pelo que cabe a sua transcrição literal:

> Há, entretanto, uma hierarquia entre os princípios, de modo que a economia processual não pode ser usada em prejuízo do direito ao devido processo legal e ao sistema do contraditório, de forma, por exemplo, a causar desequilíbrio entre as partes e cercear sua defesa.[497]

Assim é porque se deve pensar o embate entre os valores da segurança jurídica e da efetividade processual com atenção ao Direito Constitucional. Nessa linha, a harmonia na convivência dos valores processuais faz-se indispensável para a consecução dos objetivos principais do processo. Afinal, sem o contrapeso da segurança jurídica, ter-se-ia a tutela definitiva sem o contraditório, a defesa ou a motivação das decisões: o processo seria o palco do arbítrio e da injustiça.[498]

A economia processual atua para que apenas os atos processuais supérfluos não sejam praticados ou repetidos; não para que atos importantes ao desenvolvimento do processo deixem de tomar curso. "Obter o máximo do processo com o mínimo dispêndio de tempo e de atividade"[499] não significa renunciar a valores importantes ao processo em prol do número de atos praticados. Daí, o princípio em questão mostra-se influente sobre a temática das invalidades dos atos no pro-

---

[494] KOMATSU, Roque. *Da invalidade no processo civil*. São Paulo: Revista dos Tribunais, 1991, p. 254.

[495] MILMAN, Fabio. *Improbidade processual*: comportamento das partes e de seus procuradores no processo civil. Rio de Janeiro: Forense, 2007, p. 111.

[496] WAMBIER, Tereza Arruda Alvim. *Nulidades do processo e da sentença*. São Paulo: Revista dos Tribunais, 1997, p. 143.

[497] THEODORO JUNIOR, Humberto. Princípios gerais do Direito Processual Civil. *Revista da Ajuris*, Porto Alegre, v. 34, p. 161-184, jul. 1985, p. 179.

[498] Aí também o motivo de crítica sobre as decisões dos Tribunais Superiores que convertem os embargos declaratórios em agravos internos sob fundamento da economia processual.

[499] NERY JUNIOR, Nelson. *Princípios do processo civil na Constituição Federal*. 8ª. ed. São Paulo: Revista dos Tribunais, 2004, p. 36.

cesso sob a alcunha de instrumentalidade das formas, de aproveitamento e convalidação, de conservação dos atos e de técnica de redução dos efeitos sobre o ato inválido. Nesses, e em todos os casos em que atua, o princípio deve ser dosado de modo a não suprimir outros princípios e valores também importantes na conformação processual.

5.3.2.2. Liberdade das formas

O princípio da liberdade das formas, cuja manifestação mais clara no Código de Processo Civil brasileiro pode ser averiguada no art. 154, teve em sua redação influência do art. 148 do Progetto Carnelutti[500] e do que constava no art. 15 do Código de Processo Civil de 1939.[501]

No *caput* do art. 154, está consubstanciada a *liberdade das formas*; e, no art. 244, o princípio da *finalidade das formas* processuais. Se esses textos legais não são os mais importantes do diploma processual brasileiro, são ao menos alguns dos mais representativos das suas diretrizes valorativas. Explica-se: a validade dos atos processuais não está, por meio dos dispositivos, vinculada à estrita observância do tipo legal, mas ao alcance da "finalidade essencial" do ato processual.

Como o ato integra um todo maior – o processo – não se pode esquecer que as noções de finalidades remetem aos valores a serem idealmente atingidos com o transcurso da atividade processual: a justiça, a paz social, a segurança e a efetividade.[502] Em razão disso, é salutar lembrar que esses valores estão presentes, em maior ou menor grau, em cada forma de ato processual. Os valores *justiça* e *paz social* fazem-se mais imponentes na consideração geral do processo quanto ao resultado final e aos seus reflexos na estabilidade social. Já os valores *segurança jurídica* e *efetividade* protagonizam um constante embate no curso do processo, mormente sobre a relevância das formas.

Se, por um lado, a *segurança jurídica* produz a necessidade de previsibilidade e rigidez dos atos processuais, a fim de que certos direitos fundamentais sejam promovidos; por outro, a *efetividade* guia em direção à informalidade sobre os atos do processo. O artigo 154 bem expressa esse combate, já que permite a livre

---

[500] Progetto Carnelutti. Art. 148. "(Liberdade de forma). Se uma determinada forma não estiver prescrita pela lei, todo ato do processo pode ser realizado livremente no modo que a experiência aconselha a fim de que se atinja a sua finalidade". CARNELUTTI, Francesco. *Progetto del Codice di Procedura Civile presentato alla Sottocommissione Reale per la riforma del Codice di Prodedura Civile, Parte Prima – Del processo di cognizione.* Padova, CEDAM, 1926, p. 52.

[501] CPC/1939. Art. 15. "Quando a lei não prescrever forma determinada, os termos e atos processuais conterão somente o indispensável à realização de sua finalidade, não sendo admissíveis espaços em branco, nem entrelinhas, rasuras ou emendas não ressalvadas. Não se usarão abreviaturas e serão escritos por extenso os números e as datas". José Carlos Barbosa Moreira também noticia a influência do art. 150 da legislação processual civil do Estado do Vaticano. MOREIRA, José Carlos Barbosa. Il progetto Carnelutti e il Codice di procedura civile brasiliano. In: *Temas de Direito Processual Civil. Quinta Série.* São Paulo: Saraiva, 1994, p. 201-215, p. 204.

[502] Vale referir estudo destes valores junto ao formalismo realizado em ALVARO DE OLIVEIRA, Carlos Alberto. *Do formalismo no processo civil.* 4ª. ed. São Paulo: Saraiva, 2010, p. 98-118.

adoção de formas aos atos processuais (*efetividade*), mas o faz apenas quando for alcançada a sua finalidade essencial (*segurança*).[503]

A liberdade das formas, permitida pelo *caput* do art. 154, sofre limitações em função da gama de direitos fundamentais que emergem associada ao valor *segurança jurídica*, por isso, apesar de serem as formas livres no Direito Processual Civil brasileiro, somente serão válidas as realizadas de outro modo que não o preestabelecido na lei se não causarem prejuízo (ao processo ou aos direitos) e se alcançarem sua finalidade essencial.

Em caso julgado, valendo-se do princípio da liberdade das formas, o Superior Tribunal de Justiça reconheceu a possibilidade de interposição de agravo de instrumento, mesmo se ausente a certidão de intimação da decisão agravada, peça obrigatória à luz do art. 525, I, do Código de Processo Civil. Disse poder ser assim quando, das demais peças constantes no instrumento, for possível aferir a tempestividade do recurso.[504] Afinal, a forma exigida na lei pode ser mitigada, caso sua finalidade essencial tenha sido cumprida de outro modo.

Sobre a perspectiva principiológica da liberdade das formas, verifica-se que, em certos casos, as formas processuais podem perder, ao longo do tempo, o seu sentido axiológico, tornando-se residuais. Muito embora fosse desejável, as regras de Direito Processual Civil nem sempre se apresentam lógicas e racionais, especialmente quando se tem em mira os seus aspectos formais. Tanto o é verdade que as formas residuais são muito comuns aos ordenamentos processuais contemporâneos. O fenômeno caracteriza-se quando "formas sobrevivem como corpo sem alma que o legislador respeita pela força do hábito, não obstante tenham se modificado inteiramente as necessidades que as determinaram".[505]

Um exemplo simples de forma residual é a necessidade de, na petição inicial, constar "o requerimento para citação do réu", consoante o art. 282, VII, do Código de Processo Civil. Perceba-se: o simples ajuizamento de uma demanda,

---

[503] Sobre o embate entre segurança jurídica e efetividade, ver as considerações lançadas no item 5.2.1.1.

[504] "PROCESSUAL CIVIL. AGRAVO DE INSTRUMENTO INTERPOSTO COM FULCRO NO ARTIGO 525 DO CPC. CERTIDÃO DE INTIMAÇÃO DA DECISÃO AGRAVADA. AUSÊNCIA DE SUA JUNTADA. APLICAÇÃO DO PRINCÍPIO DA INSTRUMENTALIDADE DAS FORMAS. 1. A legislação processual, ao dispor sobre o procedimento do agravo interposto contra decisões interlocutórias, preceitua, no § 1º do art. 525, do Código de Processo Civil, no que concerne à formação do respectivo instrumento, ser obrigatória a juntada de cópia da certidão de intimação da decisão agravada. 2. O Direito Processual Civil consagra o princípio da instrumentalidade das formas à luz da constatação de que os atos e termos processuais apenas dependerão de forma especial quando a lei expressamente o exigir. Preenchida a finalidade do ato, ainda que de modo diverso, o mesmo é considerado válido (art.154, do CPC). 3. Deveras, inspirado por esse princípio, é de ser mitigado o rigor do art. 525, do CPC, para, consideradas as peculiaridades do caso concreto, dispensar a certidão de intimação do ato agravado quando possível a verificação da tempestividade do recurso. 4. Aferida, na instância de origem, por outros meios, que o Agravo restou tempestivo, apesar da ausência de juntada da certidão de intimação da decisão agravada, *Pas des nullité sans grief*. (...). 7. Recurso conhecido e provido". (REsp 492.984/RS, Rel. Ministro LUIZ FUX, PRIMEIRA TURMA, julgado em 17.06.2003, DJ 02.08.2004 p. 308.)

[505] GRECO, Leonardo. As invalidades processuais e a execução. *Revista de ciências sociais da UGF*, Rio de Janeiro, v. 5. n. 2, p. 7-29, dez. 1999, p.7.

nominando o réu, já faz pressupor um requerimento de citação, sendo plenamente desnecessário que tal pedido reste expresso na petição inicial.

Outro exemplo, felizmente extirpado da legislação processual pelas reformas da Lei 11.232/2005, dizia respeito à carta de sentença para execução provisória da sentença, constante nos revogados arts 589 e 590 do Código de Processo Civil.[506] Afinal, a formalidade de sua extração pelo escrivão – e não a simples juntada de cópias autenticadas pelo próprio advogado interessado na execução provisória (atual § 3° do art. 475-O) – mostrava-se contrária à efetividade processual, sem reais ganhos à segurança jurídica.

Por serem as formas residuais elementos que apenas fazem o processo mais complexo e inacessível, sem contribuir em absolutamente nada para os valores que lhe dão sustento, o Direito Processual Civil busca meios de contornar essa inconformidade entre as formas da lei e a cultura. Para tanto, a disposição contida no art. 154 do Código de Processo Civil precisa ser interpretada do modo mais abrangente possível, a fim de minimizar as forças do formalismo inútil, que não preserva valor nem possui sentido proveitoso à comunidade.

Assim, a liberdade das formas mostra-se um princípio extremamente relevante ao ordenamento. Deve sua força aos liames entre o processo civil e os valores que preserva, fazendo-se indispensável que sua aplicação se dê conforme a estrutura axiológica albergada nas normas processuais e constitucionais.

5.3.2.3. Instrumentalidade das formas

Uma das distinções mais centrais entre as invalidades no direito privado e no processual é a guia do princípio da instrumentalidade das formas para atuação do direito sobre os defeitos dos atos jurídicos. Em função desse princípio, a presença de um vício em atos jurídicos não basta para invalidá-los.

O princípio da *instrumentalidade de formas* engloba duas facetas bem conhecidas da doutrina nacional e que somente podem ser compreendidas conjuntamente: a imprescindibilidade de *prejuízo* e do desvio de *finalidade* para habilitar o juiz a decretar o estado de invalidade.[507] Afinal, "há correspondência substancial entre as expressões ausência de prejuízo e escopo".[508] Mais que isso, finalidade e

---

[506] No ponto, a reforma foi fruto de feliz sugestão de Carlos Alberto Alvaro de Oliveira, como se verifica em ALVARO DE OLIVEIRA, Carlos Alberto (org.). *A nova execução*: comentários à lei n° 11.232, de 22 de dezembro de 2005. Rio de Janeiro: Forense, 2006, p. 208.

[507] Relacionou-se, também, ao princípio da instrumentalidade das formas o *princípio do aproveitamento*. PORTANOVA, Rui. *Princípios do processo civil*. Porto Alegre: Livraria do Advogado, 1997, p. 184-195.

[508] BEDAQUE, José Roberto dos Santos. *Efetividade do processo e técnica processual*. São Paulo: Malheiros, 2007, p. 440.

prejuízo "exprimem completamente a disciplina das nulidades só se harmonicamente coordenados".[509]

A instrumentalidade das formas é o mais importante fundamento processual em matéria de invalidade. Entende-se que, sendo o tipo instrumento (meio), e não fim, para haver invalidade deve-se perquirir ter ou não o ato atingido a finalidade,[510] sem, é claro, que tal tenha se dado com prejuízo aos direitos envolvidos.[511] A definição de Liebman é esclarecedora: "o princípio indicado significa que se reconhece às formas unicamente o caráter de meios usados para alcançar determinadas finalidades".[512] A característica de meio para que se alcance um fim é ínsita ao processo, partindo daí a força que esse princípio detém de fazer flexíveis formas muito rígidas.[513]

O mesmo vale para as demais exigências previstas no tipo legal, mesmo que não delimitadas na noção estrita de forma trabalhada anteriormente.[514] Por causa disso, talvez a melhor denominação ao princípio fosse "instrumentalidade do tipo" ou "instrumentalidade dos meios", a fim de evitar a restrita compreensão de que ele serviria apenas para remediar vícios de forma, em sentido estrito, e não outras exigências normativas.[515] Apesar disso, a linguagem consagrada, inclusive no Código de Processo Civil (arts. 154 e 244), não permite essa renomeação. Vale-se da terminologia tradicional, mas com a ressalva sobre sua extensão.

Por ora, não se pode olvidar que as exigências do tipo são importantíssimas, pois orientam a atividade jurisdicional, dando-lhe segurança e previsibilidade. Elas são obstáculos ao arbítrio e constituem uma garantia dos cidadãos contra o abuso de poder.[516] De notar, também, que esse abuso pode ocorrer tanto pelas partes quanto pelo juiz. Consistem, portanto, em institutos necessários à manutenção da ordem e da previsibilidade, operando como garantias contra a arbitrariedade.[517] Daí, melhor do que considerar haver uma prevalência do fundo sobre a forma, di-

---

[509] DENTI, Vitorio. Nullità degli atti processuali civili. *Novissimo Digesto Italiano*. v. XI. Turim: Vnione Tipografico – Editrice Torinense, 1957, p. 477. Manteve-se o termo 'nulidade', conforme redação do autor.

[510] THEODORO JÚNIOR, Humberto. Nulidades no Código de Processo Civil. *Revista de Processo*, São Paulo, n. 30, 38-59, abr/jun, 1993, p. 44-45.

[511] SANTOS, Moacyr Amaral. Nulidades processuais. In. *Enciclopédia Saraiva do Direito*. v. 55. São Paulo: Saraiva, p. 163-171, 1977-1982, p. 166

[512] LIEBMAN, Enrico Tullio. *Manuale di Diritto Processuale Civile*. v. 1. Milão: Giuffrè, 1957, p. 235.

[513] "Ora, o processo está submetido à observância de normas instrumentais, mas não é destinado, em máxima, ao seu cumprimento ou à sua execução: porque não é um fim em si mesmo, mas meio a fim, e o fim remete sempre à atuação do direito objetivo substancial". BETTI, Emilio. *Diritto Processuale Civile italiano*. Roma: Foro Italiano, 1936, p. 4.

[514] Refere-se, exemplificativamente, às formalidades e às circunstâncias. São exigências do tipo legal que também estão vinculadas a determinados valores e finalidades, razão pela qual não há motivo para se objetar a sua irrelevância diante do cumprimento de seus propósitos.

[515] Sobre o ponto, ver as considerações do item 7.2.

[516] ALVARO DE OLIVEIRA, Carlos Alberto. *Do formalismo no processo civil*. 4ª ed. São Paulo: Saraiva, 2010, p. 28-29.

[517] WAMBIER, Teresa Arruda Alvim. *Nulidades do processo e da sentença*. São Paulo: Revista dos Tribunais, 1997, p. 141.

zendo-a alheia a valores, é compreender o tipo e o fundo em conjunto, seja porque aquele suporta este, seja porque este dá sentido àquele.

Na visão de Sálvio de Figueiredo Teixeira, fica clara a diretriz da instrumentalidade, ao propor o abandono da perniciosa idolatria das formas, já que não são elas "um fim em si mesmas e que todas elas são postas a serviço de um ideal, a justiça".[518] A instrumentalidade das formas age para minimizar *formalismos perniciosos*[519] que não contribuem ao alcance das finalidades do processo. Por outro lado, também deve-se ter o cuidado de perceber que o abuso e o arbítrio tampouco conduzem à paz social e à justiça.

A lição de Roberto Poli, por sua precisão, merece transcrição integral:

> Conforme o teor do princípio da instrumentalidade que inspira e informa toda disciplina do exercício do poder de ação, as formas (dos atos) do processo não são previstas e prescritas pela lei para a realização de um fim próprio e autônomo, mas são entendidas e consignadas como o instrumento mais idôneo para atingir um certo resultado, o qual representa o único e verdadeiro objetivo que à norma disciplinadora da forma do ato interessa conseguir.[520]

Assim, o tipo prescrito na lei (todas as exigências normativas, entre as quais as formais) nada mais representa que o meio mais idôneo para atingir o resultado, considerada a abstração e a generalidade característica do trabalho legislativo. Em concreto, nada impede que seja esse resultado também alcançado por inúmeras outras maneiras. O que não se permite é que o uso alternativo de meios, para atingir o fim, acarrete prejuízos.

Nessa linha, pode-se apontar que normas processuais vistas sob a perspectiva da instrumentalidade das formas melhor encaixam-se no conceito de "proposições prescritivas", tendentes, por definição, a influenciar certos comportamentos a seguir uma direção. Não se confundem, então, com os "comandos" ou "proposições diretivas", os quais tendem a realizar essa influência em grau máximo, ao gerar uma obrigação de adequação à prescrição legal.[521] Justamente nisso, diferencia-se o sistema instrumental do *sistema da legalidade estrita* por aquele ver nas prescrições formais a existência de "normas prescritivas", enquanto que aquele ali vê "comandos".

O sistema instrumental "é aquele em que o juiz promove uma valoração sobre o ato processual imperfeito, considerando, sempre, a finalidade do processo".[522] Nessa linha, para que se estabeleça um nexo entre tipo e fim, é indispensável que as prescrições do tipo sejam analisadas pelo ângulo funcional.[523] Funcional

---

[518] TEIXEIRA, Sálvio de Figueiredo. *Prazos e nulidades em processo civil*. Rio de Janeiro: Forense, 1990, p. 43.

[519] A expressão deve-se a: ALVARO DE OLIVEIRA, Carlos Alberto. Efetividade e processo de conhecimento. *Revista da Ajuris*, Porto Alegre, n. 75, p. 120-135, set., 1999.

[520] POLI, Roberto. Sulla sanabilità della inosservanza di forme prescritte a pena di preclusione e decadenza. *Rivista di diritto processuale*. Padova, v. 51, n. 2, p. 447-479, abr/jun. 1996, p. 450.

[521] BOBBIO, Norberto. *Studi per uma teoria generale del diritto*. Turim: Giappichelli, 1970, p. 40.

[522] CONSTANTINO, Lúcio Santoro de. *Nulidades no processo penal*. Porto Alegre: Verbo Jurídico, 2006, p. 36.

[523] POLI, Roberto. Sulla sanabilità della inosservanza di forme prescritte a pena di preclusione e decadenza. *Rivista di diritto processuale*, Padova, v. 51, n. 2, p. 447-479, abr/jun. 1996, p. 450.

e, acrescente-se, consciente de que o formalismo tem, por finalidade, o resguardo de valores constitucionalmente assegurados. Como ensinam Carlos Alberto Alvaro de Oliveira e Daniel Mitidiero: "pode ocorrer de as formas impostas abstratamente pelo legislador – inspirado nos valores da liberdade, da igualdade e da segurança – serem relevadas pelo juiz, no caso concreto, em função dos valores da efetividade e da justiça".[524]

Dessa maneira, além da interpretação funcional, extrai-se do princípio da instrumentalidade das formas que o respeito ao tipo apenas é necessário na medida do indispensável para o alcance da finalidade. Também, que o desvio da norma torna-se irrelevante se o ato viciado atingiu igualmente o escopo ao qual é destinado.[525]

5.3.2.3.1. Prejuízo

Esse princípio também decorre da ideia geral de instrumentalidade das formas para a aplicação do direito.[526] A configuração do estado de invalidade dos atos processuais apenas é justificada se, da vicissitude do ato, deriva um dano ao processo ou aos direitos dos particulares. Partindo-se dessa noção chave, verifica-se que a presença de prejuízo é indispensável para a decretação de uma invalidade por qualquer causa.

Outrossim, desde já, faz-se clara a impossibilidade da análise do prejuízo passível de derivação de uma inconformidade do ato com o modelo legal sem que haja atenção aos fins pretendidos com o requisito violado. Essa atividade, impreterivelmente, conduz a uma análise em dupla perspectiva: a da teleologia prática do ato e a direcionada aos valores sustentados pelo tipo.

Assim, a citação tem a finalidade prática de chamar o réu ao processo, comunicando-lhe da sua existência, o que conduz que sejam, ao demandado, propiciadas oportunidades de ampla defesa e de exercício do direito constitucional do contraditório. A ausência de citação faz o processo inválido em relação ao réu não citado, tal qual apregoa o art. 214 do Código de Processo Civil.

Ainda assim, não se deve julgar a existência de prejuízo perquirindo-se exclusivamente sobre a finalidade mais próxima, sob pena de se produzir uma lógica endo-sistemática, reduzida ao instrumental e, por isso, alheia à dinamicidade da vida e dos valores que permeiam o processo. Como o valor que sustenta a finali-

---

[524] ALVARO DE OLIVEIRA, Carlos Alberto; MITIDIERO, Daniel. *Curso de Processo Civil*: Teoria Geral do Processo Civil e parte geral do Direito Processual Civil. São Paulo: Atlas, 2010, p. 318.

[525] POLI, Roberto. Sulla sanabilità della inosservanza di forme prescritte a pena di preclusione e decadenza. *Rivista di diritto processuale*, Padova, v. 51, n. 2, p. 447-479, abr/jun. 1996, p. 450-451.

[526] "O princípio do prejuízo é uma relevante projeção da instrumentalidade". CABRAL, Antônio do Passo. *Nulidades no processo moderno*. Rio de Janeiro: Forense, 2009, p. 57. Em igual sentido: LOPES JUNIOR, Aury Celso Lima. Breves considerações sobre as inovações processuais penais da lei 9.099/95. *Revista da Ajuris*, Porto Alegre, v. 67, p. 335-370, jul. 1996, p. 341.

dade pode ser abalado com a inconformidade com o tipo, a incidência do princípio do prejuízo pode impor análises mais aprofundadas. Em outros termos, é indispensável ater-se também ao fundamento valorativo do tipo.[527]

A citação regular do réu protegerá o valor segurança jurídica na perspectiva de estabilidade da preservação dos direitos fundamentais ligados ao Estado Democrático de Direito, mormente representado pelas práticas de democracia participativa no processo. Realizada a citação de modo viciado que impossibilite de tal maneira a concreção dos direitos fundamentais e valores a ela atrelados, faz-se clara a presença do prejuízo e, consequentemente, da necessidade de invalidação. Veja-se que caso não realizada essa análise do fundamento axiológico do tipo, ter-se-á por impossível a desconsideração da atipicidade fundada em formas residuais.

Fundado no princípio do prejuízo, decidiu o Superior Tribunal de Justiça no REsp 696.302/RS que a composição do julgamento por desembargador impedido não ensejaria a invalidade da decisão, em razão de não ter recaído sobre o mesmo a relatoria do recurso, além de que eventual voto em sentido divergente não alteraria a sorte do recurso, dado o julgamento por unanimidade.[528] Esse julgamento não é imune a críticas. Afinal, não cogitou o Superior Tribunal de Justiça que um eventual voto divergente de desembargador impedido pudesse influenciar ou alterar a compreensão de seus colegas de câmara na oportunidade da sessão de julgamento, ou, até mesmo, conforme o caso, possibilitar a interposição de embargos infringentes.

De outra banda, não se critica o julgamento no RMS 16.409/MG, no qual se reconheceu a irrelevância de o recurso em Ação Civil Pública ter sido interposto por Procurador de Justiça na condição de *custos legis*, mesmo quando figurava o Ministério Público como parte no feito. Atentou-se à unidade e à indivisibilidade do Ministério Público e reconheceu-se interesse e legitimidade recursal, dada a ausência de prejuízo na troca do membro redator do recurso.[529]

---

[527] Nessa linha, sustenta Passo Cabral a necessidade de visualização da finalidade sob a perspectiva "forma-fim" e "forma-função", fazendo integrar ao sistema processual a compreensão axiológica reconhecida pelo formalismo-valorativo. CABRAL, Antônio do Passo. *Nulidades no processo moderno*. Rio de Janeiro: Forense, 2009, p. 186-189.

[528] "PROCESSUAL CIVIL E TRIBUTÁRIO. ALEGAÇÃO DE IMPEDIMENTO DE DESEMBARGADOR QUE PARTICIPOU DO JULGAMENTO DE EMBARGOS DE DECLARAÇÃO. AUSÊNCIA DE PREQUESTIONAMENTO. VIOLAÇÃO DO ARTIGO 535, DO CPC. INOCORRÊNCIA. APLICAÇÃO DA *DISREGARD DOCTRINE*. SÚMULAS 05 E 07/STJ. INCIDÊNCIA. (...) 4. Ocorre que, in casu, a nulidade suscitada, decorrente do impedimento de desembargador que participou do julgamento dos embargos de declaração, não impede o regular processamento da demanda, máxime tendo em vista não ter sido a relatoria do processo atribuída ao mesmo, nem implicar, a declaração de nulidade de seu voto, em alteração do resultado do julgamento unânime. 5. O sistema processual é informado pelo princípio do prejuízo consubstanciado na máxima *pas des nullités sans grief*. Assim, somente a nulidade que sacrifica os fins de justiça do processo deve ser declarada, o que inocorreu no caso *sub judice*. (...) 9. Recurso especial não conhecido". (REsp 696.302/RS, Rel. Ministro LUIZ FUX, PRIMEIRA TURMA, julgado em 14/02/2006, DJ 13/03/2006 p. 205).

[529] "PROCESSUAL CIVIL. LEGITIMIDADE E INTERESSE DO PROCURADOR DE JUSTIÇA PARA RECORRER DE DECISÃO DESFAVORÁVEL AO *PARQUET* EM QUE O PROMOTOR DE JUSTIÇA É PARTE. INCIDENTE PROCESSUAL. UNIDADE E INDIVISIBILIDADE DO MINISTÉRIO PÚBLICO.

Cumpridas as finalidades valorativas do ato processual, as exigências do tipo tornam-se mero instrumento de adorno. No Brasil, a inserção do prejuízo como noção elementar sobre as invalidades está assente no § 1°do art. 249 do Código de Processo Civil, enunciado que pode ser compreendido como regra ou como princípio, conforme as circunstâncias de aplicação.[530] Logo na sequência, o § 2° do mesmo artigo aponta para uma situação exemplificativa sobre a atuação da norma.

Por ter grande importância, o princípio do prejuízo projeta efeitos sobre toda a sistemática do processo, uma vez que seja associado às suas diretrizes. Disso, emanam outros corolários do princípio da instrumentalidade das formas, tais como a necessidade de se impedir danos àqueles que devem valer-se do processo para agir ou defender-se e o dever do processo de dar a quem for o titular todo o seu direito.[531] Ademais, devem ser excepcionais os casos em que o processo encerra-se sem decisão de mérito.[532]

A caracterização do prejuízo pode dar-se tanto em face dos objetivos primeiros do ato como para com os valores que o sustentam. Faz-se impossível compreender a abrangência do conteúdo do prejuízo sem ter presente as peculiaridades axiológicas que circundam o tipo. Outra não pode ser a conclusão senão de que o princípio tem ligação indissociável com o princípio da finalidade, objeto de análise a seguir.

PRINCÍPIO DO PREJUÍZO. *PAS DE NULLITÉ SANS GRIE*F. ANALOGIA. ART. 499, DO CPC E SÚMULA 99/STJ. 1. Consoante os Princípios da Unidade e Indivisibilidade do Ministério Público, as manifestações de seus representantes constituem pronunciamento do próprio órgão e não de seus agentes, muito embora haja divisão de atribuições entre os Procuradores e os Promotores de Justiça (art. 31 e 32 da Lei n° 8.625/93) 2. Nas ações civis públicas em que for parte o Ministério Público é dispensável a sua manifestação como *custos legis*. 3. Não obstante, *in casu*, em tendo sido intimado o Procurador de Justiça, instaurou-se um incidente processual, motivo pelo qual, em razão do disposto no art. 499, parágrafo único do CPC, e da Súmula n° 99/STJ, inafastável a sua legitimidade para recorrer de decisão desfavorável ao parquet proferida em sede de Ação Civil Pública. 4. Situação processual que não possui previsão legal, implicando a integração legislativa. 5. Deveras, informado que é o sistema processual pelo princípio da instrumentalidade das formas, somente a nulidade que sacrifica os fins de justiça do processo deve ser declarada. (*pas de nullité sans grief*). 6. Consectariamente, à luz dos Princípios da Unidade e Indivisibilidade do Ministério Público, e do Princípio do Prejuízo (*pas des nullité sans grief*), e, uma vez instaurado o incidente processual pela intimação do recorrente, afasta-se a alegada ilegitimidade ativa do Procurador de Justiça para recorrer da decisão desfavorável ao Parquet proferida em sede de Ação Civil Pública, reforçada pela incidência da Súmula n° 99/STJ. 7. Recurso ordinário provido". (RMS 16.409/MG, Rel. Ministro LUIZ FUX, PRIMEIRA TURMA, julgado em 17/02/2004, DJ 22/03/2004 p. 197).

[530] Neste momento, a análise se dá sobre a proposição principiológica, competindo ao Capítulo 7.4.1.1 desta tese o estudo do art. 249, § 1°, com função de regra, sempre valendo-se da perspectiva proposta em ÁVILA, Humberto Bergmann. *Teoria dos princípios*. 5ª ed. São Paulo: Malheiros, 2006.

[531] POLI, Roberto. Sulla sanabilità della inosservanza di forme prescritte a pena di preclusione e decadenza. *Rivista di diritto processuale,* Padova, v. 51, n. 2, p. 447-479, abr/jun. 1996, p. 452.

[532] "Por isso que as soluções processuais de extinção do feito sem julgamento de mérito que constitui a lide, mormente por alegada falta de pressuposto processual de validade, devem constituir-se em matéria de julgamento excepcional pelo juiz, somente assim decidindo quando não haja qualquer possibilidade de remoção do obstáculo, que lhe impedisse de avançar no julgamento do meritum causae". CARVALHO, José Orlando Rocha de. *Teoria dos pressupostos e dos requisitos processuais.* Rio de Janeiro: Lúmen Juris, 2005, p. 203.

5.3.2.3.2. Finalidade

Ao lado do princípio do prejuízo deve estar o alcance da finalidade: ambos preenchem o conteúdo do princípio da instrumentalidade das formas. Note-se que tendo o ato cumprido a sua finalidade, e ausente qualquer mal às partes ou ao processo, a repetição ou retificação do ato será absolutamente inútil e ensejará uma violação frontal ao valor efetividade, sem qualquer ganho real de segurança.

Sua previsão deduz-se da leitura do artigo 244 do Código de Processo Civil, que, relembre-se, não deve ser realizada dissociada do constante no artigo 154. O alcance da finalidade e a liberdade das formas atados à ausência de prejuízo incidem como ponto de aproveitamento direto sobre todos os atos contaminados com algum defeito.[533] Não tem aplicação a invalidade quando o juiz puder constatar, mesmo *a posteriori*, que, não obstante a inobservância do tipo, o ato alcançou o seu escopo; entretanto, a finalidade a se preservar não será atada ao aspecto subjetivo do praticante do ato, mas sim à finalidade originária da lei, a ser perquirida nas razões para a exigência.[534]

O princípio da finalidade, acolhido no Direito Processual Civil, traz a consideração da *causa em sentido objetivo* para o seio do problema da validade dos atos processuais. Relembra-se que a separação rígida entre o direito material e o processual determinou a exclusão da causa e da vontade da disciplina do processo civil, induzindo à hipertrofia da forma. A busca da validade na exclusiva higidez formal, por força da efetividade processual, simplificou o exame dos atos no processo, possibilitando o desenvolvimento do procedimento.[535] Assim, causa e vontade foram aparentemente extirpadas da disciplina processual, dando lugar à supremacia da forma.

Apesar disso, no que pertine à causa (o porquê), o desenvolvimento do processo e a descoberta de suas finalidades trouxeram à tona a relevância da sua perquirição. Ainda assim, para não assumir o ingresso da causa na disciplina processual e ter de reconhecer a importância de uma temática muito trabalhada no direito material, erigiu-se o *princípio da finalidade* como norma não relacionada ao problema da causa, muito embora seja a expressão irrefutável da inserção do seu exame no direito processual.[536] A causa é de extrema importância no processo hodierno, tanto que não se decretam invalidades dos atos que alcançaram sua finalidade. Desse modo, a causa, antes de suprimida pela forma, a supera.

---

[533] "A regra de ouro nesta matéria consiste em considerar plenamente válido o ato se, realizado de outra forma, atingir sua finalidade essencial". ALVARO DE OLIVEIRA, Carlos Alberto. *Do formalismo no processo civil.* 4ª ed. São Paulo: Saraiva, 2010, p. 264. Ainda, sobre as hipóteses de aproveitamento e convalidação, ver as considerações traçadas no Capítulo 7.4.

[534] REDENTI, Enrico. *Diritto Processuale Civile.* v. 1. Milão: Giuffrè, 1957, p. 231-232.

[535] REDENTI, Enrico. *Profili pratici del Diritto Processuale Civile.* 2ª ed. Milão: Giuffrè, 1939, p. 499-501.

[536] Afinal, se causa significa o porquê do ato, a reinserção da finalidade como aspecto relevante ao problema da validade importa exame da causa objetiva do tipo. Isso porque saber qual a finalidade de uma norma ou qual a sua causa é rigorosamente o mesmo.

Como finalidade do ato, deve-se entender não a intenção de quem o pratica (aspecto subjetivo), mas a função que a lei lhe atribui (aspecto objetivo) e que pode ser alcançada, apesar do vício. Nas palavras de Zanzucchi: "O escopo do ato deve ser valorado objetivamente, nas finalidades do processo, não subjetivamente, nas utilidades que daquele ato a parte gostaria de trazer".[537] Assim, a causa relevante à compreensão do princípio da finalidade é aquela de natureza objetiva. Justamente nesse sentido, Carnelutti propõe que a forma é a expressão para a realização da causa objetiva do ato.[538]

A lei, por sua vez, usa de exigências no tipo para preservar certos valores, apenas constatáveis mediante a aproximação do processo com a Constituição. Se a lei não institui o tipo com esse propósito constitucional-valorativo, ter-se-á um resíduo, irrelevante para fins de validade, diante da aplicação do princípio da finalidade.

Nesse sentido, foi a decisão do Superior Tribunal de Justiça no julgamento do REsp 182.750/PR. No caso, o réu revel compareceu aos autos, advogando em causa própria, mas, ao contrário do que determina o parágrafo único do art. 322 do Código de Processo Civil, não foi intimado dos atos subsequentes do feito. Conforme se depreende do acórdão, porém, o réu se manifestou acerca do teor das intimações que não recebera formalmente. Daí, a finalidade dos atos restaria alcançada e, por isso, não se teria motivo para invalidar o processo, até mesmo em razão da inexistência de qualquer prejuízo.[539]

Veja-se o ensinamento de Carlos Alberto Alvaro de Oliveira:

A forma sem sentido não precisa ser observada, já que a lei não pode reclamar nada inexigível, e o bom direito deve o menos possível sucumbir à inabilidade das partes ou de seus representantes. Uma bagatela deve fazer sucumbir o menos possível a tutela jurisdicional.[540]

A finalidade das exigências do tipo não é tutelar algum valor intrínseco ao ato processual. Afinal, as formas, formalidades, determinações de capacidade, de legitimação e de exposição da vontade não possuem valor próprio. Contudo, os atos processuais, reunidos e praticados com vistas aos objetivos do processo, pro-

---

[537] ZANZUCCHI, Marco Tullio. *Diritto Processuale Civile*. v. 1. 6ª ed. Milão: Giuffrè, 1964, p. 449.

[538] CARNELUTTI, Francesco. *Sistema del Diritto Processuale Civile*. v. 2. Padova: CEDAM, 1938, p. 169.

[539] "CIVIL E PROCESSUAL CIVIL. REVELIA. INTIMAÇÃO A PARTIR DO COMPARECIMENTO, POR MEIO DE ADVOGADO. NULIDADES PROCESSUAIS. FINALIDADE E AUSÊNCIA DE PREJUÍZOS. RIGOR FORMAL. MITIGAÇÃO. INSTRUMENTALIDADE DO PROCESSO. CONDOMÍNIO E INCORPORAÇÕES. CONDÔMINOS. CONDIÇÃO DE INCORPORADORES. RESPONSABILIDADE SOLIDÁRIA. ARTS. 28 A 30 E 31, § 3º, LEI 4.591/64. RECURSO DESACOLHIDO. I – A partir da sua intervenção no processo, por meio de advogado, o réu revel deve ser intimado de todos os atos processuais, o mesmo ocorrendo se o advogado atuar em causa própria. II – O sistema das nulidades processuais rege-se pelos princípios da finalidade e da ausência de prejuízo, de modo que a mitigação do rigor formal em prol da finalidade é critério que se impõe por imperativo da missão constitucional desta Corte e observância aos métodos de exegese que devem nortear a conduta do hermeneuta. (...)." (REsp 182.750/PR, Rel. Ministro SÁLVIO DE FIGUEIREDO TEIXEIRA, QUARTA TURMA, julgado em 23/05/2000, DJ 07/08/2000 p. 110)

[540] ALVARO DE OLIVEIRA, Carlos Alberto. *Do formalismo no processo civil*. 4ª ed. São Paulo: Saraiva, 2010, p. 261.

tegem valores.[541] Isso porque o tipo é instituído para proteger valores e jamais para proteger o processo da axiologia, por isso a busca da finalidade está intimamente vinculada aos valores do processo presentes no formalismo processual.

O exame da finalidade pressupõe, por conseguinte, duas vertentes de análise: concreta e valorativa. A concreta, de cunho eminentemente prático, será auferida quase imediatamente da leitura da norma. Por exemplo, a exigência de caução do art. 804 do Código de Processo Civil serve para assegurar que eventuais danos decorrentes da liminar deferida sejam indenizados. Já a análise da finalidade valorativa pressupõe um aprofundamento na compreensão: a liminar sem a oitiva da parte ré presta-se a assegurar efetividade, sendo que a exigência da caução atua para repor um equilíbrio axiológico no processo, mediante o reforço da segurança jurídica.

Justamente por antever finalidades ligadas à axiologia, lê-se, com ressalvas, a contribuição de Edson Malachini quando afirma que as categorias de invalidade dos atos processuais não diferem das categorias do Direito Privado.[542] Isso porque, muito embora sejam visualizadas no mesmo plano de análise, tendo elementos comuns na Teoria Geral do Direito, as invalidades processuais e materiais são substancialmente distintas, uma vez que a essência do ato jurídico a ser apreciada o será em conformidade com os valores inerentes à disciplina.

O núcleo propositor do Direito Processual Civil está nos valores fundamentais que o processo alberga e na sua função primordial: a pacificação com justiça, devendo, para tanto, coordenar harmonicamente segurança jurídica e efetividade. Sendo o processo um meio para atingir essa finalidade, salta aos olhos a característica de instrumentalidade das formas processuais, que repercute em diferentes considerações sobre a teoria das invalidades.

Assim, enquanto os atos contratuais de Direito Privado têm sua validade determinada por uma análise da vontade dos pactuantes; no Direito Processual Civil, a validade busca anteparos em sua função de possibilitar a prestação de tutela, mediante um justo processo. Em todos os casos, não se permite que determinado ato produza as consequências jurídicas pretendidas, porque o *modo* como o ato foi praticado vai de encontro aos fundamentos do sistema ao qual se filia.

5.3.2.4. Aproveitamento e convalidação dos atos

Ao lado dos princípios da instrumentalidade das formas e da economia processual, há outro princípio com núcleo valorativo semelhante. Trata-se do *princípio do aproveitamento e convalidação* dos atos processuais, cuja relação com os

---

[541] BEDAQUE, José Roberto dos Santos. *Efetividade do processo e técnica processual*. São Paulo: Malheiros, 2007, p. 418.

[542] MALACHINI, Edson Ribas. Das nulidades no processo civil. *Revista Forense*, Rio de Janeiro, v. 261, p. 163-170, jan/mar. 1978, p. 163.

primeiros é tão forte que já se defendeu ser um princípio deles resultantes.[543] Comumente, ele se refere ao "aproveitamento" dos atos como "princípio da convalidação" ou da "sanação", já que "convalidar" ou "sanar" querem dizer *restabelecer* ou *curar*, verbos que indicam o sentido da norma: os atos viciados devem ser, na medida do possível, curados dessas vicissitudes.[544]

Faz-se uma ressalva, todavia, explicitando a razão de nominar diversamente o princípio. O termo "convalidar" indica uma mudança de estado: algo inválido se torna válido mediante a convalidação. Como no processo civil as invalidades pressupõem um decreto, inexistindo invalidade *prima facie* de seus atos, a convalidação resta adstrita às atividades posteriores à constituição do estado de invalidade. Afinal, não se pode reverter um estado que não foi sequer constituído.[545]

Tem-se, então, o aproveitamento, como atuação para evitar a invalidação; e a convalidação, para reverter esse estado. O aproveitamento dos atos se dá quando, ante a presença do defeito, incidem técnicas capazes de torná-lo irrelevante a ponto de não influenciar na validade do ato relacionado.[546] Por causa disso é que esse princípio possui uma função preventiva, impondo medidas a serem tomadas pelo juízo, a fim de que não seja necessária a decretação total da invalidade, como ocorre quando se determina a emenda à inicial (art. 284) ou a exibição do instrumento de procuração faltante (art. 13).[547]

Assim, a abrangência do princípio é mais ampla que a "cura" de vícios de atos processuais, já que o aproveitamento protege os atos realizados para impedir a decretação de invalidade, mesmo sem excluir as vicissitudes. Melhor é considerar que o princípio do aproveitamento e da convalidação não age para corrigir os vícios do ato, mas propriamente para afastar os males que os desvios do tipo possam gerar, sejam eles anteriores (aproveitamento) ou posteriores (convalidação) à invalidação. Assim, caso presentes prejuízos com o vício, o princípio irá buscar formas de extirpação dos danos, de modo que o ato possa ser utilizado, mesmo com a dessemelhança entre o ato praticado e o ato previsto no esquema da lei. Conclusão primeira (e de suma importância) acerca do tema é que a atividade de

---

[543] PISTORI, Gerson Lacerda. *Dos princípios do processo:* os princípios orientadores. São Paulo: LTr, 2001, p. 129.

[544] Não se adotará para os fins desta pesquisa, por ser irrelevante para o Direito Processual Civil, a distinção conceitual proclamada outrora entre convalidação e saneamento, que atribui à convalidação o afastamento de vícios mediante omissões – como o decurso do tempo –, e saneamento como ato fruto de uma vontade consciente e expressa, típica do direito material. Para aprofundamento na distinção, aqui não acolhida, ver MELLO, Marcos Bernardes de. *Teoria do fato jurídico*: plano da validade. São Paulo: Saraiva, 2004, p. 230-231.

[545] "Se o vício não chega a ser relevante, não há que se falar em invalidade e tampouco se cogita de qualquer convalidação". CABRAL, Antônio do Passo. *Nulidades no processo moderno*. Rio de Janeiro: Forense, 2009, p. 283.

[546] Para a compreensão do ponto, relevante é apontar que não basta a presença de um desvio do tipo para a invalidação, sendo também necessário que o defeito verificado seja relevante para o alcance das finalidades essenciais do ato, importando prejuízo.

[547] TESHEINER, José Maria Rosa; BAGGIO, Lucas Pereira. *Nulidades no processo civil brasileiro*. Rio de Janeiro: Forense, 2008, p. 84-85.

aproveitamento e convalidação não tem como centro de estudo o vício, mas sim os prejuízos e os desvios da finalidade derivados do defeito.

Trata-se de um princípio geral incidente sobre todo o sistema de invalidades. Sendo assim, de início, qualquer ato processual defeituoso é passível de ser aproveitado ou convalidado. Está-se diante de um verdadeiro remédio, cuja finalidade é reparar e eliminar as consequências nocivas da presença de vícios no ato,[548] pois o cicatriza, reforçando sua aptidão a produzir efeitos pelo expurgo dos prejuízos ao processo ou aos direitos que o vício possa gerar.

Os princípios da economia processual, da instrumentalidade das formas – nas acepções *prejuízo* e *finalidade* – e do aproveitamento e convalidação dos atos possuem elos intensos entre si, devendo sempre ser pensados conjuntamente. Todos são vinculados e sustentados primordialmente pelo valor efetividade do processo. Constituem, então, contrapesos ao valor segurança, que determina a adoção de todas as exigências do tipo para a prática válida de atos processuais.

Como visto, a atuação do princípio pode ser anterior ao decreto de invalidação, com o aproveitamento; ou posterior, mediante a convalidação. No primeiro caso, pode ser vista inclusive como um suposto da invalidação.[549] Dessa forma, para que um ato tenha seus efeitos extirpados por um decreto de invalidade, deverá ter, antes, sobre si, o crivo infrutífero das normas de aproveitamento. No segundo caso, o ato já invalidado assume o status de válido pelo expurgo de algum dos elementos que permitiram a sua invalidação, sendo, nesse caso, preciso falar-se em convalidação.

No sistema jurídico processual brasileiro, são irrelevantes os defeitos, quando houver, nos casos em que os interesses o permitirem: a ausência de prejuízo somado ao alcance do escopo do ato, a aquiescência, a preclusão e a ausência de legítimo interesse. Desse modo, aproveitam-se os atos. Após a invalidação, o princípio age como convalidação, nas formas de ratificação, de conversão, de conservação e de redução dos efeitos do ato inválido, tudo a ser oportunamente aprofundado no Capítulo 7.4 deste livro.

Na perspectiva do aproveitamento, o princípio age automaticamente, impedindo a invalidação, sem exigir nenhuma atividade processual posterior a de feitura do ato para tomar lugar. Sobre determinado ato defeituoso, incidem, imediatamente, as suas diretivas, tornando irrelevante o defeito para fins de sustentar um decreto de invalidade. A partir de sua incidência, pode-se impedir a constituição desse estado, pois assim a falha não produzirá quaisquer consequências, representando mera irregularidade.[550] O aproveitamento atua, nesse caso, como uma norma negativa, impeditiva de constituição do estado de invalidade.

---

[548] CARNELUTTI, Francesco. *Instituciones del proceso civil*. v. 1. Buenos Aires: EJEA, 1959, p. 546-547. Tradução de Santiago Sentís Melendo.

[549] KOMATSU, Roque. *Da invalidade no processo civil*. São Paulo: Revista dos Tribunais, 1991, p. 242-246.

[550] Para um conceito de irregularidade processual, ver as considerações traçadas no item 3.5.

A convalidação, por outro lado, é atividade posterior ao decreto de invalidade. Imagine-se que foi realizada hasta pública para alienar bem sem a intimação do executado, como prevê o art. 687, § 5º, do Código de Processo Civil. Procedida a praça, e antes de firmar a carta de arrematação, com vista nos requisitos da lei, o juiz invalida a hasta pública. Em ato subsequente, o próprio executado manifesta-se pretendendo a revalidação da expropriação, pelo alto valor do lance. Esse caso é fruto de uma aquiescência posterior, própria para convalidar o ato.[551] Assim é porque o detentor do interesse atingido manifestou-se favoravelmente à preservação do ato, tendo este atingido integralmente sua finalidade. Vê-se, pois, que é possível a reversão do decreto de invalidade. A convalidação importa a cessação do respectivo estado, permitindo ao ato produzir normalmente seus efeitos próprios. Afinal, nenhum prejuízo se verificou ao valor segurança jurídica, dando-se força à efetividade.

Ilustrativo é o julgado no REsp 772.597/RS, no qual a ausência de suspensão do processo, em virtude do falecimento da parte, não repercutiu em prejuízos no processo. Isso porque os advogados da parte que faleceu mantiveram atuação de boa-fé. Inclusive, foram os mesmos advogados novamente constituídos pelos sucessores do falecido, ratificando-se os atos praticados. No acórdão constou que "a segurança jurídica não pode e não deve ser prejudicada em virtude de irregularidade desimportante para a justa solução da lide", dando clara aplicação da perspectiva valorativa sobre o exame da validade processual.[552]

A incidência das normas de aproveitamento e convalidação está sempre voltada à preservação do valor efetividade, mas somente pode ocorrer quando não ensejar danos de monta ao valor segurança jurídica, análise que exige a ponderação.[553] Concluindo esse tópico, é correto afirmar que a insanabilidade de um ato é excepcional,[554] não se podendo, *a priori*, estabelecer espécies de normas e atos

---

[551] Justamente para evitar essa ocorrência, o juiz deverá dar vista às partes da invalidade, criando espaços de diálogo, com fundamento no princípio do contraditório, porém, não o fazendo, nada impede haver uma convalidação pela aquiescência.

[552] "PREVIDENCIÁRIO. PROCESSUAL CIVIL. RECURSO ESPECIAL. MORTE DA MANDATÁRIA. AUSÊNCIA DE SUSPENSÃO DO PROCESSO. ALEGAÇÃO DE NULIDADE DOS ATOS PRATICADOS PELOS ADVOGADOS APÓS O ÓBITO DA SEGURADA. NÃO-CABIMENTO. INEXISTÊNCIA DE MÁ-FÉ. POSTERIOR HABILITAÇÃO. OUTORGA DE MANDATO, PELOS SUCESSORES, AOS MESMOS PATRONOS DA FALECIDA. CONVALIDAÇÃO. PRINCÍPIO DA INSTRUMENTALIDADE DAS FORMAS E DA SEGURANÇA JURÍDICA. AUSÊNCIA DE PREJUÍZO. PRECEDENTES DO STJ. RECURSO IMPROVIDO. (...) 2. A ausência de suspensão do processo, porém com a ulterior confirmação, pelos sucessores, dos atos praticados, nenhum prejuízo trouxe às partes, preencheu a finalidade essencial do processo (CPC, arts. 154 e 249, § 1º) e, sobretudo, observou o princípio da instrumentalidade das formas. 3. A segurança jurídica não pode e não deve ser prejudicada em virtude de irregularidade desimportante para a justa solução da lide. 4. Recurso especial improvido". (REsp 772.597/RS, Rel. Ministro ARNALDO ESTEVES LIMA, QUINTA TURMA, julgado em 16/04/2009, DJe 31/08/2009).

[553] Esta ponderação concreta deve se dar mediante a aplicação de postulados normativos, em especial o da proporcionalidade, como salientado por AMARAL, Guilherme Rizzo. *Cumprimento e execução da sentença sob a ótica do formalismo-valorativo*. Porto Alegre: Livraria do Advogado, 2008, p. 81-92.

[554] CARNELUTTI, Francesco. *Instituciones del proceso civil*. v. 1. Buenos Aires: EJEA, 1959, p. 546. Tradução de Santiago Sentís Melendo.

insuscetíveis de aproveitamento. A análise das finalidades e as consequências da invalidação ou da convalidação são os suportes lógicos para a verificação da incidência do princípio do aproveitamento dos atos viciados, tarefa a ser esmiuçada na segunda parte desta tese.

5.3.2.5. Causalidade

Outro princípio destacado assenta-se especialmente em função de o processo ser uma espécie de procedimento realizado em contraditório.[555] A causalidade relaciona-se intimamente com a organização lógica do processo, para que haja racionalidade na estrutura do procedimento, a fim de que, por exemplo, a contestação proceda à petição inicial.[556]

O art. 248 do Código de Processo Civil, primeira parte, é o ponto de partida da norma. O enunciado em questão pode levar a caracterização tanto de um princípio como de uma regra. Ao indicar a necessidade de uma sequência lógica aos atos processuais, a previsibilidade do procedimento e um balanceamento particular entre a segurança jurídica e a efetividade, na medida em que a causalidade regula quais os atos antecedentes necessários à concretização efetiva das finalidades dos atos que os procederem, sugere a existência de um princípio. Por outro lado, o texto legal pode ser aplicado como regra, se a atenção voltar-se com prioridade ao descritivo do enunciado, como se dá pela verificação da inexistência do antecedente necessário ao ato posterior, oportunidade em que se vale a norma para conduzir à consequência descrita: a invalidação. No presente capítulo, tratar-se-á, primordialmente, da causalidade como um princípio.

O princípio da causalidade tem forte ligação com a característica procedimental do processo.[557] A organização procedimental liga-se à ideia de que os atos do processo estão ordenados à prossecução de determinadas finalidades, o que impede que a sequência seja arbitrariamente organizada pela atividade legislativa.[558] Então, pode-se compreender a noção mais elementar sobre a causalidade: as séries de atos processuais são meios ou expressões de atividades para um fim, sendo que os atos coligam-se uns aos outros, advindo daí o princípio.[559]

O princípio tem embasamento valorativo na segurança jurídica, já que exige que os atos antecedentes e de que dependam os posteriores sejam perfeitos para haver a validade desses. Trata-se de uma consequência lógica do encadeamento

---

[555] FAZZALARI, Elio. *Istituzioni di diritto processuale*. Padova: CEDAM, 1975, p. 28-31.

[556] NERY JR., Nelson. *Princípios do processo civil na Constituição Federal*. 8ª. ed. São Paulo: Revista dos Tribunais, 2004, p. 36.

[557] Sobre o ponto, ver as considerações traçadas no item 1.2.

[558] SILVA, Paula Costa e. *Acto e processo*: o dogma da irrelevância da vontade na interpretação e nos vícios do acto postulativo. Coimbra: Coimbra Editora, 2003, p. 115.

[559] SANTOS, Moacyr Amaral. Nulidades processuais. In. *Enciclopédia Saraiva do Direito*. v. 55. São Paulo: Saraiva, p. 163-171, 1977-1982, p. 167.

dos atos do procedimento. O valor efetividade atua para que apenas seja possível essa invalidação se houver estrita relação de dependência dos atos.[560] Assim, não se invalida todo o processo, mas apenas o ato ou atos nos quais o defeito repercutiu negativamente.

Exemplificativamente, o deferimento da prova pericial (art. 421) precede o oferecimento de quesitos (art. 422, § 1º), que precede a realização da perícia (arts. 429 a 433), que precede a impugnação ao laudo pelos assistentes técnicos (art. 433, parágrafo único). Por coerência lógico-causal, será causa de invalidação da perícia, caso uma das partes não tenha havido a oportunidade de oferecer seus quesitos. De igual maneira, outro comum exemplo de sua aplicação está no norte das consequências que dá sobre os atos praticados por juiz absolutamente incompetente (CPC, art. 113, § 2º).

O procedimento é formado por séries de atos. Essas séries são realizadas em função de um vínculo conclusivo final, sempre em contraditório. Há a imperiosidade de que alguns atos antecedam outros, condicionando a validade dos posteriores. Daí, conclui-se que em cada série de atos do procedimento, os atos condicionantes apresentarão efeitos preparatórios aos atos futuros e serão requisitos de validade do ato conclusivo.

A validade do processo tem investigação durante todo o procedimento. A higidez do ato conclusivo depende da existência e da validade dos atos condicionantes, necessários para a integração da cadeia procedimental. Assim, "se um ou mais atos do processo são viciados, como nas carências de legitimação, de jurisdição e de competência, incidem sobre todos os atos do processo, porque as regras relativas concernem a toda a serie".[561] Essa ideia é representada no Código de Processo Civil brasileiro, em seu art. 248.

Nesse sentido, o Superior Tribunal de Justiça, no REsp 233.100/BA, decretou nulo o acórdão de julgamento de reexame necessário. No caso, em face da sentença de procedência da causa, foram interpostos embargos de declaração, que foram acolhidos, decisão esta sujeitada a novos embargos de declaração. Ocorre que esses últimos foram extraviados na serventia de primeiro grau de jurisdição, não sendo juntados aos autos e, consequentemente, não remetidos ao Tribunal de Justiça para o julgamento de reexame necessário, que confirmou a sentença. Retornados os autos ao primeiro grau, com pretenso trânsito em julgado, o juízo percebe a falta de julgamento dos declaratórios, julgando-os com provimento. Contra a decisão adveio apelação, não sendo provida, em razão de o Tribunal entender ter já exaurido sua atividade jurisdicional quando do julgamento do reexame necessário. No recurso especial, decidiu o Superior Tribunal de Justiça que, decretada

---

[560] "Reza o princípio da causalidade que a nulidade de um ato processual contamina todos os posteriores que sejam dele dependentes". CABRAL, Antônio do Passo. *Nulidades no processo moderno*. Rio de Janeiro: Forense, 2009, p. 59.

[561] FAZZALARI, Elio. *Lezioni di Diritto Processuale Civile*: Processo ordinario di cognizione. v. 1. Padova: CEDAM, 1985, p. 76.

a nulidade, não poderiam ser mantidos os atos incompatíveis posteriores, caso daqueles autos.[562]

A análise de validade dos atos componentes da série será conforme determinar a lei ao tempo da sua formação, e a validade do ato conclusivo dependerá da regularidade dos seus atos condicionantes, tudo conforme a técnica da retroação. Dessa forma, se for acrescentado um requisito legal posterior à realização de algum ato, a série será plenamente válida, e o ato surtirá seus efeitos, mesmo que o procedimento e o ato conclusivo sobrevenham à vigência da nova legislação.

Imagine-se que, em processo de conhecimento, procedeu-se a citação regular por carta AR. Dias antes do julgamento de apelação, entrou em vigor uma nova lei que extingue a modalidade de citação por carta com aviso registrado, devendo, a partir de então, ser realizada sempre por meios eletrônicos ou por oficial de justiça. Aquela citação será válida, porque, ao tempo em que ela se constituiu, estava de acordo com a norma. A sentença também será válida, porque plenamente regular seu elemento condicionante precedente, ainda que após a vigência da lei nova.[563]

O princípio da causalidade determina também que a análise da invalidação não reproduza um momento estático no processo, mas que se visualize a consequência do vício na dinâmica da cadeia procedimental. Isso possibilita a melhor aplicação do princípio do aproveitamento e da convalidação, mediante a ingerência do procedimento. Veja-se, por exemplo, que a preclusão opera como fator de aproveitamento de atos viciados, repercutindo em uma apreciação do vício na dinâmica da série de atos: um evento futuro no procedimento reflete na análise de invalidação de um ato pretérito, fazendo essa perquirição dinâmica e não estática. De igual forma, a aquiescência produz consequências na invalidade decretada ou tendente à decretação, isso mediante a conexão dos demais atos da série com o ato viciado.[564]

Para tanto, todavia, é necessário reconhecer que o processo seja um "procedimento em contraditório", pondo-se de lado a compreensão da "relação processual".[565] A natureza do processo reproduz-se nas relações de seus atos e, também, na análise do plano da validade.

---

[562] "PROCESSUAL CIVIL. NULIDADE. EFEITOS. ART. 248 DO CPC. – Nos termos do art. 248 do CPC, o reconhecimento da nulidade alcança os atos subsequentes que forem incompatíveis com essa declaração. – Recurso provido". (REsp 233.100/BA, Rel. Ministro FELIX FISCHER, QUINTA TURMA, julgado em 14/12/1999, DJ 21/02/2000 p. 169)

[563] Sobre o direito intertemporal processual e o exame da validade, ver o item 3.4.

[564] "A imperfeição formal e a eficácia de um ato devem ser aferidas não no antecedente, mas nas consequências possíveis do ato processual no restante da série. Note-se que um mesmo ato, estaticamente definido como inválido (a atipicidade analisada em si mesma), pode ser validado no curso da cadeia procedimental por força de várias circunstâncias (preclusão, acordos, renúncia, consentimento, padrões de conduta firmados, etc.)". CABRAL, Antônio do Passo. *Nulidades no processo moderno*. Rio de Janeiro: Forense, 2009, p. 281-282.

[565] Sobre o ponto, ver itm 1.2.

Parte II – Os Diferentes Sistemas de Invalidades Processuais

A seguir, e em face das conclusões até agora alcançadas, buscar-se-á repercussões um pouco mais próximas à vida do fórum, local onde está efetivamente a aplicação do processo. Para tanto, analisar-se-ão alguns dos sistemas engendrados pela doutrina que representam as mais importantes posições teóricas em face dos defeitos dos atos processuais. Ainda, nesta segunda parte da tese, identificar-se-ão os componentes para a invalidação, de modo a auxiliar o reconhecimento dos poderes e limites dos sujeitos do processo para que ele não resulte em um cenário de abuso de poder das partes ou do juiz. Ainda, reservou-se a análise voltada à prática de alguns dos caminhos que uma orientação finalista-valorativa traça aos desvios do tipo, sempre balizando o estudo pelo conflito entre os valores preservados pelo processo.

6. Sistematizações mais importantes

Espaço de grande discussão na doutrina processual diz respeito a uma sistematização das invalidades processuais. A reunião das causas e consequências em grupos predefinidos é uma forma de facilitar a compreensão do todo; mas não mais que isso. A ideia central das sistematizações é a de que, por meio dela, dispensar-se-ia a análise aprofundada das normas aplicáveis ao caso, uma vez que se poderia chegar às mesmas conclusões mediante um sistema pré-elaborado. A vantagem estaria em evitar um caminho mais trabalhoso e custoso por exigir uma perquirição profunda sobre as diretrizes valorativas de todo o ordenamento – daí por que são atrativas as esquematizações de invalidades na prática, já que oferecem explicações simples e fáceis aos mais diversos problemas passíveis de serem identificados nos atos processuais.

As sistematizações, embora sejam, em último nível, prescindíveis ao direito,[566] facilitam a aplicação dos seus institutos na maior parte dos casos. Sua elaboração tende a tornar-se necessária, ainda mais quando o raciocínio contemporâneo tem o caminho filosófico-argumentativo cada vez mais suprimido pelos anseios de praticidade e rapidez. Todavia, com esses esquemas não se pode responder a todas as questões, porque sua abstração característica torna-os impróprios a incluir, no resultado, circunstâncias imprevisíveis a olhos também abstratos – aspectos esses imersos na dinamicidade inimaginável que caracterizam as relações humanas. A finalidade possível dos sistemas (verdadeiros manuais sobre como deve o jurista operar em face de uma inconformidade da lei com o ato praticado) não é encerrar o debate. A sistematização deve ser um auxílio para a organização de ideias diante de problemas concretos, razão pela qual não se pode afastar a utilidade de uma reflexão tópica aprofundada.

O declínio do normativismo legalista conduz à produção de espaços abertos nos ordenamentos jurídicos. Tem-se a valorização de princípios, de conceitos jurídicos indeterminados e de juízos de equidade, deixando claro que a tomada de decisões não obedece mais a uma "vontade da lei" anterior e isenta ao processo, pois é atividade dependente dos próprios elementos nele colhidos.[567] A reaproximação do direito à retórica reformula, inclusive, o que se conhece como lógica jurídica.[568] Assim, qualquer sistematização apontará imperfeições na prática forense, já que pensada abstratamente, fator que desconsidera, como não poderia deixar de fazê--lo, as especificidades do caso concreto ao qual deve ser aplicada. A lição é antiga, sendo objeto de reflexão já no clássico Pimenta Bueno.[569] Há de se reconhecer, então, a imperiosidade da reflexão tópica.

Entre os modelos existentes, foram escolhidos quatro que refletem visões bem distintas das invalidades processuais: a Teoria da Cominação, defendida por Pontes de Miranda; a Teoria da Relevância da Atipicidade, de Calmon de Passos; a Teoria da Finalidade e Natureza das Normas, apresentada por Galeno Lacerda; e a recente Teoria Comunicativa das Nulidades, proposta por Antônio do Passo Cabral.

---

[566] No sentido de não ver razões para qualquer sistematização sobre invalidades processuais, já que "toda a invalidade precisa ser decretada", mas, ao mesmo tempo, propondo uma tipologia conforme os defeitos dos atos: DIDIER JR., Fredie. *Curso de Direito Processual Civil*: Teoria Geral do Processo e Processo de Conhecimento. v. 1. 10ª ed. Salvador: Ius Podivm, 2008, p. 251-253. Em igual posição: "Pensamos que a única classificação das invalidades racionalmente identificável e praticamente útil ao processo é aquela que pretende dividi-las em nulidades sanáveis e insanáveis. Em verdade, a classificação seria melhor adequada se dissesse respeito aos defeitos, e não às invalidades". CABRAL, Antônio do Passo. *Nulidades no direito moderno*. Rio de Janeiro: Forense, 2009, p. 195.

[567] ALVARO DE OLIVEIRA, Carlos Alberto. *Teoria e prática da tutela jurisdicional*. Rio de Janeiro: Forense, 2008, p. 81.

[568] PERELMAN, Chaïm. *Lógica jurídica*. São Paulo: Martins Fontes, 2004. Tradução de Vergínia Pupi.

[569] "Essa distincção fundamental indispensavel, que na theoria é bem definida e facil de estabelecer, na pratica muitas vezes é difficil pelas dubiedades que offerece". No texto, manteve-se a grafia utilizada pelo autor sem alterações. BUENO, José Antônio Pimenta. *Apontamentos sobre as formalidades do processo civil*. Rio de Janeiro: Jacintho Ribeiro dos Santos, 1911, p. 17.

Cabe ressalvar, de antemão, que não se preocupam esses juristas em distinguir *invalidade* de *nulidade* como fazem Dall'Agnol e Komatsu.[570] Adotar-se-á a terminologia eleita por aqueles autores para manter mais fielmente a consignação de sua doutrina. De toda sorte, ressalta-se que, quando se propõe a terminologia "nulidades cominadas", *v.g.*, poder-se-ia muito bem falar em invalidades cominadas.[571]

6.1. TEORIA DA COMINAÇÃO

6.1.1. Exposição

O modelo defendido por Pontes de Miranda baseia-se nesta distinção elementar: a previsão expressa ou a sua falta no ordenamento positivo da consequência de nulidade a determinado defeito. Se houver tal cominação de nulidade a uma infração, está-se diante de normas "íntegras" e, por isso, não sujeitas a qualquer aproveitamento, convalidação ou sanação. Se, por outro lado, não houver a cominação expressa na lei, há vulnerabilidade da forma exigida, indicando-se tratar de normas "vulneráveis".[572]

As normas dotadas de integridade não admitem aproveitamento, convalidação ou sanação, restando como úteis apenas se supridas as suas faltas. Do contrário, o ato deverá necessariamente ser repetido, em nada agindo para a produção de quaisquer efeitos no processo. De outra banda, se a norma é vulnerável, ou seja, sem haver a cominação de nulidade na lei, o ato será válido se as partes o utilizaram expressa ou implicitamente e se o ato atingir a sua finalidade, sem prejuízos aos sujeitos do processo.[573]

No pertinente ao ato processual, Pontes de Miranda ampara-se na tradição de que "se a lei escolhe um modo de praticá-lo, em vez de outros modos possíveis, tem-se de entender que excluiu a esses e considerou aquele como único".[574] Por isso, critica o jurista as relativizações havidas pelo legislador brasileiro do Código de Processo Civil de 1973, já que deveria "ter focalizado o imenso golpe que vibrava na armadura clássica do processo", bem como "mostrar as consequências práticas desse caminho novo, bem mais grave do que supõe o público".[575]

---

[570] DALL'AGNOL JR., Antônio Janyr. *Invalidades processuais*. Porto Alegre: Letras Jurídicas, 1989, p. 11-16; KOMATSU, Roque. *Da invalidade no processo civil*. São Paulo: Revista dos Tribunais, 1991.

[571] Ver razões na nota de rodapé nº. 1.

[572] PONTES DE MIRANDA. *Comentários ao Código de Processo Civil*. v. 3. Rio de Janeiro: Forense, 1997, p. 355-356.

[573] Idem, p. 356.

[574] Idem, p. 368.

[575] Idem, p. 368.

A alternativa a essa quebra das lições tradicionais do processo foi vincular o permissivo de liberdade das formas às nulidades não cominadas. Então, no entender de Pontes de Miranda, o Código de Processo Civil supõe o princípio de que toda a forma é relevante, prescrevendo as exceções (arts. 234, 244, 248, 249, § 1º, 250 e 113,§ 2º),[576] atadas à vulnerabilidade das normas. Importante o destaque, porém, que o próprio tratadista admite à aplicação das relativizações dos arts. 248, 249 e 250 às nulidades cominadas,[577] visto tratar-se de formas de aproveitamento dos atos, e não de sanação.

Da base teórica criada por Pontes de Miranda, originou-se uma nova corrente escorada na impossibilidade da aplicação dos artigos 248, 249 e 250 às formas com nulidades cominadas. Alguns autores justificam que a infração das regras com cominação expressa de nulidade bastaria para a invalidação, porque a cominação indicaria haver uma presunção absoluta de prejuízo.[578] Nesse caso, associa--se a invalidade exclusivamente com o não revestimento do modelo previsto na lei.[579] Por isso, o princípio da instrumentalidade das formas somente se aplicaria às invalidades não cominadas. A razão disso é que a forma, nos casos de nulidade cominada, compõe a própria essência do ato, não se admitindo relativizações.[580] Essa nova roupagem dada à teoria de Pontes de Miranda tomou certa notoriedade, sendo, inclusive, mais difundida que a do próprio tratadista.

Em guia de exemplificação da incidência das teorias, pode-se referir que nas intimações por nota de expediente deve constar os nomes das partes e de seus advogados. Nesse caso, o art. 237, § 1º, comina expressamente a nulidade. Assim sendo, independentemente da ciência inequívoca da parte de certa decisão, se a nota de expediente foi publicada com intimação de apenas um dos dois advogados que a representavam, tem-se por inválida a comunicação.[581] O prejuízo que

---

[576] PONTES DE MIRANDA. *Comentários ao Código de Processo Civil.* v. 3. Rio de Janeiro: Forense, 1997, p. 367.

[577] Nas palavras de Pontes de Miranda: "Na aplicação dos arts. 248, 249, § 2º, e 250, não há distinguirem-se nulidades não cominadas e nulidades cominadas". PONTES DE MIRANDA. *Comentários ao Código de Processo Civil.* v. 3. Rio de Janeiro: Forense, 1997, p. 382.

[578] MALACHINI, Edson Ribas. Das nulidades no processo civil. *Revista Forense*, Rio de Janeiro, v. 261, jan/ mar. 1978, p. 163-170.

[579] SILVEIRA, Marco Antônio Karam. Invalidade processual. *Revista Gênesis de Direito Processual Civil*, Curitiba, n. 38, p. 732-754, out/dez. 2005, p. 733.

[580] FADEL, Sergio Sahione. *Código de Processo Civil Comentado.* v. 2. Rio de Janeiro: José Konfino, 1974, p. 57.

[581] A respeito, o Superior Tribunal de Justiça tem reiteradamente entendido que apenas há invalidação quando expressamente requerido que a intimação se dê exclusivamente em nome de um dos patronos. Veja-se, entre outros, o REsp 1.016.677/RJ, assim ementado: "PROCESSUAL CIVIL. ADMINISTRATIVO. PLURALIDADE DE ADVOGADOS. INTIMAÇÃO DA DECISÃO EM NOME DE APENAS UM DELES. NULIDADE. INO-CORRÊNCIA. VIOLAÇÃO DO ART. 535, DO CPC. NÃO CONFIGURADA. 1. 'A intimação realizada em nome de um dos advogados constituídos nos autos pela parte, e desde que não haja pedido expresso de intimação exclusiva em nome de qualquer outro, é suficiente para a eficácia do ato'. AgRg no AG nº 578962/RJ, Corte Especial, DJ 24/03/2006. Precedentes do S.T.J.: AgRg no Ag 847.725/DF, DJ de 14.05.2007; AgRg no AgRg no REsp 505.885/PR, DJ de 11.04.2007; REsp 900.818/RS, DJ de 02.03.2007; AgRg no REsp 801.614/SP, DJ de 20.11.2006; HC 44.206/ES, DJ de 09.10.2006; AgRg no AgRg no REsp 617.850/SP, DJ de 02.10.2006; RMS

decorre do descumprimento de forma nas nulidades cominadas é *iure et de iure*, devendo, outrossim, ser decretada a nulidade de ofício.

Em suma, a expressa indicação da lei determina que alguns atos com defeito sejam eivados de uma nulidade *cominada / essencial / absoluta*. Essas cominações indicam serem as normas de interesse público (íntegras), o que permite o conhecimento de ofício pelo juiz da nulidade. Já as nulidades não cominadas / *acidentais / relativas* requerem a alegação da parte, podendo ser sanadas, pois decorrem de exigências normativas acessórias (vulneráveis).[582]

6.1.2. Crítica

A distinção entre invalidades cominadas e não cominadas, inegavelmente acolhida pelo Código de Processo Civil nos artigos 243 e 244, tem origem na tradição de vinculação com o princípio da legalidade.[583] Advém, portanto, da premissa francesa liberal de que as invalidades deveriam ser todas previstas abstratamente pelo legislador (*pas de nullité sans texte*), como forma de proteção das liberdades individuais face ao exercício do poder pelo Estado.

Reproduzem o ápice do Estado Legislativo, conduzindo a ideia de que o direito é reduzido à lei. Isso leva a uma "simplificação das tarefas e responsabilidades dos juízes, promotores, advogados, professores e juristas, limitando-as a uma aplicação mecânica das normas jurídicas na prática forense, na universidade e na elaboração doutrinária".[584] Esse sistema abstrato e legalista é expressão direta do paradigma racionalista de que fala Ovídio Baptista da Silva: juízes irresponsáveis como simples "boca da lei", e o processo como um "milagroso instrumento capaz de descobrir a vontade da lei".[585] Em tempos de Estado Constitucional, por outro lado, "a subordinação à lei passou a significar subordinação à Constituição",[586] sendo inevitável a sua releitura mediante os parâmetros valorativos constitucionais. Afinal, se a lei não é fruto de um legislador arbitrário,[587] a aplicação prática da lei também deverá considerar os valores que suportam a norma.[588]

16.737/RJ, DJ de 25.02.2004. (...)" (AgRg no REsp 1016677/RJ, Rel. Ministro LUIZ FUX, PRIMEIRA TURMA, julgado em 02/12/2008, DJe 17/12/2008).

[582] FADEL, Sergio Sahione. *Código de Processo Civil Comentado*. v. 2. Rio de Janeiro: José Konfino, 1974, p. 59.

[583] DALL'AGNOL JR. Antônio Janyr. *Invalidades processuais*. Porto Alegre: Letras Jurídicas, 1989, p. 59.

[584] MARINONI, Luiz Guilherme. *Teoria geral do processo*. 3ª ed. São Paulo: Revista dos Tribunais, 2008, p. 32.

[585] SILVA, Ovídio Baptista da. *Processo e ideologia*: o paradigma racionalista. 2ª ed. Rio de Janeiro: Forense, 2006, p. 27.

[586] MARINONI, Luiz Guilherme. *Teoria geral do processo*. 3ª ed. São Paulo: Revista dos Tribunais, 2008, p. 46-47.

[587] ALVARO DE OLIVEIRA, Carlos Alberto. O formalismo-valorativo no confronto com o formalismo excessivo. *Revista de Processo*, São Paulo, nº 137, p. 7-31, jul. 2006, p. 10-11.

[588] Sobre o ponto remete-se às considerações traçadas na primeira parte desta tese, sendo notória a incompatibilidade de um sistema legislativo rígido com as premissas fundamentais do formalismo-valorativo.

Para esse sistema, a cominação de invalidade faz com que a mera infração baste para a caracterização do inválido, por isso, associou-se a cominação da vicissitude à identificação de nulidades absolutas, sob a qual não se teria possibilidade de incidência do princípio do aproveitamento e da convalidação. Isso, ressalte-se, apenas pode ser sustentado mediante a reafirmação do Estado Legislativo Liberal, notadamente incompatível com as premissas do constitucionalismo hodierno.

Ademais, como se concluiu na primeira parte desta tese, princípios como a instrumentalidade do processo, a economia processual e o aproveitamento remetem à manutenção dos atos em todos os casos que for possível. Independentemente de cominação serão desconsiderados seus defeitos. Isso se justifica com atenção aos valores estruturais do processo.[589]

Como refere Antônio do Passo Cabral, "não há como pensarmos que a lei pode fotografar os defeitos possíveis dos atos do processo, nem tampouco determinar, em caráter exauriente, as hipóteses em que deva ser pronunciada a invalidade".[590] Afinal, não fosse a impossibilidade de prever os eventos decorrentes da dinamicidade da vida, a postura representa a hiperautoridade do legislador e a exclusão do caráter hermenêutico ativo do julgador.

Em verdade, a presença de prejuízo e o desvio de finalidade constituem elementos indispensáveis à eficiência do ordenamento jurídico processual, compondo, entre outros, os pressupostos necessários para a decretação da invalidade. Esse aspecto não pode ser esquecido pela presença de cominação legal. Conclui-se que não há identificação entre a cominação e a insanabilidade. Não se identifica pela previsão expressa da lei uma "nulidade absoluta".

Sobre o tema, pondera-se que a confusão em ver uma "regra de fechamento" tem origem na associação do tema na seara processual com o art. 145, V, do Código Civil (1916), que dispôs ser nulo o ato "quando a lei taxativamente o declara nulo ou lhe negar efeito". Todavia, não existe no Código de Processo Civil um dispositivo semelhante,[591] e nem seria razoável havê-lo, já que os fundamentos do formalismo processual são diversos daqueles que sustentam o Direito Civil.

Não se pode concluir que a previsão normativa de uma invalidade indique uma presunção absoluta de ofensa ao campo valorativo que dá sustento à disciplina processual. Do contrário, estar-se-ia afirmando o afastamento do processo da vida. Afinal, não há *norma com integridade* sustentada por requisitos vazios. A ideia de relevância da violação ao tipo em relação à estrutura finalística do ato aplica-se mesmo diante de invalidades cominadas.[592]

---

[589] Sobre o suporte valorativo nas invalidades processuais, ver o comentado no itm 5.2.

[590] CABRAL, Antônio do Passo. *Nulidades no processo moderno*. Rio de Janeiro: Forense, 2009, p. 73.

[591] DALL'AGNOL JR. *Invalidades processuais*: algumas questões. Revista de Processo, São Paulo, n. 67, p. 154-161, jul/set. 1992, p. 160. As referências do autor dizem respeito ao Código Civil de 1916.

[592] BEDAQUE, José Roberto dos Santos. Nulidade processual e instrumentalidade do processo. *Revista de Processo*, São Paulo, n. 60, p. 31-43, out/dez. 1990, p. 36.

Exemplificativamente, se um processo envolvendo interesse de incapaz correu sem a intervenção do Ministério Público (art. 82, I, e art. 84), mas foi proferida sentença plenamente favorável ao menor (*v.g.*, se o menor é réu e a sentença é de improcedência), não se justifica a invalidação, tendo em vista que o valor e o interesse por detrás da participação do *parquet* foram integral e satisfatoriamente respeitados.[593] Por essa razão, não se está diante de invalidade, ainda que haja um defeito sobre um ato coberto de suposta *integridade.*

A invalidade não pode ser configurada pela infração qualquer, quiçá pouco razoável, de certa norma jurídica protegida da legislação processual. A proteção de valores está na base do tipo que se justifica apenas em função daqueles. Assim, o tipo descumprido sem ofensa ao suporte axiológico não pode resultar em invalidade. No plano normativo processual, essa atividade se dá pelo princípio da finalidade.

Francesco Carnelutti pontua que, quando se prescreve a "pena de nulidade" a uma infração, a lei considera que o ato cumprido de qualquer outro modo é inidôneo para alcançar a sua finalidade. Porém, a previsão da lei pode ser equivocada e esse lamentável equívoco pode custar caro sem razão.[594] Indica, em outro lugar, que "o direito não é um instrumento ou uma garantia da técnica processual; portanto a um ato não haveria razão de recusar efeito quando seja tecnicamente idôneo a alcançar a sua finalidade".[595]

Os sentidos de cominação serão meramente de orientação ao aplicador, até mesmo porque a invalidade de atos não pode ser prevista apenas no campo abstrato; ela exige a identificação dos seus elementos axiológicos, depuráveis também do caso concreto. Assim é porque essa etapa depende de uma realização prática, pondo-se lado a lado o processo com o contexto. Afinal, os valores hegemônicos na sociedade não são estáticos nem podem ser reduzidos à total abstração.[596]

---

[593] THEODORO JUNIOR, Humberto. *Curso de Direito Processual Civil.* v. 1. 41ª ed. Forense: Rio de Janeiro, 2004, p. 264. SANTOS, Ernane Fidélis dos. *Manual de Direito Processual Civil.* v. 1. 8ª ed. São Paulo: Saraiva, 2001, p. 296. Em sentido contrário: BEDAQUE, José Roberto dos Santos. Nulidade Processual e Instrumentalidade do Processo. *Revista de Processo*, São Paulo, n. 60, p. 31-43, out/dez. 1990, p. 36-38, dizendo ser insanável a falta de participação quando o Ministério Público assumir papel de "imparcialmente, verificar se as normas de direito material estão sendo corretamente aplicadas" (p. 37). A jurisprudência do Superior Tribunal de Justiça, por sua vez, também já se manifestou sobre o assunto no REsp 847.597/SC, assim ementado: "ESTATUTO DA CRIANÇA E DO ADOLESCENTE – ECA. ADOÇÃO. INTIMAÇÃO DO MINISTÉRIO PÚBLICO PARA AUDIÊNCIA. ART. 166 DA LEI 8.069/90. FIM SOCIAL DA LEI. INTERESSE DO MENOR PRESERVADO. DIREITO AO CONVÍVIO FAMILIAR. AUSÊNCIA DE PREJUÍZO. NULIDADE INEXISTENTE. Não se declara nulidade por falta de audiência do Ministério Público se – a teor do acórdão recorrido – o interesse do menor foi preservado e o fim social do ECA foi atingido. O Art. 166 da Lei 8.069/90 deve ser interpretado à luz do Art. 6º da mesma lei". (REsp 847.597/SC, Rel. Ministro HUMBERTO GOMES DE BARROS, TERCEIRA TURMA, julgado em 06/03/2008, DJe 01/04/2008).

[594] CARNELUTTI, Francesco. *Estudios de derecho procesal.* v. 1. Buenos Aires: EJEA, 1952, p. 113. Tradução de Santiago Sentís Melendo.

[595] CARNELUTTI, Francesco. *Sistema del Diritto Processuale Civile.* v. 2. Padova: CEDAM, 1938, p. 191.

[596] "Na atualidade, compreende-se a própria tarefa de aplicação normativa e da interpretação de textos legais como uma atividade de construção, que não pode ser reduzida a qualquer conceito pré-dado ou totalmente pronto antes do processo de aplicação. Por outro lado, a problematização é inerente ao fenômeno jurídico-processual e

Os artigos 243 e 244 do Código de Processo Civil são, por outro lado, fortes indicativos da acolhida da teoria pelo ordenamento processual brasileiro. A questão diz respeito a como harmonizar a interpretação da redação da lei com os as diretivas do constitucionalismo hodierno.

A origem do art. 243 do Código de Processo Civil brasileiro está atada ao art. 150 do *Progetto Carnelutti*.[597] Todavia, o projeto do jurista italiano, na primeira parte, relevava a indispensabilidade do requerimento da parte para a invalidação quando a lei não autorizasse expressamente o juiz a decretá-la, trecho que não restou albergado na lei brasileira.[598] A harmonização interpretativa tem solução singela: o dispositivo faz uso da cominação como um alerta ao autor do ato. Como se trata de uma restrição a um poder da parte, convém esteja a sua causa claramente prevista. Aliás, tal disposição não se aplica aos casos em que deva a invalidade ser decretada *ex officio*, porque se configura aí o dever do exercício jurisdicional pelo juiz, independentemente de requerimento. Por esse motivo, a lei fala em cominação.

Já o artigo 244 do Código de Processo Civil deve ser estudado conjuntamente com o artigo 154. Caso fosse efetuado o raciocínio a *contrario sensu* dessas disposições legais, poder-se-ia concluir que as nulidades cominadas não admitem a aplicação do princípio da finalidade. Porém, a interpretação em via contrária nem sempre conduz ao sentido objetivo da norma, especialmente quando a compreensão do tipo normativo demanda uma análise profunda das finalidades, tendo-se em conta o respectivo núcleo valorativo.

Especificamente no caso em exame, cumpre ao próprio Código de Processo Civil rechaçar a possibilidade do raciocínio a *contrario sensu*. Afinal, o parágrafo primeiro do artigo 249 não faz qualquer referência à cominação ou não de nulidade ao positivar o princípio do prejuízo. Sobre esse ponto, acertada é a orientação originária de Pontes de Miranda.[599] Outrossim, o artigo 250 faz serem aproveita-

---

muito mais próxima inclusive da natureza humana, sendo impossível dissociar as circunstâncias casuísticas da tarefa de interpretação e aplicação da lei". CABRAL, Antônio do Passo. *Nulidades no processo moderno*. Rio de Janeiro: Forense, 2009, p. 74.

[597] Progetto Carnelutti. Art. 150. "Mesmo se uma dada forma seja prescrita em lei sob pena de nulidade, o juiz não pode declarar a nulidade sem requerimento da parte, quando não seja expressamente autorizado a declará-la de ofício. Esse requerimento não pode ser formulado pela parte, que deu causa à nulidade ou que a ele tenha expressa ou tacitamente renunciado". CARNELUTTI, Francesco. *Progetto del Codice di Procedura Civile presentato alla Sottocommissione Reale per la riforma del Codice di Prodedura Civile, Parte Prima – Del processo di cognizione*. Padova, CEDAM, 1926, p. 52.

[598] Em razão disso, sustentou-se que a fonte imediata do texto brasileiro, cujo albergue mediato se tem no *Progetto Carnelutti*, foi o art. 150, § 3º, do Codice Vaticano. Sobre o ponto, ver. MOREIRA, José Carlos Barbosa. Il Progetto Carnelutti e il Codice di Procedura Civile Brasiliano. In: *Temas de Direito Processual Civil. Quinta Série*. São Paulo: Saraiva, 1994, p. 201-215, p. 205. Codice Vaticano. Art. 150, § 3º: "Quando a lei prescreve uma determinada forma sob pena de nulidade, a declaração de nulidade não pode ser formulada pela parte que lhe tenha dado causa".

[599] "Na aplicação dos arts. 248, 249, § 2º, e 250, não há distinguirem-se nulidades não cominadas e nulidades cominadas". PONTES DE MIRANDA. *Comentários ao Código de Processo Civil*. v. 3. Rio de Janeiro: Forense, 1997, p. 382.

dos os atos cometidos com erro de forma sem qualquer remissão à necessidade de não previsão expressa da invalidade. Significa, em última análise, que a instrumentalidade das formas prevalece havendo ou não a cominação.[600]

Finalmente, atente-se à lição de José Maria Tesheiner no sentido de que a "referência do Código às duas hipóteses de nulidade explica-se (...) como expressa rejeição à tese de que, sendo a nulidade uma sanção, somente poderia ser aplicada nos casos expressos em lei".[601]

José Roberto Bedaque sustenta que, apesar de a cominação indicar de fato uma presunção de prejuízo, esta não é absoluta, mas *iuris tantum*, admitindo prova em contrário.[602] Por isso, afirma: "não há nulidade absoluta decorrente de mera violação à forma. Ela está sempre relacionada à finalidade do ato e ao prejuízo causado pela não observância da forma, mesmo tratando-se de nulidade cominada".[603] É incorreto afirmar, portanto, que sobre as invalidades cominadas paira uma presunção absoluta.

Resta dúvida, porém, se a cominação significa haver uma presunção relativa ou se não há qualquer presunção de prejuízos dela decorrente. A questão tem relevância. Veja-se: havendo uma presunção relativa de prejuízo, a princípio, a parte que o alega não tem o ônus de prová-lo. Da mesma forma, a presunção bastaria para o juiz de ofício invalidar o ato defeituoso. Daí, o decreto pode-se dar sem que exista qualquer indício, já que a lei estabelece uma presunção de antemão. Cabe, porém, àquele que almejar a manutenção do ato, apesar do defeito, a prova de que não ocorreu qualquer dano com a violação do tipo, ou seja, exige-se dele a produção de prova negativa.

Na outra hipótese, considerando que inexiste sequer presunção relativa de dano, impõe-se ao julgador exigir a demonstração do prejuízo concreto com o desvio da finalidade, não podendo se valer exclusivamente do texto da lei para constituir o estado de invalidade.

Para responder à questão, deve-se lembrar que o sistema de invalidades processuais tem, na base, a preservação de interesses e o resguardo de valores, como já exposto extensivamente na primeira parte desta tese. Nessa linha, reafirma-se que os princípios da instrumentalidade das formas, do aproveitamento e convalidação e da economia processual constituem partes integrantes e inafastáveis do sistema de invalidades.

---

[600] Vale-se da fundamentação de Humberto Theodoro Junior, *in literis*: "Do princípio da instrumentalidade das formas e dos atos do processo, decorre a irrelevância dos vícios do ato processual, mesmo em caso de nulidade absoluta, se o ato atingir o fim a que se achava destinado no processo". THEODORO JÚNIOR, Humberto. Nulidades no Código de Processo Civil. *Revista de Processo*, São Paulo, n. 30, 38-59, abr/jun. 1993, p. 51.

[601] TESHEINER, José Maria. *Pressupostos processuais e nulidades no processo civil*. São Paulo: Saraiva, 2000, p. 119. Ressalva-se, contudo, como já pontuado no item 3.3, que a invalidade não é sanção, mas consequência.

[602] BEDAQUE, José Roberto dos Santos. *Efetividade do processo e técnica processual*. São Paulo: Malheiros, 2007, p. 440.

[603] Idem, p. 441.

A existência de uma presunção relativa de prejuízo inverte a lógica de preservação dos atos indicada por esses princípios, já que exige a realização de prova de difícil constituição (a prova negativa) para que o ato se mantenha no processo. Assim, perde o valor a efetividade do processo, sem ganhos significativos para a segurança jurídica.

Antiga é a lição de Inocêncio Borges da Rosa, sustentando que os defensores da invalidade por prejuízo potencial "não se libertaram de todo da poderosa influência exercida pelo sistema já relegado de Romagnosi, segundo o qual ocorre nulidade sempre que há violação de forma essencial ou substancial da lei". Conclui sabiamente o jurista: "não; não basta o prejuízo potencial, a dúvida se ocorreu o prejuízo, a presunção do prejuízo".[604]

A discussão à luz das disposições vigentes no Código de Processo Civil pode parecer, em verdade, sem sentido, porque o diploma legal usa apenas em três oportunidades a expressão "sob pena de nulidade" (arts. 84, 236, § 1º, e 1.105), casos em que o prejuízo é manifesto e facilmente constatável pela própria análise do processo. Toda a prova que se necessita para invalidar ou convalidar um ato processual já está nos autos, sem que o juiz ou a parte tenham que a produzir para esse fim específico. Foi o que Inocêncio Borges da Rosa chamou de "demonstração pelo raciocínio", quando o juiz se valeria exclusivamente de meios argumentativos.[605]

Pondera-se, todavia, que não há demonstração exclusivamente pelo raciocínio. No exemplo dado pelo jurista (vício na citação), a prova do prejuízo está já realizada no próprio processo. A falta de participação do réu na instrução caracteriza-se como afronta aos direitos fundamentais à ampla defesa e ao contraditório. A prova do prejuízo não necessita mais ser realizada porque o dano já é evidente nos autos, o que não significa que tenha essa prova sido suprida pela simples argumentação.

Se o Ministério Público não participou quando deveria, basta verificar se os atos decisórios foram contrários à presença do interesse que motivou a necessidade de intervenção; se a intimação por nota não conteve o nome completo da parte, as atividades processuais posteriores irão apontar ou não a presença do prejuízo.

---

[604] ROSA, Inocêncio Borges da. *Nulidades do Processo*. Porto Alegre: Livraria do Globo, 1935, p. 154. Outrossim, no dizer de Moacyr Amaral Santos, a influência do pensamento de Bentham também se verifica na argumentação. Defendia o jurista inglês um sistema de invalidades amparado na boa ou má-fé. Haveria invalidade justamente diante de um ato de má-fé, que era presumida na violação de formas, cabendo ao interessado, na validade do ato, a comprovação da boa-fé. SANTOS, Moacyr Amaral. Nulidades processuais. In. *Enciclopédia Saraiva do Direito*. v. 55. São Paulo: Saraiva, p. 163-171, 1977-1982, p. 164

[605] "A demonstração pelo raciocínio, por meio tão somente de argumentos, dispensa prova, porque trata-se de fato notório, evidente ou intuitivo. Assim, si a citação não foi feita com os requisitos legais indispensáveis para a consecução do seu fim, segue-se que ela não atinge o seu fim, quando o citando não comparece a juízo ainda em tempo de tratar convenientemente da sua defesa. Em tais condições, não é necessário que o citando prove que ocorreu prejuízo, pois é claro que si já estava encerrada a dilação probatória, quando ele compareceu a juízo, segue-se que ele não pode fazer prova em sua defesa, sendo assim evidente o prejuízo para a sua defesa". ROSA, Inocêncio Borges da. *Nulidades do processo*. Porto Alegre: Livraria do Globo, 1935, p. 155.

No caso do procedimento de jurisdição voluntária, o prejuízo é notório, já que, com a falta de citação dos interessados ou do *parquet*, se coloca em risco a própria efetividade da tutela jurisdicional, por ofensa ao contraditório.

O mesmo se pode dizer dos casos de incapacidade processual ou irregularidade da representação do autor (art. 13, I); indeferimento da inicial (arts. 39, parágrafo único, 284, parágrafo único, 616 e 739-A, § 5º); rejeição liminar da impugnação (art. 475-L, § 2º); não conhecimento do agravo de instrumento (art. 544, § 1º); atipicidade da citação e das intimações (art. 247); entre outros em que há cominação de invalidade apesar de a lei ter utilizado outros termos que não "sob pena de nulidade".

Ressalte-se, todavia, que essas considerações apontando a falta de reflexos práticos não retiram a importância das considerações teóricas, já que, a qualquer momento, pode o legislador estabelecer regra cominando a invalidade de ato cuja prova não seja produzida pelo próprio processo.

O fato de o legislador preestabelecer um tipo ideal indica apenas uma proposta para a feitura do ato. A cominação de invalidade apenas reforça a importância das exigências que protegem o suporte axiológico do processo. Em nenhum momento afirma a lei haver uma presunção de prejuízo, nem essa conclusão parece legítima, com base nos valores fundamentais do processo, que bem se refletem nos princípios da instrumentalidade das formas, da economia e do aproveitamento. Pelo contrário, ao que parece, "existe uma preferência normativa pela validez dos atos processuais",[606] noção incompatível com a ideia de presunção absoluta ou relativa de um prejuízo. Em razão disso, faz-se indispensável à invalidação a demonstração do prejuízo, seja pela prova que já está no processo, fazendo desnecessária a produção superveniente, seja pelos meios ordinários de prova.

Consequência de todo o argumentado é que não há qualquer relevância à imprescindibilidade da demonstração do prejuízo o fato de a invalidade estar ou não cominada. Por isso, parece sem qualquer valia a sistematização defendida por Pontes de Miranda e outros, fundada no exclusivo critério de cominação expressa pelo texto legal, até mesmo para se presumir prejuízos.

6.2. TEORIA DA RELEVÂNCIA DA ATIPICIDADE

6.2.1. Exposição

Sustenta Calmon de Passos que há uma esfera do jurídico "em que as imputações autorizadas pelo direito objetivo atendem (...) ao interesse social, interesse público, interesse geral, interesse indisponível". Nesse espaço, "o resultado pre-

---

[606] CABRAL, Antônio do Passo. *Nulidades no processo moderno*. Rio de Janeiro: Forense: 2009, p. 194.

visto pelo direito objetivo é que deve predominar e ser relevante". Daí, em ramos do Direito Público como o Direito Processual Civil "a invalidade é correlacionada à consequência antes que ao suposto normativo".[607]

O raciocínio sobre as consequências acaba por colocar o princípio do prejuízo em uma posição de destaque em sua sistematização. A nulidade, que não se confunde com a inadmissibilidade,[608] "é uma desqualificação determinada pelo sistema jurídico, no tocante a certo suposto, por entendê-lo inapto para justificar a imposição da consequência que lhe seria própria".[609] Essa inaptidão, por sua vez, será derivada da *atipicidade relevante*, sendo a presença do dano o critério definidor.

Calmon de Passos argumenta ser insuficiente restringir a nulidade ao vício de forma do ato, excluindo-se dela os vícios substanciais.[610] Por isso o autor vale-se na noção de "atipicidade" ao revés de fazer uso de terminologias como "defeito de forma", "deformidade" ou "vício de forma". O conceito de tipo é, então, mais amplo que o de forma, uma vez que o direito processual "é mais que regulamentação de forma, é a regulamentação de atividade, isto é, do conteúdo, forma e do momento do comportamento dos sujeitos no processo".[611]

A relevância da atipicidade será perquirida pelo alcance da finalidade do ato sem haver prejuízo. Obtido o escopo sem dano, a inadequação ao tipo produzirá uma mera irregularidade, não sendo permitida a decretação da nulidade.[612] Todavia, não cumprindo o ato a finalidade ou a realizando com prejuízo, será composto o "suporte fático", que permite a decretação da "sanção".[613]

Assim:

- nulidade = atipicidade com prejuízo.
- irregularidade = atipicidade sem prejuízo.

---

[607] PASSOS, José Joaquim Calmon de. *Esboço de uma teoria das nulidades aplicada às nulidades processuais.* Rio de Janeiro: Forense, 2005, p. 31-32.

[608] A inadmissibilidade "se poderia conceituar como a falta de aptidão do procedimento para alcançar seu resultado típico ou, em palavras mais específicas do processo jurisdicional, para legitimar o exame de mérito. A inadmissibilidade é, portanto, ao lado da inexistência jurídica, também uma hipótese de invalidade e de ineficácia que não se confunde com a nulidade, reclamando teorização própria". PASSOS, José Joaquim Calmon de. *Esboço de uma teoria das nulidades aplicada às nulidades processuais.* Rio de Janeiro: Forense, 2005, p. 38.

[609] PASSOS, José Joaquim Calmon de. *Esboço de uma teoria das nulidades aplicada às nulidades processuais.* Rio de Janeiro: Forense, 2005, p. 38.

[610] "Seria inconcebível uma forma sem substância; ele é substância e forma. Incorreto, por conseguinte, ou no mínimo insuficiente, restringir-se a nulidade ao vício da forma do ato, excluindo-se os vícios substanciais" (...) "é tanto exata a afirmativa que em nosso sistema processual, entre as nulidades expressamente cominadas, muitas há de caráter substancial". Isso, contudo, não faz com que pertençam ao tipo processual, para o autor, a vontade (final) e a causa. PASSOS, José Joaquim Calmon de. *Esboço de uma teoria das nulidades aplicada às nulidades processuais.* Rio de Janeiro: Forense, 2005, p. 109.

[611] PASSOS, José Joaquim Calmon de. *Esboço de uma teoria das nulidades aplicada às nulidades processuais.* Rio de Janeiro: Forense, 2005, p. 108.

[612] Idem, p. 111.

[613] Já se firmou posição neste estudo de que a invalidação não advém de normas sancionatórias, todavia, como se está consignando outra doutrina, manteve-se o ideário do autor sem modificações no texto.

Ato nulo é o que foi decretado pelo magistrado a partir da incidência do "suporte fático de nulidade", constituído da violação do tipo e da presença de prejuízo.[614] A mera irregularidade representa a ausência do segundo elemento essencial à caracterização da nulidade, resultando em atos plenamente válidos, pois, mediante a presença ou não do prejuízo, "a atipicidade do ato tanto pode caracterizar uma mera irregularidade, como legitimar a decretação de sua nulidade".[615]

Por tudo isso, na exemplificação da nota de expediente defeituosa, trazida anteriormente, em que apenas um dos advogados do réu foi intimado, verificar-se-ia a plena ausência de prejuízo à parte-ré, pelo que o juiz, ao analisar a atipicidade, deve concluir pela validade do ato. Se a finalidade do ato foi atingida – a comunicação do réu de uma decisão no processo – e dela não adveio nenhum dano – já que um dos advogados do réu foi devidamente intimado (sem pedido expresso de intimação em nome do outro) – não se fazem presentes os elementos para decretar a nulidade.

Nessa sistematização é imprestável a distinção entre espécies de nulidades, seja como cominada ou não cominada, seja como absoluta ou relativa, uma vez que o processo se trata de instrumento para a realização da justiça e do interesse público. A análise de nulidade deverá ter como fins a aplicação da justiça, que se dará pela verificação da imperfeição do ato e da relevância do vício. O autor defende, por isso, o reconhecimento de ofício de todos os atos que preencherem esses requisitos para a nulificação.

6.2.2. Crítica

Apesar da importância elogiável ao *princípio do prejuízo,* a sistematização de Calmon de Passos desconsidera, por completo, a relevância da ingerência do interesse privado nos atos processuais. Disso resultam grandes poderes ao magistrado sobre a decretação da invalidade, ainda que a consequência suportada pela atipicidade do ato – o prejuízo – recaia sobre predominante interesse da parte.

A lógica proposta por Calmon de Passos, com pequenos dissensos, é defendida por Daniel Mitidiero,[616] sustentando sua proposição no dado de o interesse público ser íntimo à administração da justiça e, por isso, ser ele prevalente em todas as normas processuais. Com efeito, uma sistematização que reconhecesse o

---

[614] DIDIER JR., Fredie. *Pressupostos processuais e condições da ação*: o juízo de admissibilidade do processo. São Paulo: Saraiva, 2005, p. 29.

[615] PASSOS, José Joaquim Calmon de. *Esboço de uma teoria das nulidades aplicada às nulidades processuais.* Rio de Janeiro: Forense, 2005, p. 111.

[616] MITIDIERO, Daniel. *Comentários ao Código de Processo Civil.* v. 2. São Paulo: Memória Jurídica, 2005, p. 387-401. O autor, ao contrário de Calmon de Passos, restringe o exame da validade aos requisitos de forma, deixando à margem da apreciação as circunstâncias de tempo e lugar.

interesse privado na teleologia da norma[617] acarretaria a submissão do processo ao privado, desconhecendo sua natureza exclusivamente pública.

Certo é que a teoria analisada estabeleceu uma relação teleológica entre os atos praticados e os fins do processo, dando flexibilidade às exigências de tipo e fazendo interagir além do binômio "perfeição-eficácia" o exame "meio-fim". A atenuação da legalidade reproduz, naturalmente, um aumento nos poderes do juiz, já que lhe confere a legitimidade de avaliar as finalidades do ato e as consequências produzidas pela atipicidade.[618]

Contudo, negar relevância ao interesse privado no processo resulta na atribuição de importância exagerada ao vetor público. Isso afeta a democracia e o equilíbrio do formalismo processual. Os poderes do juiz devem ser limitados, especialmente no campo das invalidades, e essa limitação deve ser pautada pela relevância do interesse atingido pela atipicidade.[619] Não é exato dizer que os interesses atingidos serão sempre integralmente públicos.

Facilmente se constata que algumas normas processuais, muitas vezes, são erigidas com a fulminante supremacia da proteção de interesses da parte, e que seu descumprimento enseja repercussões diretas sobre tais esferas jurídicas. Exemplo claro disso está na regra do art. 649, X, do Código de Processo Civil, que resguarda a impenhorabilidade de quantia até 40 (quarenta) salários mínimos depositada em caderneta de poupança. O interesse por detrás da norma é de proteger um valor mínimo, capaz de suprir as necessidades básicas humanas do executado durante algum tempo.[620]

Diante dessa hipótese, é fácil argumentar que a proteção prevalente se dá ao interesse do executado. Consigne-se, também, que isso não significa inexistir

---

[617] Como a proposta por Galeno Lacerda, a ser estudada no item 6.3.

[618] "O reforço de sua autoridade, em razão do quê ele deixa de ser o juiz neutro e assume a condição de diretor do processo, confere-lhe também o poder-dever de controlar a regularidade do instrumento e procurar, na medida do possível, adequar a forma às exigências concretas – mecanismo denominado de 'elasticidade' ou 'flexibilidade' das formas. Segundo essa concepção, mesmo diante de determinada exigência formal, sempre há certa margem de liberdade para o juiz na verificação do cumprimento da regra. Para esse exame ele leva em consideração, mais que o texto legal, o princípio da instrumentalidade das formas, segundo o qual o ato será sempre válido, independentemente de como foi praticado, se suficiente para atingir o fim". BEDAQUE, José Roberto dos Santos. *Efetividade do processo e técnica processual*. São Paulo: Malheiros, 2007, p. 71.

[619] Pode-se discutir se a finalidade fundadora da norma, pelos meandros da historicidade, passou a encampar interesse privado ou público. A majoração da finalidade pública da citação, que se deu pelo reconhecimento do caráter fundamental do contraditório, não extinguiu ou diminuiu a relevância que a norma já representava aos propósitos particulares – ser o réu chamado a se defender. Mas eliminar do núcleo do processo ou não reconhecer pertinência à questão das invalidades a existência de interesses privados é, salvo melhor juízo, dar mão forte ao arbítrio.

[620] Dita norma foi erigida em substituição ao que constava no inciso II do art. 649 do Código de Processo Civil de 1973, que reproduzia o disposto no art. 942, II, do Código de Processo Civil de 1939. Eram impenhoráveis "as provisões de alimento e de combustível, necessárias à manutenção do devedor e de sua família durante 1 (um) mês". Em razão do afastamento do período de guerras, os estoques de alimentos e combustíveis foram progressivamente sendo substituídos por reservas de natureza financeira. Daí, a lei determinou não mais a impenhorabilidade de provisões *in natura* nas dispensas das residências, mas sim a inatacabilidade das reservas em dinheiro em instituições financeiras.

interesse público na preservação das pequenas economias, porém, do desrespeito à regra decorre um patente prejuízo privado, tanto que a administração, e até mesmo a existência dos próprios investimentos, diz respeito exclusivamente à esfera privada do indivíduo. Ademais, não se cogita serem matéria de Direito Público as regras gerais relativas aos pequenos negócios, motivo pelo qual pode o sujeito optar, exercendo a sua autonomia privada, entre investir em ações, em caderneta de poupança, em fundos de investimento, deixar a quantia sem aplicação ou consumi-la, sem possibilidade de intervenção estatal.

A teoria em apreço parte do pressuposto de que a tipicidade no direito processual não é representativa de garantias individuais, razão pela qual seu controle é exclusivamente estatal.[621] A lógica é simples: como o tipo dos atos processuais não reflete direitos fundamentais do indivíduo, o esquema legal poderia ser relativizado mediante o alcance da finalidade pública típica de todas as normas processuais.

Mas como sustentar que a exigibilidade da citação não garante também o direito fundamental do indivíduo de ser ouvido no processo? Como não ver no juiz natural uma garantia da parte a um julgamento imparcial sobre seus interesses? A indispensabilidade de fundamentação nas decisões não garante aos particulares o controle sobre a arbitrariedade nos julgamentos? A previsibilidade do procedimento não é também um direito das partes? Ora, é lição primordial que "o formalismo processual atua como garantia de liberdade contra o arbítrio dos órgãos que exercem o poder do Estado".[622]

Se, por um lado, o crescimento do poder do juiz é uma tendência não necessariamente autoritária, uma vez que é compensada com a participação das partes, por outro, "o aumento dos poderes do juiz torna-se realmente perigoso se não lhe retiram as oportunidade de deles abusar".[623] Na sistematização criticada, ao se atribuir o caráter de prevalência pública a todas as normas processuais, acaba-se por dar ao magistrado poderes sobre interesses das partes. Afinal, como não haveria espaço para disposição de normas processuais, o magistrado terá de conhecer quaisquer de suas violações de ofício.[624]

---

[621] Para justificar a validação, apesar da violação do tipo, diz Calmon de Passos que no processo, o tipo não serve para assegurar direitos individuais contra o arbítrio estatal. Isso ocorreria "apenas, no espaço direito público, aqueles setores ou aquelas situações em que a tipicidade se reveste do caráter de garantia individual, a exemplo do que ocorre no direito penal e em boa parte do direito tributário". PASSOS, José Joaquim Calmon de. *Esboço de uma teoria das nulidades aplicada às nulidades processuais*. Rio de Janeiro: Forense, 2005, p. 32.

[622] ALVARO DE OLIVEIRA, Carlos Alberto. *Do formalismo no processo civil*. 4ª ed. São Paulo: Saraiva, 2010, p. 29.

[623] CABRAL, Antônio do Passo. *Nulidades no processo moderno*. Rio de Janeiro: Forense, 2009, p. 98.

[624] "Para uma parte da doutrina, portanto, o aumento dos poderes do juiz é festejado como sendo um corolário da publicização do processo, e qualquer tentativa de reduzir-lhes as prerrogativas, reforçando as faculdades das partes poderia sinalizar uma concepção privatista do direito processual, ultrapassada no quadro acadêmico atual". CABRAL, Antônio do Passo. *Nulidades no processo moderno*. Rio de Janeiro: Forense, 2009, p. 103.

A questão sobre os poderes do juiz, porém, está mal colocada quando enfocada a finalidade da norma atingida, como faz Galeno Lacerda.[625] Afinal, se as fronteiras entre o público e o privado são cada vez mais nebulosas, há uma dificuldade inegável na identificação de um interesse prevalente sobre a norma jurídica. Esse óbice argumentativo, todavia, não deve ser resolvido mediante a reafirmação de um falso dogma enraizado desde a autonomia do direito processual do direito material: o de que só há interesse público tutelado nas normas do processo. Não se esquece da relevância da liberdade individual, da autonomia da vontade, da dignidade humana e da autodeterminação na organização do direito processual.[626]

Nicola Picardi argumenta que a distribuição do poder tem sua importância, mas também o tem o controle desse exercício. A situação legitimante de uma atuação judicial de ofício é, sem dúvida, a preservação do interesse público, fazendo com que reste necessário um controle sobre as instituições, entre elas, o juiz e a jurisdição.[627] Isso não significa que esse interesse público preservado será abstratamente considerado.

O processo, como procedimento em contraditório, impõe a participação dos interessados no *iter* de formação da decisão, o que deve ocorrer com a repartição equitativa de forças, fato que repercute no compartilhamento da direção do procedimento.[628]

> Em face dessa realidade, mesmo a vontade do juiz não se exibe totalmente soberana, na medida em que condicionada, de um ou outro modo, à vontade e ao comportamento das partes, pelo que representam de iniciativa, estímulo, resistência ou concordância, e isso sem falar nos limites impostos pelo próprio sistema.[629]

Essa assertiva enquadra-se perfeitamente ao sistema de invalidades, visto que se vislumbra a conformação de faculdades e poderes entre as partes e o juiz. Desse modo, induz-se ao desenvolvimento participativo do processo, com suporte democrático, de maneira a impedir o arbítrio e a realizar a paz social. É imprescindível reafirmar o estabelecido na primeira metade desta tese, de que a aproximação entre processo e Constituição impede que se dê qualquer prevalência aos interesses públicos sobre os interesses privados, nem que haja qualquer submissão do indivíduo ao arbítrio estatal.[630]

---

[625] Sobre a teoria e sua crítica, ver item 6.3.

[626] Remete-se ao trabalhado no item 4.3.

[627] "Não é tão importante o poder, e as suas formas de legitimação, quanto o controle do exercício do poder. Ainda que se tenha sido legitimamente investido do poder, não é dito que as ações de quem o exerce sejam, por si só, justificadas. O controle impõe uma adequada organização das instituições, e assim termina necessariamente por compreender – também e sobretudo – o juiz e a jurisdição". PICARDI, Nicola. A vocação do nosso tempo para a jurisdição. In: *Jurisdição e processo*. Rio de Janeiro: Forense, 2008, p. 1-32, p. 2. Organizador e revisor técnico da tradução: Carlos Alberto Alvaro de Oliveira.

[628] Esse compartilhamento dá-se pelo sopesamento entre princípio dispositivo formal e inquisitório. A respeito, nas invalidades processuais, ver o item 7.3.1.

[629] ALVARO DE OLIVEIRA, Carlos Alberto. *Do formalismo no processo civil.* 4ª ed. São Paulo: Saraiva, 2010, p. 158.

[630] CABRAL, Antônio do Passo. *Nulidades no processo moderno.* Rio de Janeiro: Forense, 2009, p. 105.

Ao se dotar o juiz de amplos poderes para decretar invalidades de ofício, está se ignorando a indispensável balança que equilibra atuações privadas e judiciais. Imprescindível é a adoção de um sistema que permita a atuação do magistrado sobre determinadas invalidades, assim como também lhe obste o exercício arbitrário do poder jurisdicional. Como se justificará oportunamente,[631] o critério para a atribuição de poderes às partes e ao juiz não é dedutível de uma análise abstrato-legal, como a que afirma o interesse público em todas as normas processuais, mas de uma análise concreta diante da constatação do prejuízo.

Interessante é perceber que a Teoria da Cominação e a Teoria da Relevância da Atipicidade refletem a oscilação total do modelo dogmático do absolutismo da lei para o polo oposto do abuso judicial. Isso se dá porque, enquanto a primeira retira do juiz toda ingerência sobre a validade dos atos processuais, reportando ao texto da lei, a segunda apresenta-se muito adequada ao autoritarismo, pois lhe aumenta de maneira descompensada os poderes.[632]

Louvável, contudo, no pensamento de Calmon de Passos, é a imprescindibilidade da existência de algum prejuízo para a decretação de invalidade. Essa necessidade diz respeito a todas as violações normativas processuais, já que não se faz distinção entre as espécies de invalidade. Assim o prejuízo passou a integrar o tipo necessário para a respectiva decretação, avanço notável em prol da realização da justiça no caso concreto, embora ainda insuficiente.

6.3. TEORIA DA FINALIDADE E NATUREZA DAS NORMAS

6.3.1. Exposição

O diferencial na teoria de Galeno Lacerda,[633] apresentada em sete páginas na obra *Despacho Saneador,* está em reconhecer na norma processual a finalidade de tutela sobre interesses, tanto particulares quanto públicos. Nessa linha de entendimento, o autor esquematiza sua compreensão conforme a natureza cogente ou dispositiva da norma processual.

Galeno Lacerda afirma a total abstração de seu sistema, afinal, "é inteiramente dispensável a discriminação casuística, por isto que a matéria das nulida-

---

[631] Ver item 7.3.3.

[632] CABRAL, Antônio do Passo. *Nulidades no processo moderno.* Rio de Janeiro: Forense, 2009, p. 100.

[633] LACERDA, Galeno. *Despacho Saneador.* Porto Alegre: Sergio Antônio Fabris, 1985, p. 68-75. Na mesma linha de Galeno, com distinções não substanciais: DALL'AGNOL JR. *Invalidades processuais.* Porto Alegre: Letras Jurídicas, 1989.; ARAGÃO, Egas Dirceu Moniz de. *Comentários ao Código de Processo Civil.* v. 2. Rio de Janeiro: Forense, 1983. SANTOS, Ernane Fidélis dos. *Manual de Direito Processual Civil.* v. 1. 8ª ed. São Paulo: Saraiva, 2001.

des processuais comporta sistematização geral, segundo categorias invariáveis e constantes". Para tanto, valendo-se de lições de Carnelutti[634] de enquadramento das invalidades como nulidades absolutas, nulidades relativas e anulabilidades, diferencia o sistema das nulidades processuais no fato de que "elas se distinguem em razão da natureza da norma violada, em seu aspecto teleológico", tendo ainda o critério da natureza da norma como determinante.[635]

Os traços distintivos entre as espécies de invalidade são, portanto, a natureza (cogente ou dispositiva) e as finalidades (tutelar predominante interesse público ou privado) da norma violada. O cruzamento desses critérios permite identificar as nulidades absolutas, as nulidades relativas e as anulabilidades em sua sistematização.

Assim poder-se-ia formular um quadro:

	Natureza	Interesse	Iniciativa	Sanabilidade
Nulidade absoluta	Cogente	Público	Oficial	Insanável
Nulidade relativa	Cogente	Privado	Oficial	Sanável
Anulabilidade	Dispositiva	Privado	Partes	Sanável

As nulidades absolutas serão aquelas derivadas de violações a normas cogentes, em que prevalece o interesse público de administração da justiça. Por exemplo, a designação de competência material é absoluta e, portanto, indisponível às partes. O interesse público prepondera porque a distribuição de competências materiais diz respeito à própria organização da atividade jurisdicional, com a distribuição de recursos públicos financeiros e humanos entre os tribunais e, internamente, entre seus órgãos. A nulidade absoluta deverá ser decretada de ofício e será insanável.

Se a norma cogente violada privilegiar o interesse particular, por outro lado, estar-se-á diante de uma nulidade relativa. Na penhora de bens listados no art. 649, V, do Código de Processo Civil, *verbi gratia*, o vício atinge em maior medida

---

[634] Na lição de Carnelutti, em seu Sistema, "o ato relativamente nulo não é, como o absolutamente nulo, que não produz nunca algum efeito, mas que poderá produzi-lo quando advier uma determinada condição; em outras palavras, a diferença da nulidade absoluta, a nulidade relativa significa eficácia do ato sujeita à condição suspensiva" (fl. 496). Já na anulabilidade, por outro lado, "a condictio iuris opera não como condição suspensiva, mas como condição resolutiva; enquanto o ato relativamente nulo está sob condição suspensiva de confirmação o da aquiescência, o ato anulável está sob condição resolutiva de um certo conteúdo, que se designa com o nome genérico de reação". (497). CARNELUTTI, Francesco. *Sistema del Diritto Processuale Civile*. v. 2. Padova: CEDAM, 1938, p. 495-497.

[635] LACERDA, Galeno. *Despacho Saneador*. Porto Alegre: Sergio Antonio Fabris, 1985, p. 70-72.

o interesse particular, do que, para Galeno Lacerda, se deduz da teleologia normativa. Tal qual nas nulidades absolutas, é admissível a sua decretação de ofício com força na cogência normativa. A nulidade relativa é, todavia, sanável.

Por fim, as anulabilidades remetem ao interesse predominante privado e à disponibilidade das normas, como ocorre com a incompetência territorial. Nessas hipóteses, a verificação de imperfeição do ato jurídico será condicionada à representação da parte lesada. Trata-se de uma invalidade sanável.

Galeno Lacerda sustenta, ainda, que as principais ideias a nortear um sistema de nulidades serão: a finalidade, a conversão, o prejuízo e a repressão ao dolo processual.[636] Em conjunto esses constituem os princípios convalidatórios das invalidades, mas, incidentes apenas sobre as nulidades relativas e às anulabilidades, e sem aplicação nas nulidades absolutas.[637]

6.3.2. Crítica

As críticas mais fortes à sistematização de Galeno Lacerda repousam na insanabilidade das nulidades absolutas e no reconhecimento de que normas processuais possam tutelar interesse preponderantemente privado, com a consequente abertura para a disposição das partes sobre o processo. Essas objeções já compõem a tradição processual brasileira em matéria de invalidades, sendo bastante comuns na doutrina. Tais críticas ganham outros fundamentos e uma nova leitura, se associadas ao desgaste de um pressuposto básico de que se valeu Galeno Lacerda para a elaboração de sua teoria: a crença de ser possível o estudo das normas jurídicas em total abstração.

Apontou-se, no Capítulo 4 desta obra, a complexidade de composição dos interesses envolvidos nas normas processuais. Aquelas conclusões agora servem de arrimo para afastar a crítica, estruturada sob o argumento absoluto, de que não há interesse privado tutelado por normas processuais.

Esse reconhecimento, todavia, não significa que se possa admitir que a sistematização das invalidades processuais seja sustentada por uma compreensão valorativa própria do Direito Privado. Para configurar as suas espécies de invalidade, Galeno Lacerda valeu-se não só das lições de Carnelutti (elaboradas conforme dogmática do direito privado), mas também das disposições presentes no Regulamento 737 – normativa que tratava, além de Direito Processual Civil, da validade de contratos comerciais.[638]

---

[636] LACERDA, Galeno. *Despacho Saneador.* Porto Alegre: Sergio Antonio Fabris, 1985, p. 69.

[637] Convém mencionar que o próprio Galeno Lacerda supera, anos após, a sua doutrina, em análise de um caso concreto, ponto a ser em seguida debatido.

[638] "Porém, o Regulamento 737 não era apenas uma norma processual. Além de normatizar o processo civil, a ordenação tinha diversas disposições tipicamente de direito privado, como aquelas referentes às nulidades dos contratos comerciais (arts. 686 e ss.), posicionadas, topograficamente, em capítulo imediatamente subsequente às nulidades do processo e da sentença. E, neste capítulo – próprio do direito privado, frise-se – havia várias

O sistematizador pensou ser possível identificar, abstratamente, nas normas, um interesse privado preponderante, dando aos particulares poderes de disposição sobre algumas exigências processuais. Impõe-se, portanto, consignar que, apesar do vínculo comum com a Constituição, a conformação valorativa do Direito Civil e do Direito Processual Civil é diferenciada. No Direito Processual Civil hodierno, há um inegável interesse público de administração da justiça, de regulação da atividade jurisdicional, fator determinante para se impedir, abstratamente, a disponibilidade sobre normas processuais (particulares não podem dispor sobre interesse público). Isso, porém, não importa à desconsideração da autonomia da vontade no processo, ou que para seu desenvolver se prescinda da consideração aos interesses privados (o público não pode dispor sobre interesses privados).[639]

Reconhecer interesses públicos e privados convivendo no Direito Processual Civil não quer dizer que seja simples a identificação do interesse prevalente na instituição da norma, como propõe Galeno Lacerda. Afinal, se a citação serve para chamar o réu ao processo, para nele defender seus interesses pessoais, por outro lado, cumpre o importantíssimo papel de possibilitar a instauração do direito fundamental ao contraditório, com notória influência sobre o proceder da atividade jurisdicional.

A partir da constatação de que as fronteiras entre o *público e o privado* não estão bem delimitadas, a identificação das finalidades da norma é tarefa de difícilima realização, ainda mais se há pretensão de qualificar um interesse preponderante.[640] Esse reconhecimento, como parâmetro para a legitimação da atuação do magistrado, mostra-se, daí, um critério pouco seguro em um plano abstrato, já que, sobre a norma, são diversos e complementares os interesses que lhe dão finalidade.

O ponto decisivo para tal incerteza é que Galeno Lacerda pressupõe o estudo da norma independentemente de qualquer repercussão casuística. O fundamento ideológico dessa teorização é o fundador da fase do *processualismo*, ou seja, de delimitação e criação de conceitos e sistemas puramente abstratos e ideais. Aí, a dispensa do exame tópico em benefício de uma "sistematização geral, segundo categorias invariáveis e constantes".[641]

---

disposições que classificavam e diferenciavam as nulidades em 'absoluta' e 'relativas' (arts. 687). Dispunha para cada espécie de invalidade: para as nulidades absolutas, sua congnicibilidade de ofício e insanabilidade; para as relativas sua possibilidade de ratificação e necessidade de provocação da parte interessada (arts. 688 e 689)". CABRAL, Antônio do Passo. *Nulidades no processo moderno*. Rio de Janeiro: Forense, 2009, p. 77.

[639] "A diferenciação de Carnelutti, propagada por Galeno Lacerda, nutriu-se das diferenças entre vícios essenciais e não essenciais do direito privado, e se baseou em uma graduação dos vícios processuais que, como vimos, é impossível. Ora, algumas nulidades cominadas são relativas, algumas nulidades absolutas são sanáveis, sem contar que algumas nulidades absolutas do direito privado, como a incapacidade absoluta, podem ser convalidadas no direito processual. Vemos que a sistemática civilista só contribui para obscurecer mais ainda os conceitos processuais". CABRAL, Antônio do Passo. *Nulidades no processo moderno*. Rio de Janeiro: Forense, 2009, p. 92.

[640] Sobre o ponto, ver as considerações traçadas no Capítulo 4.

[641] LACERDA, Galeno. *Despacho Saneador*. Porto Alegre: Sergio Antonio Fabris, 1985, p. 70.

A abstração produz também dificuldade na compreensão da natureza da norma, como bem aponta Antônio do Passo Cabral: "A partir da publicização do processo, ambiente em que ressaltam os interesses estatais, a maioria das normas processuais passou a ser concebida como cogente: são em grande medida normas imperativas, sobretudo quando direcionadas ao órgão jurisdicional". A crítica, porém, vem pelo fato de que "a doutrina não oferece qualquer critério seguro para sabermos quais regras são cogentes ou dispositivas".[642]

A propósito, é controvertida a existência de normas dispositivas no Direito Processual Civil.[643] Afinal, ao fundo de qualquer norma processual haverá um interesse público de organização da atividade jurisdicional que seria indisponível às partes;[644] porém, nem sempre todos os interesses tutelados abstratamente pela norma serão afetados por uma infração ao tipo, e o exame casuístico é a única forma de atentar a essa especificidade.

Como conclui Perelman, "a impressão de clareza pode ser menos a expressão de uma boa compreensão que de uma falta de imaginação".[645] Em outras palavras, nenhuma abstração é capaz de tratar plenamente sobre toda a dinamicidade que envolve as relações humanas. A renegação do caso concreto produz o olhar estático da norma e exclui da análise a sua integração com o procedimento ou com os efeitos produzidos pelo processo no exterior. Por isso é, em grande parte das vezes, tão difícil ver a prevalência de um interesse tutelado nas normas jurídicas processuais, ou identificá-las como cogentes ou dispositivas.

A crença no conceitualismo desligado da casuística mostrou-se o maior erro de Galeno Lacerda, ponto reconhecido pelo próprio jurista quando enfrentou, em atuação prática, o desafio insuperável de sua doutrina. Afinal, a aplicação dessa sistematização, sem a intermediação da dinamicidade do caso, dos interesses e

---

[642] CABRAL, Antônio do Passo. *Nulidades no processo moderno*. Rio de Janeiro: Forense, 2009, p. 85.

[643] A respeito, José Maria Tesheiner argumenta ser a anulabilidade, no sistema em estudo, uma hipótese em que a lei deixa a critério da contraparte a aplicação da "sanção". "Assim, é anulável o ato por coação, não porque o cultor haja infringido norma dispositiva, mas porque a lei faz depender da vontade do coagido a anulação do ato. De igual forma, não há, nos crimes de ação privada ou dependentes de representação, violação de norma dispositiva; a lei penal é sempre cogente, ainda que a sanção possa depender da vontade do ofendido". Sugere também o jurista que seja substituída a leitura de "norma dispositiva" por "violação a direito disponível". Nesse caso, para Tesheiner, seria aceitável a sistematização, não se classificando as normas processuais pela natureza cogente ou dispositiva, mas tendo em vista a peculiaridade de o vício poder ser examinado por impulso oficial ou depender de iniciativa da parte. TESHEINER, José Maria. *Pressupostos processuais e nulidades no processo civil*. São Paulo: Saraiva, 2000, p. 98.

[644] Arruda Alvim reconhece a existência de normas dispositivas no direito processual, embora considere que a maioria apresenta natureza cogente. Nessa linha, em regra, não podem as partes afastar a incidência das normas processuais, pois o processo não é direito à disposição das partes, evitando-se a possibilidade de um processo convencional. ALVIM, Arruda. *Manual de Direito Processual Civil*. v. 1. São Paulo: Revista dos Tribunais, 1997, p. 107. De ressaltar, todavia, que a possibilidade de uma regulação privada sobre forma de condução da atividade jurisdicional existe no processo arbitral, forte no art. 21 da Lei 9.307/96, que faculta às partes a regulação do procedimento.

[645] PERELMAN, Chaïm. *Lógica Jurídica*. São Paulo: Martins Fontes, 2004, p. 51. Tradução de Vergínia K. Pupi.

valores concretamente afetados com o defeito, produz resultados nada coerentes com as diretrizes do processo civil contemporâneo.

Atente-se ao exemplo:

A norma do art. 275, inc. II, do Código de Processo estabelece hipóteses em que as ações devem seguir o procedimento sumário. Em nosso exemplo, a ação foi proposta pelo rito ordinário, em hipótese que a lei determina fosse seguido o rito sumário. A regra de rito, para a Doutrina Clássica, tutela interesse público e de caráter cogente. Assim, se está diante de nulidade absoluta. Portanto, insanável. Nesse ponto surge a insuficiência da Doutrina Clássica. Ou seja, o dogma de analisar as nulidades através do interesse tutelado mostra-se insuficiente.[646]

Não por acaso, foi exatamente a adoção em um caso concreto do rito ordinário quando a lei impunha o então sumaríssimo[647] que gerou caso paradigmático, cujas conclusões levaram também a um texto acadêmico.[648] O magistrado Galeno Lacerda, relator do agravo de instrumento nº 500.429.162 junto à 3ª Câmara Cível do Tribunal de Justiça do Estado do Rio Grande do Sul, revisou, pois, suas considerações sobre as invalidades processuais.

No voto, Galeno Lacerda sustenta que a "natureza de meio a serviço de um interesse público mais alto possui o necessário e indispensável condão de relativizar a maior parte das normas imperativas processuais e, por conseguinte, as nulidades resultantes de sua infração".[649] Como, no caso concreto, a agravante e os interessados nada perdiam com a conversão do procedimento em ordinário, votou o eminente jurista, desautorizando a aplicação de sua própria doutrina:

Não haveria sentido, a esta altura, em anular o processo para determinar a realização da audiência inicial no sumaríssimo, quando os atos postulatórios com as duas denunciações e respectivas contestações já se encontram nos autos. Haveria retrocesso inadmissível e injustificável. Nego provimento ao agravo.[650]

---

[646] SILVEIRA, Marco Antônio Karam. Invalidade processual. *Revista Gênesis de Direito Processual Civil*, Curitiba, n. 38, p. 732-754, out/dez. 2005, p. 736-737.

[647] À época, vigia o rito assim denominado de sumaríssimo, que, posteriormente, foi transformado no atual rito sumário em razão da vigência da Lei 9.245/95.

[648] LACERDA, Galeno. O Código e o formalismo processual. *Revista da Ajuris*, Porto Alegre, n. 28, p.7-14, jul. 1983.

[649] TRIBUNAL DE JUSTIÇA DO RIO GRANDE DO SUL. 3ª Câmara Cível. *Possibilidade de Conversão do procedimento sumário em ordinário*. Agravo de Instrumento nº 500429162. Agravante: Elevadores Sür S.A. Agravados: Gilberto Roveda, Antônio Afonso Florian, José Falavigna e outros. Relator: Des. Galeno Lacerda. Porto Alegre, 14 de abril de 1983. Revista de Jurisprudência do TJRGS, Porto Alegre, n. 102, p. 283-287, fev. 1984, p. 285.

[650] TRIBUNAL DE JUSTIÇA DO RIO GRANDE DO SUL. 3ª Câmara Cível. *Possibilidade de Conversão do procedimento sumário em ordinário*. Agravo de Instrumento nº 500429162. Agravante: Elevadores Sür S.A. Agravados: Gilberto Roveda, Antônio Afonso Florian, José Falavigna e outros. Relator: Des. Galeno Lacerda. Porto Alegre, 14 de abril de 1983. Revista de Jurisprudência do TJ.GS, Porto Alegre, n. 102, p. 283-287, fev. 1984, p. 287. A ementa do julgamento do agravo de instrumento, desprovido à unanimidade, restou assim redigida: "Agravo de Instrumento. Possibilidade de Conversão do procedimento sumaríssimo em ordinário. O interesse público na instrumentabilidade do processo relativiza, em regra, as nulidades processuais. Aplicação dos arts. 250, parágrafo único, e 154 do CPC, e do art. 1.218 do CC".

Esse julgamento se afigura como verdadeiro episódio histórico da ciência jurídica processual brasileira. Por meio do caso concreto, pôde-se vislumbrar a inadequação de pressupostos teóricos. Não custa lembrar que, originariamente, para o autor, seria impossível a convalidação das nulidades absolutas. Sendo a nulidade ligada ao interesse público e violada norma de natureza cogente, não haveria espaço para qualquer sanação.

A doutrina processual em peso sustenta a sanabilidade e o aproveitamento dos atos processuais defeituosos, mesmo em se tratando de casos que se classificariam como nulidades absolutas.[651] A máxima de que "o interesse público da instrumentalidade sobrepõe-se ao interesse público da norma processual"[652] restou reconhecida pelo próprio doutrinador ao julgar, como magistrado, o caso concreto. Daí, não se relaciona a "insanabilidade" com a "nulidade absoluta",[653] como propuseram Carnelutti[654] e Galeno Lacerda originariamente.

As sistematizações têm como propósito facilitar a visualização entre a teoria e a prática, mas, muitas vezes, conduzem a resultados insatisfatórios no caso concreto, motivo pelo qual não podem ser aplicadas irrefletidamente. A grandiosidade do julgamento proferido por Galeno Lacerda está na afirmação da necessidade de integração entre a prática e a teoria, não havendo razões que justifiquem a dogmática sem embasamentos na realidade vivenciada concretamente.

A classificação de Galeno Lacerda é bastante aceita pela doutrina brasileira, justamente porque traz limites à atuação do juiz no plano da validade. Ainda assim, existem aspectos danosos em sua sistemática, se considerarmos ou a dificuldade de identificação em abstrato do interesse preponderante tutelado pela norma, ou, principalmente, a possibilidade de incidência do princípio do prejuízo aos defeitos de atos, cuja subsunção conduza à nulidade absoluta.

O capítulo sobre invalidades é fundamental em um Código de Processo Civil, porque organiza o relacionamento entre as exigências da lei e as respectivas

---

[651] Assim a conclusão de Tesheiner de não prosperar a exclusão da presença de prejuízo do rol de requisitos à decretação de qualquer invalidade processual. TESHEINER, José Maria. *Pressupostos processuais e nulidades no processo civil.* São Paulo: Saraiva, 2000, p. 99. Como refere Bedaque, simplesmente não é aceitável o argumento de haver um interesse público para justificar a não convalidação de certas invalidades. BEDAQUE, José Roberto dos Santos. *Efetividade do processo e técnica processual.* São Paulo: Malheiros, 2007, p. 445. Sustenta, outrossim, Passo Cabral: "Não podemos imaginar qualquer vício processual que não possa ser sanado ou qualquer ato do processo que não possa ser convalidado. Todas as nulidades são sanáveis e todos os atos processuais podem ser, em princípio, aproveitados". CABRAL, Antônio do Passo. *Nulidades no processo moderno.* Rio de Janeiro: Forense, 2009, p. 191.

[652] SILVEIRA, Marco Antônio Karam. Invalidade processual. *Revista Gênesis de Direito Processual Civil,* Curitiba, n. 38, p. 732-754, out/dez. 2005, p. 737.

[653] BEDAQUE, José Roberto dos Santos. Nulidade processual e instrumentalidade do processo. *Revista de Processo,* São Paulo, n. 60, p. 31-43, out/dez. 1990, p. 36.

[654] "Como os vícios em geral, se distinguem em vícios essenciais e vícios não essenciais, assim os vícios essenciais se dividem em vícios sanáveis e vícios não sanáveis, ou também, com outras palavras, vícios absolutos e vícios relativos. Correlata a essa distinção do conceito de vício é naturalmente aquela do conceito de nulidade; ao vício não sanável ou absoluto corresponde a nulidade absoluta; ao vício sanável ou relativo a nulidade relativa". CARNELUTTI, Francesco. *Sistema del Diritto Processuale Civile.* v. 2. Padova: CEDAM, 1938, p. 495.

finalidades, ou seja, entre tipo, interesses e valores. Inegável é que essa intermediação deve ser consciente da postura reguladora de forças públicas e privadas resguardadas pela Constituição. Entretanto, não será possível pré-determinar o interesse atingido com um desvio do esquema legal, uma vez que essa percepção depende de um exame concreto das consequências processuais e extraprocessuais produzidas pelo defeito.

6.4. TEORIA COMUNICATIVA DAS NULIDADES

6.4.1. Exposição

Antônio do Passo Cabral sustenta sua tese em três proposições básicas: o contraditório-influência, os deveres de colaboração e de boa-fé objetiva no plano processual e a função garantística da organização formal em favor das partes. Em sua *Teoria Comunicativa das Nulidades*, propõe uma conjugação entre essas premissas.[655]

O jurista parte da moldagem hodierna, dada ao princípio do contraditório, como um direito fundamental de influenciar uma decisão que deve ser verdadeiramente dialogada. Sendo o contraditório aspecto essencial no processo, deve ele ser compreendido de modo dinâmico. Assim, uma manifestação nos autos comunica-se com o procedimento, influenciando os atos posteriores. No procedimento, tem-se um campo comunicativo, um espaço para a produção dialogada da decisão.

Em razão dessa constatação, o autor vê uma imposição aos litigantes de deveres de cooperação e de boa-fé objetiva na seara processual. Afinal, se o procedimento é um momento para a construção do diálogo, com uma dinâmica interferência entre seus atos, devem as partes e o juiz zelar pelas condições de sua realização. Dá, por isso, especial tratamento aos deveres das partes com o processo, com ênfase no estudo das preclusões.

De igual maneira, a organização formal do processo tem papel fundamental na repartição dos poderes e faculdades processuais, já que as formas servem para preservar a liberdade privada e controlar a potestade estatal.[656] Compreende que o argumento de serem as formas e formalidades incompatíveis com o processo moderno, publicizado, levou ao aumento assoberbado dos poderes do juiz, afastando o processo das garantias das partes e distorcendo o equilíbrio necessário para assegurar um diálogo profícuo.

Diante disso, a forma serve como uma garantia de participação de todos a interferirem comunicativamente no resultado do processo, sendo o formalismo a

---

[655] CABRAL, Antônio do Passo. *Nulidades no processo moderno.* Rio de Janeiro: Forense, 2009.
[656] Idem, p. 183.

"maneira de assegurar estruturalmente as interações subjetivas que compõe o contraditório".[657] Assim, além da compreensão de forma-função (análise meio-fim), assume relevância a ideia de forma-garantia (percepção valorativa), ideia que se liga expressamente ao *formalismo-valorativo*, na medida em que exige, para o estudo da invalidade, a análise do campo axiológico.[658]

Dessas considerações advém *o princípio de validez apriorística dos atos processuais*. Como a invalidação é apenas uma das possibilidades diante do vício, pois a forma é axiologicamente orientada, não se vê uma identidade entre o "viciado" e o "nulo". Por esse motivo, todo o ato defeituoso pode ser sanável ou repetido. Desse princípio deduz-se, ainda, outra conclusão: a existência de uma presunção de validade dos atos processuais, em razão de haver uma preferência normativa pela validez.[659] Essa presunção de validade repercute em toda a conformação processual, especialmente no relativo à apreciação judicial da perfeição dos atos. O princípio impõe um ônus argumentativo diferenciado para a invalidação, já que "para a manutenção da prioridade normativa, ou seja, para manter a validade do ato, considerando irrelevante a imperfeição formal verificada, o juiz não tem peso argumentativo".[660]

Critica, assim, a Teoria da Cominação, na qual basta a constatação da atipicidade para se ter a invalidade e a ineficácia.[661] De igual modo, opõe-se ao instrumentalismo, que exige uma segunda etapa a ser cumprida: avaliar se a infração à forma culminou em desvio da finalidade.[662] A crítica reside no fato de a instrumentalidade importar uma regra geral, que induz à invalidade (defeito formal → invalidade), e uma regra excepcional, que se refere à instrumentalidade (finalidade). Por isso, opõe-se, pois "se a preferência normativa é pela validade do ato processual, o exame meio-fim não pode ser empreendido após as considerações de imperfeição formal, num momento em que a decisão já tende à invalidação".[663]

A teoria da comunicabilidade das nulidades parte da premissa de que a existência de uma atipicidade relevante permite ao magistrado inverter a prioridade *prima facie* normativa, justificando a invalidação. Então, "se o defeito não produzir uma atipicidade relevante, de acordo com certos critérios, não chega a ser observada qualquer nulidade, e nem há o que 'aproveitar', 'repetir' ou 'convalidar'".[664]

---

[657] CABRAL, Antônio do Passo. *Nulidades no processo moderno*. Rio de Janeiro: Forense, 2009, p. 185.

[658] "A concepção moderna do direito processual despreza a técnica desprovida de sentido, rejeitada numa moldura teleológica preocupada com resultados éticos e justos. As formas, a técnica processual, o método, têm todos, na atualidade, direcionamento axiológico, sintetizados no movimento denominado "formalismo-valorativo", na feliz expressão de Carlos Alberto Alvaro de Oliveira". CABRAL, Antônio do Passo. *Nulidades no processo moderno*. Rio de Janeiro: Forense, 2009, p. 188.

[659] CABRAL, Antônio do Passo. *Nulidades no processo moderno*. Rio de Janeiro: Forense, 2009, p. 191-192.

[660] Idem, p. 197.

[661] (1) atipicidade → invalidade + ineficácia.

[662] (2) atipicidade – finalidade → invalidade + ineficácia.

[663] CABRAL, Antônio do Passo. *Nulidades no processo moderno*. Rio de Janeiro: Forense, 2009, p. 201.

[664] Idem, p. 202.

A aferição da *relevância da atipicidade* dá-se no estudo das consequências possíveis do ato processual defeituoso no restante da série.[665] E a visualização dessas consequências leva ao extremo a consideração das ofensas ao contraditório-influência.

Partindo das premissas de influência e argumentação em reflexividade, quando o defeito impedir a plena consecução do contraditório-influência, o juiz poderá considerar como normativamente relevante a atipicidade, pronunciando a nulidade do ato. Vale dizer, o signo que autoriza a invalidação é a significação comunicativa destrutiva da pureza dialógica. E a significação comunicativa do defeito formal é a repercussão ou interferência do vício na higidez do ambiente dialético do processo.[666]

A potencialidade de prejuízo ao ambiente dialético do processo é, para o autor, o único critério para fins de avaliação da relevância da atipicidade.[667] Diante disso, dá grande valia às preclusões e às manifestações de vontade das partes, sustentando sua teoria da invalidade na boa-fé objetiva, com a aplicação dos deveres de informação, de consideração, de reação, de prevenção, de vedação do *venire contra factum proprium* e de proteção da confiança legítima. Por isso, também, há deveres ao juiz de não surpresa, diálogo efetivo, prevenção e esclarecimento, anteriores ao decreto da invalidade.

Entre as vantagens dessa compreensão, segundo o autor, ter-se-ia um dinâmico retorno às peculiaridades do fato, pois a determinação dos critérios de invalidação não será dissociada do caso concreto; a participação das partes e equilíbrio de poder, diante da exigência do contraditório-influência; além de uma maior racionalidade e controlabilidade dos critérios da decisão diante do maior ônus argumentativo na invalidação.

6.4.2. Crítica

O melhor na Teoria Comunicativa das Nulidades está em aplicar o princípio do contraditório em acepção forte no estudo da validade dos atos processuais. Não por acaso, a teoria é *comunicativa*, já que reconhece as dinâmicas influências que os atos praticados produzem no procedimento, espaço de construção pelo diálogo. Daí, aprecia o exame da validade sob a perspectiva de um processo cooperativo, e isso, registre-se, faz muito bem.

---

[665] "Denominamos atipicidade relevante a qualificação normativa dos efeitos do vício que indique um condicionamento especialmente deletério à estruturação do procedimento". CABRAL, Antônio do Passo. *Nulidades no processo moderno*. Rio de Janeiro: Forense, 2009, p. 283.

[666] CABRAL, Antônio do Passo. *Nulidades no processo moderno*. Rio de Janeiro: Forense, 2009, p. 283.

[667] Para não deixar dúvidas acerca da eleição do critério pelo autor: "o critério que buscamos para justificar a invalidação é a interferência deletéria na perfeição do ambiente discursivo em que se desenvolve a relação processual, isto é, a ofensa à concepção de influência reflexiva. A atipicidade somente será relevante se interferir nas possibilidades que têm os litigantes de condicionar a decisão; se atingir as oportunidades, que decorrem do contraditório, de demonstrar o acerto de seus argumentos". CABRAL, Antônio do Passo. *Nulidades no processo moderno*. Rio de Janeiro: Forense, 2009, p. 286.

Mas, a bem da verdade, as conclusões alcançadas não são aptas a sustentar integralmente uma teoria das invalidades processuais. Basta constatar que não se exige mais (nem menos) do contraditório de decisões que julgam o mérito da causa ou qualquer questão incidente como o deferimento de provas, medidas urgentes ou a validade de um ato processual. A conformação do contraditório para essas decisões pode divergir em razão das circunstâncias para prolação, mas não em função do tema a ser decidido.[668]

Daí, fora as conclusões relativas ao princípio do contraditório e aos deveres de colaboração e boa-fé objetiva, que, gize-se, são úteis a todos os ensejos de Direito Processual Civil, as asserções específicas dessa teoria sobre invalidades processuais merecem uma análise crítica, a começar por um dos pilares fundamentais da teoria comunicativa das nulidades: o *princípio da validade apriorística dos atos processuais,* pois esse princípio, na forma como proposto, não está imune a críticas que busquem assento em um Estado Constitucional. Em razão do princípio, Antônio do Passo Cabral sustenta ser necessário um ônus argumentativo forte para a invalidação e a inexistência de peso argumentativo para a validação.[669] Ora, se o juiz não tem "peso argumentativo" para afastar uma alegação de invalidade e dizer hígido o ato, então restam, efetivamente abertas, as portas para a exclusão do diálogo, para a não fundamentação dessas decisões e, consequentemente, para a derrocada das garantias das partes na conformação do procedimento.

Afinal, se há necessidade de se proteger contra abusos e decisões arbitrárias que invalidem um ato hígido, essa imperiosidade também existe para que sejam invalidados os atos doentes, sob pena de ensejar uma violação das finalidades (próximas e valorativas) preservadas pelo tipo desrespeitado. Como a invalidade reflete uma violação do tipo, e nele estão compreendidos valores que lhe dão fundamento, a manutenção de um ato, no procedimento, que contém defeito que corrompa seu núcleo valorativo é fato altamente danoso. Em outras palavras, manter a validade de um ato diante de tal dano é, quiçá, mais grave do que determinar a repetição de um ato cuja ofensa não se deu.

Imagine-se que a citação foi realizada em hospital quando o réu estava sob influência de medicamento com efeitos narcóticos. Esse ato ofende o disposto nos arts. 217, IV, e 218 do Código de Processo Civil e, também, o direito fundamental ao contraditório, ligando-se ao valor segurança jurídica. Diante da situação, o citando não poderia ter ciência acerca do significado do ato, representando um dano colossal à conformação normativa principial e axiológica processual. Por

---

[668] Não é o fato de a decisão querer avaliar a validade de atos processuais que faz demandar uma ingerência diversa do contraditório. Pode, exemplificativamente, haver contraditório diferido na análise de validação de um ato processual. Assim, seria diante de uma alegação urgente para suspender uma hasta pública no dia seguinte, em razão de um vício na penhora. As circunstâncias da decisão é que irão demandar o funcionamento do contraditório conforme as necessidades da vida. O princípio do contraditório é dinâmico e deve ajustar-se aos valores protegidos no caso concreto.

[669] CABRAL, Antônio do Passo. *Nulidades no processo moderno.* Rio de Janeiro: Forense, 2009, p. 197.

que motivo se poderia sustentar que, para dizer esse ato válido, o juiz precisaria fundamentar menos do que para dizê-lo inválido?

Como leciona Calmon de Passos, de transcrição indispensável, não há diferença na análise do juiz para reconhecer a validade ou a invalidade:

> Validade e invalidade são duas faces da mesma moeda. O processo de produção do direito diz o que vale como suposto para autorizar as consequências que a esse suposto associa, consequências que podem consistir, inclusive, na ineficácia ou invalidade de determinado suposto para autorizar a imputação de determinada consequência no caso concreto. Tipifica-se, por conseguinte, tanto o que é válido como direito quanto o que deve ser tido como juridicamente inválido, tanto o que pode ser invocado para legitimar a imputação de determinada consequência a certa conduta, como o que pode ser invocado para deslegitimar a imputação da consequência pretendida. *Nenhuma diferença essencial há, destarte, no operar do jurista, volte-se ele para perquirir a validade ou a invalidade de determinada relação ou situação jurídica.*[670]

Além de desajustar o equilíbrio valorativo processual, a criação de uma presunção de validade funda-se em uma abstração do tipo ideal-legal. Sustentar um princípio de validade apriorística dos atos processuais significa negar o estabelecimento da dinâmica processual concreta na manutenção do ato, pois realiza a remissão a um conceito estático, previamente determinado em um plano ideal (*a validez apriorística*). Ademais, seria fraca a influência do contraditório quando se decide pela validação, provimento com potencial altamente lesivo à segurança jurídica e a direitos garantidos na norma possivelmente desrespeitada.

Por isso, ao contrário do afirmado pelo autor, a sistemática não dá vantagem em "um retorno às peculiaridades do caso" na decisão, mas remissão a um conceito dissociado da prática, quando a decisão é pela validação. Perfaz-se um verdadeiro desestímulo ao diálogo para validar, e desprestigia-se o contraditório como direito fundamental.

Ainda, o raciocínio dito diferenciado da teoria, na verdade, não diverge em substância do método da instrumentalidade proposto por Calmon de Passos. Antônio do Passo Cabral argumenta que a análise meio-fim não se presta às invalidades processuais, pois produz o exame da finalidade somente quando o ato já é tendente à invalidação, em razão de já ter sido constatada a imperfeição.[671] O alcance da finalidade seria uma regra de exceção. Por sua vez, na construção da teoria. comunicativa das nulidades, assevera que apenas haverá invalidade quando a atipicidade for relevante.[672]

A lógica do raciocínio de Calmon de Passos e de Passo Cabral é idêntica, e isso se dá porque é impossível saber se a atipicidade foi ou não relevante, senão diante da presença de um vício. Não há motivo para se avaliar se um ato é válido ou não se não houve sequer desvio do tipo. Havendo o desvio do tipo, busca-se a

---

[670] Sem grifos no original. PASSOS, José Joaquim Calmon de. *Esboço de uma teoria das nulidades aplicada às nulidades processuais.* Rio de Janeiro: Forense, 2005, p. 23.

[671] CABRAL, Antônio do Passo. *Nulidades no processo moderno.* Rio de Janeiro: Forense, 2009, p. 201.

[672] Idem, p. 202.

atipicidade relevante, conforme as consequências que o defeito produziu no procedimento. Não há como antecipar o exame das finalidades para se perquirir sobre a validade porque somente será necessária essa perquirição se houver a atipicidade. Ou seja, de qualquer maneira, o exame ocorrerá após a constatação do defeito, quando "a decisão já tende à invalidação".[673] Fato é que motivo algum há para se dizer que, diante do vício, já há tendência à invalidação, pois tal apenas se dará com a constatação do prejuízo.

Tudo se harmoniza mediante o reconhecimento de que a instrumentalidade não representa uma exceção à invalidação, porque a análise dos valores, dos fins e das funções do ato são indispensáveis à compreensão da relevância do desvio do tipo. A Teoria Comunicativa das Nulidades apenas restringe (indevidamente) o critério, deixando o prejuízo e passando a adotar exclusivamente o contraditório-influência, para aferição da relevância da atipicidade. Em sede lógica, porém, são idênticos os passos de ambos os raciocínios.

A Teoria Comunicativa das Nulidades chama atenção à relevância do contraditório no procedimento, o que é louvável. Porém, o valor segurança jurídica como óbice à invalidação[674] não demanda exclusivamente participação no processo. Disso resulta a insuficiência da teoria, que aponta haver invalidade exclusivamente quando o vício repercutir na aptidão de diálogo. Alguns atos processuais não poderiam ser contemplados nessa teoria, como o vício na penhora, o erro no valor da causa, a prova ilícita, a condução por juiz não natural, a incompetência absoluta, a invalidade de hasta pública, entre tantos outros exemplos que se poderia cogitar. Basta que o desvio não tenha por fundamento normativo direto o princípio do contraditório.

Perceba-se que muitos vícios sobre atos processuais não afetam diretamente o direito de influenciar uma decisão. A Teoria Comunicativa das Nulidades não soluciona as questões sobre todo o plano da validade no processo, mas apenas às questões diretamente relacionadas ao direito ao contraditório. Tem grande serventia, mas é notoriamente incompleta, porque reduz o processo a um de seus mais importantes princípios, esquecendo-se dos outros.

6.5. OUTRAS SISTEMATIZAÇÕES RELEVANTES

6.5.1. Exposição

Tereza Arruda Alvim Wambier defende a distinção entre nulidades de fundo e de forma. Aquelas diriam respeito a vícios atados às condições da ação e aos

---

[673] CABRAL, Antônio do Passo. *Nulidades no processo moderno*. Rio de Janeiro: Forense, 2009, p. 201.

[674] A respeito, ver as considerações traçadas quando analisada axiologia no plano das validades, em especial o confronto entre os valores efetividade e segurança jurídica no juízo de invalidação (item 5.2.1).

pressupostos processuais, sendo sempre absolutas e decretáveis de ofício. As nulidades de forma, por sua vez, seriam relativas e, por isso, dependentes de arguição pelo interessado, quando ausente previsão expressa de nulidade. A cominação atuaria, tal qual na Teoria da Cominação, como uma "presunção absoluta de prejuízo",[675] o que não significa sua insanabilidade. O critério para a possibilidade de convalidação é se a forma foi instituída precipuamente no interesse da parte, o que faz os atos assim viciados sanáveis, ou se erguida sob o manto do fim público, fazendo-os insanáveis.[676]

José Maria Rosa Tesheiner[677] também adota a separação entre nulidades de forma e de fundo. Acolhe, também, o critério diferenciador entre nulidades cominadas e não cominadas, mas defende que, mesmo expressa, a invalidade pode depender da alegação da parte para ser pronunciada, além do que nem só as invalidades cominadas podem ser conhecidas de ofício, estendendo-se a possibilidade às não cominadas. Traço característico da doutrina de Tesheiner é a defesa da não decretação de quaisquer nulidades, quando o ato processual tiver alcançado seu objetivo sem prejuízo à parte, fazendo-as todas sanáveis.

Esses esquemas podem usar da crítica naquilo que for comum aos sistemas anteriores, não sendo necessário repetir os mesmos argumentos, razão pela qual não ganham capítulo próprio. Entre as críticas já realizadas, porém, não há menção à comum distinção entre invalidades de fundo e de forma, razão pela qual se passa a tal exame.

6.5.2. Crítica à distinção entre invalidades de fundo e de forma

A distinção entre invalidades de fundo e de forma está presente no ordenamento processual francês, fazendo incidir um tratamento diferenciado para cada espécie, e estão positivadas nas subseções I e II da sessão III do capítulo II do *Nouveau Code de Procedure Civile*. A primeira, composta pelos artigos 112 a 116, com título "La nullité des actes pour vice de forme" diz respeito às invalidades de forma; enquanto a segunda, "La nullité des actes pour irrégularité de fond", englobando os artigos 117 a 121, tutela as chamadas invalidades de fundo. Defendidas por Eduardo Couture,[678] as invalidades de fundo diriam respeito à própria constituição do processo, como aos pressupostos de seu desenvolvimento válido e regular, bem como às condições da ação (art. 267, IV e VI).

---

[675] WAMBIER, Teresa Arruda Alvim. *Nulidades do processo e da sentença*. São Paulo: Revista dos Tribunais, 1997, p. 159.

[676] Idem, p. 142.

[677] TESHEINER, José Maria. *Pressupostos processuais e nulidades no processo civil*. São Paulo: Saraiva, 2000, p. 114-122.

[678] COUTURE, Eduardo. *Fundamentos del Derecho Procesal Civil*. Buenos Aires: Aniceto Lopes, 1942, p. 232-233.

Quanto aos pressupostos, merecem destaque duas classificações: a de Galeno Lacerda e a de José Orlando Rocha de Carvalho. Galeno Lacerda diferencia pressupostos processuais subjetivos e objetivos; os primeiros seriam a competência e a insuspeição do juiz e a capacidade das partes; os segundos, a inexistência de fatos impeditivos (extrínsecos) e a subordinação do procedimento às normas legais (intrínsecos).[679] Já José Orlando Rocha de Carvalho[680] sistematiza os conteúdos abarcados como pressupostos processuais – que diriam respeito à existência do processo –, sendo conteúdos subjetivos a capacidade de ser parte do autor e a existência de um órgão jurisdicional, e objetivos, a existência da demanda; e como requisitos processuais – relativos à validade –, sendo positivos a competência, a imparcialidade, a capacidade processual e postulatória das partes, a petição inicial apta, a citação válida, a adequação do procedimento a atendimentos de exigências legalmente previstas para a validade do processo; e negativos a coisa julgada, a litispendência, a perempção e a convenção de arbitragem.

Com relação às condições da ação, faz-se simples referência à *Teoria Eclética da Ação*, de Enrico Tullio Liebman,[681] apontando as condições para a existência da ação processual: a *legitimatio ad causam*, o interesse em agir e a possibilidade jurídica do pedido.[682]

Fredie Didier Jr.,[683] em relevante contribuição ao tema, partindo das considerações de José Orlando Rocha de Carvalho, associou os pressupostos processuais às condições da ação. O jurista trabalha o chamado *juízo de admissibilidade do processo*, coligando os institutos como hipóteses de extinção do processo sem exame de mérito – casos em que a análise recai sobre o plano da validade.[684]

Merece nota preliminar que a contraposição entre invalidade de fundo e de forma não leva em consideração os elementos do ato processual para diferenciar fundo e forma. A forma, como entendida na classificação, seria equivalente ao tipo. Não se limita a "invalidade de forma" àquelas que dizem respeito a um vício sobre o "invólucro do ato", mas a todos os componentes analisáveis em um ato processual. A separação entre invalidades de fundo e de forma, no modo como elaborado na doutrina, tem como critério diferenciador a amplitude da análise.

---

[679] LACERDA, Galeno. *Despacho Saneador*. 2ª ed. Porto Alegre: SAFE, 1985, p. 60-61.

[680] CARVALHO, José Orlando Rocha de. *Teoria dos pressupostos e dos requisitos processuais*. Rio de Janeiro: Lumen Iuris, 2005, p. 128-166.

[681] LIEBMAN, Enrico Tullio. *Manuale di Diritto Processuale Civile*. 2ª ed. Milão: Giuffrè, 1957.

[682] As categorias não deixam de ser incólumes a fundadas críticas, em especial, a possibilidade jurídica do pedido e a *legitimidade ad causam*, que diriam respeito propriamente ao mérito da causa e não à ação processual. O tema, todavia, foge ao escopo da presente tese, não merecendo aprofundamento neste momento.

[683] DIDIER JR., Fredie. *Pressupostos processuais e condições da ação*: o juízo de admissibilidade do processo. São Paulo: Saraiva, 2005.

[684] Não se olvida da referência em sentido contrário de Donaldo Armelin, que, ao estudar com profundidade a legitimidade no Direito Processual Civil, concluiu importar a ausência de legitimidade a ineficácia do ato, dizendo ser impossível confundir os planos da validade e da eficácia. ARMELIN, Donaldo. *Legitimidade para agir no direito processual civil brasileiro*. São Paulo: Revista dos Tribunais, 1979, p. 13.

Nas invalidades de fundo, analisa-se todo o procedimento; nas de forma, um único ato da cadeia.

Por isso, todos os casos das chamadas invalidades de fundo nada mais são que exame da validade do procedimento, ou melhor, o seu exame de admissibilidade.[685] Porém, antes de um fato distintivo, verifica-se que, reconhecendo o vínculo axiológico, tanto com o procedimento, quanto com seus atos, as respectivas perquirições de validade em nada se diferenciam.

Perceba-se, por exemplo, que o afastamento da forma prescrita na lei para a petição inicial apresentada pode levar à extinção do feito sem resolução do mérito, forçando-se reconhecer aí um juízo de admissibilidade do processo. Assim, muito embora diga a questão respeito a uma análise do cumprimento de um requisito de um único ato, previsto no art. 282 do Código de Processo Civil, poder-se-ia considerar a aptidão da vestibular como um requisito processual objetivo e intrínseco, como faz José Orlando Rocha de Carvalho.[686] Em certos casos, então, "forma" e "fundo" confundem-se, sendo a categorização absolutamente inútil.

Como referido, tanto Tereza Wambier quanto José Maria Rosa Tesheiner acolhem o critério diferenciador entre invalidades de fundo e de forma, verificando nas categorias consequências distintas. As invalidades de fundo diriam respeito à ordem pública, devendo, por isso, ser decretadas de ofício e a qualquer tempo no processo. Ao contrário, as invalidades de forma não significam automaticamente haver um prejuízo ao interesse público, do que não haveria, só por isso, reconhecimento de ofício.

Todavia, são inúmeras as invalidades categorizáveis como de forma que ofenderiam a ordem pública, como se poderia rapidamente arrolar os vícios de citação (CPC, art. 214), a ausência de motivação nas decisões (CF, art. 93, X), a penhora sob recursos públicos recebidos por instituição privada para aplicação compulsória em educação, saúde ou assistência social (CPC, art. 649, IX), entre outros tantos. Por outro lado, também são presentes requisitos processuais passíveis de invalidação de todo o procedimento cujo interesse privado predomina, sendo impossível o conhecimento de ofício, como no caso da convenção de arbitragem (CPC, art. 301, § 4º). Ou seja, não há razão no critério eleito.[687]

---

[685] DIDIER JR., Fredie. *Pressupostos processuais e condições da ação*: o juízo de admissibilidade do processo. São Paulo: Saraiva, 2005, p. 27. A lição é a mesma de Calmon de Passos: "De necessidade fundamental distinguirmos o juízo de admissibilidade que todo magistrado deve, necessariamente, proferir sobre a validade do processo antes de decidir sobre a tutela pretendida pelos litigantes (mérito) do juízo que ele faz, num processo válido, a respeito da validade ou invalidade dos atos que integram a série de atos constitutivos do procedimento". PASSOS, José Joaquim Calmon de. *Esboço de uma teoria das nulidades aplicada às nulidades processuais*. Rio de Janeiro: Forense, 2005, p. 116.

[686] CARVALHO, José Orlando Rocha de. *Teoria dos pressupostos e dos requisitos processuais*. Rio de Janeiro: Lumen Iuris, 2005, p. 144-147.

[687] "Condições da ação e pressupostos processuais nem sempre representam questões de interesse público porque muitas vezes essas normas protegem interesses das partes. Assim, pensamos incorreto imaginar que sempre retratariam situações de nulidades insanáveis, até porque as condições da ação podem ser preenchidas até

Outra possível causa de distinção entre as invalidades de fundo e de forma estaria no fato de que aquelas, "em regra, não dependem da existência de prejuízo para sua decretação".[688] Todavia, verifica-se aí outro critério vazio e destituído de utilidade. Isso porque, sustenta-se, até mesmo as chamadas *nulidades de fundo* podem ser convalidadas pela ausência de prejuízo.[689]

O uso do rito inadequado caracteriza inaptidão do procedimento em ofensa ao formalismo processual, requisito intrínseco de validade do processo. Todavia, caso não haja prejuízo no rito alternativo adotado, tendo o mesmo servido aos fins do processo, nada se terá a invalidar.[690] Assim se deu, inclusive, no clássico julgamento de Galeno Lacerda já referido alhures, ao sustentar a possibilidade de utilização do procedimento ordinário, quando estava previsto na lei o uso do rito sumaríssimo.

A capacidade processual é também um requisito processual e igualmente pode ser objeto de aproveitamento ou convalidação. Basta que, exemplificativamente, no curso do processo sobrevenha a autorização, cuja falta impedia a plena capacidade processual ou a plena capacidade civil da parte, com a ratificação de todos os atos anteriormente praticados.

Reconhece-se, todavia, que, certos casos, normalmente descritos como invalidades de fundo, não possibilitam o aproveitamento ou a convalidação do procedimento em função da própria natureza da questão decidida. Afinal, havendo violação à coisa julgada anterior, nada se poderia aproveitar ou convalidar para um julgamento de mérito. Esse fato, porém, não diferencia as chamadas invalidades de fundo das de forma, já que pode haver um ato praticado com tamanho desapego às formas e aos valores tutelados no processo que se faria impossível qualquer aproveitamento ou convalidação.

O exemplo é trazido por José Maria Rosa Tesheiner, referindo julgamento da Apelação Cível 70013040886 pela Décima Oitava Câmara Cível do Tribunal de Justiça do Rio Grande do Sul:

> Haverá casos em que não será possível relativizar as formas dos atos. Em outras palavras, o vício de forma será de tal maneira relevante que será insanável. Por exemplo, o Tribunal de

---

o momento da decisão final". CABRAL, Antônio do Passo. *Nulidades no processo moderno*. Rio de Janeiro: Forense, 2009, p. 88.

[688] TESHEINER, José Maria Rosa; BAGGIO, Lucas Pereira. *Nulidades no processo civil brasileiro*. Rio de Janeiro: Forense, 2008, p. 198.

[689] Como expressamente refere José Maria Tesheiner, defensor da distinção entre invalidades de forma e de fundo, ao comentar a possível invalidade decorrente da ausência de intimação do Ministério Público, que classificou como um pressuposto processual (invalidade de fundo, portanto). Sustenta o autor, com razão, que nessa hipótese não deve a nulidade "ser pronunciada se não resultou prejuízo para a finalidade do processo". TESHEINER, José Maria Rosa; BAGGIO, Lucas Pereira. *Nulidades no processo civil brasileiro*. Rio de Janeiro: Forense, 2008, p. 174.

[690] Nesse sentido, a disposição no art. 292, § 2º, do Código de Processo Civil, prevendo que a cumulação de pedidos sujeitos a ritos distintos pode ser admitida se utilizado o rito ordinário.

Justiça do Rio Grande do Sul desconstituiu duas sentenças proferidas no mesmo processo, em momentos diversos e, ainda por cima, contraditórias.[691]

Como se vê, os pressupostos processuais sujeitam-se ao mesmo esquema básico dos vícios formais simples, porém, dirão respeito à admissibilidade de todo o processo, gerando efeitos em larga escala no procedimento. As condições da ação, por sua vez, também merecem análise similar, inclusive sendo passíveis de aproveitamento ou convalidação.[692]

Imagine-se o caso em que acionista de determinada companhia ingressa com demanda para exibição de documentos disponíveis ao público na data da propositura, ainda afirmando essa circunstância na inicial. Tratar-se-ia de um caso de ausência de interesse em agir, já que a atividade jurisdicional far-se-ia *desnecessária* (CPC, art. 267, VI). Todavia, se depois de distribuída a demanda, os documentos buscados foram confidencializados, com o fito de ocultar fraudes e irregularidades na administração da sociedade, a tutela pleiteada afigurar-se-ia como útil e necessária. Muito embora a invalidade do processo (por meio de juízo negativo de admissibilidade) houvesse de ser perquirida ao tempo de realização do ato, ter-se-ia a aptidão para a conservação do feito, uma vez que configura-se ausente o prejuízo e seja alcançada a respectiva finalidade. Tratar-se-ia de verdadeiro formalismo pernicioso exigir que o acionista levasse a causa novamente à distribuição, podendo-se haver a continuidade da primeira sem qualquer prejuízo ao réu ou ao desenvolvimento do processo.

Outrossim, admitindo-se como autêntica, para os fins exclusivamente argumentativos desta tese, a condição da ação referente à possibilidade jurídica do pedido, poder-se-ia pensar no seguinte caso: se ajuizada demanda de divórcio em ordenamento que não o permite, ter-se-ia carência de ação. Todavia, a solução se altera caso, antes da sentença extintiva do feito, entrar em vigor lei que reconhece o direito ao divórcio. A dita impossibilidade do pedido deixaria de haver, determinando-se a aplicação do direito superveniente.[693]

Como se vê, tanto as chamadas invalidades de fundo quanto as de forma são passíveis de convalidação, não se verificando qualquer razão para que se admitam

---

[691] TESHEINER, José Maria Rosa; BAGGIO, Lucas Pereira. *Nulidades no processo civil brasileiro*. Rio de Janeiro: Forense, 2008, p. 198.

[692] Para que o presente estudo tenha valia nas mais diferentes percepções a respeito das controversas relações entre condições da ação e do mérito da causa, temática que extrapola os limites objetivos desta tese, admitir-se-á como hipótese a teoria eclética da ação tal qual pensada por Enrico Tullio Liebman, acolhida no art. 267, IV, do Código de Processo Civil. Consigna-se, todavia, a convicção de que a *legitimatio ad causam* e a possibilidade jurídica do pedido apontam problemas efetivamente pertinentes ao mérito da causa, não se caracterizando como verdadeiras condições da ação; sendo o interesse em agir a única real condição da ação processual. Sobre a relação entre mérito da causa e condições da ação, ver, entre outros, DIDIER JR., Fredie. *Pressupostos processuais e condições da ação*: o juízo de admissibilidade do processo. São Paulo: Saraiva, 2005, p. 212-216, bem como MARINONI, Luiz Guilherme. *Novas linhas do processo civil*. 3ª ed. São Paulo: Malheiros, 1999, p. 212; FABRÍCIO, Adroaldo Furtado. Extinção do processo e mérito da causa, *Revista de Processo*, São Paulo, n. 58, p. 7-32, abr/jun. 1990, p. 07-32; LACERDA, Galeno. *Despacho saneador*. 2ª ed. Porto Alegre: SAFE, 1985, p. 75-93.

[693] A respeito são as disposições constantes nos arts. 303, I, e 462 do Código de Processo Civil.

sistematizações e estudos em separado. Por isso, não se adota essa distinção entre invalidades, dando-se tanto às de fundo quanto às de forma o mesmo tratamento sistemático. A diferença é sobre o objeto da análise (atos específicos ou sobre todo o procedimento), mas, em qualquer caso, ter-se-á a remissão aos fundamentos valorativos para a aplicação do juízo de invalidação.

7. A invalidação

Com força nas conclusões lançadas na primeira parte da tese, submeteram-se as principais sistematizações e teorias a respeito das invalidades processuais a exame crítico, verificando-se as respectivas virtudes e insuficiências. Nesse derradeiro capítulo, apresentar-se-á nova compreensão sobre a temática, com fins de determinar quais os supostos que devem ser preenchidos (e de que modo tal ocorre) para haver o decreto de invalidade. De igual maneira, averiguar-se-ão os mecanismos de que se vale o Direito Processual Civil para fins de aproveitar e convalidar atos processuais viciados.

7.1. O SUPORTE FÁTICO DA INVALIDADE

Nas sistematizações estudadas, duas compreensões são basilares na temática das invalidades processuais: o prejuízo ser parte do "suporte fático" da invalidade e a limitação do poder de agir do magistrado, com o reconhecimento da proteção de interesses públicos e privados no processo. Tais premissas advêm das teorias de Calmon de Passos e de Galeno Lacerda. De igual maneira, a comunicatividade procedimental das invalidades, objeto de estudo de Antônio do Passo Cabral, contribui ativamente quanto à dinamicização no procedimento do critério de relevância da atipicidade.

O ponto de partida para o estudo dos requisitos à invalidação é a constatação de que a invalidade não equivale ao vício.[694] A invalidação apresenta-se mais ampla que a vicissitude, pois requer análise mais complexa que o simples exame do tipo. A distinção entre o vício e a invalidade é facilmente observável. Basta atentar em que o ato, ainda que viciado, pode permanecer válido e produzir regularmente efeitos quando estiver presente o alcance da finalidade sem a ocorrência de prejuízo. Também produz efeito o ato que não experimentou a iniciativa adequa-

---

[694] KOMATSU, Roque. *Da invalidade no processo civil*. São Paulo: Revista dos Tribunais, 1991, p. 209. Em igual sentido, diz Dall'Agnol Jr: "A invalidade, pois, não constitui o vício etc., como, por vezes, se afirma. O defeito é antecedente necessário, mas em absoluto suficiente (não apenas porque há defeitos não invalidantes, como também porque, mesmo invalidante o défice, outros fatores podem influir para que a decretação judicial constitutivo-negativa não se dê) da invalidade". DALL'AGNOL JR., Antônio Janyr. *Invalidades processuais*. Porto Alegre: Letras Jurídicas, 1989, p. 43.

da para a invalidação. Por isso, a incompetência relativa passa a ser irrelevante, fazendo o juízo competente, quando a parte-ré não a alega a tempo. De qualquer sorte, a desconformidade entre o ato e a norma (a atipicidade) é essencial para fins de invalidação.[695]

As invalidades processuais dependem da ocorrência de um conjunto de supostos para que sejam decretadas pelo juiz. Como referido, Calmon de Passos sustenta que, além do desvio do tipo, ponto de partida para a averiguação, exige-se a presença de prejuízo. Assim, a decretação da invalidade sem a constatação do dano constitui ofensa ao valor da efetividade sem qualquer proveito à segurança jurídica, sendo, nesse ponto, exata a lição da Teoria da Relevância da Atipicidade: a inexistência de dano é suficiente para o aproveitamento do ato processual defeituoso. Assim, "a ausência de prejuízo não sana a invalidade. O que na verdade ocorre é que, por ausência de prejuízo, não se verificam os requisitos para decretação da nulidade".[696] Como a teoria apresentada nesta tese reduz o rol de hipóteses de mantença do ato viciado e de seus efeitos à ausência de prejuízo, prefere-se referir o *não aproveitamento* como um requisito genérico e incidente para a invalidação processual.[697]

É importante apontar que o princípio do aproveitamento e da convalidação não se manifesta uniformemente diante de diferentes interesses que atuam nos atos do processo. A aquiescência, exemplificativamente, não é aplicável para impedir ou reverter o decreto de invalidade de atos cujo prejuízo preponderantemente público deriva da atipicidade. A razão é simples: nenhuma parte ou integrante do processo tem legitimidade para aquiescer com aquilo que não concerne a seus próprios interesses e direitos. Por ser a titularidade do interesse público diluída por toda a sociedade, não poderá dele dispor a parte ou o juiz. Há, portanto, uma diferenciação de tratamento entre os poderes do juiz e das partes no trato das invalidades processuais, como propõe a Teoria da Finalidade e Natureza das Normas. Essa diferenciação, todavia, não advém da abstração vinculada à norma, como propôs Galeno Lacerda, mas em razão do interesse afetado concretamente pelo dano. Assim, há uma distribuição dos poderes processuais para a invalidação em conformidade com o interesse atingido. Para a invalidação, é necessário haver uma iniciativa legítima.[698]

Os requisitos à invalidação estão necessariamente relacionados às funções do processo, em especial a de servir como efetivo instrumento de realização dos direitos e dos seus valores fundamentais. A invalidade, para ser decretada pelo juiz, requer, além do desvio da norma, uma iniciativa legítima e o fracasso das

---

[695] Sobre a atipicidade, ver Capítulo 7.2.

[696] TESHEINER, José Maria Rosa; BAGGIO, Lucas Pereira. *Nulidades no processo civil brasileiro*. Rio de Janeiro: Forense, 2008, p. 84. Mantivemos na citação o termo "nulidade", tal qual utilizado pelos autores referidos. No entanto, ressalva-se que, como argumentado alhures, prefere-se a terminologia "invalidade".

[697] Estudar-se-ão todas as hipóteses, inclusive as de convalidação, no item 7.4.

[698] Sobre o ponto, ver as considerações do item 7.3.

tentativas de aproveitamento do ato. Os princípios do prejuízo e da finalidade atuam diretamente e sobre qualquer ato processual. A preclusão, a aquiescência e o legítimo interesse agem sobre a iniciativa necessária à invalidação, impedindo indiretamente o decreto ou, se este já se deu, revertendo o estado de invalidade. Justamente por isso, os três atuam apenas sobre alguns casos, conforme o poder de iniciativa, tema a ser estudado oportunamente.

De tal sorte, o "suporte fático" a habilitar o estado de invalidade processual é composto de quatro elementos: a atipicidade, a iniciativa legítima, o não aproveitamento e o decreto.

Esquematicamente:

$$\text{Estado de Invalidade Processual} \begin{cases} \text{Atipicidade} \\ \text{Iniciativa legítima} \\ \text{Não aproveitamento} \\ \text{Decreto} \end{cases}$$

Para haver invalidade, é necessário mais que a presença da atipicidade. Por isso, a invalidade derivada de um ato sem defeito é tão inexistente quanto a daquele ato viciado que não causou prejuízo. Somente há invalidade processual após a decretação pelo magistrado, que deve analisar pontualmente todos os requisitos. A presença conjunta da atipicidade, do não aproveitamento e da iniciativa legítima é condicionante à decretação do estado de inválido pelo juiz.

Resta, então, necessário esclarecer a abrangência do conceito de tipo, os critérios para iniciativa legítima e expor a incidência das normas de aproveitamento e convalidação. Identificado o suporte fático da invalidade, buscar-se-á, na sequência, delimitar o objeto de análise de seus supostos, perquirindo-se sobre os componentes do ato que perfazem o tipo processual. Após, desbravar-se-á o não aproveitamento como requisito do suporte fático da invalidade, bem como os critérios para a limitação do poder do juiz de decretação de ofício de invalidades processuais, tendo, como perspectiva, sempre a perspectiva axiológica que permeia a teoria do formalismo-valorativo. Ao final, ainda, estudar-se-á a ingerência da extensão da invalidade e da convalidação sobre atos invalidados.

7.2. O TIPO PROCESSUAL

A limitação do exame da invalidade processual à forma é um verdadeiro dogma na doutrina processual. Não são raras as afirmações de uma equivalência entre os conceitos de tipo e de forma, ou de serem irrelevantes para a apreciação da validade dos atos do processo quaisquer outros de seus componentes, como a vontade, a causa, a capacidade ou a legitimidade.

Essa característica sobre o plano da validade dos atos processuais foi determinada pela necessidade de exclusão de todos os componentes que pudessem associar os planos do processo e do direito material, para restringir o objeto de estudo do Direito Processual Civil, afastando-o do Direito Civil. Como já referido no Capítulo 2.2.2 deste livro, a vontade e a causa foram abruptamente renegadas do exame processual, para fins de se afirmar a separação entre direito processual e direito material. A partir disso, passou-se a contrapor substância e forma, vendo distintamente o direito material (substantivo) e o direito formal (adjetivo). Nessa tendência, os conceitos de tipo e forma progressivamente confundiram-se na doutrina processual.

A constatação de Antônio do Passo Cabral denuncia essa dissociação da forma dos demais componentes dos atos no direito processual: "veja-se a diferença: a capacidade do agente, que é um requisito dos atos jurídicos no direito civil, no processo é analisada no campo dos pressupostos processuais".[699] O mesmo se pode dizer da legitimidade, comumente retratada em categorias ditas exclusivamente processuais, como a competência, ou reinventada como uma condição da ação (*legitimidade ad causam*).[700] O estudo da causa, outrossim, é tema dito estranho ao ato processual, ficando exteriorizado no "princípio da finalidade", norma cuja associação às teorias da causa, típicas do Direito Civil, não são, em regra, realizadas.

Essas e outras dissociações entre os componentes e o ato processual nada mais são que uma justificação puramente fantasiosa para intentar um afastamento entre direito processual e direito material, pois, hodiernamente, não mais se justifica tal radicalização. O tipo é entendido como a regulamentação normativa da conduta e, assim sendo, envolve não apenas o invólucro de sua exteriorização, mas o conjunto de todas as exigências da lei para fins de realização da atividade.

Por isso, tipo determina mais que a forma, estando aí inclusos seu conteúdo (causa e vontade), suas exigências subjetivas (capacidade e legitimidade) e suas circunstâncias (tempo, lugar, antecedentes necessários e condições). Assim é porque "o direito processual é mais que a regulamentação de forma, é regulamentação de atividade, isto é, do conteúdo, forma e do momento do comportamento dos sujeitos no processo".[701]

Com relação ao *conteúdo*, observa-se que o art. 458 do Código de Processo Civil impõe que: a sentença deve ter relatório, fundamentos e dispositivo; o

---

[699] CABRAL, Antônio do Passo. *Nulidades no processo moderno*. Rio de Janeiro: Forense, 2009, p. 161.

[700] Reitera-se a ressalva de admitir, nesta sede, a *legitimidade ad causam* como uma condição da ação processual exclusivamente para fins de argumentação. A rigor, o exame compete ao mérito da causa, tema, porém, que extrapola os limites do objeto desta tese.

[701] PASSOS, José Joaquim Calmon de. *Esboço de uma teoria das nulidades aplicadas às nulidades processuais*. Rio de Janeiro: Forense, 2005, p. 108.

recurso de agravo, no modo instrumental, deve conter as exposições de fato e de direito, as razões para a reforma da decisão e o nome e endereço dos advogados, como determina o art. 524; a petição inicial deve indicar, por força do art. 282, o juízo a quem é dirigida, as partes, a causa de pedir, o pedido, o valor da causa, as provas a serem produzidas e o requerimento de citação.

Já à primeira vista, percebe-se que essas normas não remetem a reais exigências de forma, como seria se determinassem o invólucro, ou seja, se esses atos devessem ser orais, escritos em tinta indelével ou confeccionados e armazenados em meio eletrônico. O tipo indica verdadeiramente qual o *conteúdo mínimo* do ato, porquanto aponta o que deve conter a sentença, o instrumento do agravo ou a petição inicial. O tipo determina, então, não apenas um modo empírico de exteriorização do ato que nomina (a forma), mas também um conteúdo a ser cumprido (direcionamento da vontade), relacionável com o cumprimento da finalidade de instituição do ato (causa objetiva).

Carnelutti, ciente dessas objeções, propõe uma divisão entre "ação" (forma) e "evento" (conteúdo), exemplificando, com base no direito italiano, que a notificação considerada em seu conteúdo é a notícia de um fato a uma pessoa, mas que pode exigir modos diversos de realização, como o verbal ou o documental. Conclui, daí, que, entre o conteúdo e a forma, existe uma ligação inseparável, já que são dois aspectos de um único fenômeno.[702] Isso ocorre, como refere Nicola Picardi, porque "*nomen iuris*, forma e conteúdo são, definitivamente, faces da mesma moeda".[703]

A restrição à terminologia "forma", por isso, mostra-se insubsistente para a visualização de toda a extensão que envolve o exame do tipo. No plano processual, pode-se dar existência a um ato sem a regulamentação de sua forma na lei, mas jamais sem que haja um tipo determinando o seu conteúdo mínimo. Afinal, nenhum problema há na *objeção de executividade*, cuja forma não é explícita na lei; porém, isso apenas se torna viável porque o conteúdo do ato já está previamente determinado nos artigos 267, 301 ou 586, entre outros, do Código de Processo Civil. De outro lado, não se pode criar recursos que não os previstos em lei (art. 496), porque estar-se-ia a celebrar um ato cujo conteúdo não foi previamente estabelecido na norma. A partir do reconhecimento de que o direito processual regulamenta também o conteúdo do ato, é inegável que o exame do tipo envolve mais que o exame da forma.

Já a associação entre tipo e *sujeito* é também de fácil exposição. A verificação dos poderes das partes e do juiz no processo é previamente determinada na lei processual. Assim, um assistente simples tem legitimidade para auxiliar a parte, nos limites da lei (arts. 52 e 53). O recurso de um terceiro apenas preencherá o requisito de admissibilidade da legitimidade recursal quando houver um

---

[702] CARNELUTTI, Francesco. *Sistema del Diritto Processuale Civile*. v. 2. Padova: CEDAM, 1938, p. 161.

[703] PICARDI, Nicola. *Manuale del processo civile*. Milão: Giuffrè, 2006, p. 222.

interesse juridicamente tutelável (art. 499). Para postular em juízo, a norma exige a capacidade postulatória à parte (art. 36). O juiz não tem poder para reconhecer de ofício a incompetência relativa, pois esta depende da exceção da parte interessada (art. 307). Apenas algumas pessoas podem adjudicar o bem penhorado (art. 685-A), entre outros inúmeros exemplos que se poderiam extrair da legislação processual.

O mesmo se poderia dizer das prescrições relativas ao *tempo* e ao *lugar* da prática dos atos ou à exigência de atos anteriores pressupostos ou condicionantes (formalidades). Ora, a exteriorização material (a forma) de um recurso de apelação continua idêntica, independentemente se ele foi apresentado dentro ou fora do prazo previsto no art. 508 do Código de Processo Civil; tampouco há mudança na forma se o apelo foi interposto no juízo de primeiro grau (art. 518), ou se foi, erroneamente, protocolizado no tribunal. Da mesma maneira, continua com o invólucro rigorosamente igual se o ato que o precedeu foi uma sentença ou uma decisão interlocutória.

Apesar de esses citados desvios do modelo não afetarem a forma, acabam por interferir na perfeição do ato junto ao direito, uma vez que importam desvio do tipo. Então, a noção primeira a respeito do tipo é a de que ele incorpora não apenas a forma, mas todo o conjunto de exigências que a norma exige para a realização do ato processual.

Afirmar, porém, que o tipo processual envolve mais do que a regulamentação da forma não basta para concluir que as suas violações venham a afetar o plano da validade, e não apenas o da eficácia. Daí, alguns autores, com os quais não se concorda, sustentam que a validade processual pressupõe apenas o exame da forma em sentido estrito, restando pertinentes ao plano da eficácia as repercussões relativas às *formalidades* do ato. Nessa linha, também seria tema exclusivamente de eficácia os desvios em atos de determinados *sujeitos* do processo (partes).

Como ressaltado, é comum a doutrina derivar a invalidade processual exclusivamente de vícios de forma. Na maior parte das vezes, essa afirmação é realizada por juristas que se valem de uma acepção ampla de forma, ou seja, que engloba, além do invólucro do ato, também as formalidades, dizendo a invalidade derivar da forma, mas compreendida como um conjunto de modo, lugar e tempo.[704] Não obstante, recentemente, apartando-se os conceitos de "forma" e "formalidade", parte da doutrina processual restringiu o exame de validade à perfeição do invó-

---

[704] Nesse sentido, pode-se referir a Couture, ao afirmar que "a nulidade consiste no afastamento do conjunto de formas necessárias dadas pela lei". Porém, o autor usa no trecho uma acepção ampla de forma, o que fica claro quando reforça que a invalidade tem relação com "um conjunto de formas dadas de antemão pela ordem jurídica, mediante as quais se faz o julgamento", concluindo que "a nulidade consiste no afastamento desse conjunto de formas necessárias dadas pela lei", ou seja, no afastamento de tudo aquilo que a lei processual prevê para fins de possibilitar o julgamento da causa. COUTURE, Eduardo. *Fundamentos del derecho procesal civil*. Buenos Aires: Aniceto Lopez, 1942, p. 222. Igual é o entendimento de Cândido Rangel Dinamarco. Para não deixar dúvidas: "O ato processual é inválido quando realizado sem observância dos requisitos de forma exigidos pela lei (modo, lugar e tempo)". DINAMARCO, Cândido Rangel. *Instituições de Direito Processual Civil*. v. 2. 4ª ed. São Paulo: Malheiros, 2004, p. 589.

lucro, deixando as violações das circunstâncias de tempo e de lugar ao plano da eficácia.[705] Assim justificando, Daniel Mitidiero argumenta que "tempestividade não participa da estrutura íntima do ato, não é um suposto do ato, que, no quando de sua aferição, já conta com a sua perfeição, pressupondo-a".[706] Explica, ainda, o autor que a *ineficácia* dar-se-ia automaticamente, ao contrário da invalidade, que exige o decreto judicial.

Não é exato pensar dessa maneira. O rechaço dessa doutrina parte da diferenciação entre os planos da validade e da eficácia, e a distinção entre a ineficácia em sentido técnico, e ineficácia derivante da invalidade. Nessa linha, a invalidade decorre de uma violação da norma, tendo-se, por consequência, a retirada de efeitos do ato, ou seja, uma *ineficácia derivada da invalidade*. Já a *ineficácia em sentido técnico* se dá sempre conforme a norma. Para configurar-se, existe alguma condição ou termo na norma que impede a produção dos efeitos, sendo justamente a perfeição do tipo o que determina a inaptidão provisória de produção de efeitos.

Basta, aí, saber se as infrações do tipo que não ataquem à forma em sentido estrito dizem respeito ao direito processual. Para tanto, relembra-se que o formalismo é mais amplo que a regulamentação da forma, indicando, também, os deveres, as faculdades e os poderes das partes e do juiz, a regulamentação do procedimento e da atividade processual como um todo, para que o processo opere em conformidade com os fundamentos axiológicos exigidos na Constituição.[707] O Direito Processual Civil consiste na regulamentação de toda a atividade necessária para a prestação da tutela jurisdicional, e não exclusivamente do invólucro de sua realização.[708]

Diante disso, as violações ao tipo, que tenham potencialidade de privar o ato de seus efeitos, são perquiridas no plano da validade. Afinal, mesmo as determinações de tempo e lugar, indicadas na lei processual, levam em conta a axiologia constitucional para sua edição e aplicação, não havendo razão alguma para desconsiderar as violações das formalidades também sob o plano da validade dos atos do processo. A ineficácia que advém do descumprimento desses requisitos do tipo processual é a *derivada da invalidade* e não *em sentido técnico*, até porque é da constatação de uma dissemelhança entre o tipo e o ato que parte o exame para a retirada da eficácia do ato, ou seja, mediante a consequência da invalidade.

---

[705] "As invalidades processuais dizem respeito a violações da forma dos atos processuais. São, nesse sentido, invalidades formais. Eventuais atos processuais realizados em desconformidade com as condições de tempo e lugar, bem como questões concernentes ao conteúdo dos atos processuais, escapam ao terreno das invalidades processuais". ALVARO DE OLIVEIRA, Carlos Alberto; MITIDIERO, Daniel. *Curso de Processo Civil*: Teoria Geral do Processo Civil e parte geral do Direito Processual Civil. São Paulo: Atlas, 2010, p. 318.

[706] MITIDIERO, Daniel. *Comentários ao Código de Processo Civil*. v. 2. Porto Alegre: São Paulo, 2005, p. 388.

[707] ALVARO DE OLIVEIRA, Carlos Alberto. *Do formalismo no processo civil*. 4ª ed. São Paulo: Saraiva, 2010, p. 28-31.

[708] PASSOS, José Joaquim Calmon de. *Esboço de uma teoria das nulidades aplicadas às nulidades processuais*. Rio de Janeiro: Forense, 2005, p. 108.

A consequência jurídica decorrente da violação de qualquer prescrição legal de ato existente é primordialmente perquirida no plano da validade. As circunstâncias são exigências que atacam diretamente a disposição normativa, e o fato de o componente ser intrínseco ou extrínseco ao ato pouco importa para a identificação do plano de análise. Trata-se, na verdade, de um critério sem razão. Sendo a invalidade aferida mediante uma confrontação normativa (uma inadequação entre o ato e o tipo), a inclusão da vontade, da causa, da capacidade, da legitimidade e das formalidades como requisitos integrantes do tipo impõe admitir o plano da validade como referencial para a respectiva análise jurídica.

Outra restrição ao objeto de validade no plano processual reporta aos atos praticados pelas partes. Para Cândido Dinamarco, "os atos de parte, quando juridicamente existentes, são eficazes ou ineficazes, sem se cogitar de sua nulidade".[709] Para justificar essa assertiva, o jurista argumenta que não é pela "nulidade" que se estudam os atos da parte, sendo "outras as técnicas pelas quais da invalidade se passa à sua incapacidade de produzir os efeitos desejados pelo agente".[710] Na mesma linha, Carlos Alberto Alvaro de Oliveira e Daniel Mitidiero expõem: "a invalidade é uma consequência que se segue tão-somente à infração de forma relevante de ato processual aviado por um agente estatal. Vale dizer: os participantes interessados do processo não praticam atos inválidos".[711] Os atos das partes seriam ou inexistentes ou ineficazes, não se cogitando análise de validade.

Também não se concorda com tal limitação de análise. Afinal, motivo algum há para que determinados atos jurídicos não passem pelo plano da validade no direito processual. Provável é que a irresignação tenha origem na inadmissão da análise da higidez da vontade sobre o conteúdo do ato processual, evitando-se a postergação do procedimento[712] e, via de consequência, dissociando a tônica do exame processual do material.

Esses juristas afirmam que não se trata de invalidade, mas de ineficácia pura que independe de decretação para a sua constituição. Dinamarco fundamenta a ineficácia imediata dos atos intempestivos praticados pela parte, independentemente de decreto judicial: "se o requisito processual do prazo não for atendido, a contestação não impedirá a revelia do demandado, nem o recurso impedirá o trânsito em julgado da sentença ou do acórdão".[713]

---

[709] DINAMARCO, Cândido Rangel. *Instituições de Direito Processual Civil*. v. 2. 4ª ed. São Paulo: Malheiros, 2004, p. 583.

[710] Idem, p. 590.

[711] MITIDIERO, Daniel. *Comentários ao Código de Processo Civil*. v. 2. Porto Alegre: São Paulo, 2005, p. 389. A tese recentemente foi relançada em ALVARO DE OLIVEIRA, Carlos Alberto; MITIDIERO, Daniel. *Curso de Processo Civil*: Teoria Geral do Processo Civil e parte geral do Direito Processual Civil. São Paulo: Atlas, 2010, p. 317-318, assim consignando: "Apenas os atos estatais podem ser inválidos, não os atos das partes. Eventuais infrações legais de forma realizados pelas partes resolvem-se no plano da eficácia" (p. 318).

[712] A respeito, são as razões para excluir a perquirição da vontade sobre os atos processuais, conforme: REDENTI, Enrico. *Profili pratici del Diritto Processuale Civile*. 2ª ed. Milão: Giuffrè, 1939, p. 499-501.

[713] Dinamarco parte da compreensão de que os atos das partes têm a eficácia automaticamente destituída pela lei, sem a necessidade de decreto judicial, quando houver transgressão de forma, lugar ou tempo sobre o ato. Em seus

Como já estudado, a vontade compõe o ato processual, sendo inclusive passível de análise em profundidade, nos termos da lei civil (art. 485 ou 486 do CPC). Apenas essa perquirição não se dará no curso do processo, mas em ação autônoma.[714] Ainda, nem só da vontade haverá a perquirição para a perfeição do ato. Veja-se que um recurso violador da forma instituída na lei, como uma apelação desacompanhada do preparo, não autoriza o imediato trânsito em julgado da sentença, advindo, ao menos daí, um significativo efeito no procedimento. A coisa julgada formal dar-se-á apenas após o juiz ou o Tribunal não conhecer o recurso, proferindo juízo negativo de admissibilidade, e o transcurso do respectivo prazo recursal.[715]

A admissibilidade é um juízo de validade. Assim, o juiz realiza exame de validade quando aprecia se a petição inicial (ato da parte autora) cumpre os requisitos do art. 282, ou quando verifica a regularidade dos recursos interpostos, ou quando julga a respeito da capacidade postulatória da parte ré na constatação. Todas essas infrações ao tipo são perpetradas pelas partes, devendo haver o decreto de invalidação para fins de extirpar-lhes os efeitos. Tal decisão pode significar o reconhecimento de inépcia da inicial, o não conhecimento do recurso ou a invalidade da contestação.

Sobre o ponto, reitera-se que a análise de validade decorre da desconformidade entre o ato praticado e a norma jurídica, independentemente do sujeito que pratica o ato processual. Não se cogita a ineficácia em sentido técnico, já que, nos respectivos exemplos, não há conformidade normativa, mas violação ao tipo legal.

Dessa feita, pode-se valer da delimitação do tipo como conjunto de exigências normativas para a prática de um ato processual, cuja análise comporta o exa-

---

termos: "Mesmo sem qualificar de nulidade o defeito dos atos processuais de parte, a lei lhes nega eficácia quando do transgredirem exigências formais relativas ao modo, ao lugar ou ao tempo de sua realização. Tanto quanto os atos defeituosos do juízo, os das partes têm sua eficácia comprometida. A diferença é que estes não produzirão efeito algum desde logo – o réu será revel porque respondeu à inicial fora do prazo, ou a sentença passará em julgado automaticamente, em consequência da intempestividade do recurso, enquanto que os atos nulos do juízo só perderão eficácia quando outro ato judicial a excluir, anulando o ato". DINAMARCO, Cândido Rangel. *Instituições de Direito Processual Civil*. v. 2. 4ª ed. São Paulo: Malheiros, 2004, p. 590-591.

[714] Sobre a conclusão, ver considerações tratadas quando debatido o problema da vontade como componente dos atos jurídicos processuais no item 2.2.2.2.

[715] Diferente é a questão com relação à intempestividade do recurso, uma vez que o trânsito em julgado é independente de declaração judiciária. Aí, havendo o transcurso do prazo sem a apresentação de recurso, opera automaticamente, sendo que a interposição de recurso posterior não desconstitui o termo formal processual. Com relação ao outro exemplo trazido por Dinamarco (revelia), vê-se facilmente que a contestação fora de prazo produz efeitos no processo. Apenas o que há de distinto é a presunção de veracidade dos fatos alegados na inicial, se houver reconhecimento da intempestividade pelo juízo e o respectivo julgamento sobre a aplicabilidade dos efeitos da revelia (arts. 319 e 320). Ainda, apenas se poderia sustentar a total ineficácia da contestação se desfeita a evolução do contraditório, que agrega além da discussão dos fatos, o debate sobre o direito em causa. Mesmo intempestiva, o juiz deverá levar em conta os argumentos trazidos na contestação, com a única diferença de poder haver uma presunção relativa quanto aos fatos afirmados na inicial. A respeito, importante a compreensão do contraditório havida em ALVARO DE OLIVEIRA, Carlos Alberto. A garantia do contraditório. In: ALVARO DE OLIVEIRA, Carlos Alberto. *Do formalismo no processo civil*. 2ª ed. São Paulo: Forense, 2005, p. 227-243.

me de todos os componentes do ato jurídico, inclusas as formalidades. O exame de validade processual não é restrito em razão da parte que pratica o ato. Em qualquer caso, impõe uma perquirição do tipo de confrontação normativa.

7.3. OS PODERES DE INICIATIVA LEGÍTIMA

7.3.1. Dispositivo e oficialidade

O reconhecimento dos limites de atuação do Estado dá-se por meio dos princípios da distribuição e da organização, e tem por fulcro a garantia de liberdade do indivíduo perante o Estado. O *princípio da distribuição* de poderes no processo encontra expressão nos direitos fundamentais de liberdade, em constante relação com o *princípio da organização*.[716] Na terminologia processual, costuma-se tratar do assunto em torno das ideias de princípio dispositivo[717] e princípio da oficialidade.[718]

As partes são os melhores juízes de seus interesses, adágio que se reforça no Direito Processual Civil, mediante o princípio dispositivo, atribuindo-se a legitimidade para a prática e para a delimitação do conteúdo de determinados atos apenas às partes. O princípio da oficialidade, por sua vez, resguarda o interesse do Estado, seja aquele eventualmente perseguido em juízo, seja o interesse ligado à definição das lides também entre privados, refletindo o ideal de que "a vontade dos órgãos estatais não pode restar estranha ao desenvolvimento dos processos".[719]

Tais princípios são diversamente pesados em qualquer ordenamento processual. Zanzucchi, ao comparar o regramento italiano de 1865 com o de 1942, trouxe um relevante exemplo de como a distribuição dos poderes é permeada pelas estruturas culturais: aproximou o ordenamento de 1865 com a prevalência absoluta do princípio dispositivo, e o de 1942, período de vigência do regime fascista, com o da oficialidade.[720]

---

[716] ALVARO DE OLIVEIRA, Carlos Alberto. *Do formalismo no processo civil*. 4ª ed. São Paulo: Saraiva, 2010, p. 88.

[717] De antemão, cumpre indicar que não há correlação entre disponibilidade do direito e aplicação do princípio dispositivo, apesar da terminologia do princípio que pode levar a equívocos, como bem ressalta: MOREIRA, José Carlos Barbosa. O problema da "divisão do trabalho" entre juiz e partes: aspectos terminológicos. *Revista de Processo*, São Paulo, n. 41, p. 7-14, jan.-mar.1986, p. 8. No mesmo sentido: MATTOS, Sérgio Luiz Wetzel de. *Da iniciativa probatória do juiz no processo civil*. Rio de Janeiro: Forense, 2001, p. 14-20.

[718] Com o fito de tornar profícua a administração da justiça, Comoglio indica o princípio da economia processual que atua para ponderar um equilíbrio entre os princípios dispositivo e inquisitório. COMOGLIO, Luigi Paolo. *Il principio di economia processuale*. v. 2. Padova: CEDAM, 1982, p. 278.

[719] ZANZUCCHI, Marco Tullio. *Diritto Processuale Civile*. v. 1. Milão: Giuffrè, 1964, p. 398.

[720] Idem, p. 399: "O nosso processo civil, como estava regulado no revogado Código de 1865, dava prevalência absoluta ao princípio dispositivo; e com isso o referido código exagerou uma tendência, que se disse conforme

O princípio dispositivo em sentido material indica competir à parte a iniciativa da causa e a delimitação de seu objeto (*Dispositionsmaxime*). Em sentido formal, diz respeito ao desenvolvimento interno do processo (*Verhandlungsmaxime*).[721] Essa bipartição do princípio, reforçada por Cappelletti[722] a partir de Carnacini,[723] faz perceber que não são equivalentes os brocardos "nemo iudex sine actore" e "ne procedat iudex ex officio", normalmente associados com a norma. Isso porque, apesar de ambos limitarem a atuação judicial, o primeiro refere-se à iniciativa da causa, enquanto que o segundo abarca também os atos de impulso desenvolvidos no processo.[724]

Em sentido material ou próprio (*Dispositionsmaxime*), o princípio está ligado à relação de direito material,[725] uma vez que indica competir exclusivamente

---

ao respeito que têm os povos latinos à autonomia individual e à sua concepção de Estado, e que era certamente conforme às idéias dominantes no tempo em que aquele Código nasceu. O vigente C.P.C., expressão de um clima político totalmente mudado, ao invés, confere muito maior valia ao princípio da oficialidade".

[721] Leciona Bedaque que a distinção operada na doutrina tedesca entre o princípio dispositivo reflete diferentes fenômenos relativos aos poderes do juiz. BEDAQUE, José Roberto dos Santos. *Poderes Instrutórios do Juiz.* 4ª ed. São Paulo: Revista dos Tribunais, 2009, p. 87-97. Vale ressaltar, transcrevendo Barbosa Moreira, a respeito da terminologia da doutrina alemã: "para designar a diretriz que subordinava a atividade do juiz à iniciativa da parte, cunhou-se o termo Verhandlungsmaxime, que ao pé da letra significa "máxima (ou princípio) do debate", e estaria possivelmente a indicar a limitação do material utilizável no julgamento àquilo que os litigantes mesmo cuidem de trazer à discussão em juízo. Não surpreende que se tenha considerado inexpressiva a denominação, e imprópria como veículo da idéia que se pretendia sugerir; nem que, algumas décadas mais tarde, se propusesse outra, *Dispositionsmaxime*, em que era evidente a sugestão. Todavia, o nome primitivo não foi abandonado. Em vez disso, ganhou terreno, pouco a pouco, na doutrina, a tendência a distinguir duas classes de problemas: uma relacionada com a liberdade do titular do direito de utilizar ou não o instrumento do processo para a respectiva vindicação, outra como modo de funcionar o mecanismo processual no tocante aos fatos e à prova. Muitos autores passaram a reservar para o âmbito do segundo grupo de fenômenos o emprego do binômio *Verhandlungsmaxime – Untersuchungsmaxime* e a usar de preferência, com relação ao primeiro grupo, as expressões *Dispositionsmaxime e Offizialmaxime*". MOREIRA, José Carlos Barbosa. O problema da "divisão do trabalho" entre juiz e partes: aspectos terminológicos. *Revista de Processo*, São Paulo, n. 41, p. 7-14, jan/mar.1986, p. 9. Em reforço à terminologia e à distinção na doutrina alemã: MATTOS, Sérgio Luiz Wetzel de. *Da iniciativa probatória do juiz no processo civil.* Rio de Janeiro: Forense, 2001, p. 30-33.

[722] CAPPELLETTI, Mauro. *La testimonianza della parte nel sistema dell'oralità.* v. 1. Milão: Giuffrè, 1962, p. 303-365.

[723] CARNACINI, Tito. Tutela giurisdizionale e tecnica del processo. In: *Studi in onore di Enrico Redenti.* v. 2. Milão: Giuffrè, 1951, p. 693-772.

[724] ALVARO DE OLIVEIRA, Carlos Alberto. *Do formalismo no processo civil.* 2ª ed. São Paulo: Saraiva, 2003, p. 141-142. Cita-se aqui a 2ª edição da obra, em razão de o trecho restar reelaborado na 4ª edição pelo autor, para dar lugar a outras convenientes considerações, especialmente a respeito do princípio dispositivo em sentido material.

[725] MOREIRA, José Carlos Barbosa. O problema da "divisão do trabalho" entre juiz e partes: aspectos terminológicos. *Revista de Processo*, São Paulo, n. 41, p. 7-14, jan/mar.1986, p. 11. Nesse sentido, também, é a lição de Carnacini: "O Dispositionsprinzip em sentido estrito (em antítese ao Verhandlungsprinzip) não é outra coisa senão relativo ao direito subjetivo ainda quando se recorre à tutela jurisdicional e com isso ao instrumento processo civil". CARNACINI, Tito. Tutela giurisdizionale e tecnica del processo. In: *Studi in onore di Enrico Redenti.* v. 2. Milão: Giuffrè, 1951, p. 752. Igualmente, tratando dos princípios fundamentais do processo civil no direito comparado: "O primeiro e mais importante desses princípios é o que deriva da natureza mesma do direito substancial do qual, mediante o processo se pede a proteção. Se fala, a esse propósito, pela doutrina européia, de um princípio dispositivo (Dispositionsprinzip ou Dispositionsmaxime): o princípio ou a máxima de a disposição de parte". CAPPELLETTI, Mauro. *El proceso civil en el derecho comparado*: las grandes tendências evolutivas. Buenos Aires: EJEA, 1973, p. 17. Tradução de Santiago Sentís Melendo.

à parte a iniciativa, a delimitação da causa de pedir e dos pedidos, limitando-se o objeto da cognição pelo juízo.[726]

A parte tem total controle sobre a propositura da demanda, do que decorre a restrição ao juiz sobre a investigação dos fatos narrados. De igual maneira, a acepção material do princípio dispositivo impede o juiz de se opor a atos de disponibilidade do direito material eventualmente processualizados[727] pelas partes, como a renúncia, o reconhecimento do pedido ou a transação.[728] A *Dispositionsmaxime* concerne ao poder de decidir sobre a instauração do processo, sobre a respectiva subsistência e sobre a delimitação do litígio.[729] Assim, Carnacini expõe que se deve reconhecer existência a um princípio fundamental de dependência da iniciativa da busca pela tutela jurisdicional à vontade do interessado. Destaca, ainda, que as normas relacionadas à iniciativa para a instauração da demanda são normas que não dizem respeito ao modo de ser do instrumento, mas à proteção jurídica dada aos interesses materiais pelo exercício da ação,[730] razão pela qual assevera tratar-se da busca pela parte de escopos ultraprocessuais.[731] Assim, fazem-se imperiosos: a provocação da parte para conhecimento da exceção material (*exceptiones iuris*); a proibição de se conceder tutela aquém, além ou diversa da postulada pela parte

---

[726] Cappelletti propõe: "chamar de principio (e processo) dispositivo em sentido material ou em sentido próprio aquele, com que se indica a existência de um poder exclusivo das partes no postular a tutela jurisdicional e no fixar o objeto do juízo". CAPPELLETTI, Mauro. *La testimonianza della parte nel sistema dell'oralità*. v. 1. Milão: Giuffrè, 1962, p. 357.

[727] A respeito, ver as considerações traçadas quando estudada a natureza do ato processual no item 2.1.

[728] Cappelletti aduz que as principais manifestações do princípio dispositivo no direito comparado em sentido material respeitam (a) a vedação do juiz de instaurar *ex officio* um processo; (b) vedar o juiz de "contrademandar" de ofício, opondo exceções do demandado; (c) vedar o juiz de decidir além dos limites da demanda; (d) a de que apenas as partes e eventuais terceiros interessados podem impugnar uma decisão tomada; (e) o poder das partes de pôr fim ao processo mediante uma transação. CAPPELLETTI, Mauro. *El proceso civil en el derecho comparado*: las grandes tendências evolutivas. Buenos Aires: EJEA, 1973, p. 23-36. Tradução de Santiago Sentís Melendo.

[729] MOREIRA, José Carlos Barbosa. O problema da "divisão do trabalho" entre juiz e partes: aspectos terminológicos. *Revista de Processo*, São Paulo, n. 41, p. 7-14, jan/mar.1986, p. 10.

[730] CARNACINI, Tito. Tutela giurisdizionale e tecnica del processo. In: *Studi in onore di Enrico Redenti*. v. 2. Milão: Giuffrè, 1951, p. 744. Não se acolhe, contudo, na posição de Carnacini, que o exercício da ação não se confunde com o exercício do direito material, dado o estado atual do problema relativo à ação. Sobre a polêmica da ação, ver MACHADO, Fábio Cardoso; AMARAL, Guilherme Rizzo (orgs.). *Polêmica sobre a ação*. Porto Alegre: Livraria do Advogado, 2006. A respeito, convém também consultar: ALVARO DE OLIVEIRA, Carlos Alberto. *Teoria e prática da tutela jurisdicional*. Rio de Janeiro: Forense, 2008. Também criticando essa posição, Cappelletti argumenta: "Parece certo, na verdade, que um ato jurídico somente pode dizer-se material ou processual, enquanto representa o exercício de um poder e em geral o desenvolvimento de uma situação jurídica, respectivamente, de direito material ou de direito processual. (...) Somente quem sustente ser a ação um direito material pode subtrair da esfera dos atos processuais o ato da demanda". (p. 315). Daí, complementa "não é verdadeiro que o princípio dispositivo cesse de ser um princípio processual, e possa, portanto, simplesmente derivá-lo, ou adicionalmente intentificá-lo ou confundi-lo com a disponibilidade do direito substancial, e portanto, com a natureza privada deste" (p. 317). CAPPELLETTI, Mauro. *La testimonianza della parte nel sistema dell'oralità*. v. 1. Milão: Giuffrè, 1962, p. 315-317.

[731] CARNACINI, Tito. Tutela giurisdizionale e tecnica del processo. In: *Studi in onore di Enrico Redenti*. v. 2. Milão: Giuffrè, 1951, p. 700.

(*ne eat iudex ultra petita partium*); a impugnabilidade da sentença apenas pelas partes; e o princípio da disponibilidade privada do processo.[732]

Por isso, não pode o juiz impedir as partes de compor a causa, ainda que considere que uma delas está fazendo um mau negócio. No mesmo sentido, admitindo o credor a moratória prevista no art. 745-A do Código de Processo Civil, não pode o juiz indeferi-la, sob pena de interferência descabida sobre a autonomia privada, espaço também resguardado no processo civil em face do princípio dispositivo em sentido material.

Em sentido formal (*Verhandlungsmaxime*), o princípio dispositivo escora-se na aptidão para o impulsionamento do procedimento. Portanto, diz respeito "ao invés de um vínculo do juiz às iniciativas das partes, ao que conforma a técnica e o desenvolvimento interno do processo e, especialmente, a escolha dos instrumentos para a formação do convencimento judicial".[733]

Normalmente, essa face do princípio dispositivo é estudada na delimitação dos poderes do juiz para a produção de provas,[734] sendo, nesse tema, diuturnamente desprestigiada.[735] Não obstante, alcança também outras searas, como a regularidade sobre os atos que compõem o processo, ou sobre a direção do procedimento alheia à instrução da causa.[736] Assim sendo, na acepção "imprópria" ou "formal" do princípio dispositivo, situa a ingerência das partes sobre campo procedimental.

Até o Século XIX, o processo como coisa das partes (*Sache der Parteien*) era estruturado a partir do *Princípio da Escritura* (*Schriftlichkeitsprinzip*), que determinava que o juiz apenas poderia ter contato com os escritos, sem nunca

---

[732] ALVARO DE OLIVEIRA, Carlos Alberto. *Do formalismo no processo civil*. 4ª ed. São Paulo: Saraiva, 2010, p. 197-198.

[733] CAPPELLETTI, Mauro. *La testimonianza della parte nel sistema dell'oralità*. v. 1. Milão: Giuffrè, 1962, p. 358.

[734] Cappelletti, exemplificativamente, trabalha o princípio dispositivo em sentido formal ou impróprio diante da temática da produção da prova testemunhal. CAPPELLETTI, Mauro. *La testimonianza della parte nel sistema dell'oralità*. v. 1. Milão: Giuffrè, 1962, p. 303-375. Barbosa Moreira, em ensaio crítico à restrição dos poderes do juiz, apesar de iniciar o estudo referindo-se à direção do feito e à atividade de instrução, restringe seus exemplos e argumentos à colheita da prova. Nesse sentido, também delimita o princípio dispositivo em sentido formal, ao poder introduzir no processo a matéria de fato, de decidir sobre a necessidade da respectiva verificação à sua iniciativa, induzindo a sua abrangência praticamente exclusiva ao campo da instrução da causa. MOREIRA, José Carlos Barbosa. O problema da "divisão do trabalho" entre juiz e partes: aspectos terminológicos. *Revista de Processo*, São Paulo, n. 41, p. 7-14, jan/mar.1986, p. 10.

[735] São diversas as obras que reputam a necessidade de o juiz apoderar-se da instrução, determinando a realização das provas necessárias para o processo. Para citar algumas: BEDAQUE, José Roberto dos Santos. *Poderes Instrutórios do Juiz*. 4ª ed. São Paulo: Revista dos Tribunais, 2009; MATTOS, Sérgio Luiz Wetzel de. *Da iniciativa probatória do juiz no processo civil*. Rio de Janeiro: Forense, 2001.

[736] Os poderes das partes e dos órgãos jurisdicionais admitem ponderamentos nos diferentes sistemas. Os pontos que normalmente compõem a problemática, ora relacionados ao princípio dispositivo em sentido material, ora em sentido formal, são a iniciativa e instauração do feito, a delimitação do objeto do litígio e do julgamento, impulso processual, formação do material de fato e de direito a ser utilizado na motivação da sentença e a extinção do processo por ato dispositivo. MOREIRA, José Carlos Barbosa. O problema da "divisão do trabalho" entre juiz e partes: aspectos terminológicos. *Revista de Processo*, São Paulo, n. 41, p. 7-14, jan/mar.1986, p. 7.

tratar diretamente com as partes, com as testemunhas ou com os peritos. Tal se fazia a fim de dar imparcialidade ao juiz, o que acabava por, também, afastar o juiz do processo, dando à causa o protagonismo privado sobre seu desenvolvimento.[737] Igualmente, a concepção processual liberal considerou ser o processo um mero *jogo de forças privadas*, o que conduziu a uma passividade acentuada do juiz.[738]

Com as reformas em favor da oralidade, obteve-se que essa atividade se desenvolvesse sob os olhos do juiz, conduzindo à atribuição ao juiz de poderes de direção e de controle do próprio processo.[739] Com Klein, o juiz passou a ter poderes não apenas de vigiar a observância das regras do jogo, mas também de intervir ativamente, a fim de evitar que uma parte sucumba em razão de sua inabilidade e não pela falta de razões válidas.[740] Na medida em que foram ampliados os escopos do processo, privilegiando-se o resultado social, dotou-se o magistrado de maior poder com fins de se buscar uma solução mais rápida e de combater os desvios provocados pelas partes.[741] Essa tendência é histórica e benéfica ao processo, compreendido não como uma batalha entre as partes (*processo adversarial*), mas como uma atividade de cooperação também com o juízo para a resolução de conflitos sociais.[742]

---

[737] Processo como coisa das partes, fazia exclusivo às partes não apenas a iniciativa para a causa e a delimitação de seu objeto como também permitia ingerências amplas sobre o proceder da técnica processual. "A vontade das partes poderia dar vida, sem limites, a acordos probatórios, inclusos que vinculassem o juiz a por como base da sentença direitos manifestamente inexistentes ou impossíveis". De outra banda, nenhum poder judicial se concebia, fazendo com que o magistrado fosse totalmente estranho ao processo. CAPPELLETTI, Mauro. *El proceso civil en el derecho comparado*: las grandes tendências evolutivas. Buenos Aires: EJEA, 1973, p. 47-49. Tradução de Santiago Sentís Melendo. A respeito do processo como coisa das partes, ver CAPPELLETTI, Mauro. *La testimonianza della parte nel sistema dell'oralità*. v. 1. Milão: Giuffrè, 1962, p. 142-143.

[738] Recentemente, Franco Cipriani defendeu uma privatização do Direito Processual Civil, na qual ter-se-ia um processo cuja gestão é exclusiva das partes e que, ao juiz, competiria exclusivamente efetuar a intervenção final. Em sua argumentação, alega que a privatização do processo não significa escolher entre público e privado, entre direita e esquerda, mas entre soluções razoáveis e funcionais e solução irrazoáveis e contraproducentes. CIPRIANI, Franco. Il processo civile tra vecchie ideologie e nuovi slogan. In: *Il Processo Civile della Stato Democratico*. Nápoles: Edizioni Scientifiche Italiane, 2006, p. 109-121, p. 119-120.

[739] CAPPELLETTI, Mauro. *El proceso civil en el derecho comparado*: las grandes tendências evolutivas. Buenos Aires: EJEA, 1973, p. 60-61. Tradução de Santiago Sentís Melendo.

[740] TROLLER, Alois. *Dos fundamentos do formalismo processual civil*. Porto Alegre: Sergio Fabris, 2009, p. 59-64. Tradução de Carlos Alberto Alvaro de Oliveira. CAPPELLETTI, Mauro. *El proceso civil en el derecho comparado*: las grandes tendências evolutivas. Buenos Aires: EJEA, 1973, p. 73. Tradução de Santiago Sentís Melendo.

[741] ALVARO DE OLIVEIRA, Carlos Alberto. *Do formalismo no processo civil*. 4ª ed. São Paulo: Saraiva, 2010, p. 115.

[742] A respeito da colaboração no processo, sustenta-se a construção de um processo cooperativo a partir da ressignificação do princípio do contraditório, descobrindo-se mútuos deveres entre partes e juiz. "O contraditório acaba assumindo novamente um local de destaque na construção do formalismo processual, sendo instrumento ótimo para a viabilização do diálogo e da cooperação no processo, que implica, de seu turno, necessariamente, a previsão de deveres de conduta tanto para as partes como para o órgão jurisdicional (deveres de esclarecimento, consulta, prevenção e auxílio)". ver MITIDIERO, Daniel. *Colaboração no processo civil*: pressupostos sociais, lógicos e éticos. São Paulo: Revista dos Tribunais, 2009, p. 102. Ainda, para um aprofundamento histórico da evolução da ingerência do juiz sobre o procedimento, ver TROLLER, Alois. *Dos fundamentos do formalismo processual civil*. Porto Alegre: Sergio Fabris, 2009. Tradução de Carlos Alberto Alvaro de Oliveira.

Daí, retomando a lição de Carnacini, embora sirva à parte, o processo tem exigências próprias à sua estrutura interna, reguladora da atividade processual.[743] Se, em um momento, a parte é plenamente livre (ao exercer o ato inaugural do processo), podendo dispor do direito de buscar a tutela jurisdicional, em outro, há iniciativas endoprocessuais inafastáveis, para que o processo cumpra com seu objetivo.[744] Assim, diz-se que, após instaurado o processo, o impulso processual escaparia das partes, restando o poder de direção formal exclusivamente ao juiz.[745] Se de um lado, portanto, "as partes são livres para dispor de seus direitos substanciais levados a juízo, ou seja, do objeto do processo, não são livres, sem embargo (ou pelo menos não são completamente livres) de dispor a seu gosto também do próprio processo".[746]

Embora não seja o momento para expor o traçado histórico de assunção pelo juiz do impulsionamento do procedimento, é importante destacar o afastamento do processo da concepção privatista. Hodiernamente, é fato que a condução do processo pelo juiz e a consequente diminuição da importância da face imprópria do princípio dispositivo foram progressivamente se assentado na disciplina processual. Nesse caminho, o princípio dispositivo praticamente reduziu-se à sua perspectiva material. Daí, o princípio dispositivo, em sentido formal, restou praticamente relegado à noção histórica, sempre muito criticada e associada com o extremo promovido pelo processo liberal, uma vez que, sobre o proceder, deu-se vazão à oficialidade.

Não obstante, diretivas vinculadas ao proceder, ou seja, ao modo de realização do processo (e não, pois, diretamente ao direito material), restam ainda vinculadas à iniciativa das partes. É o caso: da exigibilidade de requerimento, pelo recorrido, para não conhecer o agravo de instrumento por falta de juntada de cópia da petição de agravo no primeiro grau (art. 526, parágrafo único); da exceção de incompetência (art. 304); da possibilidade de eleição da forma de citação pelo autor (art. 222, "f"); da penhora online (art. 655-A); da substituição da hasta tradicional por meio eletrônico (art. 689-A); da aptidão genérica para convenção sobre ônus da prova (art. 333, parágrafo único); entre outros exemplos.

Disso se pode atestar que, embora haja forte impulsionamento pelo juiz, a condução do processo é atividade também realizada em razão das partes. A propósito, as partes têm ingerência exclusiva sobre alguns atos de impulsionamento do procedimento, podendo eleger, sem interferência do juiz, técnicas para a concreção da finalidade processual, como, além dos exemplos anteriores, a indicação da forma de expropriação (art. 647). Diante do quadro, deve-se reconhecer que

---

[743] CARNACINI, Tito. Tutela giurisdizionale e tecnica del processo. In: *Studi in onore di Enrico Redenti*. v. 2. Milão: Giuffrè, 1951, p. 695-709.

[744] MATTOS, Sérgio Luiz Wetzel de. *Da iniciativa probatória do juiz no processo civil*. Rio de Janeiro: Forense, 2001, p. 21.

[745] Idem, p. 21.

[746] CAPPELLETTI, Mauro. *El proceso civil en el derecho comparado*: las grandes tendências evolutivas. Buenos Aires: EJEA, 1973, p. 45. Tradução de Santiago Sentís Melendo.

o princípio dispositivo em sentido formal é vivo e forte no ordenamento jurídico brasileiro, sendo errônea a afirmação de que compete exclusivamente ao juiz a direção sobre o procedimento.

Na conformação procedimental não se dá vazão exclusivamente à oficialidade, justamente para não ocasionar o extremo inverso do privatismo no processo. Sendo o processo um espaço de cooperação, todos os envolvidos têm ingerências e deveres sobre ele, de modo a estabelecer um equilíbrio ponderado entre a oficialidade e o dispositivo também em sentido formal, e não restrito apenas ao campo da instrução probatória.[747] Importante é salientar que a organização processual de um Estado Constitucional exige uma divisão de poderes de direção de todo o procedimento entre as partes e o juiz.

Por haver essa cooperação no cumprimento de tarefas, que acaba por reconhecer haver interesses privados e valores a eles vinculados na conformação do formalismo processual,[748] o poder de ofício exercido pelo juiz encontra limitações. Afinal, para que a atribuição de uma posição ativa ao magistrado corresponda a uma concepção democrática das funções judiciárias, não pode o exercício de tais poderes levar a uma estrutura autoritária.[749] Por isso, tanto a atribuição de papel ativo ao juiz quanto a limitação desses poderes, a fim de preservar a esfera privada das partes, são aspectos elementares para se ter democracia no processo.

7.3.2. Quatro hipóteses sobre poderes de iniciativa para a decretação de invalidades processuais

As ponderações precedentes trazem questão bastante controversa e central ao presente estudo: o poder de iniciativa para a análise e o decreto das invalidades processuais. A esse respeito, convém lembrar que o parágrafo único do artigo 245 do Código de Processo Civil brasileiro sugere a existência de duas espécies de

---

[747] "O direito processual moderno procura também equilibrar a aplicação do principio inquisitivo e do dispositivo na instrução, tendo em vista as exigências opostas de imparcialidade e livre jogo de interesses de um lado (o modo de ser dos conflitos) e, de outro, as de uma instrução que conduza a decisão conforme com o direito objetivo material, fazendo justiça. É preciso, de um lado, reprimir a inquisitoriedade que dominou o processo penal autoritário; e, de outro, abandonar o comportamento desinteressado do juiz civil tradicionalmente conformado com as deficiências instrutórias deixadas pelas partes no processo. Tal é, no sentido mais amplo possível (conquanto inevitavelmente vago), a fórmula da publicização do processo no tempo presente". DINAMARCO, Cândido Rangel. *A instrumentalidade do processo.* 12ª ed. São Paulo: Malheiros, 2005, p. 63. Não se está de acordo, pois, com a perspectiva geralmente levada do tema específico dos poderes instrutórios do juiz para o campo geral do processo, de que no Direito Processual Civil brasileiro, não há falar em princípio dispositivo em sentido formal: "O Código de Processo Civil brasileiro adota apenas o princípio dispositivo em sentido material ou próprio, uma vez que admite do mesmo passo a iniciativa judicial no recolhimento do material probatório (princípio da investigação ou inquisitório). Assim sendo, o poder instrutório do juiz não se configura como exceção ao princípio dispositivo". MATTOS, Sérgio Luiz Wetzel de. *Da iniciativa probatória do juiz no processo civil.* Rio de Janeiro: Forense, 2001, p. 39.

[748] A respeito, reitera-se o argumentado no Capítulo 4, quando trabalhada a dicotomia público-privado no campo do direito processual.

[749] TARZIA, Giuseppe. Parità delle armi tra le parti e poteri del giudice nel processo civil. In: *Problemi del processo civile di cognizione*, Padova: CEDAM, 1989, p. 311-320, p. 313.

invalidades: as que devem ser decretadas de ofício e as que dependem do requerimento da parte.

A lei brasileira, ao contrário da italiana,[750] da portuguesa[751] e da francesa,[752] não estabeleceu uma regra geral que impeça a decretação da invalidade de ofício sem requerimento. No Brasil, a solução não é clara, pois é ausente uma regra geral semelhante à dos códigos referidos. Contudo, estão presentes algumas normas que apontam casos em que a invalidade deve ou não pode ser pronunciada de ofício. Têm-se, no Brasil, exceções à regra geral, mas não se tem justamente uma regra geral expressa. Para resolver esse aparente dilema sobre a aptidão ou não de decretação de invalidades de ofício sem a permissão expressa da lei, quatro hipóteses são sugeridas:

a) As previsões específicas que possibilitam a decretação de ofício são taxativas, estando subentendida para os demais casos a norma impeditiva da iniciativa oficial;

b) as previsões específicas da lei são exemplificativas, ao indicarem quais os atos devem ter a validade controlada de ofício pelo juiz e quais dependem da iniciativa particular;

c) as previsões específicas são irrelevantes, devendo o juiz atuar de ofício em qualquer hipótese;

d) as previsões específicas, que requerem a iniciativa da parte para a decretação da invalidade, são taxativas, devendo, nos demais casos, haver a iniciativa oficial.

Em primeiro momento, ver-se-á como a doutrina nacional encara o agir de ofício sobre as invalidades. As soluções são variadas. A primeira hipótese (**a**), de que há uma regra geral no ordenamento jurídico de não decretação, salvo previsão expressa, é defendida por Roque Komatsu, Tereza Arruda Alvim Wambier, Aroldo Plínio Gonçalves e Humberto Theodoro Junior. A segunda (**b**), por sua vez, não associando a aptidão de decretação à previsão expressa da lei, é adotada por Galeno Lacerda e José Maria Tesheiner. A terceira (**c**) vê haver uma posição de legitimação de decretação de ofício em qualquer caso, e seus defensores são Calmon de Passos e Daniel Mitidiero.[753] Por fim, a hipótese (**d**) que inverte a re-

---

[750] CPC italiano. Art. 157 (primeira parte). "Non può pronunciarsi la nullità senza instanza di parte, se la legge non dispone che sia pronunciata di ufficio". Tradução livre do autor: "Não se pode pronunciar a nulidade sem o requerimento da parte, se a lei não dispuser que seja pronunciada de ofício".

[751] CPC português. Art. 202º "(Nulidades de que o tribunal conhece oficiosamente) Das nulidades mencionadas nos artigos 193º e 194º, na segunda parte do nº 2 do artigo 198º e nos artigos 199º e 200º pode o tribunal conhecer oficiosamente, a não ser que devam considerar-se sanadas. Das restantes só pode conhecer sobre reclamação dos interessados, salvos os casos especiais em que a lei permite o conhecimento oficioso".

[752] CPC francês. Art. 120. "Les exceptions de nullité fondées sur l'inobservation des règles de fond relatives aux actes de procédure doivent être relevées d'office lorsqu'elles ont un caractère d'ordre public. Le juge peut relever d'office la nullité pour défaut de capacité d'être en justice". Tradução livre do autor: "As exceções de invalidade fundadas sobre a inobservância de regras de fundo relativas aos atos do procedimento devem ser conhecidas de ofício quando têm caráter de ordem pública.O juiz poderá conhecer de ofício a nulidade por defeito de capacidade de estar em juízo". O *Code de Procedure Civile* francês regula os casos em que deve haver pronunciamento de ofício. Não é por menos que utiliza a terminologia "exception", regulando o tema na seção "les exceptions de nullité", dividida, por sua vez em subseções: "la nullité des actes pour vice de forme" (arts. 112 a 116) e "la nullité des actes pour irrégularité de fond" (art. 117 a 121).

[753] Calmon de Passos admite a existência de uma categoria de invalidades que requeira a iniciativa da parte para ser decretada, todavia acredita não existirem quaisquer exemplos ou atos passíveis de serem enquadrados nela. Daí por que se associam as ideias de Calmon de Passos e de Daniel Mitidiero visto que seu resultado prático é idêntico.

gra geral implícita da primeira não encontra defensores entre os mais renomados processualistas brasileiros.

Sustentando a primeira hipótese (a),[754] Komatsu indica que o juiz pode atuar de ofício apenas nos casos previstos na lei, reportando-se ao art. 267, § 3°, e ao art. 301, § 4°, do Código de Processo Civil. "Em síntese, o parágrafo único do art. 245 diz com as condições da ação e os pressupostos processuais, em sua classificação ampla".[755] Para o autor, nos demais casos, o juiz não pode proceder de ofício, sendo o incidente de nulidade o meio de invalidação.[756]

Em idêntico sentido, Tereza Arruda Alvim Wambier sustenta, como princípio geral sobre o sistema de invalidades, que as "nulidades relativas só podem ser levantadas pelo interessado".[757] As nulidades relativas da autora serão aquelas, de forma, não previstas na lei como absolutas.[758] Assim, para a processualista, quando não houver cominação sobre a possibilidade de decretação de ofício, dependerá da iniciativa da parte a invalidação. Nessa linha, leciona, também, Aroldo Plínio Gonçalves: a cominação da invalidade é aspecto determinante para identificar a legitimação do sujeito do processo para arguir a invalidade. Assim, as não cominadas não podem ser conhecidas de ofício, sendo a cominação ou não o critério distintivo.[759] Humberto Theodoro Junior, por sua vez, é claro em adotar a mesma postura. Em seus termos: "salvo nas nulidades cominadas de forma expressa, (...), todas as demais nulidades poderão ser apreciadas e decididas se argüidas por quem tenha interesse na sua declaração. *Ne procedat iudex ex officio*".[760]

Já em outro grupo teórico (b),[761] José Maria Tesheiner, rebatendo a correlação entre cominação e decretação de ofício, sugere que, apesar de cominada a invalidade, pode haver dependência de alegação da parte para a decretação. Outrossim, considera incorreta a vedação de que invalidades não cominadas sejam pronunciadas de ofício, exemplificando com o não conhecimento de recursos pelo tribunal quando intempestivos.[762]

Galeno Lacerda, por sua vez, em momento algum atribui ser a previsão expressa da lei um limite à decretação da invalidade. Em seu sistema, são conhecíveis de ofício as invalidades que decorrem de violação à norma cogente (nulidades

---

[754] Relembrando-se a hipótese: as previsões especificas que possibilitam a decretação de ofício são taxativas, estando subentendida para os demais casos a norma impeditiva da iniciativa oficial.

[755] KOMATSU, Roque. *Da invalidade no processo civil*. São Paulo: Revista dos Tribunais, 1991, p. 216.

[756] Idem, p. 270.

[757] WAMBIER, Tereza Arruda Alvim. *Nulidades do processo e da sentença*. São Paulo: Revista dos Tribunais, 1997, p. 143.

[758] Idem, p. 159.

[759] GONÇALVES, Aroldo Plínio. *Nulidades no processo*. Rio de Janeiro: AIDE, 1993, p. 51.

[760] THEODORO JÚNIOR, Humberto. Nulidades no Código de Processo Civil. *Revista de Processo*, São Paulo, n. 30, 38-59, abr/jun., 1993, p. 47.

[761] Nesta hipótese teórica, as previsões específicas de distribuição de poder são exemplificativas.

[762] TESHEINER, José Maria. *Pressupostos processuais e nulidades no processo civil*. São Paulo: Saraiva, 2000, p. 114-117.

absolutas e relativas), em oposição às normas dispositivas (anulabilidades). E as normas processuais dispositivas, das quais resultam a anulabilidade, são justamente aquelas expressamente referidas.

Calmon de Passos, em novo centro teórico (c),[763] comentando o art. 245 do Código de Processo Civil, rechaça a interpretação literal de que, não sendo decretável de ofício, a invalidade dependerá da arguição da parte. Isso porque, "entender-se que a nulidade somente se decretaria mediante argüição da parte equivaleria a afirmar-se que os fins particulares dos atos processuais são fins postos pela lei em favor das partes e exclusivamente delas".[764] Assim, somente se o tipo foi estabelecido no *exclusivo* interesse particular é que fica o controle de validade ao seu arbítrio. Já que não se identificam normas processuais erigidas no exclusivo interesse privado, a distinção passa a ser irrelevante. Logo, se as violações não cominadas devem ser apreciadas de ofício,[765] com ainda mais razão devem ser aquelas cominadas.

Daniel Mitidiero, em seus *Comentários ao Código de Processo Civil*,[766] faz crítica à doutrina que distingue as invalidades pela aptidão de conhecimento de ofício pelo magistrado. No entender do crítico, há plausibilidade total de conhecimento de ofício de todas as invalidades. Ao que parece, defende o jurista que sempre é permitido ao juiz o conhecimento das invalidades. Não há, aí, rigorosamente, uma regra geral, mas uma regra absoluta que não admite exceções.

Calmon de Passos, para adequar sua teoria à lei processual, admitiu uma hipótese irrealizável, contrária à ontologia do processo: a existência de uma regra processual para tutelar exclusivamente interesses da parte. A atuação concreta de sua proposição exemplificativa, por ser efetivamente irreal – partindo-se das compreensões contemporâneas sobre o processo e o interesse público –, vai ao encontro da proposta de Daniel Mitidiero. Apesar das pequenas distinções, no fundo, os juristas defendem a mesma posição: uma postura que desconsidera o interesse privado no tratamento das invalidades no sistema processual.

Uma linha última de raciocínio (d),[767] defensável à luz da legislação brasileira, seria considerar existente uma regra geral implícita que atribuísse poderes ao juiz para agir de ofício, salvo se expressamente afastada pela lei. Essa posição afasta a rigidez prática da proposta de Calmon de Passos, fazendo-a compatível com a lei, mas não encontra defensores consagrados na doutrina nacional. Não é por isso, todavia, que deva ser descartada de plano.

---

[763] A hipótese consiste em: as previsões específicas são irrelevantes, devendo o juiz atuar de ofício em qualquer caso.

[764] PASSOS, José Joaquim Calmon de. *Esboço de uma teoria das nulidades aplicada às nulidades processuais.* Rio de Janeiro: Forense, 2005, p. 135.

[765] Idem, p. 137.

[766] MITIDIERO, Daniel Francisco. *Comentários ao Código de Processo Civil.* v. 2. São Paulo: Memória Jurídica, 2005, p. 392 e 396-397.

[767] Nessa última linha, as previsões específicas da lei são taxativas para indicarem quais os atos devem ter a análise de validade dependente da iniciativa da parte. Nos demais casos, haveria controle de ofício pelo juiz.

7.3.3. Os poderes de iniciativa

Expostas as principais considerações sobre as hipóteses sugeridas, passa-se ao exame. Para o estudo, fazem-se necessárias ingerências acerca dos artigos 125, 128 e 262 da lei processual brasileira, bem como o exame do princípio dispositivo formal e da oficialidade sobre a estruturação do Direito Processual Civil.

A segunda parte do art. 128 traz uma contribuição preliminar, dizendo ser ao juiz "defeso conhecer de questões, não suscitadas, a cujo respeito a lei exige a iniciativa da parte". Muito comumente restringe-se o exame da norma pela aplicação do princípio dispositivo em sentido material, o que significaria a inaplicabilidade do artigo ao tema das invalidades processuais.

Para estabelecer a abrangência da norma, faz-se relevante encontrar o sentido do termo "questões". De início, portanto, convém indicar que a redação do art. 128 do Código de Processo Civil foi muito influenciada pelo código anterior, que se valia da terminologia "exceções".[768] O art. 4º do Código de Processo Civil de 1939 era bastante afeito aos limites do juiz em razão do direito material (primeira parte) e, por isso, estava vinculado ao princípio dispositivo em sentido próprio.

Com a nova redação da norma, a doutrina preocupou-se em determinar o significado da expressão "questões", também presente nos artigos 471 e 473 do diploma processual civil. Assim, Celso Agrícola Barbi, de pronto, esclareceu que as "questões", antes nominadas "exceções", podem ser de direito substancial ou processual.[769] Nessa esteira, Kazuo Watanabe refere um trinômio das questões que abrange aquelas (a) voltadas à regularidade do processo, (b) as condições da ação e (c) as de mérito.[770] Ou seja, a abrangência da terminologia foi progressivamente estendida pela doutrina para fins de acolher não só as matérias relativas à delimitação da causa de pedir e dos pedidos, mas também temas próprios ao desenvolvimento do procedimento.

Dúvida alguma há de que o art. 128, forte no princípio dispositivo, afirma que o juiz não pode conhecer as questões não suscitadas pelas partes, salvo se a lei permitir o conhecimento de ofício. Porém, é de se ressalvar que a ingerência do enunciado legal dá-se tanto no princípio dispositivo material quanto no formal. Afinal, se as "questões" também podem dizer respeito ao procedimento, como aquelas tendentes à regularidade do processo, o princípio dispositivo, em sentido formal, também serve de obstáculo para a atuação jurisdicional no controle dos atos processuais.

Aliás, o Código usa a expressão "questões" em dois outros artigos relevantes à compreensão da temática. No art. 471, restringe os poderes do juiz a questões

---

[768] CPC 1939. Art. 4º. "O juiz não poderá pronunciar-se sôbre o que não constitua objeto do pedido, nem considerar exceções não propostas para as quais seja por lei reclamada a iniciativa da parte".

[769] BARBI, Celso Agrícola. *Comentários ao Código de Processo Civil*. v. 1. Rio de Janeiro: Forense, 1981, p. 524-525.

[770] WATANABE, Kazuo. *Da cognição no processo civil*. São Paulo: Perfil, 2005, p. 81.

já decididas, sem especificar sua natureza processual ou material, e, no art. 473, limita a atuação da parte, vedando que sejam discutidas questões já decididas e preclusas. Em qualquer um dos casos, os artigos aplicam-se tanto a atos de conformação do procedimento quanto do direito material decidido.

Por isso, não se restringe o art. 128 apenas à acepção material do princípio dispositivo, tanto que resta defeso ao juiz conhecer temas como a competência relativa (art. 304) ou a convenção de arbitragem (art. 301, IX e § 4º), sem a iniciativa da parte interessada. Afora essas disposições específicas, a força normativa da vedação encontra-se no princípio dispositivo em sentido formal, estando vinculado, no plano axiológico, ao valor liberdade.

Já o art. 125 do Código de Processo Civil indica competir ao juiz dirigir o processo, atuando sobre o procedimento. Mas disso, salvo melhor juízo, não se deduz seu poder de ingerência sobre a validade de todos os atos processuais. Se, por um lado, o livre jogo de interesse das partes não é capaz de dar a correta orientação ao procedimento, por outro, os meios de verificação do direito no processo não podem ficar ao arbítrio do juiz.[771]

Assim, além do impulso do processo pelas partes, há o poder do juiz de, em maior ou menor escala, dirigir e controlar o procedimento. Esse poder diretivo serve para assegurar a progressão exterior do juízo (*impulso formal*) para os fins de abordar o mérito da causa (*impulso material*), podendo impedir as partes de realizar medidas irrelevantes (*impulso negativo*) ou contribuir para o desenvolvimento adequado do procedimento (*impulso positivo*).[772]

No mesmo sentido, o princípio de impulso oficial para o desenvolvimento do processo atado ao art. 262, segunda parte, do Código de Processo Civil, não diz respeito diretamente à temática das invalidades. Isso se dá porque atos de impulso são os que asseguram a passagem do processo, conforme a ordenação legal do procedimento, de uma etapa a outra.[773] Apenas se dá legitimidade ao juiz para que dê curso ao feito, orientando o proceder. Nessa tarefa, deve levar em conta certa distribuição de poderes, não podendo intentar medidas privativas das partes.

O art. 262 impõe ao juiz o dever de desenvolver o processo, mas disso não se deduz a derrocada do princípio dispositivo em sentido formal na temática. Veja-se que, para não deixar o proceder ao arbítrio das partes, nesses casos, a própria lei assegura-se de desenvolver o processo, valendo-se de preclusões ou de sanções. Outro exemplo está na possibilidade de as partes convencionarem a respeito da suspensão do processo (art. 265, II), obstando o seu desenvolvimento temporariamente.

---

[771] BARBI, Celso Agrícola. *Comentários ao Código de Processo Civil*. v. 1. Rio de Janeiro: Forense, 1981, p. 513.

[772] MILLAR, Robert Wyness. *Los principios formativos del procedimiento civil*. Buenos Aires: Ediar, 1945, p. 84-85. Tradução de Catalina Grossmann.

[773] COUTURE, Eduardo. *Fundamentos del Derecho Procesal Civil*. Buenos Aires: Aniceto Lopes, 1942, p. 79-81.

Por esses motivos, não é correta a doutrina que defende uma regra geral de conhecimento oficial sobre a validade dos atos processuais. Ademais, tal regra estaria amparada em uma abstração típica da fase do processualismo, que reduz as discussões sobre o formalismo às previsões da lei.[774] Não parece ser adequada essa maneira de distribuição dos poderes de desenvolvimento sobre o procedimento em tempos de um processo cooperativo.

De outra banda, tampouco é consistente defender haver regra geral de iniciativa privada no campo da validade, porque, afora a crítica à abstração (aqui também aplicável), a intermediação dos valores constitucionais no processo civil dá azo a uma perspectiva de interesse público sobre a organização dos atos processuais. Afinal, existem invalidades que devem ser decretadas de ofício sem cominação expressa. O prejuízo público não pode estar suscetível ao arbítrio dos particulares.[775]

Os casos de iniciativa oficial ou particular expressos na lei não são taxativos, mas exemplificativos para compor um sistema de invalidades em consonância com a Constituição e com o formalismo. Deve-se, portanto, abandonar o desejo de regulamentação legal integral do Estado Liberal, e deixar de ver na cominação da lei o critério único para identificação dos poderes no processo. Não havendo taxatividade, deve-se descobrir sobre qual critério funda-se a distribuição da iniciativa legítima para conhecimento e decretação das invalidades processuais. Para tanto, faz-se mister ter ciência das diferentes atuações do Estado frente a prejuízos públicos ou privados.

Claro que o interesse preponderante na norma abstrata é de dificílima ou até impossível apuração, sem as especificidades do caso concreto. Porém, o sistema de invalidades processuais brasileiro dá grande valia à existência de prejuízo para a apuração da invalidade, havendo, aí, não só um elemento necessário à decretação, mas um verdadeiro componente do suporte fático do estado de invalidade (*não aproveitamento*). Afinal, é a instrumentalidade das formas, consubstanciada pelos princípios do prejuízo e da finalidade, que irá indicar qual o valor e qual o interesse atacado pela atipicidade.

O Direito Processual Civil brasileiro, em outros tópicos, usou o caráter público-privado de suas normas para limitar a atuação do magistrado mediante o confrontamento entre princípio dispositivo e da oficialidade, não repercutindo em

---

[774] Sobre o processualismo, com referências de bibliografia, ver item 1.1.

[775] Um exemplo disso é o caso da cassação pelo tribunal da sentença sem a prévia produção de prova indispensável e realizável, ainda que as partes não tenham se insurgido contra o fato nos respectivos recursos. É possível arrolar, ainda, dois exemplos trazidos por Tesheiner, ao argumentar a existência de invalidades conhecidas de ofício sem a autorização expressa e específica da lei: o não conhecimento de recursos intempestivos e a falta de contestação oferecida por curador especial. TESHEINER, José Maria. *Pressupostos processuais e nulidades no processo civil*. Saraiva: 2000, p. 116-117. Poder-se-ia dizer, para objetar o exemplo relativo aos recursos, que o não conhecimento dos referidos decorre do transcurso do prazo, sendo a circunstância expressamente prevista na lei. Ocorre que, conforme já argumentado alhures, as circunstâncias de tempo também podem ensejar invalidades processuais e a transgressão ao texto da lei é justamente a atipicidade, sendo o prazo questão de admissibilidade recursal, tema que conduz a uma análise de validade.

qualquer erro assim também fazer no estudo do plano da validade. O problema dos poderes de atuação para conhecer as invalidades processuais diz respeito diretamente ao interesse jurídico atingido pela violação do tipo.

Mostra-se, porém, insubsistente a distinção com fulcro na finalidade de tutela da norma, como na clássica Teoria da Finalidade e Natureza das Normas, de Galeno Lacerda. É assim porque dificilmente um tipo terá por finalidade o resguardo de interesses exclusivamente públicos ou privados, além de, relembra-se, ser de dificílima ou impossível realização o apontamento da preponderância no plano abstrato.[776]

A identificação do preponderante interesse protegido abstratamente pela norma não indica, necessariamente, a aptidão de modos de aproveitamento e de convalidação ou do poderio de iniciativa do juiz ante o vício. No plano abstrato, solução alguma se tem. Por outro lado, a identificação do interesse lesado (prejuízo) pode fornecer padrões capazes de dar dinâmica e segurança aos poderes do juiz, bem como às formas de aproveitamento e convalidação. O prejuízo é critério vazio se pensado abstratamente, sendo imperiosa sua constatação *in concreto*.[777]

Nessa ordem, propõe-se que (a) o Estado está legitimado a decretar uma invalidade de ofício, se o defeito sobre o ato causar prejuízo de ordem pública. Por outro lado, (b) quando a atipicidade ensejar prejuízo exclusivamente privado, nenhuma repercussão direta haverá aos interesses públicos, razão suficiente para deslegitimar a iniciativa oficial para o decreto de invalidade, tendo em vista a proteção da autodeterminação das partes. Por fim, **(c)** o Estado pode, excepcionalmente, agir diante de prejuízos privados, desde que fundado na dimensão objetiva dos direitos fundamentais.

A primeira hipótese (a) ocorre frequentemente. As questões relativas às condições da ação e aos pressupostos processuais são, por exemplo, diretamente vinculadas ao exercício da atividade jurisdicional, impondo modos e condições para o exercício da ação processual. As suas respectivas violações impedem o desenvolvimento regular da atividade processual, de modo que há, em geral, prejuízo público decorrente da sua violação. Por isso, o § 4º do art. 301 do Código de Pro-

---

[776] Essa dificuldade decorre do esfumaçamento dos limites entre o público e o privado. Sobre o ponto, reitera-se o trabalhado no Capítulo 4 deste livro. Ademais, nada impede que o defeito provoque prejuízos ao interesse privado de um tipo que, se abstratamente pensado, preserve preponderante interesse público.

[777] Afinal, em casos específicos, verifica-se que, mesmo o tipo que tutela preponderante interesse privado pode, com a violação, ensejar prejuízo de ordem pública. Veja-se que a competência territorial é tradicionalmente atrelada ao interesse privado, perfazendo uma opção dos particulares sobre o local onde tramita o litígio. Caso autor e réu concordem em alterar a competência, nada pode opor o juiz. Isso porque, na grande maioria das vezes, a modificação voluntária da competência pelas partes pode provocar apenas prejuízos privados. Fica a decretação da invalidade condicionada à exceção de incompetência. Contudo, se a opção dos particulares causar prejuízos de ordem pública, faz-se necessária uma postura ativa do juiz. Assim, se a modificação de competência dificultar ou até mesmo impossibilitar a produção probatória, percebe-se a presença de um prejuízo de público sobre circunstância que tutelaria preponderante interesse privado.

cesso Civil, entre outros casos, arrola a carência de ação e a ausência de pressupostos processuais como invalidades decretáveis de ofício.[778]

Pode-se complementar a linha de raciocínio com outra hipótese (entre tantas possíveis): o vício pelo indeferimento de provas indispensáveis e prolação de sentença. Do ato, originar-se-á um prejuízo de ordem pública, porque o destinatário da prova é o processo, e a ausência da devida instrução o torna menos capaz de alcançar um resultado justo, condigno com o direito e com a realidade. Ademais, é impositiva a norma que comanda que sejam determinadas de ofício aquelas provas necessárias à instrução (art. 130). Quando possível a melhor realização da instrução, o vício resulta em real falha do desenvolvimento da própria atividade jurisdicional (*error in procedendo*), caracterizando-se o substrato à decretação de invalidade de ofício da sentença.

Outra solução se dá quando (b) o desvio do tipo configurar algum prejuízo privado. Lembra-se: no processo, a regra é a isonomia: são iguais as forças e as oportunidades processuais do autor e do réu. Essa equivalência é proporcionada pelo juiz e pelo legislador ao proporem e respeitarem patamares de paridade de armas no desenvolvimento da lide. Por isso, a discrepância econômica dos litigantes não deve intervir tão severamente nas atividades processuais como nas relações privadas.[779] Não é por outra razão que o processo mostra um terreno próprio à disposição de direitos. Admite-se pacificamente a desistência da ação, o reconhecimento do pedido e a transação, sem que possa o magistrado opor resistências para obrigar as partes a manter o litígio.[780]

Valendo-se desse raciocínio, os atos processuais defeituosos que concirnam à esfera privada das partes não devem ser decretados inválidos pelo magistrado, a menos que esteja presente uma situação que afete ou impossibilite a autodeterminação da parte prejudicada. Como ressalta Eugenio Minoli, a regra básica é a de que "não há possibilidade de fazer valer o vício quem não possui alguma relação de interesse com a observância da norma".[781]

Existem invalidades que requerem, invariavelmente, a manifestação do interessado para se configurarem. São aquelas cuja infração ao tipo enseja prejuízos exclusivamente aos particulares. Serão vícios de atuação apenas processual,

---

[778] A respeito, é farta a jurisprudência. Por todos, "PROCESSO CIVIL – AÇÃO MONITÓRIA – CARÊNCIA DE AÇÃO – RECONHECIMENTO DE OFÍCIO PELO TRIBUNAL A QUO – POSSIBILIDADE. 1. As questões de ordem pública referentes às condições da ação e aos pressupostos processuais podem ser conhecidas de ofício pelos Tribunais de segundo grau. Precedentes. 2. O reconhecimento da ausência de uma das condições da ação impede a apreciação das demais questões suscitadas pelas partes, "ex-vi" do disposto no art. 267, VI, do CPC. (...)". (REsp 279.295/SP, Rel. Ministro JORGE SCARTEZZINI, QUARTA TURMA, julgado em 23/08/2005, DJ 12/09/2005 p. 332)

[779] Como já se posicionou em outra seara, também no processo essa diferenciação se dá, porém, com peso manifestamente menor que nas relações civis. SCARPARO, Eduardo. O processo como instrumento dos direitos fundamentais. *Revista da Ajuris*, Porto Alegre, n. 105, p. 135-155, mai. 2007.

[780] Isso ainda que o juiz considere esteja a parte fazendo um mau negócio. Tal aspecto tem fundamento no princípio dispositivo material. A respeito, ver o item 7.3.1.

[781] MINOLI, Eugenio. *L'aquiescenza nel processo civile*. Milão: Dottor Francesco Vallardi, 1942, p. 187.

e sempre dirão respeito a direitos sob uma condição: a apresentação da exceção. Nesses casos, não existe qualquer justificativa para intervenção do Estado nas escolhas particulares, de modo que a iniciativa deve ser sempre da parte prejudicada. Do mesmo modo, como se está diante do resguardo de interesses privados, o aproveitamento e a convalidação podem, sem qualquer óbice, valer-se das manifestações de vontade.[782]

A incompetência relativa é um exemplo comum na praxe forense, dependendo de exceção para ser decretada.[783] A ela também se soma, exemplificativamente, a necessidade de comunicação ao juízo *ad quo* da interposição de agravo de instrumento, consoante art. 526, *caput* e parágrafo.

Aplicando-se a linha argumentativa às penhoras, constata-se que, na maior parte das *impenhorabilidades por benefício de competência*,[784] a razão de sua instituição está na salvaguarda de bens mínimos para a subsistência do executado. De tal forma, se um determinado bem, listado no art. 649, for oferecido para saldar a execução pelo próprio executado, não se cogita qualquer invalidação por iniciativa oficial. Afinal, basta constatar que, se o indivíduo pode dispor do bem fora do juízo como lhe aprouver, nenhuma razão há para obstar que ele o faça mediante o processo, oportunidade em que o juiz zelará pela validade da sua declaração de vontade, assistido ainda o devedor por advogado.[785]

---

[782] Sobre o ponto, ver item 7.4.1.

[783] O Superior Tribunal de Justiça, inclusive sumulou o tema, apesar da singeleza. STJ. Súmula n°. 33. "A incompetência relativa não pode ser declarada de ofício".

[784] O *benefício de competência* é instituto herdado do direito romano que garante ao executado, para que a execução não recaia sobre certos bens, garantindo-lhe um mínimo para a sobrevivência. ASSIS, Araken de. *Manual da execução*. 10ª ed. São Paulo: Revista dos Tribunais, 2006, p. 216

[785] Em sentido contrário, pugnando pela ampla intervenção judicial, afirma peremptoriamente Araken de Assis: "o benefício do estritamente necessário de que trata o art. 649 do CPC é aplicável de ofício e irrenunciável", porque "o caráter público do impedimento é flagrante e merece respeito". ASSIS, Araken de. *Comentários ao Código de Processo Civil*. v. 9. Porto Alegre: Ledur, 1985, p. 183. Também neste sentido Ernane Fidélis dos Santos: "Existem atos sobre os quais as partes e o juiz não podem jamais transigir, em razão da proibição da lei e pelos próprios fins que objetiva a vedação. Os bens referidos no art. 649 são absolutamente impenhoráveis, porque a lei considera o interesse público na impenhorabilidade". SANTOS, Ernane Fidélis dos. *Manual de Direito Processual Civil*. v. 1. 8ª ed. São Paulo: Saraiva, 2001, p. 291-292. Ainda, Pontes de Miranda: "O benefício de competência, publicístico, de razões político-sociais, limita o exercício da pretensão a executar quanto a certos objetos, e não depende, sequer, de requerimento do devedor, para que se declare, servindo essa declaração de conteúdo e contramandamento de penhora, ou de execução". PONTES DE MIRANDA. *Comentários ao Código de Processo Civil*. v. 10. Rio de Janeiro: Forense, 2002, p. 134. Para contra-argumentar, lembra-se que a autodeterminação individual representa um princípio fundamental ao Estado Democrático de Direito, mormente por ser a expressão mais fidedigna do direito fundamental à liberdade. O encampo das vontades particulares e a supressão das subjetividades pelo Estado jamais terá lugar em um Estado Democrático de Direito, uma vez que haverá verdadeira exclusão das idiossincrasias privadas pela força de uma totalitária intervenção estatal. Por isso, sob a justificativa de proteger o particular, é dele tolhido o próprio direito de escolha e autodeterminação, violando-se incondicionalmente a sua dignidade. Não é esse o sentido constitucional que se dá hodiernamente ao processo, instrumento e direito fundamental que é uma das mais importantes formas de expressão da democracia. A respeito, merece nota a posição de Cândido Rangel Dinamarco, argumentando que "a penhora de bem absolutamente impenhorável constitui nulidade que pode (deve) ser declarada de ofício pelo juiz". Porém, no caso de o titular do bem poder aliená-lo por venda ou doação, não haverá razão lógica para que estabeleçam óbices à sua nomeação eficaz à penhora. Na hipótese, ele estará renunciando ao benefício de competência, não se podendo

Veja-se a impenhorabilidade disposta no art. 649, inciso X, dizendo ser impenhorável "até o limite de 40 (quarenta) salários mínimos, a quantia depositada em caderneta de poupança". Pois bem, se o executado quiser que seja penhorada a quantia, ainda que possua apenas montante inferior ao limite ali estabelecido, não poderá o juiz alegar um interesse público e negar a penhora. Ora, se o executado quiser pagar com o valor, ou com ele abrir a via da impugnação (art. 475-J, § 1º), ou pleitear embargos do devedor com efeito suspensivo (art. 739-A, § 1º), nada pode opor o Estado. Afinal, não há sentido algum em exigir que a parte saque o dinheiro de sua conta poupança e o consigne judicialmente para fins de segurar o juízo.

A respeito dos limites de atuação do juiz diante das impenhorabilidades, a jurisprudência do Superior Tribunal de Justiça vem afirmando que, quando houver penhora de bem considerado impenhorável, o executado deverá alegar o benefício de competência, sob pena de tornar impossível o decreto de invalidade.[786]

Para a última hipótese (c), é mister apontar que a atuação oficial não advém apenas da constatação do prejuízo público, mas também parte do pressuposto de que é função do Estado o resguardo de direitos do particular, mediante a admissão de uma dimensão objetiva dos direitos fundamentais.[787] Assim, a dimensão objetiva dos direitos fundamentais, no plano processual, pode promover a iniciativa oficial diante de situações em que há iniquidade de posições, ou quando o exercício livre da autodeterminação de uma das partes acarretar ofensas a direitos de terceiros. Assim, o juiz terá poder de iniciativa nos casos de prejuízo privado, quando amparado pela dimensão objetiva dos direitos fundamentais.

---

negar eficácia a esse procedimento. DINAMARCO, Cândido Rangel. *Instituições de Direito Processual Civil.* v. 4. 2ª ed. São Paulo: Malheiros, 2005, p. 341.

[786] "PROCESSUAL CIVIL. AGRAVO REGIMENTAL NOS EMBARGOS DE DECLARAÇÃO NO RECURSO ESPECIAL. EXECUÇÃO. BENS IMPENHORÁVEIS. ARTIGO 649, VI, DO CPC. BENS INDICADOS À PENHORA PELOS DEVEDORES. RENÚNCIA À IMPENHORABILIDADE CARACTERIZADA. IMPROVIMENTO. 1. Conforme se retira da petição de fls. 12/13 dos autos, os bens objeto de constrição foram livremente ofertados pelos agravantes em garantia da execução. 2. Esta Corte Superior de Justiça firmou posicionamento no sentido de que o devedor que nomeia bens à penhora ou deixa de alegar a impenhorabilidade na primeira oportunidade que tem para se manifestar nos autos, ainda que tais bens sejam absolutamente impenhoráveis, à exceção do bem de família, perde o direito à benesse prevista no artigo 649 do Código de Processo Civil" (REsp 470935 / RS, Segunda Seção, Relatora Ministra Nancy Andrighi, DJ de 1º/3/2004 e REsp 351.932/SP, Terceira Turma, Rel.p/ acórdão Min. Castro Filho, DJ de 9/12/2003) (...) (AgRg nos EDcl no REsp 787.707/RS, Rel. Ministro HÉLIO QUAGLIA BARBOSA, QUARTA TURMA, julgado em 14.11.2006, DJ 04.12.2006 p. 330). Em igual sentido: "PROCESSUAL CIVIL. RECURSO ESPECIAL. BEM ABSOLUTAMENTE IMPENHORÁVEL. ALEGAÇÃO DE NULIDADE DA PENHORA. RENÚNCIA DO DIREITO À IMPENHORABILIDADE. – A nomeação à penhora pelo devedor de bem absolutamente impenhorável por força do art. 649 do CPC importa renúncia do direito à impenhorabilidade. Precedente da Terceira Turma (REsp 351.932).(...)". (REsp 470.935/RS, Rel. Ministra NANCY ANDRIGHI, SEGUNDA SEÇÃO, julgado em 10.12.2003, DJ 01.03.2004 p. 120).

[787] Considerando que os direitos fundamentais não só conferem aos particulares direitos subjetivos, mas também dão fundamento a uma gama de interesses e valores necessários ao convívio em sociedade (aspectos objetivos), servem, entre outras aplicações, como diretrizes para a atuação do Estado que deixa de ser passivo e age ativamente em prol dessas finalidades.

Um bom exemplo está relacionado à mudança legislativa promovida pela Lei 11.280/05 que, entre outras disposições, acresceu o parágrafo único ao art. 112 do Código de Processo Civil, permitindo a declinação de competência, pelo juiz, se constatar o abuso do fornecedor, ao estabelecer cláusula de eleição de foro em contratos de adesão. A norma trata de uma incompetência territorial (normalmente dita relativa), e, por isso, sujeita à exceção de incompetência promovida pela parte, para ser reconhecida.[788]

O prejuízo será privado e dirá respeito à comodidade de defesa do consumidor.[789] O reconhecimento da incompetência, porém, diz a lei, será de ofício. Nesse caso, abriga-se a defesa do consumidor em juízo, facilitando-lhe seu exercício conforme a promoção conjunta do art. 6º, VIII, e do art. 51, IV e XV, do Código de Proteção e Defesa do Consumidor. A égide reside sobre o espaço processual, com vistas a garantir a isonomia, em face da vulnerabilidade presumida do protegido no sistema da Lei nº 8.078/90.

Pode ocorrer, todavia, que seja melhor ao consumidor que a demanda corra no foro ajuizado e não naquele a que o magistrado remeteu. Nessa linha, a atuação do juiz não protegerá qualquer interesse legítimo. O limite da atuação do magistrado em invalidações condizentes ao interesse privado é a autodeterminação do particular, razão pela qual pode o sujeito passivo opor-se à alteração de competência, que deve ser revertida. Essa incompetência territorial é passível de decretação de ofício pelo magistrado, mas também condicionada no tempo, tal qual prevê a extensão da competência do artigo 114 do Código de Processo Civil.

Para outro ilustrativo exemplo, imagine-se a penhora sobre os livros úteis ao exercício profissional, vedada pelo art. 649, VI, do Código de Processo Civil. Efetuada a constrição, poderá o magistrado decretá-la inválida, porque o exercício da profissão é um direito fundamental, e os instrumentos de trabalho são os meios usados para a atividade laboral. Por meio do trabalho, também, obtém-se o dinheiro necessário à aquisição dos alimentos necessários à subsistência. A impenhorabilidade dos utensílios de trabalho é, então, uma proteção estatal dos direitos fundamentais do executado.

Essa decretação de invalidade poderá ser realizada de ofício, evitando-se o grave dano a direitos básicos, quando inexistir a possibilidade de o próprio executado a ela se opor tempestivamente. Não se pode esquecer, por outro lado, que o

---

[788] Nas incompetências relativas, o legislador pondera sobre a administração da justiça a comodidade das partes em litigar, razão pela qual veda ao juízo o conhecimento de ofício. MOREIRA, Barbosa. Pode o juiz declarar de ofício a incompetência relativa?, *Revista de Processo*, Sao Paulo, v. 16, n. 62. abr/jun. 1991, p. 28-39, p. 29. Note-se que, no que diz respeito ao parágrafo único do art. 112, o direito processual está amparando a norma na diretriz constitucional de proteção do consumidor (CF, art. 5º, XXXII e art. 170, V), por meio da promoção da igualdade material. A decretação de ofício tem espeque na dimensão objetiva dos direitos fundamentais, forte na proteção de minorias vulneráveis ao abuso do poder econômico.

[789] Sustenta-se o prejuízo privado ainda que as normas do Código de Defesa do Consumidor tenham índole pública, porque a facilitação da defesa em juízo tutela em maior grau o interesse do sujeito consumidor, ente privado.

executado pode querer que a penhora recaia sobre aqueles bens por qualquer razão. Imagine-se, por exemplo, que os encargos de mora da execução sejam maiores que as suas rendas profissionais, e que a alienação dos instrumentos de trabalho cobriria integralmente o valor da dívida, ainda lhe possibilitando exercer um negócio menor. Nas situações em que não houver condicionamento da liberdade pela presença de circunstâncias de desigualdade, a manifestação da dimensão de autodeterminação da dignidade humana deve ser respeitada. Do contrário, o Estado deveria proibir também a venda de instrumentos de trabalho fora do juízo.

Assim sendo, se o próprio executado indica esses bens à penhora, não pode o juiz decretar a invalidade dela de ofício, nem pode o executado requerer a decretação, já que deu causa ao vício, faltando-lhe legítimo interesse. Ainda, se o executado anui expressa ou tacitamente com a penhora sobre os bens, resta impossível a decretação de invalidade, consolidando-se o ato.

Nesse ínterim, convém mencionar que a adoção da perspectiva dinâmica sobre a ação processual evidencia que a "efetividade do processo depende no essencial da dimensão dos poderes etc. das partes e dos poderes/deveres do órgão judicial, da conformação e adequação do procedimento, de técnicas mais apropriadas e das formas de tutela jurisdicional". É assim porque esses fatores são significativos para a realização dos valores fundamentais do processo.[790] A distribuição dos poderes deve ser aferida com atenção à indissociabilidade entre tipo, valores e interesses, aspecto importante da linha teórica do formalismo-valorativo aplicada às invalidades processuais.

7.4. NÃO APROVEITAMENTO E CONVALIDAÇÃO

Pontes de Miranda, ao abrir seus comentários sobre o capítulo das invalidades processuais, indica uma peculiaridade no tratamento normativo: a lei se preocupa mais com as normas jurídicas contrárias à decretação que propriamente com a invalidade.[791] O comentário, antes de gerar perplexidade, expõe a importância que as normas de aproveitamento têm sobre o tema. A invalidade processual apenas será decretada quando, além da atipicidade, não for possível suprir ou fazer irrelevante o vício. Assim, como já destacado, ao lado da infração do tipo, da iniciativa legítima e do decreto, tem-se o não aproveitamento como um suposto para a constituição do estado de invalidade.

Tamanha é a importância da diretiva que, mesmo já decretada a invalidade, autoriza-se a reversão desse estado, mediante técnicas que dirimam algum dos requisitos que deram ensejo à invalidação. Trata-se, aí, da ingerência de técnicas

---

[790] ALVARO DE OLIVEIRA, Carlos Alberto. *Teoria e prática da tutela jurisdicional*. Rio de Janeiro: Forense, 2008, p. 76-77.

[791] PONTES DE MIRANDA. *Comentários ao Código de Processo Civil*. v. 3. Rio de Janeiro: Forense, 2001, p. 353.

de convalidação. Observa-se que o sistema de invalidades brasileiro preocupa-se não só com os meios que impeçam a configuração do estado de invalidade, como também com os que remediam atos decretados inválidos, aproveitando-os no que puder.

A estrutura do campo da validade dos atos no processo civil direciona sua perquirição sobre os valores do formalismo, atuantes em toda a disciplina processual. Dessa feita, nos valores estão os suportes do tipo, sendo irrelevantes as suas violações se não afetam o respectivo amparo axiológico. É errôneo pensar que "uma nulidade exista por si mesma, pela simples inobservância de uma determinada prescrição legal, sem refletir que a regulação do ato está em toda a disciplina do processo".[792] Afinal, se resta prevista alguma forma idônea de aproveitamento, a atipicidade faz-se irrelevante, e a invalidade jamais se forma. Ainda, se não mais se mostra desejável, à luz da segurança jurídica, a manutenção da invalidade, há plenas condições de reversão do estado, convalidando-se o ato.

Diante da visualização do tipo processual como algo dependente de seus valores, tratar-se-á sobre as hipóteses de aproveitamento e convalidação, com força nos princípios da economia processual, instrumentalidade das formas e do aproveitamento e convalidação, já estudados no Capítulo 5.3.2. Nessa senda, antes de repetir as considerações elaboradas ao se tratar dos princípios mais ativos no campo das invalidades processuais, buscar-se-á a análise pontual das normas de aproveitamento e convalidação, para fins de cumprir fielmente com os objetivos valorativos do sistema de invalidades processuais.

Em primeiro lugar, abordar-se-ão as hipóteses de aproveitamento e convalidação incidentes sobre todo e qualquer ato processual (*prejuízo, finalidade, repetição, ratificação e conversão*), assim denominando-as de formas ordinárias. Em seguida, ver-se-ão as maneiras extraordinárias de aproveitamento e convalidação relacionadas à legitimidade para embasar o decreto, relacionável, daí, com o princípio dispositivo e com a atuação das partes (*aquiescência, preclusão, iniciativa legítima*). Por fim, estudar-se-á o regime de contenção das invalidades processuais (*redução dos efeitos do ato, invalidade derivada e invalidade parcial*)

7.4.1. Formas ordinárias de aproveitamento e convalidação

7.4.1.1. Prejuízo

Na França, a invalidade de um ato do processo é condicionada duplamente à existência, pela imperfeição, e à decretação, pela presença de prejuízo.[793] A lógica

---

[792] BONSIGNORI, Angelo. La nullità della citazione. *Rivista Trimestrale di Diritto e Procedura Civile*, Milão, p. 743-749, 1991, p. 744.

[793] KOMATSU, Roque. *Da invalidade no processo civil*. São Paulo: Revista dos Tribunais, 1991, p. 83.

francesa restou consagrada na fórmula *pas de nullité sans grief,* notoriamente incorporada no Código Processual Civil Brasileiro no § 1º do art. 249.

O prejuízo (*grief*) é um elemento condicionador da decretação no direito francês, sem, com isso tornar inexistente a invalidade. Ou seja, o ato continua inválido, mas a invalidade não pode ser decretada. Tem-se, então, não uma constituição da invalidade pelo ato judicial, mas a simples declaração de um estado anteriormente formado. O decreto se dá apenas para que, do ato inválido, não surtam efeitos, assumindo o provimento uma projeção constitutiva negativa que o ato inválido não detinha anteriormente.

Essa acepção francesa advém de razões históricas. Note-se que o primitivo sistema cominatório absoluto, vigente no Antigo Direito até as ordenações de 1667, vedava ao juiz a livre apreciação de um ato formalmente deficiente com fins de decretá-lo inválido. Semelhante ao sistema romano das *legis actiones,* qualquer violação à norma prescrita conduziria à invalidação do ato. O brocardo *la forme emporte le fond*[794] expressa bem a diretriz. Em termos mais concretos, "uma palavra trocada, um gesto menos formal, será o bastante para sacrificar o processo".[795]

A partir de 1667, porém, passou-se ao sistema cominatório relativo, devendo as invalidades ser obrigatoriamente previstas na lei (*pas de nullité sans texte* ou *não há nulidade sem texto*).[796] A lógica foi reproduzida pelo Direito Processual Civil francês de 1807, tanto que, na sua redação primeira, a grande preocupação era determinar expressamente as causas de invalidade na lei, que exibam natureza peremptória e decretação obrigatória para o juiz.[797] Ocorre que o sistema revelou-se palco fácil para armadilhas e dilações abusivas do processo, com o que se preocupou o reformador processual de 1933 e 1935 que, "acrescentando uma condição suplementar ao regime inicial do Código, entendeu por subordinar a pronúncia efetiva da nulidade à justificação de um prejuízo".[798]

A previsão das causas de invalidade, contudo, permaneceu na lei, o que resulta claro da leitura do art. 114[799] do atual diploma processual francês. No mesmo

---

[794] Em tradução livre: "a forma prefere ao fundo".

[795] SANTOS, Moacyr Amaral. Nulidades processuais. In. *Enciclopédia Saraiva do Direito.* v. 55. São Paulo: Saraiva, p. 163-171, 1977-1982, p. 164.

[796] Sobre o Code Louis, em especial sobre as progressivas restrições aos poderes dos juízes, no conflito político havido com o rei, ver PICARDI, Nicola. Introdução ao Code Louis – Ordonnance Civile, 1667, In: *Jurisdição e processo.* Organizador e revisor técnico da tradução: Carlos Alberto Alvaro de Oliveira. Rio de Janeiro: Forense, 2008, p. 69-125.

[797] Nesse momento histórico, situa-se a criação da teoria da existência jurídica, como visto na primeira parte da tese. Inexistindo razões para invalidar um casamento homossexual, por não ter sido prevista essa causa de invalidade na lei, fez-se necessária a construção de um novo plano jurídico: o da existência.

[798] KOMATSU, Roque. *Da invalidade no processo civil.* São Paulo: Revista dos Tribunais, 1991, p. 83.

[799] CPC Francês. Art 114. "Aucun acte de procédure ne peut être déclaré nul pour vice de forme si la nullité n'en est pas expressément prévue par la loi, sauf en cas d'inobservation d'une formalité substantielle ou d'ordre public. La nullité ne peut être prononcée qu'à charge pour l'adversaire qui l'invoque de prouver le grief que lui cause l'irrégularité, même lorsqu'il s'agit d'une formalité substantielle ou d'ordre public". Tradução livre do au-

sentido, manteve-se o prejuízo como requisito autorizador da decretação. Assim, o legislador, para conservar a estrutura sistêmica – que fazia indispensável a cominação legislativa dos defeitos configuradores da nulidade –, optou não por agregar novo elemento necessário à existência do estado de invalidade, mas estabelecer condições para a sua decretação.

Como visto anteriormente, no Direito Processual Civil brasileiro, a presença de prejuízo impede a própria constituição do estado de invalidade, uma vez que só ocorre invalidade após o decreto. Sem prejuízo identificável na atipicidade, não existe invalidade processual; consequentemente, não há suporte para a decretação do estado de invalidade.[800] Contrária é a lógica francesa, pois admite ocorrer invalidade pela violação ao tipo, embora não permita a decretação pela ausência do prejuízo. Todavia, deve-se ter claro que, em qualquer dos sistemas, somente se verificado prejuízo poderá ser decretada a invalidade do ato e, ainda, que o prejuízo deve ser avaliado em função da sua finalidade.[801]

No Direito Processual Civil brasileiro, a não constatação do prejuízo impede a constituição da invalidade, devendo-se, para perquirir sobre o gravame, avaliar a finalidade do ato. Exemplificativamente, se a citação tem por fim dar ciência ao réu da demanda e possibilitar-lhe a defesa, haverá prejuízo se utilizadas formas que não possibilitem o alcance desses fins. Por outro lado, a incidência da regra irá determinar que, na ausência de prejuízo, o ato não será repetido ou não será suprida a sua falta.

Há de se notar, outrossim, que o conteúdo da norma poderá dizer respeito às partes ou à própria atividade jurisdicional. Se houver a perda de um poder processual da parte, há dano aos interesses particulares; já se o defeito sobre o ato puder ensejar a inutilidade do provimento jurisdicional, tem-se prejuízo à consecução das finalidades processuais. Ambas as lesões, efetivas ou potenciais, mostram-se aptas a compor o "prejuízo", muito embora o § 1º do artigo 249 do Código de Processo Civil expresse incidência apenas "quando não prejudicar a parte", merecendo o enunciado uma interpretação extensiva.[802]

---

tor : "Nenhum ato processual pode ser declarado nulo por vício de forma se a nulidade não estiver expressamente prevista na lei, salvo em caso de inobservância de uma formalidade essencial ou de ordem pública. A nulidade não pode ser pronunciada se quem a alega não provar o prejuízo que causou a irregularidade, mesmo quando se trate de uma formalidade essencial ou de ordem pública".

[800] Assim foi a também a conclusão, no direito italiano, de Zanzucchi, de que a invalidade de um ato só deve ser decretada quando produzir à parte um prejuízo que não pode ser reparado senão com tal decretação. ZANZUCCHI, Marco Tullio. *Diritto Processuale Civile*. v. 1. 6ª ed. Milão: Giuffrè, 1964, p. 448.

[801] BEDAQUE, José Roberto dos Santos. Nulidade processual e instrumentalidade do processo. *Revista de Processo*, São Paulo, n. 60, p. 31-43, out/dez. 1990, p. 36.

[802] A respeito, merece crítica o Anteprojeto de Código de Processo Civil de 2010, uma vez que manteve absolutamente idêntica a tratativa das invalidades processuais, inclusive para fins de limitação textual do prejuízo às partes. Anteprojeto de CPC. Art. 245. § 1º. "O ato não se repetirá nem sua falta será suprida quando não prejudicar a parte". BRASIL. Congresso Nacional. Senado Federal. *Comissão de Juristas Responsável pela Elaboração de Anteprojeto de Código de Processo Civil*. Brasília: Senado Federal, Presidência, 2010.

A incidência extensiva da regra, incluindo também danos efetivos ou potenciais ao interesse público, faz-se necessária, já que o resguardo aos interesses públicos com o formalismo constitui consequência lógica da inserção do processo como direito fundamental. De outro modo, excluir-se-ia a proteção ao valor segurança jurídica, albergado na estruturação do processo civil sob enfoque constitucional.

Alguns exemplos, entre tantas outras hipóteses, apresentam-se cotidianamente nas práticas judiciárias em que se mostra desejável a incidência da norma: (a) quando a testemunha do réu é ouvida antes da testemunha do autor, ao contrário do disposto no art. 413; (b) quando, na intimação por nota de expediente, conste o nome de apenas um dos advogados da parte intimada, sem expresso requerimento para que a citação se dê na pessoa do faltante, contra o art. 236, § 1º; (c) quando um desembargador, convocado como testemunha de um feito, concorda em ser ouvido em audiência no fórum onde tramita a causa, apesar do constante no art. 411, IX; (d) quando for possível decidir o mérito da causa a favor da parte que aproveita a decretação de invalidade, forte no art. 249, § 2º.

O Superior Tribunal de Justiça tem decidido reiteradamente que não se deve invalidar decisões quando o juiz decreta a prescrição intercorrente sem a prévia oitiva da Fazenda Pública. Isso ocorre quando não restar demonstrado qualquer prejuízo, partindo-se do pressuposto de que a oitiva anterior à decretação tem por finalidade averiguar alguma causa interruptiva prescricional.[803] Também, em outra aplicação do prejuízo como forma de impedir o decreto de invalidade, o Superior Tribunal de Justiça afirmou que, muito embora os embargos de declaração devessem ser apreciados pelo órgão julgador colegiado, quando a decisão recorrida se trata de acórdão, na forma do art. 537 do Código de Processo Civil, o vício resta suprido pela apreciação, em sessão, do agravo interno promovido contra a decisão.[804]

---

[803] "PROCESSUAL CIVIL. AGRAVO REGIMENTAL. EXECUÇÃO FISCAL. PRESCRIÇÃO INTERCORRENTE. ART. 40, § 4º, DA LEI N. 6.830/80. AUSÊNCIA DE INTIMAÇÃO PRÉVIA DA FAZENDA PÚBLICA. AUSÊNCIA DE PREJUÍZO. NULIDADE SUPRIDA. PRINCÍPIOS DA CELERIDADE PROCESSUAL, INSTRUMENTALIDADE DAS FORMAS E *PAS DES NULLITÉS SANS GRIEF*. PRECEDENTES. NÃO OCORRÊNCIA DE VIOLAÇÃO DO 97 DA CF/88. 1. É firme o entendimento jurisprudencial do Superior Tribunal de Justiça no sentido de configurar-se a prescrição intercorrente quando, proposta a execução fiscal e decorrido o prazo de suspensão, o feito permanecer paralisado por mais de cinco anos por culpa da exeqüente, podendo, ainda, ser decretada *ex officio* pelo magistrado, desde que previamente ouvida a Fazenda Pública, conforme previsão do art. 40, § 4º, da Lei n. 6.830/80, acrescentado pela Lei n. 11.051/2004. 2. Conforme asseverado pelo Tribunal de origem, muito embora o juízo de primeiro grau não tenha intimado previamente a exeqüente, não houve qualquer prejuízo para a Fazenda Pública na hipótese. Dessa forma, em não havendo prejuízo demonstrado pela Fazenda Pública, não há que se falar em nulidade da sentença, e nem, ainda, em cerceamento de defesa, o que se faz em homenagem aos princípios da celeridade processual, instrumentalidade das formas e *pas des nullités sans grief*. Precedentes. (...)" (AgRg no REsp 1188795/DF, Rel. Ministro MAURO CAMPBELL MARQUES, SEGUNDA TURMA, julgado em 05/08/2010, DJe 01/09/2010)

[804] "PROCESSUAL CIVIL E TRIBUTÁRIO. AGRAVO REGIMENTAL. REJEIÇÃO POR DECISÃO MONOCRÁTICA DE EMBARGOS DE DECLARAÇÃO INTERPOSTOS CONTRA ACÓRDÃO. JULGAMENTO COLEGIADO DO AGRAVO INTERNO MANEJADO CONTRA O *DECISUM*. EXIGÊNCIA DO ART. 537 DO CPC SUPRIDA. PRINCÍPIO DO *PAS DE NULLITÉ SANS GRIEF*. PRECEDENTE. CRÉDITO ESCRITURAL DE IPI. CORREÇÃO MONETÁRIA. POSSIBILIDADE. RESISTÊNCIA ILEGÍTIMA DO FISCO. ENTENDIMENTO ADOTADO EM SEDE DE RECURSO REPETITIVO. SÚMULA N. 411/STJ. 1. O julgamento colegiado do agravo interno manejado contra a decisão monocrática que rejeitos os embargos de

Em suma, por meio desta forma de aproveitamento, "não devem ser decretadas as nulidades por mero interesse da lei ou por excessivo apego à forma".[805] Assim se dá porque as exigências legais estão estreitamente vinculadas aos seus valores, devendo-se antever, no alcance da finalidade, sem haver prejuízo à aptidão valorativa do ato em produzir seus efeitos.

7.4.1.2. Finalidade

Enquanto a disciplina positiva dos tipos processuais tem por fim assinalar aos sujeitos do processo um meio idôneo através do qual a finalidade do ato será alcançada, na disciplina das invalidades, simplesmente se impede que o processo se afaste dos resultados aos quais é ordenado.[806] Daí, a imprescindibilidade de o tipo ser valorado sob um ponto de vista teleológico. Isso significa que a violação ao esquema legal será irrelevante quando a sua falta não impedir o alcance dos escopos do ato.

Havendo o alcance da finalidade, sem a ocorrência de prejuízos, resta vetada a decretação do estado de invalidade. Como se vê, inarredavelmente associado ao prejuízo está o aproveitamento pelo alcance da finalidade, uma vez que se trata de técnicas associadas, em especial, pelo princípio da instrumentalidade das formas.

Apesar de ser rotineira a defesa da finalidade como modo de aproveitamento ou convalidação dos atos processuais viciados, não se deve deixar sem resposta a crítica formulada por Marco Tullio Zanzucchi. Comentando o art. 156 do Código de Processo Civil italiano,[807] que notoriamente inspirou o art. 244 do Código de Processo Civil brasileiro, o processualista sugere ser a norma de delicadíssima aplicação, pois tende a abrir a pesquisa aos *equivalentes*[808] de um ou a outro elemento no campo do processo, o que, ao autor, "parece um tanto perigoso".[809] Refere o jurista italiano que o antecedente histórico do art. 156 está no art. 56 do Código italiano anterior. Dita norma previa que, na ausência de expressa disposi-

---

declaração supriu a exigência do art. 537 do CPC, não havendo motivo para a decretação de nulidade do acórdão recorrido, forte na máxima jurídica do pas de nullité sans grief. Precedente. (...)" (AgRg no Ag 1198210/SP, Rel. Ministro MAURO CAMPBELL MARQUES, SEGUNDA TURMA, julgado em 05/08/2010, DJe 03/09/2010)

[805] NASSIF, Aramis. *Considerações sobre nulidades no processo penal*. Porto Alegre: Livraria do Advogado, 2001, p. 29.

[806] MINOLI, Eugenio. *L´aquiescenzia nel processo civile*. Milão: Dottor Francesco Vallardi, 1942, p. 181.

[807] CPC italiano. Art. 156. "Non può essere pronunciata la nullità per inosservanza di forme di alcun atto del processo, se la nullità non è comminata dalla legge. Può tuttavia essere pronunciata quando l'atto manca dei requisiti formali indispensabili per il raggiungimento dello scopo. La nullità non può mai essere pronunciata, se l'atto ha raggiunto lo scopo a cui è destinato". Tradução livre do autor: "Não pode ser pronunciada a nulidade por inobservância de forma de algum ato do processo, se a nulidade não foi cominada pela lei. Pode, todavia, ser pronunciada quando falta ao ato requisitos formais indispensáveis para o alcance da finalidade. A nulidade nunca pode ser pronunciada se o ato atingiu a finalidade para a qual foi destinado".

[808] Para fins de esclarecimento, os *equivalentes* seriam aqueles elementos que não estão previstos no tipo legal, mas que servem ao mesmo objetivo dos expressos na lei.

[809] ZANZUCCHI, Marco Tullio. *Diritto Processuale Civile*. v. 1. 6ª ed. Milão: Giuffrè, 1964, p. 448..

ção legal, poder-se-iam anular os atos aos quais faltavam elementos que constituíam sua essência, norma esta calcada no direito comum, cuja distinção era trazida entre a matéria de direito positivo *substantia iuris positivi* e de direito natural *substantia iuris naturalis*. Em suma, a crítica de Zanzucchi centra-se na ideia de que, no silêncio da lei, para descobrir a essencialidade ou não de um requisito de um ato, cabe ao juiz pesquisar a intenção do legislador, uma busca difícil e delicada, já que demanda a perquirição além do direito positivo.

Para refutar a tese, faz-se importante ressaltar que a atividade do juiz no processo contemporâneo não se limita à leitura e à reprodução da lei. A função de julgar requer se atue em conformidade com os padrões sociais, uma vez que é indispensável, para qualquer interpretação processual ou material, a vinculação da lei com a cultura. Refletindo-se sobre as correlações entre cultura, processo civil e técnica, sustenta-se que "a técnica é um meio para que certos fins sejam alcançados. O que se esquece, por vezes, é que a escolha das finalidades passa pelo crivo da cultura e das necessidades", consideração ora sobremaneira pertinente.[810] Outrossim, não se busca a causa em acepção subjetiva, como se fosse necessário perquirir sobre a intenção do legislador, mas a causa em sentido objetivo, engajando-se o ato em sua função na estruturação do procedimento.[811]

Com efeito, a perquirição dos valores e dos sentidos sociais protegidos no processo é crucial ao desenvolvimento da própria atividade jurisdicional. O juiz, ao fazê-lo, não estará supondo o desejo do legislador e tangenciando sua função (*causa subjetiva*), mas sim aplicando a gama de estruturas normativas que são imbricadas ao texto expresso (*causa objetiva*). Afinal, reforça-se que o direito tem substrato axiológico do tipo real objetivo.[812] Tendo os valores função jurídica, ao considerá-los, o juiz está cumprindo sua atividade de modo desejável. Consequentemente, perigosa não é a busca do magistrado pela finalidade do tipo ou por seus equivalentes, mas a sim a aplicação sem atenção ao formalismo das técnicas jurídicas.

Não se confunde, outrossim, a ideia de finalidade do processo, que remete à noção de sua instrumentalidade (o processo como uma ferramenta para o direito material e para a pacificação social), com a finalidade dos tipos processuais. O conceito de *instrumentalidade do processo* como elo entre a atuação procedimental com a finalidade última do sistema processual: a aplicação do direito material com justiça e pacificação.[813] Já a finalidade do tipo exige análise pontual, de modo

---

[810] SCARPARO, Eduardo. Contribuição ao estudo das relações entre processo civil e cultura. *Revista da Ajuris*, Porto Alegre, n. 107, p. 111-121, set. 2007, p. 112.

[811] Sobre o ponto, importantes são as considerações traçadas nos itens 2.2.2.1 e 5.3.2.3.2.

[812] FALZEA, Angelo. *Introduzione alle scienze giuridiche:* il concetto del diritto. 5ª ed. Milão: Giuffrè, 1996, p. 259.

[813] A respeito, Emilio Betti, ao efetuar a distinção entre normas substanciais e instrumentais, sustenta caber ao processo a instrumentalidade por excelência. Estas, então, são as normas que ditam a posição ou a aplicação de normas substantivas, determinando a competência para apreciação das questões a elas pertinentes ou os meios a serem manejados para colocá-las em aplicação. BETTI, Emilio. *Diritto Processuale Civile italiano*. Roma: Foro

a ponderar em que medida no caso concreto determinada regulamentação de atos serve para o desenvolvimento do processo com atenção aos valores por que ele pretende realizar. Com efeito, a finalidade do processo será de realizar o direito material, mas não de qualquer modo. A compreensão do Direito Processual Civil aproximado da Constituição exige que o instrumento se realize de forma regular, assim entendida em seus atos menores.

A sentença deve cumprir dados requisitos (art. 458) não porque tal é exigência para a concretização do direito material. Com ou sem fundamentação, transitada em julgado, a sentença terá força para promover as modificações na realidade que convier ao direito substantivo. A fundamentação serve, porém, para preservar valores e direitos vinculados à própria atividade processual. Perceba-se que a fundamentação das decisões judiciais no sistema jurídico brasileiro é direito fundamental ao Estado de Direito.[814] Ainda, esse dever de fundamentar não está associado à concretização do direito material. As decisões devem ser fundamentadas para os fins de preservação dos valores e direitos atados ao julgar e ao ser julgado, ou seja, ao justo processo.

Então, ao perquirir sobre o alcance da finalidade de atos processuais, como modo de aproveitamento de atos havidos com vícios, deve-se visualizar o ato na estrutura axiológica do formalismo processual. Na atividade, não se deve esquecer qual o objetivo do ato perante o desenvolvimento do processo, sempre com vistas aos valores vinculados ao tipo não acatado.

O Superior Tribunal de Justiça, no REsp 68.264/RS, em aplicação da modalidade de aproveitamento em apreço, considerou válida a penhora realizada por oficial de justiça em comarca contígua, mesmo sem a expedição da respectiva carta precatória. Referiu o julgado que, embora a lei determinasse a realização por carta precatória, a questão passou a ser irrelevante, já que alcançou o ato a sua finalidade.[815]

Os artigos 154 e 244, vistos e integrados como regras, dizem, em última análise, ser irrelevante a forma acolhida em desconformidade com a lei se alcançada a "finalidade essencial". Daí, a premente necessidade de que os atos processuais,

---

Italiano, 1936, p. 4. A respeito, também, "O direito processual é uma parte do ordenamento jurídico positivo e, precisamente, é aquela parte consistente em normas que todas têm a característica de serem destinadas ao alcance de um específico fim: a mais plena atuação possível do próprio ordenamento jurídico". LIPARI, F. G. *Lezioni di Diritto Processuale Civile*. 2ª ed. Padova: CEDAM, 1952, p. 1.

[814] Em razão da associação do dever de fundamentação com o Estado de Direito, diz-se, inclusive, que não seria sequer necessária a sua previsão constitucional para a existência do dever de fundamentar. MOREIRA, José Carlos Barbosa. A motivação das decisões judiciais como garantia inerente ao estado de direito. In. *Temas de Direito Processual Civil. Segunda série*. São Paulo: 1980, p. 88.

[815] "EMBARGOS A EXECUÇÃO. NULIDADE DA PENHORA ARGUIDA NA APELAÇÃO. CONSTRIÇÃO EFETUADA POR OFICIAL DE JUSTIÇA EM COMARCA CONTIGUA. AUSENCIA DE EXPEDIÇÃO DE CARTA. APLICA-SE A SUM. 283/STF: (...) 2. Não é absolutamente nula a penhora realizada por oficial de justiça, ao inves de carta precatoria, em comarca contigua, devendo-se aplicar o principio de que 'o juiz considerara válido o ato se, realizado de outro modo, lhe alcançar a finalidade" (art. 244 do CPC). (...)' (REsp 68.264/RS, Rel. Ministro Carlos Alberto Menezes Direito, Terceira Turma, julgado em 12/05/1997, DJ 30/06/1997 p. 31022)

para serem invalidados, não possam ter alcançado a finalidade essencial sem prejuízo. Em outros termos, o não aproveitamento é um dos requisitos do suporte fático do estado de invalidade em qualquer exame de validade que se faça sobre os atos processuais.

7.4.1.3. Repetição e retificação

O *caput* do artigo 249 do Código de Processo Civil ordena ao juiz que decreta a invalidade que indique quais os atos atingidos. Por ser o processo um procedimento de formação sucessiva, os atos posteriores podem ser também atingidos pelo vício do antecedente de que depende. O enunciado, na segunda parte, determina que o juiz deverá realizar as providências necessárias para repetir ou retificar os atos viciados.

Na repetição, coloca-se no lugar do ato viciado outro ato imune aos vícios. É exigida quando os atos são inválidos sem que se possa adaptá-los ao modelo legal com eventual complementação. Exemplificativamente, nos atos em que todos os requisitos devam necessariamente ser realizados simultaneamente não pode haver complementação. Nesses casos, a repetição é o único caminho. Assim, se a segunda hasta pública teve arrematação por preço vil, não será possível a prática de um ato complementar, como a realização de um novo lance por terceira pessoa. Não há saída senão integralmente invalidar a expropriação e, após, refazê-la por completo.

Trata-se, bem a verdade, não de modalidade de aproveitamento ou convalidação do ato viciado, pois o ato será invalidado, mas de aplicação da sistemática para fins de salvaguardar o processo e seus atos posteriores dependentes. Assim, o ato padece de vício de impossível contorno, nada há a pretender senão a integral repetição do ato, para fins de que cumpra sua função no procedimento.

Na retificação, por outro lado, se elimina o vício ou o prejuízo por meio de um novo ato que completa o defeituoso. Incide quando os atos podem ser decompostos no tempo. Completa-se o ato com aquilo que lhe faltava. Como não é necessário decretar a invalidade total, aproveita-se o que se pode e complementa-se o que lhe falta.

Se a petição inicial é inepta pela ausência de indicação do valor da causa, o juiz ordenará ao autor que a emende (art. 284). Haverá, aí, complementação de requisito do ato, portanto, retificação. O mesmo se pode dizer no relativo à representação das partes em juízo (art.13), ou quando, para o julgamento do recurso, o tribunal baixar em diligências o processo, com finalidade de suprir invalidade (art. 560, parágrafo único). Após a contestação, se constatar o juiz vícios nos atos, mandará o autor supri-los (art. 327).[816]

---

[816] A respeito, por todos, transcreve-se decisão do Superior Tribunal de Justiça: "PROCESSO CIVIL. AÇÃO DE PRESTAÇÃO DE CONTAS. HONORARIOS. OPORTUNIDADE. RECONHECIMENTO DO PEDIDO. VERBA DEVIDA. MANDATO. IRREGULARIDADE SANAVEL. PRECEDENTE DE CORTE. RECURSO NÃO CONHECIDO. (...) III – Segundo já proclamou a Turma (REsp 1561-Rj, DJU de 5.290), não se deve nuli-

Na retificação, um novo ato é praticado para complementar o ato viciado. Por isso, essa modalidade impede o decreto de invalidade, valendo como técnica de aproveitamento, ou serve para os fins de reverter o estado de invalidade, quando for possível a complementação do faltante, como no caso da sentença omissa, retificada ao tempo do julgamento dos embargos de declaração (art. 535, CPC).

7.4.1.4. Conversão

Consiste a conversão em uma correção de qualificação de um ato jurídico, aplicando-lhe um tipo diverso daquele ao qual era originariamente destinado a cumprir.[817] Diz-se: "na conversão há uma troca de categoria".[818] No campo processual, deriva do princípio da instrumentalidade das formas e da economia processual, estando ligada ao valor efetividade. Por meio da conversão, o ato defeituoso, incapaz de produzir os seus efeitos próprios e não suscetível a aproveitamento, transforma-se em outro ato, gerando efeitos menores.[819] Trata-se de uma forma de convalidação, no que for possível, do ato invalidado. Verificada a inaptidão do ato praticado e a impossibilidade de aproveitamento para os fins aos quais se destinaria, o juiz reconhece a invalidade do ato e, na mesma oportunidade, requalifica-o como de outro tipo, dessa vez em conformidade com as normas, dando-lhe validade diante da nova categoria.

Os requisitos para a conversão foram traçados no Direito Privado por Emilio Betti: *a)* a possibilidade de utilização do primeiro ato para se deduzir os elementos essenciais do novo e; *b)* que este outro, apesar de que não derive efetivamente da vontade da parte, possa ser incluído no âmbito do interesse prático perseguido, ao menos aproximadamente, com vistas ao seu satisfazer.[820]

Veja-se que não se objeta a acolhida da conversão por ser inexistente ou irrelevante a "vontade" nos atos processuais, uma vez que a tese se mostra manifestamente falsa. A vontade se apresenta como integrante do próprio conteúdo do ato processual, que consiste em atividade voluntária das partes e dos órgãos juris-

---

ficar o processo por deficiência sanável sem antes ensejar oportunidade a parte de suprir a irregularidade." (REsp 6458/RJ, Rel. Ministro Sálvio de Figueiredo Teixeira, Quarta Turma, julgado em 11/06/1991, DJ 05/08/1991 p. 10007).

[817] "Consiste esta em uma correção de qualificação jurídica do negócio ou de qualquer um de seus elementos, ou seja, normalmente, em uma valorização de negócio de tipo diverso daquele em realidade realizado, ou ainda, em um tratamento diverso daquele a prima facie mais óbvio". BETTI, Emilio. *Teoria generale del negozio giuridico*. Nápoles: Edizioni Scientifiche Italiane, 1994, p. 506.

[818] CABRAL, Antônio do Passo. *Nulidades no processo moderno*. Rio de Janeiro: Forense, 2009, p. 66.

[819] "A conversão se dá quando um ato jurídico não satisfaz os requisitos exigidos pela lei para valer como as partes o tenham pretendido, mas reúne ou satisfaz os requeridos pela norma para um outro negócio com requisitos formais menores". MALICKI, Anahí. De la confirmación de los actos nulos o anulables. In: RIVERA, Julio César; MEDINA, Graciela. *Código Civile comentado*: doctrina – jurisprudencia – bibliografía. Hechos y actos jurídicos. Santa Fé: Rubinzal Culzoni, 2005, p. 829-852, p. 832.

[820] BETTI, Emilio. *Teoria generale del negozio giuridico*. Nápoles: Edizioni Scientifiche Italiane, 1994, p. 506.

dicionais.[821] Nessa modalidade, "a manifestação de vontade da parte se mantém (é a mesma!) sendo incabível falar em conversão desta, e por isso há necessidade de verificar se aquela vontade compreenderia também o ato convertido".[822] Há uma conversão do ato, não da vontade manifestada, que é dedutível do ato invalidado. Isso significa que a vontade na criação do ato tem relevo na sua convalidação, que pode ocorrer pela conversão. Para tanto, o ato a ser convertido deve se direcionar, ainda que em grau menor, ao escopo do promovido.

É necessário, todavia, que o ato a converter contenha os requisitos de tipo necessários da nova categoria jurídica, não se podendo, exemplificativamente, converter um ato oral em um ato para o qual se exige a forma escrita, por inadequação do tipo. Não há motivo lógico que sustente a troca de categoria de um ato inválido para que, ao fim e ao cabo, se mantenha a invalidade por fundamento distinto. No que pertine à adequação da vontade, deve-se ter claro que a análise terá de centrar-se ao escopo objetivo, ao efeito processual do ato.[823]

A disciplina do recurso de agravo no direito brasileiro, a partir da vigência da Lei 11.187/05, fornece um bom exemplo. Para que a decisão interlocutória seja recorrível por agravo de instrumento, deve ser suscetível de causar à parte lesão grave e de difícil reparação, entre outras hipóteses (art. 522, CPC). Não o sendo, o recurso cabível será também o agravo, mas na modalidade retida (art. 523, CPC). Então, interposto agravo na forma de instrumento, quando cabível no modo retido, deverá o relator convertê-lo à espécie adequada, conforme dispõe o art. 527, II, do Código de Processo Civil.[824]

Assim procederá porque não continha a medida originariamente veiculada todos os seus requisitos de admissibilidade (no caso, o cabimento), podendo, todavia, preencher os requisitos de outra. Ainda, o agravo retido servirá em parte para preservar o interesse prático manifestado no recurso. Então, em primeiro momento, reconhece-se a inaptidão de validade do ato por ausência de um de seus requisitos (ser decisão suscetível de causar lesão grave), e, em segundo, o recurso é convertido a outro tipo jurídico (agravo de instrumento em agravo retido).

Se o autor escolheu mal o rito processual, não o adequando à natureza da causa, o juiz poderá convertê-lo, aproveitando-se a demanda e a petição inicial, ao invés de simplesmente extinguir o processo, desde que, é claro, o novo procedimento seja capaz de satisfazer o interesse particular manifestado na inauguração do processo.[825]

---

[821] ZANZUCCHI, Marco Tullio. *Diritto Processuale Civile*. v. 1. 6ª ed. Milão: Giuffrè, 1964, p. 404. Sobre o tema, indispensável a indicação da obra de SILVA, Paula Costa e. *Acto e processo*: o dogma da irrelevância da vontade na interpretação e nos vícios do acto postulativo. Coimbra: Editora Coimbra, 2003

[822] CABRAL, Antônio do Passo. *Nulidades no processo moderno*. Rio de Janeiro: Forense, 2009, p. 69.

[823] ZANZUCCHI, Marco Tullio. *Diritto Processuale Civile*. v. 1. 6ª ed. Milão: Giuffrè, 1964, p. 447.

[824] Convém fazer nova referência à conversão de embargos de declaração em agravo interno que vêm realizando os Tribunais Superiores, tal qual referido na nota de rodapé nº. 492, com as críticas ali consignadas.

[825] Comentando sobre a conversão como forma convalidatória, Passo Cabral refere que "o exemplo mais comum seria a fungibilidade recursal. Mas também se destaca outro campo de aplicação no chamado 'erro de forma'

O artigo 250 do Código de Processo Civil tem, por fulcro, a preservação dos atos, quando o processo adotou forma equivocada, usando-se a perspectiva ampla do princípio do aproveitamento e convalidação. É de notar, ainda, que, se determinada a conversão do rito, o que afeta diretamente o procedimento, aproveitam-se sempre que possível os atos praticados, desde que não resultarem em prejuízo, repetindo-se ou retificando-se os que assim exigirem.

Por fim, veja-se o ilustrativo julgado do Superior Tribunal de Justiça no REsp 1131741/RJ. No caso, houve a propositura de demanda pelo rito ordinário, convertida ao sumário em razão da hipótese prevista no art. 275, I, do Código de Processo Civil. Como no rito sumário o rol de testemunhas e os quesitos de perícia devem ser apresentados já na petição inicial (art. 276), discutia-se se estaria precluso tal direito a prova, uma vez que não indicados na vestibular. Pois o STJ decidiu que tal restrição jamais poderia se dar sem que houvesse sido oportunizada a emenda à inicial ao autor.[826] Assim sendo, aproveitaram-se os atos na conversão, mas possibilitou-se a retificação do que restar necessário com vistas a impedir a constituição de prejuízos.

7.4.2. Formas extraordinárias de aproveitamento e convalidação

Os atos defeituosos que, em função do vício, causam efeitos nocivos ao processo ou ao seu funcionamento, bem como os que prejudicam a administração da justiça, importam primordiais prejuízos ao interesse público, ficando, daí, alheios

---

(art. 250, CPC), compreendido em doutrina como um erro na escolha do procedimento que permitiria a conversão do rito". CABRAL, Antônio do Passo. *Nulidades no processo moderno.* Rio de Janeiro: Forense, 2009, p. 67. A respeito, o Superior Tribunal de Justiça pacificou entendimento dizendo ser possível a conversão entre ritos para fins de adequação ao procedimento adequado quando não há prejuízo. "PROCESSUAL CIVIL. AGRAVO REGIMENTAL NO RECURSO ESPECIAL. PROCESSUAL CIVIL. DANOS CAUSADOS POR ACIDENTE DE VEÍCULOS. PROCEDIMENTO SUMÁRIO. CONVERSÃO. RITO ORDINÁRIO. POSSIBILIDADE. 1. Segundo a jurisprudência do STJ, inexistindo prejuízo para a parte adversa, é admissível a conversão do rito sumário em ordinário. 2. Agravo regimental desprovido". (AgRg no REsp 648.095/ES, Rel. Ministro JOÃO OTÁVIO DE NORONHA, QUARTA TURMA, julgado em 06/10/2009, DJe 19/10/2009).

[826] "PROCESSUAL CIVIL – RECURSO ESPECIAL – AÇÃO DE RITO ORDINÁRIO CONVERTIDO EM RITO SUMÁRIO – APRESENTAÇÃO DE QUESITOS – POSSIBILIDADE DE EMENDA – VIOLAÇÃO DO ART. 535 DO CPC – INEXISTÊNCIA – DECISÃO NOS LIMITES DA LIDE – INCONFORMAÇÃO COM A DECISÃO CONTRÁRIA AOS SEUS INTERESSES – VIOLAÇÃO DOS ARTS. 2º, 125, I, 243, 275, I, E 276 DO CPC – INEXISTÊNCIA – POSSIBILIDADE DE EMENDAR A INICIAL ANTES DA CONVERSÃO DO RITO ORDINÁRIO EM SUMÁRIO. (...) 2. A controvérsia está em saber se há preclusão na apresentação do rol de testemunhas e de quesitos quando a ação foi inicialmente ajuizada no rito ordinário e, posteriormente, convertida em sumário. 3. O Superior Tribunal de Justiça já decidiu que não há nulidade do processo por ter sido escolhido o rito ordinário no lugar do rito sumário, a não ser que se demonstre prejuízo, mormente em razão da dilação probatória mais ampla, o que possibilita maior efetividade do princípio constitucional da ampla defesa. 4. Por lógica, se a parte pode escolher o rito ordinário no lugar do sumário sem que configure nulidade devido à maior possibilidade de ampla defesa e dilação probatória, não pode ser surpreendida pela mudança de rito com prejuízo da perda do momento de apresentação do rol de testemunha e dos quesitos da perícia. Seria absurda a escolha pelo autor de um rito que possibilite a maior dilação probatória, mas ser ceifado do direito de apresentação das testemunhas e quesitos por mudança do rito por determinação do juízo, sem que lhe seja concedida a oportunidade de emendar a inicial. Recurso especial improvido". (REsp 1131741/RJ, Rel. Ministro HUMBERTO MARTINS, SEGUNDA TURMA, julgado em 27/10/2009, DJe 11/11/2009).

à esfera de vontade dos particulares. Em razão disso, o aproveitamento e a convalidação dão-se ordinariamente. Afinal, quando o prejuízo atinge um interesse público, mecanismos como a aquiescência e a preclusão decorrente de manifestações ou da inércia das partes não incidem. Por isso, nesses casos, é indiferente haver ou não iniciativa privada para que se invalide o ato: a vontade das partes não interfere de qualquer maneira. O juiz deve, de ofício, analisar a presença do defeito, do prejuízo e do desvio de finalidade e, caso se mostrarem presentes os requisitos, decretar a invalidade.

Outra é a sistemática quando o prejuízo resultante da atipicidade repercute diretamente nos interesses privados. Nesse caso, o Direito Processual Civil pode também se valer de formas de aproveitamento e convalidação ligadas à vontade dos particulares, sendo, aqui, denominadas de extraordinárias. O fundamento teórico para a distinção está na adoção pelo plano processual das diretivas constitucionais de proteção do interesse privado, levado ao cabo pela ingerência do princípio dispositivo.[827]

7.4.2.1. Legítimo interesse

O legítimo interesse advém de dois propósitos, sempre ligados às faculdades e poderes de quem alega a atipicidade e o prejuízo. O primeiro é que para um ato processual atípico ser invalidado, deverá o requerente possuir interesse jurídico na invalidação. A invalidação, com a exclusão dos efeitos do ato, deverá ser-lhe útil e necessária. Tal abrangência é própria para a prática de qualquer ato processual, devendo o atuante possuir legítimo interesse na concreção da atividade que pretende realizar, para que o ato seja reconhecido no ordenamento. Assim como não se admite o recurso de apelação de quem obtém a total procedência de seu pedido na sentença, por carecer-lhe interesse recursal,[828] no sistema de invalidades deve haver necessidade e utilidade na invalidação.

O exemplo de Humberto Theodoro Junior é esclarecedor: se a citação foi nula, todo o processo resta contaminado por tal defeito se o réu não comparece para se defender, podendo arguir a qualquer tempo a sua invalidade da sentença que julgou a causa (*querela nullitatis*). Todavia, "se esta sentença lhe foi favorável, que interesse terá ele em obter tal declaração?".[829]

A outra dimensão dessa norma de aproveitamento remete à repressão da má-fé processual, impedindo-se que quem deu causa ao defeito venha por meio dele se beneficiar, em detrimento do litigante de boa-fé. A previsão legislativa está na

---

[827] A respeito, ver as considerações traçadas nos Capítulo 4 e item 7.3.1.

[828] Sobre o ponto, ver MOREIRA, José Carlos Barbosa. *Comentários ao Código de Processo Civil*. v. 5. Rio de Janeiro: Forense, 1981, p. 296-299. NERY JR, Nelson. *Teoria geral dos recursos*. 6ª ed. São Paulo: Revista dos Tribunais, 2004, p. 315-339.

[829] THEODORO JUNIOR, Humberto. *Curso de Direito Processual Civil*. v. 1. 41ª ed. Forense: Rio de Janeiro, 2004, p. 265.

segunda parte do art. 243 do Código de Processo Civil. Em suma, reproduz a vedação muito conhecida em Direito Privado de que o malfeitor possa se beneficiar da própria torpeza.

O Superior Tribunal de Justiça, aplicando a disposição no REsp 685.744/BA, repudiou o argumento de vício na representação pelo próprio arguente. No caso, a procuração passada pelo exequente outorgava-lhe poderes para demandar exclusivamente um dos réus, tendo sido distribuída demanda executiva contra também um suposto avalista. O suposto avalista embargou a execução e logrou êxito, valendo-se os então embargados da alegação de que era dever do magistrado controlar os poderes de representação, para fins de escapar da condenação em honorários. No voto vencedor, restou rechaçada a tese, uma vez que a recorrente "errou a indicar Wilson como avalista. Errou ao incluí-lo na inicial como executado. Errou ao não reconhecer o engano na primeira oportunidade que teve de falar nos autos, pois deixou de contestar os embargos à execução. E erra agora, tentando valer-se de nulidade a que deu causa para escapar de justa condenação em honorários".[830]

Assim, em qualquer caso, apenas a iniciativa legítima poderá conduzir ao decreto de invalidade, sendo legítima a atividade de impulso albergada pelo interesse na decretação, bem como pela faculdade, poder ou dever de atuar para fins da invalidação. De qualquer maneira, a temática repõe as considerações lançadas ao se estudar o poder de iniciativa, de modo que, para evitar, tergiversação, remete-se às considerações traçadas no Capítulo 7.3.

7.4.2.2. Aquiescência

A origem da aquiescência como nova razão para a irrelevância do vício processual pode ser encontrada nos Códigos Sardos de 1854 e de 1859.[831] No art. 1.124 do primeiro, havia a proibição de dedução da invalidade por quem lhe houvesse dado causa, o que foi estendido no art. 1.160 do segundo, incluindo-se a

---

[830] "RECURSO ESPECIAL. DEFEITO NA REPRESENTAÇÃO. ARGÜIÇÃO DA NULIDADE POR QUEM LHE DEU CAUSA. IMPOSSIBILIDADE. O Art. 243 do CPC impede que o responsável pela nulidade do processo postule sua decretação. Por isso, não é lícita – mas condenável – a atitude da parte que argüi a nulidade do processo com base em vício na própria representação processual. (....)." (REsp 685.744/BA, Rel. Ministro HUMBERTO GOMES DE BARROS, TERCEIRA TURMA, julgado em 21/09/2006, DJ 29/06/2007 p. 580). Em igual sentido, "RESP. PROCESSO CIVIL. CITAÇÃO. NULIDADE. NÃO OCORRÊNCIA. 1 – É vedada a argüição de nulidade da citação por quem alega não deter poderes para recebê-la, mas, exibindo instrumento de mandato, apresenta contestação, apenas deduzindo o eventual vício em sede de apelação. 2 – Infringência aos princípios da lealdade e celeridade processuais". (REsp 214.002/MG, Rel. Ministro FERNANDO GONÇALVES, SEXTA TURMA, julgado em 04/04/2000, DJ 15/05/2000 p. 212).

[831] A origem da aquiescência no Direito Processual Civil, todavia, tem origem mais distante, remontando a Roma, na hipótese de renúncia expressa ao apelo. MINOLI, Eugenio. *L'aquiescenza nel processo civile*. Milão: Francesco Vallardi, 1942, p. 21.

impossibilidade de oposição quando tenha havido "aquiescência com execução ativa ou também passiva sem reserva ou contradição".[832]

Esse aumento na abrangência da regra deveu-se à estrutura do sistema de invalidade nos Códigos Sardos, que admitiam o reconhecimento de vícios apenas mediante requerimento de quem se encontrasse em uma condição de interesse, porque, em semelhante concepção, tinha-se como princípio geral que a observância do tipo se dá em função do interesse das partes.[833] Desde logo, então, é possível associar a aquiescência ao interesse privado na preservação do tipo, razão pela qual diz respeito exclusivamente àquelas exigências legais cuja invalidação esteja sujeita, entre outros requisitos, à vontade das partes.

A aquiescência é, em suma, a concordância da parte interessada com a manutenção do ato defeituoso no processo. Trata-se, em outras palavras, de um comportamento da parte, ante uma atipicidade, que produz a inocuidade do vício e extingue a possibilidade de se impugná-lo ou invalidá-lo.[834] É constituída, pois, de um núcleo em torno da aceitação tácita do ato (*aquiescência em sentido estrito*) ou da tácita renúncia às consequências dos vícios de atos processuais, como também de atos realizados mediante declaração expressa, ou até de simples comportamentos de conteúdo não declarativo, com efeitos iguais ou análogos.[835]

Ernane Fidelis dos Santos, referindo à ratificação, traz um oportuno exemplo: se nula a citação os atos posteriores acabam por restar contaminados. "Isto não impede, porém, que a parte, ao comparecer, ratifique o que foi praticado, dispensando repetição de atos, como depoimento de testemunhas, exames periciais etc.".[836] Importante é a ressalva, todavia, de que a ratificação pela parte somente pode fazer irrelevante a presença de prejuízo privado, jamais a do público. Dessa feita, valendo-se do exemplo lançado, constatando o juízo que a participação do réu nos atos era indispensável, sob pena de violação ao interesse público, verifica-se invalidação necessária. Em suma: a aquiescência apenas age sobre os atos viciados passíveis de gerar danos privados. Nos defeitos que gerem reais ou potenciais prejuízos públicos não se pode falar em aquiescência, dada a natureza do interesse tutelado. Trata-se, por isso, de forma extraordinária de aproveitamento ou convalidação.

---

[832] Codice Sardo 1854. Art. 1.124. "Nessuno può opporre nullità di forma a cui egli o chi ha agito per lui abbia dato causa". Tradução livre do autor: "Ninguém pode opor nulidade de forma a qual ele, ou quem tenha agido por si, tenha dado causa". Codice Sardo di 1859. Art. 1.160. "Nessuno può opporre nullità di forma a cui egli stesso, o chi agiva per lui, abbia dato causa, od a cui abbia prestato acquiescenza con esecuzione attiva od anche passiva senza riserva o contradizione". Tradução livre do autor: "Ninguém pode opor nulidade de forma a qual ele mesmo, ou quem agia por ele, tenha dado causa, ou a qual tenha aquiescido com execução ativa ou também passiva sem reserva ou contradição".

[833] MINOLI, Eugenio. *L'aquiescenza nel processo civile*. Milão: Lottor Francesco Vallardi, 1942, p. 42.

[834] Idem, p. 14.

[835] Idem, p. 14.

[836] SANTOS, Ernane Fidélis dos. *Manual de Direito Processual Civil*. v. 1. 8ª ed. São Paulo: Saraiva, 2001, p. 297.

Quando com o vício ocorrer um prejuízo privado, a aquiescência importará efetivamente uma renúncia à exceção processual, com a efetiva perda do direito de iniciativa à decretação da invalidade. Assim, ao consentir com a preservação do ato viciado, perde o particular o poder de requestar o decreto de nulidade. Por outro lado, não se esquece da iniciativa extraordinária do Estado em suprir a inércia dos particulares para tutela de seus direitos fundamentais quando diante de situações peculiares que impeçam a parte de se autodeterminar.[837]

Se, porém, a parte se antecipa ao juiz e diz aquiescer com o ato da maneira como fora praticado, há um verdadeiro óbice à iniciativa oficial, uma vez que, claramente, não há situação em que se impossibilite ou se dificulte a autodeterminação privada. De igual modo, se a aquiescência for posterior ao decreto, ter-se-á por esboroado o substrato a possibilitar a decretação extraordinária da invalidade sobre dano particular. Tem-se, aí, a revalidação do ato (convalidação). Assim, se o magistrado, *in limine,* decreta a invalidade de uma penhora sobre o salário, e o executado se manifesta, posteriormente, pugnando pela preservação do ato, nenhum benefício há em mantê-lo invalidado. Reverte-se o estado de invalidade, pela convalidação.

A aquiescência demonstra, por meio do comportamento da parte, que ela está disposta a sofrer o prejuízo privado que o defeito lhe acarreta. Afinal, se o lesado peticiona nos autos afirmando querer suportar a perda, há aquiescência expressa, pelo que se faz irrelevante o defeito, impedindo-se a decretação da invalidade. Caso já haja sido pronunciado esse estado, haverá convalidação, desfazendo-se o suporte necessário à invalidação por falta de iniciativa legítima, razão pela qual o magistrado deverá reverter o estado que constituiu ao reconhecer as consequências da invalidade do ato defeituoso.

O Superior Tribunal de Justiça no julgamento do REsp 492.891/RS reconheceu que as invalidades não devem ser decretadas quando a parte que suporta o prejuízo concorda com os atos impugnados. Transcrevendo a decisão combatida oriunda do Tribunal de Justiça do Estado do Rio Grande do Sul, expressamente fez consignar: "Não deve ser decretada a nulidade quando a parte a quem possa eventualmente favorecer, para ela contribuiu e se absteve de qualquer impugnação, no curso da demanda". Assim, negou provimento ao recurso especial que pretendia ver desconstituída a execução por matéria atacável apenas na fase de conhecimento, mormente por ter o recorrente concordado com os valores apurados no cálculo de liquidação.[838]

---

[837] Vale referir o exemplo relativo à penhora de instrumentos de trabalho, já comentado anteriormente.

[838] "RECURSO ESPECIAL EM AGRAVO DE INSTRUMENTO QUE DETERMINOU O PROSSEGUIMENTO DA EXECUÇÃO DE DECISÃO TRÂNSITA. 1. A eficácia preclusiva do julgado impede que a parte renove, no processo de execução matérias atinentes ao processo de cognição, salvo a falta de citação no caso de revelia (art. 741, I, do CPC), hipótese em que os embargos revelam nítido caráter rescindente. 2. Pretensão de desconstituir execução de julgado transitado com fulcro em matérias inerentes à cognição, ainda que referentes ao processo de liquidação. 3. É passível de rescindibilidade o quantum fixado em processo de liquidação, via ação rescisória. Ultrapassado esse prazo, interdita-se à parte agitar, no curso da execução, matérias preclusas,

A chamada *aquiescência tácita* é congênita à preclusão, seja temporal, seja lógica, como no caso de ausência de impugnação no prazo e forma legal ou a prática de ato incompatível com o exercício da impugnação. Nos atos do juiz produzidos com atipicidade e que gerem prejuízo privado, a ausência de recurso do prejudicado demonstra, aí, a aquiescência da parte prejudicada. Assim se dá porque como a parte pode oferecer a postulação de invalidação ao juiz, "se, entretanto, se não interpõe os recursos a tempo, a injustiça resta coberta pelo consentimento tácito". No caso, "deve-se logicamente presumir que a nulidade, ainda que exista, não prejudica gravemente a parte".[839] Outrossim, se, *exempli gratia*, não houve a indicação do nome do advogado na nota de expediente para intimação de certo ato e a parte comparece aos autos, por petição, referindo expressamente a decisão, há *aquiescência tácita,* cuja natureza se associa à ideia de preclusão.

7.4.2.3. Preclusão

A sistematização clássica da preclusão foi apresentada por Chiovenda.[840] A preclusão é a extinção da possibilidade de se praticar um ato processual pelo decurso do tempo ou inobservância da ordem do procedimento, pela realização de outro ato incompatível ou pela sua prática anterior.[841] Ela "abrange não só faculdades das partes, mas também questões decididas, e atinge não só as partes, mas

---

máxime em se considerando que a entidade agravante concordou com os valores da perícia, consoante constatado pela instância a quo e pelo juízo de primeiro grau, razão pela qual concluiu o aresto recorrido com acerto: "AGRAVO DE INSTRUMENTO. EXECUÇÃO DE SENTENÇA. LIQUIDAÇÃO POR ARTIGOS. FATO NOVO. INSTRUÇÃO E JULGAMENTO. DUPLO GRAU DE JURISDIÇÃO. DISPENSABILIDADE. Inexistindo fato novo, dispensável a liquidação por artigos. Arbitramento, como realizado pela exequente, restou capaz para determinar o exato valor da mão de obra. Duplo grau de jurisdição. Dispensabilidade quando haja reconhecimento e transação, o que afasta a litigiosidade sobre a matéria. Inócuo o reexame da sentença. Qualquer nulidade não deve ser declarada quando a parte a quem possa eventualmente favorecer, contribui e se absteve de qualquer impugnação no curso da demanda. Precedentes jurisprudenciais. Negaram provimento. 4. 'Não deve ser decretada a nulidade quando a parte a quem possa eventualmente favorecer, para ela contribuiu e se absteve de qualquer impugnação, no curso da demanda, relativamente ao devido processo legal' (STJ 12/166. No mesmo sentido STJ – 165/206) 5. Recurso especial desprovido." (REsp 492.891/RS, Rel. Ministro LUIZ FUX, PRIMEIRA TURMA, julgado em 16/12/2003, DJ 16/02/2004 p. 209).

[839] COUTURE, Eduardo. *Fundamentos del Derecho Procesal Civil*. Buenos Aires: Aniceto Lopes, 1942, p. 237. Faz-se apenas uma resssalva importante ao pensamento de Couture: o estado de invalidade é posterior ao decreto, logo a invalidade não existe antes desse, o que há até então é apenas o vício do ato.

[840] CHIOVENDA, Giuseppe. Cosa giudicata e preclusione. In: *Ensayos de derecho procesal civil.* v. 3. Buenos Aires: Bosch, 1949, p. 223-290. Tradução de Santiago Sentís Melendo. CHIOVENDA, Giuseppe. *Instituições de direito processual civil*, v. 3. São Paulo: Saraiva, 1965, p. 155-163. Tradução de J. Guimarães Mengale.

[841] COUTURE, Eduardo. *Fundamentos del Derecho Procesal Civil*. Buenos Aires: Aniceto Lopes, 1942, p. 96. "A preclusão deve ser entendida como um instituto que envolve a impossibilidade, por regra, de, a partir de determinado momento, serem suscitadas matérias no processo, tanto pelas partes como pelo próprio juiz, visando-se precipuamente à aceleração e à simplificação do procedimento. Integra sempre o objeto da preclusão, portanto, um ônus processual das partes ou um poder do juiz; ou seja, a preclusão é um fenômeno que se relaciona com as decisões judiciais (tanto interlocutória como fenômeno que se relaciona com as decisões judiciais (tanto interlocutória como final) e as faculdades conferidas às partes com prazo definido de exercício, atuando nos limites do processo em que se verificou". RUBIN, Fernando. *A preclusão na dinâmica do processo civil*. Porto Alegre: Livraria do Advogado, 2010, p. 46.

também o juiz".[842] Pode-se dizer, em função disso que "o objeto da preclusão é sempre uma faculdade das partes ou poder do juiz".[843]

O artigo 473 do Código de Processo Civil a acolhe expressamente, dispondo ser "defeso à parte discutir, no curso do processo, as questões já decididas, a cujo respeito se operou a preclusão". Trata-se de norma que torna viável o andamento do processo, impedindo sejam formulados incontáveis requerimentos de revisão de julgamentos já proferidos, que tumultuariam o curso procedimental, com procrastinações sem propósitos.

Caso o processo tivesse de aguardar indefinidamente pelo particular para o seu prosseguimento, a parte acusada em violar a legalidade poderia deixá-lo infinitamente sem andamento, fazendo inócua qualquer tentativa de prestação jurisdicional em seu prejuízo. Assim, "o processo tem de conter mecanismos que permitam a decisão, mesmo que a parte demandada não tenha uma intervenção efectiva",[844] entre os quais a preclusão mostra-se como principal mecanismo.

> Cada fase prepara a seguinte e, uma vez passada à posterior, não é mais dado retornar à anterior. Assim, o processo caminha sempre para frente, rumo à solução de mérito, sem dar ensejo a manobras de má-fé de litigantes inescrupulosos ou maliciosos, nem propiciar vacilações e incertezas do órgão judicial, com referência àquilo que já restou definitivamente decidido nas fases próprias já superadas.[845]

Como "o ordenamento jurídico não se adstringe à formulação das regras das atividades processuais, mas regulamenta também a sua sucessão" origina-se "uma ordem legal entre as diversas atuações, no escopo de dar-se maior precisão ao processo". Disso, por meio da preclusão, "resulta a conseqüência de não se poder exercer determinadas faculdades processuais além dos limites impostos ao seu exercício".[846]

No sistema de invalidades, a preclusão também tem reflexos, como sobre qualquer outra faculdade ou poder processual. Não é novidade que o art. 245 do Código de Processo Civil brasileiro determine que o requerimento de invalidação dos atos processuais viciados deve ser realizado na primeira oportunidade em que couber à parte falar nos autos, sob pena de preclusão.[847] Essa disposição não

---

[842] BARBI, Celso Agrícola. Da preclusão no processo civil. *Revista Forense*, Rio de Janeiro, v. 158. p. 59-66, mar/abr. 1955, p. 61.

[843] Idem, p. 62.

[844] SILVA, Paula Costa e. *Acto e processo*: o dogma da irrelevância da vontade na interpretação e nos vícios do acto postulativo. Coimbra: Coimbra Editora, 2003, p. 117.

[845] THEODORO JUNIOR, Humberto. Princípios gerais do Direito Processual Civil. *Revista da Ajuris*, Porto Alegre, v. 34, p. 161-184, p. 179.

[846] TUCCI, Rogério Lauria. *Do julgamento conforme o estado do processo*. São Paulo: Saraiva, 1988, p. 80-81.

[847] A redação, como ressaltado por Barbosa Moreira, sofreu influência da legislação processual civil do Estado do Vaticano. MOREIRA, José Carlos Barbosa. Il Codice di Procedura Civile dello Stato della Città del Vaticano come fonte storica del diritto brasiliano. *Rivista di Diritto Processuale*, Milão, v. 46, n. 1, p. 166-177, jan/mai. 1991, p. 169. CPC Vaticano. Art. 160, § 1°. "La nullità degli atti deve dedursi specificamente nella prima risposta successiva all'atto che si vuole impugnare; in caso diverso, la nullità è sanata, a meno che si tratti di nullità da rivelarsi d'ufficio, o la parte giustifiche la mancata deduzione con un legittimo impedimento". Tradução livre:

se aplica aos defeitos de tipo que deem azo a prejuízos públicos, ao menos até a ocorrência do trânsito em julgado.[848] Sabe-se que nesses casos a possibilidade de cognição *ex officio* corresponde a uma garantia de boa administração da justiça,[849] constituindo-se uma invalidade não sujeita a aproveitamento por vinculação à vontade da parte em apresentar ou não a objeção processual.

A propósito, convém reforçar que o art. 471 proibiu o juiz de julgar novamente as questões já decididas, relativas à mesma lide, salvo nas hipóteses de relação jurídica continuativa e de reconsiderações previstas expressamente na lei. O Código de Processo Civil vedou "a reapreciação da mesma matéria, salvo se impugnada, a tempo e modo, pelo recurso próprio. Essa é uma contingência inevitável, própria do exercício da jurisdição, e instituída em benefício da ordem pública".[850] Não se pode esquecer, todavia, da previsão expressa no art. 245, parágrafo único, dizendo não se aplicar a preclusão às invalidades que o juiz tem o dever de decretar de ofício. Isso, porém, somente até o trânsito em julgado, pelo que, após, haverá, se cabível, apenas os caminhos da ação rescisória (art. 485) ou anulatória (art. 486).

Note-se que, apenas nas invalidades associadas a um prejuízo público, há dever incondicional de decretação pelo magistrado. Quando movida por um prejuízo

---

"A nulidade dos atos deve ser deduzida especificamente na primeira resposta sucessiva ao ato que se quer impugnar; em caso contrário, a nulidade é sanada, a menos que se trate de nulidade decretável de ofício, ou a parte justifique a falta da dedução com um legítimo impedimento".

[848] A análise da validade de uma sentença passa a ser impossível na maior das vezes após o seu trânsito em julgado, nada obstante possa o legislador prever exceções, transmudando as invalidades, inclusive aquelas que afetam a decisão de modo derivado, em *rescindibilidades*. São os casos previstos no art. 485 do Código de Processo Civil, únicos vícios aptos a desconstituir a coisa julgada material em uma sentença de mérito. Salutar a lembrança, também, que alguns vícios extrapolam essa noção de rescindibilidade, sendo os chamados vícios *transrescisórios* como o é a falta de citação, passível de alegação mesmo sem acionamento específico, conforme art. 475-L. "Há requisitos cuja falta não acarreta nulidade, ou que estão sujeitos à preclusão por falta de alegação do vício ou obstáculo no prazo legal ou por falta de interposição do recurso da decisão que a rejeite (CPC, art. 473); há casos em que se autoriza a ação rescisória e, portanto, também a decretação da nulidade, no curso do processo, em qualquer tempo e grau de jurisdição há, finalmente, vícios persistentes, que resistem não só à preclusão durante o processo e a decorrente do trânsito em julgado da sentença, mas até mesmo ao decurso do prazo para a ação rescisória, deles decorrendo, conforme o caso, a inexistência, a nulidade ou a ineficácia da sentença" (p. 131). Sobre o ponto, ver. TESHEINER, José Maria Rosa. *Elementos para uma Teoria Geral do Processo*. São Paulo: Saraiva, 1993, p. 135-139. Outrossim, cumpre referir julgado do Superior Tribunal de Justiça, reiterando que mesmo invalidades que repercutam em prejuízo da ordem pública não se mantém diante da coisa julgada: "PREVIDENCIÁRIO. PROCESSUAL CIVIL. EMBARGOS À EXECUÇÃO. VÍCIO DE ORDEM PÚBLICA OCORRIDO NO PROCESSO DE CONHECIMENTO. TRANSMISSÃO À FASE EXECUTÓRIA. IMPOSSIBILIDADE. COISA JULGADA. PRECEDENTES. NULIDADE AFASTADA. MATÉRIA SUSCITADA PELA PRIMEIRA VEZ EM MEMORIAIS. PRECLUSÃO. CAPACIDADE POSTULATÓRIA. PORTARIA MINISTERIAL. EFEITOS. JULGAMENTO EXTRA PETITA. OCORRÊNCIA. RECURSO PROVIDO. 1. Vícios, ainda que de ordem pública, ocorridos no processo de conhecimento, não têm o condão de transpor a autoridade da coisa julgada e irradiar efeitos na fase de execução. Precedentes. (...)". (REsp 695.445/SP, Rel. Ministro ARNALDO ESTEVES LIMA, QUINTA TURMA, julgado em 27/03/2008, DJe 12/05/2008).

[849] TUCCI, José Rogério Cruz e. Sobre a eficácia preclusiva da decisão declaratória de saneamento. In: ALVARO DE OLIVEIRA, Carlos Alberto. *Estudos em homenagem ao Prof. Galeno Lacerda*. Porto Alegre: Sergio Fabris, 1989, p. 275-290, p. 284-285.

[850] VASCONCELOS, Antônio Vital Ramos de. O pedido de reconsideração e a preclusividade das decisões judiciais. *Revista da Ajuris*, Porto Alegre, n. 40, p. 155-165, jul. 1987, p. 156.

privado, somente mediante requerimento da parte interessada ou, excepcionalmente, poderá o juiz exercer seu controle em conformidade com as peculiaridades do caso concreto face à dimensão objetiva dos direitos fundamentais. Caso contrário, não haverá uma iniciativa legítima ao decreto de invalidação.

Aplica-se a preclusão em sua forma mais pacífica às invalidades derivadas de um prejuízo privado, independente de uma atuação extraordinária jurisdicional. Ultrapassado o momento para apresentar a *exceção de incompetência*, não mais poderá o particular interessado fazê-lo. Ainda, convém complementar o raciocínio, como o magistrado nunca pôde decretá-la sem requerimento, nunca teve o poder para perdê-lo, não se falando, daí em preclusão.

Vale-se de Galeno Lacerda ao concluir pela necessidade de subordinar a preclusão à natureza da questão versada, para se dosar "as necessidades de economia e certeza com os preceitos de justiça, dentro de um esquema imposto pelas exigências da realidade".[851] Em seu esquema de invalidades, e essa ressalva é importante, Galeno Lacerda defendeu a não preclusão das nulidades absolutas e relativas, fundadas em normas cogentes, incidindo o instituto apenas no que refere às suas anulabilidades, relativas a normas dispositivas.[852] Daí, para o autor, a dispositividade ou a imperatividade da norma seria o critério para determinar a incidência ou não da preclusão.[853]

Ocorre que seu sistema não enfoca a natureza do prejuízo como componente determinante para a categorização das suas espécies de invalidades. Vale-se, pelo contrário, de um plano puramente abstrato, no qual inúmeros vícios, que não poderiam precluir para o juiz, tendo em vista o bom andamento do processo, enquadraram-se como nulidades relativas, sendo forçoso reconhecer a sua não preclusibilidade. É o caso de todos os exemplos mencionados por Galeno Lacerda ao tratar da preclusão: "falta ou nulidade de citação inicial, de representação, de assistência, de autorização; que tiver rejeitado o pedido de citação de litisconsortes necessários ou do órgão do Ministério Público".[854] Todas essas hipóteses ensejam notório prejuízo potencial ao processo, porque dão azo à sua decretação de invalidade como um todo, fazendo inútil a atividade jurisdicional. No caso, prevalecendo a relevância pública do dano, induzir-se-ia ao conhecimento de ofício da invalidade, sendo impossível aí a preclusão por falta de iniciativa da parte.

Já quando o prejuízo for privado, a atuação de ofício terá justificativas outras, buscando a promoção de direitos fundamentais, forte na sua dimensão objeti-

---

[851] LACERDA, Galeno. *Despacho saneador*. Porto Alegre: Sergio Antonio Fabris, 1985, p. 156.

[852] No mesmo sentido a defesa de ARAGÃO, Egas Moniz de. *Comentários ao Código de Processo Civil*. v. 2. Rio de Janeiro: Forense, 1983, p. 359.

[853] "A preclusão no curso do processo depende, em última análise, da disponibilidade da parte em relação à matéria decidida. Se indisponível a questão, a ausência de recurso não impede o reexame pelo juiz. Se disponível, a falta de impugnação importa concordância tácita à decisão. Firma-se o efeito preclusivo não só para as partes, mas também para o juiz, no sentido de que vedada se torna a retratação". LACERDA, Galeno. *Despacho saneador*. Porto Alegre: Sergio Antonio Fabris, 1985, p. 161.

[854] LACERDA, Galeno. *Despacho saneador*. Porto Alegre: Sergio Antonio Fabris, 1985, p. 162.

va. Essa atuação é excepcional e deve ser muito bem fundamentada. Ao se deixar ao livre arbítrio do juiz a decretação da invalidade que recaia sobre direitos disponíveis, estar-se-ia permitindo demasia de incursão na esfera de interesses particulares, violando-se garantias de não intervenção sobre a esfera privada.

Por fim, a preclusão para as partes não ocorrerá se houver provado legítimo impedimento para alegar ou conhecer a invalidade. A noção de legítimo impedimento deve ser conexa a de justa causa, prevista no parágrafo 1º do art. 183, ou seja, "o evento imprevisto, alheio à vontade da parte, e que a impediu de praticar o ato por si ou por mandatário". Assim, no caso do prazo para recurso, se os autos estavam em carga do advogado da parte contrária, não opera a preclusão, visto que o prejudicado não pôde ter acesso às informações contidas nos autos.

7.4.3. Regime de extensão e contenção das invalidades processuais

Os princípios sobre as invalidades processuais repercutem em importantes fundamentos de contenção do alcance das invalidades. Assim, o princípio da causalidade age para fins de "observar-se a não contaminação dos atos complexos que não dependam do ato viciado por motivo de economia processual, que justificaria a existência de nulidades parciais ou derivadas".[855] Pois, o substrato legal da invalidade derivada encontra-se na segunda parte do artigo 248 do Código de Processo Civil, que aponta à validade de parte de atos e a invalidação de outra parte, trazendo a tona o conceito de invalidade parcial. Ainda, a lei extraordinariamente pode regulamentar a eficácia de ato inválido, contendo em parte as consequências da invalidade.

7.4.3.1. Invalidade derivada

A primeira parte do artigo 248 do Código de Processo Civil remete ao conceito de invalidade derivada, que impõe consequências aos atos posteriores e dependentes do ato invalidado. Essa invalidade advém por derivação, ou seja, decorre não de um vício próprio do ato, mas de uma imperfeição que fere um ato precedente; ato esse necessário à realização do ato sucessivo.[856]

Como o processo se apresenta como um procedimento, ou seja, uma série encadeada de atos sucessivos no tempo, o vício sobre algum dos componentes da

---

[855] NASSIF, Aramis. *Considerações sobre nulidades no processo penal*. Porto Alegre: Livraria do Advogado, 2001, p. 31.

[856] DALL'AGNOL JUNIOR. Antônio Janyr. Invalidade derivada e invalidade parcial. Exegese do art. 248 do CPC. *Revista da Ajuris*, Porto Alegre, n. 33, p. 125-132, mar. 1985, p. 125. Convém, também, transcrever a lição de Carnelutti: "É a nulidade de um ato que determina a nulidade de outro, e é exata a metáfora da comunicação ou também da repercussão da nulidade de um ato no outro. Certo também neste caso que a nulidade do segundo deriva de um vício do próprio ato, mas este não é o mesmo vício do primeiro, se bem que o vício do segundo consiste na nulidade do primeiro". CARNELUTTI, Francesco. *Sistema del Diritto Processuale Civile*. v. 2. Padova: CEDAM, 1938, p. 510.

cadeia pode gerar consequências ao longo da série. Daí, a invalidade sobre o ato anterior pode atingir os que lhe são subsequentes, derivando-se a consequência. O fenômeno advém da característica procedimental do processo, razão pela qual "não há ato processual isolado, sendo necessário estudar a repercussão da invalidade na série procedimental".[857]

A invalidade derivada não advém de um vício sobre o próprio ato, mas do defeito sobre ato precedente que lhe é necessário, sendo que este se afigura como um verdadeiro requisito procedimental do ato. Afinal, se a ligação dos atos pelo procedimento determina que um ato na cadeia seja a consequência do ato que o precede e o pressuposto do seguinte,[858] consequência lógica é que a invalidade do ato precedente produz a mácula de todos os atos que dele são dependentes, pelo vínculo do procedimento. Daí, "um vício que venha a atingir qualquer ato da série pode ter proporções de monta, na medida em que, eventualmente, atinge atos que lhe são subsequentes".[859]

Em razão da natureza procedimental do processo, a causalidade lhe é característica essencial. Esse vínculo entre os atos do procedimento não permite que, a modo cartesiano,[860] analise-se todas as peças isoladas para posterior compreensão do todo, uma vez que as relações entre os atos do procedimento são de complexidade inalcançável pelo estudo não integrado das partes que o compõem. Essa constatação faz incluir no tipo do ato processual a perfeição dos antecedentes necessários, comunicando o ato com o procedimento em sua validade.[861]

Para a configuração da invalidade derivada, portanto, deve-se, assim como no fenômeno da invalidade parcial,[862] distinguir entre atos dependentes e atos independentes. Diferenciam-se porque os primeiros, por alguma razão lógica, devem ser antecedidos por outros, seus antecedentes indispensáveis, ao contrário

---

[857] CABRAL, Antônio do Passo. *Nulidades no processo moderno*. Rio de Janeiro: Forense, 2009, p. 60.

[858] FAZZALARI, Elio. *Istituzioni di diritto processuale*. Padova: CEDAM, 1975, p. 25.

[859] DALL'AGNOL JUNIOR. Antônio Janyr. Invalidade derivada e invalidade parcial. Exegese do art. 248 do CPC. *Revista da Ajuris*, Porto Alegre, n. 33, p. 125-132, mar. 1985, p. 155. Em outras palavras, "pelo princípio da causalidade, sempre que constatada uma relação de dependência entre determinados atos do processo, o ato dependente daquele revestido pela mácula da invalidade também deve ser considerado inválido" MADER, Alexandre. *Das invalidades no Direito Processual Civil*. São Paulo: Malheiros, 2010, p. 63.

[860] A respeito, Descartes propõe: "dividir cada uma das dificuldades que eu examinasse em tantas parcelas possíveis e que fossem necessárias para melhor resolvê-las". DESCARTES, René. *Discurso do método*. Porto Alegre: LPM, 2009, p. 55. Tradução de Paulo Neves

[861] Em razão das conclusões alcançadas no Capítulo 7.2, não se pode excluir da conceituação de tipo os componentes do ato jurídico que lhe são extrínsecos, como as formalidades. Daí, a ingerência do procedimento produz a inclusão no tipo sobre os atos antecedentes necessários, remetendo a uma infração do tipo normativa, ou seja, uma invalidade derivada, e não meramente uma ineficácia derivada, como, v.g., se concluiria caso fosse restrita a validade ao exame de forma em sentido estrito. A propósito, a concepção restritiva do tipo parte do estudo da parte com exclusão do todo (ou seja, do ato sem sua relação com o processo), razão pela qual os antecedentes necessários restam excluídos da apreciação da validade. Ocorre que o processo é uma cadeia de atos interligados e em perspectiva dinâmica e comunicativa. Insistir no exame de validade separando as partes do todo importa renegar a sua característica procedimental. Nesse caso, mais se ajustaria a criticada e estática teoria da relação jurídica processual que a dinâmica compreensão procedimental.

[862] Capítulo 7.4.3.2.

dos últimos que possuem vida autônoma.[863] Como refere Passo Cabral, "ainda que o processo seja uma sucessão encadeada de atos processuais, nem todos os elos da cadeia, apenas por serem posteriores cronologicamente ao ato viciado, serão atingidos pela pronúncia de nulidade".[864]

Com exatidão a lição de Antônio Dall'Agnol Jr., dizendo que "a dependência é um liame que liga o ato sucessivo ao antecedente, não apenas em razão de cronologia, mas, fundamentalmente, porque o ato antecedente evidencia-se como indispensável". Por isso, se não houver um laço de dependência, o ato sucessivo não será contagiado, ou seja, se alguma invalidade nele houver, será originária e não derivada.[865]

Note-se que os conceitos de dependência e independência exigem um referencial. Não se é independente ou dependente de todos os atos, mas de alguns. Assim, um ato será necessariamente independente de algum outro. Como se vê, todos os atos processuais são dependentes da validade da constituição do processo. Por outro lado, a apresentação de apelação pelo autor é independente do impulso recursal do réu, mas dependente de uma sentença anterior que é desfavorável ao recorrente.

Pode ocorrer, também, de o ato posteriormente dependente do ato invalidado não venha a sofrer uma invalidade por derivação quando a lei expressamente ressalva a contaminação. No direito brasileiro, isso ocorre na hipótese de arrematação perfectibilizada na pendência de embargos à execução. Como os embargos do executado podem eventualmente estar fundados em invalidade da execução (art. 745 ou também no caso de impugnação ao cumprimento de sentença, art. 475-L), nos termos da ressalva instituída pelo art. 694, *caput* e § 2º, do Código de Processo Civil.

Finalmente, cumpre referir, sobre a possibilidade de invalidade derivada do ato precedente. Nessa linha, Moniz de Aragão sustenta que, embora a regra seja de que a invalidação do ato não possa produzir efeitos retrooperantes, refere à exceção, no caso de "anulada a arrematação, porque o bem alienado já estava onerado (art. 694, parág. único, III), eventualmente a própria penhora será atingida".[866]

---

[863] "No seu anseio de evitar, quanto possível, a decretação de invalidade, acolheu o Código a distinção entre atos dependentes e atos independentes. Desse modo, a invalidade de um ato (anterior) só contagiará o posterior (ou posteriores), se esse não for independente; ou, talvez melhor, positivamente, se for o ato sucessivo dependente do anterior inválido". DALL'AGNOL JUNIOR. Antônio Janyr. Invalidade derivada e invalidade parcial. Exegese do art. 248 do CPC. *Revista da Ajuris*, Porto Alegre, n. 33, p. 125-132, mar. 1985, p. 126.

[864] CABRAL, Antônio do Passo. *Nulidades no processo moderno*. Rio de Janeiro: Forense, 2009, p. 61.

[865] DALL'AGNOL JUNIOR. Antônio Janyr. Invalidade derivada e invalidade parcial. Exegese do art. 248 do CPC. *Revista da Ajuris*, Porto Alegre, n. 33, p. 125-132, mar. 1985, p. 126. No mesmo sentido, o ensinamento de Martinetto: "O nexo de dependência que determina a transmissão da nulidade subsiste todas quando um ato se põe como necessário antecedente de outro. Para que se opere a extensão da nulidade é necessário que um ato seja não só cronologicamente anterior, mas indispensável para a sua realização". MARTINETTO, Giuseppe. Della nullità degli atti. In: ALLORIO, Enrico. *Commentario del Codice di Procedura Civile*. Turim: UTET, 1973, 1576-1687, p. 1620.

[866] ARAGÃO, Egas Moniz de. *Comentários ao Código de Processo Civil*. v. 2. 2ª ed. Rio de Janeiro: Forense, 1981, p. 374.

Não se concorda com o posicionamento. Sem embargo de a lei já referir que o art. 248 trata dos atos subsequentes, e não dos precedentes, é característica inafastável do exame de validade a análise em retroação. O tempo rege o ato e a validade do ato em conformidade com o sistema jurídico apenas pode ser aferida contemporaneamente à prática do ato. De modo que é impossível a retroação da invalidade.[867]

No exemplo proposto por Egas Moniz de Aragão, não há vício que deriva do ato posterior, mas vício sobre o próprio ato de penhora, de modo que a invalidade não é derivada, mas originária. De outra banda, se a oneração se deu entre a penhora e a hasta, tratar-se-ia de ato válido e ineficaz, porquanto configuraria hipótese de fraude à execução (art. 593). A invalidade derivada, concluindo, atuará apenas sobre os atos posteriores que dependam do ato invalidado.

7.4.3.2. Invalidade parcial

A invalidade parcial é possível apenas em atos complexos, os seja, aqueles decomponíveis em partes menores e independentes.[868] Os atos complexos são caracterizados por um feixe de atividades cada uma com suas singularidades. Dessa feita, se a atipicidade sobre uma dessas atividades não contagia outras, não há razões para se invalidarem todas, mantendo-se, então, os efeitos destas. O contágio, todavia, será obrigatório quando entre as atividades houver um liame de dependência, ou seja, se uma é necessária à outra.

A audiência de instrução e julgamento é um ato complexo por natureza. Imagine-se que, na solenidade, foram ouvidas cinco testemunhas e pronunciada a sentença. O vício sobre a oitiva de uma das testemunhas não invalida o depoimento das demais, porque entre as atividades não há um liame de dependência. Se a sentença, por sua vez, baseou-se no testemunho inválido, há uma interdependência intrínseca ao ato, razão pela qual vai também contaminada.[869] Por meio dela, preservam-se as atividades regulares e independentes que comporem o ato complexo parcialmente inválido, mantendo-se a validade das partes independentes à atipicidade.

---

[867] "Do fato sucessivo dependerá eventualmente o determinar-se dos efeitos, quando o fato anterior não seja por si só produtivo de tais efeitos (sob condição suspensiva), com a consequencia de que a invalidade do ato sucessivo pode explicar a sua influência sobre o ato anterior unicamente no sentido de determinar a sucessiva irrelevância ou sua ineficácia". MARTINETTO, Giuseppe. Della nullità degli atti. In: ALLORIO, Enrico. *Commentario del Codice di Procedura Civile*. Turim: UTET, 1973, 1576-1687, p. 1619.

[868] "A figura conhecida como invalidade parcial, assentando que, em se cuidando de ato decomponível, o defeito de parte dele não atinge as demais partes em que dela (da parte viciada do ato) não dependam". DALL'AGNOL JUNIOR. Antônio Janyr. Invalidade derivada e invalidade parcial. Exegese do art. 248 do CPC. *Revista da Ajuris*, Porto Alegre, n. 33, p. 125-132, mar. 1985, p. 125

[869] "Se em audiência de instrução e julgamento, ocorre acareação entre um incapaz e um capaz, inválido é o ato de acareação, inequivocamente. Tal vício, porém, não há de contagiar os demais atos que compõem o complexo ato da audiência. *Utile per inutile non vitiatur*". DALL'AGNOL JUNIOR. Antônio Janyr. Invalidade derivada e invalidade parcial. Exegese do art. 248 do CPC. *Revista da Ajuris*, Porto Alegre, n. 33, p. 125-132, mar. 1985, p. 129.

Dinamarco comenta a recalcitrância dos tribunais brasileiros em pronunciar a invalidade parcial de uma sentença, aproximando o tema da compreensão dos capítulos da sentença. Pois assim, "a correta colocação e solução dos casos de nulidade da sentença composta por capítulos exige a prévia distinção entre casos em que um deles deve receber reflexo do vício de outro (contaminação) e casos em que, por se tratar de capítulos independentes, essa contaminação não ocorre (princípio da conservação)".[870]

O art. 475-O, § 1º, sugere a possibilidade de invalidação parcial da decisão. Tal ocorrerá quando o vício que a acomete não alcança todos os seus capítulos, mas apenas um ou alguns. A esse respeito, em caso concreto, decidiu o Superior Tribunal de Justiça (REsp nº 532.559/RS) que a invalidação da sentença por deficiência na realização de atos processuais apenas contra um litisconsorte facultativo não a desconstitui com relação aos demais. Assim, apenas quando não guardar com estes qualquer correspondência a causa da invalidade, aplicável a apenas um dos litisconsortes.[871]

7.4.3.3. Redução dos efeitos do ato

Outro fenômeno relevante ao estudo dos atos, dessa vez, restrito aos atos já invalidados, é o da redução dos seus efeitos. Em regra, a invalidação do ato retira todos os efeitos jurídicos do ato processual, mas, em determinados casos, a lei atribui aptidão ao ato inválido a produzi-los. Dessa forma, mesmo o inválido ato processual poderá ter parcial eficácia jurídica. A atuação, nesses casos, é sobre o campo da eficácia e não da validade,[872] razão pela qual é equivocado falar-se em convalidação, visto que o estado inválido do ato permanece.

Somente pode se falar em redução dos efeitos do ato quando houver previsão legal, ou seja, esse mecanismo de preservação de efeitos é extraordinário.[873] No Direito Processual Civil brasileiro, a aplicação da redução dos efeitos do ato ape-

---

[870] A respeito, ver, por todos, DINAMARCO, Cândido Rangel. *Capítulos de Sentença*. 3ª ed. São Paulo: Malheiros, 2008, p. 84.

[871] "PROCESSUAL CIVIL. RESPONSABILIDADE CIVIL. LITISCONSÓRCIO FACULTATIVO. CERCEAMENTO DE DEFESA DE UM DOS LITISCONSORTE. NULIDADE PARCIAL DA SENTENÇA. VIOLAÇÃO DO ART. 535, II, DO CPC. NÃO-OCORRÊNCIA. 1. Havendo relação jurídica em que há formação de litisconsórcio facultativo ativo, a ocorrência de nulidade processual decorrente de deficiência inerente à realização dos atos processuais relacionados a apenas uma das partes não contamina o provimento jurisdicional dirigido aos demais litisconsortes se com estes não guardar nenhuma correspondência. (...)" (REsp 532.559/RS, Rel. Ministro JOÃO OTÁVIO DE NORONHA, SEGUNDA TURMA, julgado em 08/05/2007, DJ 31/05/2007 p. 415).

[872] "Verifica-se, de logo, que, no ponto, está-se, mais propriamente no campo da eficácia do ato, e não no de sua validade". DALL'AGNOL JUNIOR. Antônio Janyr. Invalidade derivada e invalidade parcial. Exegese do art. 248 do CPC. *Revista da Ajuris*, Porto Alegre, n. 33, p. 125-132, mar. 1985, p. 132.

[873] A técnica "encontra aplicação na única hipótese de o legislador, mediante nova disposição, estabelece tratando de um específico ato e a um específico vício quais os efeitos do primeiro que não são comprometidos pelo segundo". MARTINETTO, Giuseppe. Della nullità degli atti. In: ALLORIO, Enrico. *Commentario del Codice di Procedura Civile*. Turim: UTET, 1973, 1576-1687, p. 1628.

nas serve para manter efeitos de índole material decorrentes do ato processual,[874] se dando apenas em dois casos.

O primeiro ocorre com a citação ordenada por juiz absolutamente incompetente. Trata-se de um ato inválido por violação ao componente legitimidade, mas a citação, mesmo inválida, constitui em mora o devedor e interrompe a prescrição (art. 219, CPC). Vê-se que, por ser imperfeita a citação, não se reconhecem todas as suas consequências típicas; ainda assim, algumas lhe são reservadas pela guarida expressa da lei, sendo essa especificamente a função do fenômeno da redução dos efeitos do ato no campo das invalidades.

De igual modo, a regulamentação do art. 694, § 2º, do Código de Processo Civil, prevê que a expropriação em hasta pública pode ser invalidada em razão de embargos à arrematação e, ainda assim, ter-se-á os efeitos materiais da transmissão da propriedade ao terceiro arrematante. Caberá ao executado, exitoso em reconhecer a invalidade, apenas haver o ressarcimento do valor por este recebido como produto da arrematação, acrescido de eventual diferença.

Imagine-se o caso de que em execução de título extrajudicial, tenham sido apresentados embargos do devedor, sob o argumento de que o título era nulo. Sem atribuição de efeito suspensivo (art. 736), procedeu-se a expropriação de bens do executado que, após, logrou êxito na defesa ofertada. Muito embora a invalidade do título repercuta em toda a cadeia procedimental executiva (princípio da causalidade), a invalidade da expropriação, diz a lei, não cassa os efeitos materiais do ato processual (perda e transmissão da propriedade).

Em ambos os casos, as hipóteses são excepcionais.

***

No exame das invalidades processuais, considera-se um suporte fático do estado de invalidade. O conjunto de requisitos necessários para a invalidação de um ato processual é composto por uma atipicidade, pelo não aproveitamento, pela iniciativa legítima e pelo decreto.

A validade de atos jurídicos é examinada mediante a comparação entre o ato praticado e a previsão normativa. Esse cotejo leva em conta os componentes subjetivos, de conteúdo e de materialidade do ato jurídico, uma vez que a conceituação de tipo abarca toda a estruturação do ato. Assim sendo, havendo descompasso entre ato e tipo, tem-se a atipicidade, requisito primeiro do estado de invalidade.

Não basta, porém, constatar a violação da norma processual, uma vez que a invalidação apenas poderá ser decretada mediante uma iniciativa legítima. Assim, como o Direito Processual Civil resta ligado à Constituição e, como esta presta égide também aos interesses privados, a intermediação do sujeito mostra-se necessária para a decretação de algumas invalidades. Assim, o princípio dispositivo em sentido formal atua para que apenas aqueles que possuam interesse jurídico

---

[874] Para essa conclusão, importante ter claro o conceito de ato jurídico processual trabalhado no item 2.1.

na invalidação possam dela valer-se. A forma de aferição da legitimação, para se buscar o decreto, resta delegada ao exame do caso, especificamente, na análise da repercussão da atipicidade no procedimento ou aos interesses protegidos pelos sujeitos.

As invalidades serão decretadas de ofício em duas hipóteses: ou mediante a constatação de um dano de ordem pública derivado de uma invalidade processual, ou para fins de promover direitos fundamentais em sua acepção objetiva. Esta última se dará quando o particular interessado, por algum motivo, não pode agir conforme sua autonomia, na defesa de seus interesses. De outra parte, quando a repercussão da atipicidade recair aos privados, resta vedada a intervenção estatal, uma vez que, quanto à legitimidade, não haverá o Estado para decretá-la.

Diante disso, constatada a atipicidade e atestada a iniciativa legítima para a perquirição da invalidade, deverá o juiz certificar-se da inocorrência das formas de aproveitamento do ato, que se dará conforme a repercussão da atipicidade, podendo depender ou não da vontade dos particulares. No caso, há formas ordinárias de aproveitamento como a inocorrência de prejuízo e o alcance da finalidade. Se, por outro lado, a iniciativa legítima para a invalidação é atribuída em razão da proteção da autonomia privada, poder-se-á verificar a ocorrência de aquiescência, de legítimo interesse e de preclusão, formas extraordinárias de aproveitamento e convalidação. De qualquer modo que o seja, ordinário ou extraordinário o aproveitamento, a sua não incidência é requisito inafastável do suporte fático de invalidade.

Restando preenchida a atipicidade, a iniciativa legítima, o não aproveitamento, ter-se-á o caminho aberto para que, com a decretação, se constitua o estado de invalidade. A invalidação, porém, não é imutável, uma vez que se preocupa o Direito Processual Civil não apenas com o aproveitamento, mas também com a convalidação, caso em que atos decretados inválidos têm seu estado revertido e, daí, reassumem a validade. Por fim, a repercussão da invalidade no procedimento é tema que ganha relevo a partir do regime de extensão e contenção das invalidades processuais, dos quais se destacam a invalidade parcial, a invalidade derivada e a redução dos efeitos do ato inválido.

Considerações Finais

Neste momento, pode-se lançar mão das conclusões alcançadas com a presente pesquisa.

1. O passar das fases do processo (praxismo, processualismo, instrumentalismo e formalismo-valorativo) pressupôs superações de paradigmas epistemológicos. Ao processo civil, como disciplina autônoma, a abstração e o jogo lógico foram suportes fundamentais, dando conta de uma rígida separação entre direito material e processual.

2. No desenvolvimento processual, a fase da instrumentalidade ampliou a permeabilidade do processo a valores externos (escopos sociais, políticos e jurídicos), reconhecendo-se um comprometimento axiológico das instituições processuais.

3. O formalismo-valorativo pressupõe a íntima ligação entre Direito Processual Civil e Constituição, assumindo que a regulamentação de toda a atividade processual resta orientada pelo campo valorativo. A aproximação entre processo e cultura também é sobremaneira sentida no viés do formalismo-valorativo.

4. O formalismo-valorativo apresenta-se como uma evolução da teoria da instrumentalidade do processo, por meio da aproximação entre tipo, organização do procedimento, limites, faculdades e poderes das partes e do juiz com os valores fundamentais do processo civil, decorrente da associação entre processo e Constituição.

5. É inadequada a classificação do processo como uma relação jurídica, tendo em vista a característica estática desta, em confronto com a dinamicidade ínsita ao processo. De outra banda, não é o processo um ato complexo, mas um procedimento que deve se realizar em contraditório. Daí, reafirma-se as conclusões de Fazzalari, dando conta de que o processo é um procedimento em contraditório.

6. Para a caracterização dos atos processuais, os critérios da eficácia, dos sujeitos e da sede mostram-se insuficientes. A consideração do processo como um procedimento conduz à percepção de um encadeamento dinâmico dos atos processuais, havendo processualidade os atos que compõem a cadeia procedimental. Os atos que estão insertos no procedimento sem partilhar desse vínculo essencial são atos de direito material, meramente "processualizados".

7. Os atos jurídicos são decomponíveis em componentes: capacidade, legitimidade, causa, vontade, forma e formalidades.

8. A capacidade é o pertencer aos agentes das qualidades necessárias para a prática de um ato jurídico. No Direito Processual Civil, a categoria é aplicável tanto a atos das partes, quanto de terceiros ou do juiz.

9. Legitimidade é o componente que remete a uma posição de poder do agente, que se encontra em situação jurídica de exercício para realizar um ato jurídico. Comumente, trata-se da legitimidade das partes, podendo-se, no entanto, também ver legitimidade nos atos do juiz, sendo, aí, a categoria associada à competência.

10. A causa indica o porquê da realização do ato. Pode ser compreendida em viés subjetivo, consistente nas razões do sujeito para a prática do ato, ou sob perspectiva objetiva, tendo-se em vista a funcionalidade do ato no sistema em que atua. No Direito Processual Civil, a causa subjetiva assume relevo quando diante dos atos simulados ou da perquirição de litigância de má-fé, enquanto que a causa objetiva restou absorvida pelo princípio da finalidade, de grande importância no tema das invalidades.

11. A vontade engloba querer o conteúdo da declaração, bem como querer manifestá-la. No Direito Processual Civil, para fins de possibilitar o trâmite progressivo do processo, o exame da vontade resta restrito ao querer a manifestação. Daí, a forma eleita pelo sujeito assume papel de grande importância em seara processual. A limitação do exame da vontade nos atos processuais advém da efetividade, reproduzindo, por outro lado, um sistema rígido sobre a forma, por contrapeso da segurança jurídica.

12. A forma é o invólucro do ato jurídico. Não integram a forma as circunstâncias de tempo e lugar, com a qual a doutrina, em certas oportunidades, associa na categoria da forma em sentido amplo. As condições são componentes consistentes em eventos futuros dos quais dependem o ato para a produção de efeitos e os antecedentes necessários são aqueles que devem restar preestabelecidos para que o ato possa realizar-se com perfeição.

13. A validade deve considerar os valores fundamentais da norma jurídica para ser analisada. O exame em questão dá-se mediante uma comparação do ato com um modelo normativo, a ser realizado conforme as normas vigentes ao tempo de sua constituição. A invalidade apresenta-se como uma consequência jurídica da violação da norma, e não como uma sanção.

14. Atos irregulares são eivados de um desvio do tipo padrão, sem que esse vício dê causa a uma invalidade. Trata-se de uma categoria jurídica típica da análise do plano da validade.

15. A distinção entre Direito Público e Direito Privado tem origem em passagem de Ulpiano, no Digesto. Porém, sua adoção extensiva foi mais expressiva na França, no século XVIII, com a mais evidente separação das esferas econômica e política e do Estado da sociedade civil.

16. O Estado Social promoveu mudanças entre as relações entre o público e o privado, disciplinando diretamente questões econômicas, antes deixadas exclusivamente à iniciativa particular, o que se refletiu em novas perspectivas sobre a compreensão das tarefas jurídicas.

17. A evolução dos direitos fundamentais expressa bem a dificuldade na dissociação entre o público e o privado, já que também passou a ser um interesse público a proteção de interesses privados, mediante a atribuição de uma dimensão objetiva aos direitos fundamentais.

18. A autonomia privada tem assento constitucional e, por conseguinte, há relevância na sua consideração em todo o ordenamento jurídico, inclusive no processual, por estar subordinado à Constituição.

19. O Direito Processual Civil tem classificação didática voltada ao Direito Público. Isso não significa que não há um interesse privado tutelado em suas normas, especialmente se consideradas as suas relações com a Constituição.

20. O poder de atuação e intervenção do juiz não é absoluto, estando justificado pelo resguardo de um interesse público, aspecto de especial consideração quanto ao poder de conhecimento de ofício de invalidades processuais.

21. Valores estão ligados ao campo axiológico, indicando critérios para a identificação do bom. Normas são atreladas ao campo deôntico, sendo instrumentais aos valores, direcionando-se ao dever ser, ou seja, ao devido.

22. Há um conflito entre segurança jurídica e efetividade no campo das invalidades processuais, pois o primeiro valor zela pela preservação dos tipos preestabelecidos, e, o segundo, pelo aproveitamento e convalidação dos atos defeituosos praticados. O tipo apenas mostra-se digno de preservação se valores lhe derem sustento.

23. Não há prevalência *a priori* da efetividade ou da segurança. Da mesma forma que com os valores, os conflitos entre os princípios devem se resolver mediante a ponderação e a precedência um de um face de outro, sob circunstâncias apuráveis diante do caso.

24. A economia processual tem vínculos com o valor efetividade, manifestando-se, para fins de obter o máximo de resultados, com o mínimo de atos e de tempo e, também, como critério de equilíbrio entre os princípios dispositivo e inquisitório, no relativo aos poderes do juiz.

25. A liberdade das formas permite a desvinculação do tipo padrão para a prática de atos processuais, ligando-se, nesse aspecto à efetividade processual. Por outro lado, esse desvio pode se realizar apenas quando passível de alcance da finalidade instituída pela lei, ligando-se, daí, à segurança jurídica.

26. A instrumentalidade das formas possui duas expressões: o princípio do prejuízo e o princípio da finalidade, indicando, sempre conjuntamente, que não merece invalidação um ato que, mesmo praticado com desvio de tipo, tenha alcançado a finalidade a que se destinava, sem a produção de prejuízos.

27. O princípio do aproveitamento e da convalidação atua com força no valor efetividade para manter hígido o ato mesmo sob atipicidades, bem como para agir sobre atos invalidados mediante diferentes formas convalidatórias.

28. A causalidade assenta-se na natureza de procedimento do processo. Há uma coligação nos atos da série, fazendo necessária a compreensão total do procedimento. Disso resulta a possibilidade de se invalidar o ato pela ausência ou deficiência de um antecedente necessário.

29. As sistematizações são prescindíveis ao direito, mas auxiliam na sua aplicação por estabelecer modelos de raciocínio válidos para casos padrão. Todavia, por sua natureza abstrata, podem deixar escapar peculiaridades importantes do caso concreto, não merecendo aplicação irrefletida.

30. Pontes de Miranda defende um modelo de sistematização que leva em conta a cominação da nulidade como aspecto diferenciador. Na Teoria da Cominação, as nulidades cominadas estão ligadas a normas íntegras, insuscetíveis de convalidação ou sanação, enquanto as nulidades não cominadas associam-se a normas vulneráveis.

31. Em sede de apreciação crítica da Teoria da Cominação, verificou-se que a previsão da cominação de nulidade é irrelevante para a constatação da invalidade ou dos poderes do juiz, não contribuindo tampouco para a presunção de um prejuízo. Não se deve associar cominação com interesse público. A convalidação atua sobre todos os atos, independentemente se cominada a invalidade para a hipótese de descumprimento do tipo.

32. Para Calmon de Passos, em sua *Teoria da Relevância da Atipicidade*, apenas há invalidade se mediante o desvio do tipo e a presença de um prejuízo. Como o autor não distingue entre espécies de invalidades, todas poderiam ser conhecidas de ofício pelo juiz.

33. É correta a submissão da invalidação ao crivo do princípio do prejuízo na teoria de Calmon de Passos; porém, a tese do autor desconsidera a relevância do interesse privado nas invalidades processuais, atribuindo poderes ao magistrado independentemente do interesse atingido pela atipicidade.

34. Galeno Lacerda propôs a Teoria da Finalidade e Natureza das Normas. A sistematização leva em conta a natureza da norma afetada, se cogente ou dispositiva, bem como o interesse tutelado pela forma, podendo ser prevalentemente público ou privado. Da associação entre os critérios, ter-se-ia a nulidade absoluta (norma cogente e interesse público), a nulidade relativa (norma cogente e interesse privado) e a anulabilidade (norma dispositiva e interesse privado). As anulabilidades dependeriam de requerimento da parte para serem pronunciadas, ao contrário das duas espécies de nulidade.

35. A teoria de Galeno Lacerda merece aplauso na limitação dos poderes do juiz à decretação de algumas invalidades; porém, a identificação da prevalência pública ou privada sobre a norma jurídica mostra-se tormentosa e de difícil con-

creção em razão da notória abstração que conduziu a sua elaboração. Não deve ser acolhida a tese de insanabilidade das nulidades absolutas, aspecto refutado pelo próprio Galeno Lacerda ao apreciar caso concreto, como magistrado.

36. A Teoria Comunicativa das Nulidades pressupõe um diálogo interior ao processo. A manifestação de um ato comunica-se com o procedimento influenciando os atos posteriores. Por isso, o procedimento é um campo comunicativo próprio para a produção dialogada da decisão. A forma serve para garantir a participação, merecendo, por isso, guarida. Há uma presunção apriorística de validade dos atos processuais.

37. As conclusões alcançadas pela Teoria Comunicativa das Nulidades não são suficientes para o sustento integral de uma teoria das invalidades, uma vez que se reduz ao exame das violações ao princípio do contraditório. Não merece, tampouco, acolhida o princípio da validez apriorística, pois subverte a necessidade de preservação dos tipos legais em razão dos valores que lhe são correlatos.

38. Não há consequências relevantes para a acolhida entre invalidades de forma e de fundo, típicas do Direito Processual Civil francês. As invalidades de fundo são fruto de um exame de validade do procedimento (um juízo de admissibilidade), ao contrário das de forma que pertinem a atos isolados. Porém, constata-se que ambas podem ser objeto de aproveitamento e convalidação, bem como podem levar à extinção do processo. Podem ocorrer invalidades "de fundo", que dependem de alegação da parte para serem conhecidas, bem como invalidades "de forma", que podem ser decretadas de ofício.

39. O suporte fático a possibilitar a invalidação é composto por quatro elementos: a atipicidade, o não aproveitamento, a iniciativa legítima e a decretação.

40. O tipo processual corresponde ao conjunto de determinações normativas para a prática do ato, restando inseridos nele todos os componentes do ato jurídico processual. A atipicidade dá-se pelo confronto entre o ato e o tipo, dando ensejo ao exame de validade.

41. O princípio dispositivo pode ser compreendido em sentido material (relacionado à relação de direito material) ou formal (ligando-se ao estruturar-se do procedimento). O princípio dispositivo em sentido formal merece amparo no ordenamento jurídico processual, ofertando limites à atuação estatal ainda em temas relacionados ao modo de realização ao processo.

42. Os casos de iniciativa oficial ou particular expressos na lei não são taxativos, mas exemplificativos, para compor um sistema de invalidades em conformidade com a Constituição e com os direitos fundamentais.

43. O juiz terá poderes de conhecer as invalidades processuais de ofício quando o dano derivado da atipicidade mostrar-se relevante ao interesse público. Haverá interesse público fundado na dimensão objetiva dos direitos fundamentais quando o interesse privado restar afetado, sendo impossível, por circunstâncias fáticas ou jurídicas, a sua defesa pelo indivíduo atingido. O dano privado decor-

rente de um desvio do tipo apenas pode ser conhecido mediante o requerimento da parte lesada.

44. O sistema brasileiro não se preocupa apenas com o aproveitamento (anterior ao decreto de invalidade), mas também com formas de convalidação (posteriores à constituição da invalidade). Entre as formas de aproveitamento e convalidação, são ordinárias aquelas sempre aplicáveis como a ausência de prejuízo e o alcance da finalidade, restando aplicáveis na análise de qualquer atipicidade processual. De igual maneira, a repetição e a retificação, são passíveis de ingerência ordinariamente.

45. A ausência de prejuízo no direito brasileiro pode impedir a constituição da invalidade processual, fazendo inocorrente o estado de invalidade, ao contrário do modelo francês, que apenas impede a produção de efeitos negativos sobre o ato, permanecendo este inválido. A verificação do prejuízo é ligada à finalidade do ato, do que se extrai a necessidade de aplicação associada.

46. Havendo o alcance da finalidade sem a ocorrência de prejuízos, mostra-se descabida a decretação da invalidade processual de um ato praticado em desconformidade com o tipo estabelecido pela norma. Ainda assim, caso decretada a invalidade, é possível a reversão desse estado mediante a convalidação.

47. A repetição dá-se quando o ato praticado não pode ser complementado para ajuste ao modelo legal, não restando alternativa senão a nova realização integral do ato. A retificação é típica dos atos decomponíveis, podendo-se complementar a falta do ato para fins de realização do tipo.

48. A conversão de um ato processual em outro é possível quando houver, no ato a ser convertido, os elementos necessários para a prática de outro ato, sendo que o segundo produz efeitos menores que o primeiro, mas voltados à mesma finalidade.

49. Para um ato atípico ser invalidado, há necessidade de que o requerente tenha interesse na sua invalidação. Outrossim, não pode a parte causadora do vício alegá-lo, faltando-lhe em qualquer caso legítimo interesse.

50. A aquiescência é a concordância do indivíduo prejudicado com a atipicidade do ato realizado, aproveitando-se o ato, mediante a vedação de sua invalidação. De outra banda, com a anuência pelo prejudicado, pode o ato ser convalidado.

51. A preclusão extingue a possibilidade de se invalidar um ato processual, atuando, assim, como a aquiescência e a ausência de legítimo interesse sobre a iniciativa legítima.

52. Os atos complexos podem ter sua invalidade meramente parcial decretada, impondo-se a conservação da parte dos atos não atingidos pela atipicidade.

53. A invalidade derivada liga-se com o princípio da causalidade, havendo uma produção de efeitos em cadeia, estendendo-se aos atos dependentes do ato invalidado em razão da atipicidade decorrente da falta do antecedente necessário.

54. O ato inválido, em regra, não produz efeitos. Todavia, a lei pode excepcionalmente determinar que alguns efeitos persistam mesmo após a invalidação, técnica que se chama de redução de efeitos do ato.

55. Essas são as conclusões decorrentes da aproximação entre processo civil e Constituição, sob a perspectiva do formalismo-valorativo, no polêmico tema das invalidades processuais. Assim, a presente obra tem por fim a sua releitura crítica, a partir da relevação da carga valorativa sobre as normas processuais na identificação, na organização e nos poderes de decretação das invalidades.

Referências Bibliográficas

ABBAGNANO, Nicola. *Dicionário de Filosofia*. São Paulo: Martins Fontes, 2000.

ALEXY, Robert. *Teoria dos direitos fundamentais*. São Paulo: Malheiros, 2008. Tradução de Virgílio Afonso da Silva.

ALLORIO, Enrico. *Commentario del Codice di Procedura Civile*. v. 1. Turim: UTET, 1973.

ALVARO DE OLIVEIRA, Carlos Alberto. A garantia do contraditório. In: ALVARO DE OLIVEIRA, Carlos Alberto. *Do formalismo no processo civil*. 2ª ed. São Paulo: Forense, p. 227-243, 2005.

——. *A nova execução*: comentários à Lei nº 11.232, de 22 de dezembro de 2005. Rio de Janeiro: Forense, 2006.

——. *Do formalismo no processo civil*. 2ª. ed. São Paulo: Saraiva, 2003.

——. *Do formalismo no processo civil*: proposta de um formalismo-valorativo. 4ª. ed. São Paulo: Saraiva, 2010.

——. Efetividade e Processo de Conhecimento. *Revista da Ajuris*, Porto Alegre, n. 75, p. 120-135, set., 1999.

——. *Elementos para uma nova Teoria Geral do Processo*. Porto Alegre, 1997.

——. Notas sobre o conceito e a função normativa da nulidade. In: ALVARO DE OLIVEIRA, Carlos Alberto. *Saneamento do processo*: estudos em homenagem ao Prof. Galeno Lacerda. Porto Alegre: Sergio Antonio Fabris, 1989, p. 131-139.

——. O formalismo-valorativo no confronto com o formalismo excessivo. *Revista de Processo*, São Paulo, nº 137, jul. 2006, p. 7-31.

——. Processo civil brasileiro e codificação. *Revista de Processo*, São Paulo, nº. 179, jan. 2010.

——. *Saneamento do processo*: estudos em homenagem ao Prof. Galeno Lacerda. Porto Alegre: Sergio Antônio Fabris, 1989.

——. *Teoria e prática da tutela jurisdicional*. Rio de Janeiro: Forense, 2008.

——; MITIDIERO, Daniel. *Curso de Processo Civil*: Teoria Geral do Processo Civil e parte geral do Direito Processual Civil. São Paulo: Atlas, 2010.

ALVIM, Arruda. *Manual de Direito Processual Civil*. v. 1. São Paulo: Revista dos Tribunais, 1997.

AMARAL, Francisco. *Direito Civil*: introdução. 3ª ed. São Paulo: Renovar, 2000.

AMARAL, Guilherme Rizzo. *Cumprimento e execução da sentença sob a ótica do formalismo-valorativo*. Porto Alegre: Livraria do Advogado, 2008.

——. *Estudos de direito intertemporal e processo*. Porto Alegre: Livraria do Advogado, 2007.

——; CARPENA, Márcio Louzada. *Visões críticas do processo civil brasileiro*: uma homenagem ao Prof. José Maria Rosa Tesheiner. Porto Alegre, Livraria do Advogado, 2005.

——; MACHADO, Fábio Cardoso (orgs.). *Polêmica sobre a ação*. Porto Alegre: Livraria do Advogado, 2006.

ANDRADE, Fábio Siebeneichler de. Causa e 'consideration'. *Revista da Ajuris*, Porto Alegre, vol. 53, p. 276-284, nov. 1991.

ARAGÃO, Alexandre Santos de. A supremacia do interesse público no advento do estado de direito e na hermenêutica do direito público contemporâneo. In: SARMENTO, Daniel (org.). *Interesses públicos versus interesses privados: desconstruindo o princípio de supremacia do interesse público*. Rio de Janeiro: Lúmen Juris, 2005. p. 1-22.

ARAGÃO, Egas Moniz de. *Comentários ao Código de Processo Civil*. v. 2. Rio de Janeiro: Forense, 1983.

ARMELIN, Donaldo. *Legitimidade para agir no direito processual civil brasileiro*. São Paulo: Revista dos Tribunais, 1979.

ASCARELLI, Tullio. Concetto di titolo di credito. *Banca, borsa e titoli di credito*, Milano, Anno XVII, Prima Parte, p. 367-388, 1954.

——. Inesistenza e nullità. *Rivista di Diritto Processuale*, Padova, n. XI, Parte I, p. 61-65, 1956.

——. Processo e Democrazia. *Rivista Trimestrale di Diritto e Procedura Civile*, Padova, n. 3, ano XII, p. 844-860, set. 1958.

ASSIS, Araken de. *Comentários ao Código de Processo Civil*. v. 9. Porto Alegre: Ledur, 1985.

——. *Manual da execução*. 10ª ed. São Paulo: Revista dos Tribunais, 2006.

AULETTA, Ferruccio. *Nullità e "inesistenza" degli atti processuali civili*. Padova: CEDAM, 1999.

ÁVILA, Humberto Bergmann. Repensando o 'princípio da supremacia do interesse público sobre o particular'. In: SARMENTO, Daniel (org.). *Interesses públicos versus interesses privados: desconstruindo o princípio de supremacia do interesse público*. Rio de Janeiro: Lúmen Juris, 2005, p. 171-215.

——. *Teoria dos princípios*. 5ª ed. São Paulo: Malheiros, 2006.

AZEVEDO, Antônio Junqueira de. *Negócio jurídico*: existência, validade e eficácia. 4ª ed. São Paulo: Saraiva, 2010.

BAGGIO, Lucas Pereira; TESHEINER, José Maria Rosa. *Nulidades no processo civil brasileiro*. Rio de Janeiro: Forense, 2008.

BARBI, Celso Agrícola. *Comentários ao Código de Processo Civil*. v. 1. Rio de Janeiro: Forense, 1981.

——. Da preclusão no processo civil. *Revista Forense*, Rio de Janeiro, v. 158. p. 59-66, mar-abr. 1955.

BAUMANT, Zygmunt. *A modernidade líquida*. Rio de Janeiro: Jorge Zahar Editora, 2001. Tradução de Plínio Dentzien.

BEDAQUE, José Roberto dos Santos. *Direito e processo*: influência do direito material sobre o processo. 5ª ed. São Paulo: Malheiros, 2009.

——. *Efetividade do processo e técnica processual*. São Paulo: Malheiros, 2006.

——. Nulidade Processual e Instrumentalidade do Processo. *Revista de Processo*, São Paulo, n. 60, p. 31-43, out-dez. 1990.

BEDAQUE, José Roberto dos Santos. *Poderes Instrutórios do Juiz*. 4ª ed. São Paulo: Revista dos Tribunais, 2009.

BETTI, Emilio. *Diritto processuale civile italiano*. 2ª ed. Roma: Foro Italiano, 1936.

——. *Teoria generale del negozio giuridico*. Nápoles: Edizioni Scientifiche Italiane, 1994.

BIDART, Adolfo Gelsi. *De las nulidades en los actos procesales*. Montevideo: Garcia Morales, 1949.

BILBAO UBILLOS, Juan Maria. *Los derechos fundamentales en la frontera entre lo público y lo privado*. Madri: Mcgraw-Hill, 1997.

BOBBIO, Norberto. *Estado, governo e sociedade*. 14ª ed. São Paulo: Paz e Terra, 2007. Tradução de Marco Aurélio Nogueira.

——. *O positivismo jurídico*: lições de filosofia do direito. São Paulo: Ícone, 2006. Tradução e notas de: Marco Pugliesi, Edson Bini e Carlos Rodrigues.

——. *Studi per uma teoria generale del diritto*. Turim: Giappichelli, 1970.

BONAVIDES, Paulo. *Curso de Direito Constitucional*. 10 ª ed. São Paulo: Malheiros, 2000.

BONSIGNORI, Angelo. La nullità della citazione. *Rivista Trimestrale di Diritto e Procedura Civile*, Milão, p. 743-749, 1991.

BRASIL. Congresso Nacional. Senado Federal. *Comissão de Juristas Responsável pela Elaboração de Anteprojeto de Código de Processo Civil*. Brasília: Senado Federal, Presidência, 2010.

BÜLOW, Oskar. *La teoría de las excepciones procesales y los presupuestos procesales*. Buenos Aires: EJEA, 1964. Tradução de Miguel Angel Rosas Lichtschein.

BUENO, José Antônio Pimenta. *Apontamentos sobre as formalidades do processo civil*. Rio de Janeiro: Jacintho Ribeiro dos Santos, 1911.

BUZAID, Alfredo. *Agravo de petição no sistema do CPC*. São Paulo: Saraiva, 1956.

CABRAL, Antônio do Passo. *Nulidades no processo moderno*. Rio de Janeiro: Forense, 2009.

CALAMANDREI, Piero. *Eles, os juízes, vistos por um advogado*. São Paulo: Martins Fontes, 1997. Tradução de: Eduardo Brandão.

——. Il processo come situazione giuridica. *Rivista di Diritto Processuale Civile*, Padova, v. 4, Parte I, p. 219-226, 1927.

CAMPOS FILHO, Paulo Barbosa de. *O problema da causa no Código Civil Brasileiro*. São Paulo: Max Limonad, 1960.

CANARIS, Claus-Wilhelm. A influência dos direitos fundamentais sobre o direito privado na Alemanha. In: SARLET, Ingo Wolfgang (org.). *Constituição, Direitos Fundamentais e Direito Privado*. Porto Alegre: Livraria do Advogado, 2006, p. 225-246.

CANARIS, Claus-Wilhelm. *Pensamento sistemático e conceito de sistema na ciência do direito*. Lisboa: Fundação Calouste Gulbenkian, 1989. Tradução de Antônio Menezes Cordeiro.

CAPITANT, Henri. *De la cause des obligations*. Paris: Librarie Dalloz, 1927.

CAPPELLETTI, Mauro. A ideologia no processo civil. *Revista da Ajuris*, Porto Alegre, n. 23, p.16-33, nov. 1981.

——. *El processo civil en el derecho comparado*: las grandes tendências evolutivas. Buenos Aires: EJEA, 1973. Tradução de Santiago Sentís Melendo.

——. *Juizes Legisladores?* Porto Alegre: Sergio Antonio Fabris Editor, 1999. Tradução de Carlos Alberto Alvaro de Oliveira.

——. *La testimonianza della parte nel sistema dell'oralità*. v. 1. Milão: Giuffrè, 1962.

CARNACINI, Tito. Tutela giurisdizionale e tecnica del processo. In: *Studi in onore di Enrico Redenti*. v. 2. Milão: Giuffrè, 1951, p. 693-772.

CARNEIRO, Athos Gusmão. *Intervenção de terceiros*. 3ª ed. São Paulo: Saraiva, 1986.

——. *Recurso especial, agravos e agravo interno*. 5ª ed. Rio de Janeiro: Forense, 2008.

CARNELUTTI, Francesco. *Estudios de derecho procesal*. v. 1. Buenos Aires: EJEA, 1952. Tradução de Santiago Sentis Melendo.

——. Forma degli atti complessi. *Rivista di Diritto Commerciale e del Diritto Generale delle Obbligazioni*. Milão, v. XXXV, Parte I, p. 457-479, 1937.

——. *Instituciones del proceso civil*. v. 1. Buenos Aires: EJEA, 1959. Tradução de Santiago Sentis Melendo.

——. *Sistema del Diritto Processuale Civile*. v. 2. Padova: CEDAM, 1938.

——. *Teoria Geral do Direito*. São Paulo: Lejus, 2000. Tradução de Antônio Carlos Ferreira.

——. *Progetto del Codice di Procedura Civile presentato alla Sottocommissione Reale per la riforma del Codice di Prodedura Civile, Parte Prima — Del processo di cognizione*. Padova: CEDAM, 1926.

CARPENA, Márcio Louzada; AMARAL, Guilherme Rizzo. *Visões críticas do processo civil brasileiro*: uma homenagem ao Prof. José Maria Rosa Tesheiner. Porto Alegre, Livraria do Advogado, 2005.

CARVALHO, José Orlando Rocha de. *Teoria dos pressupostos e dos requisitos processuais*. Rio de Janeiro: Lúmen Iuris, 2005.

CHIOVENDA, Giuseppe. *Ensayos de derecho procesal civil*. v. 3. Buenos Aires: Bosch, 1949. Tradução de Santiago Sentis Melendo.

——. Cosa giudicata e preclusione. In: Ensayos de derecho procesal civil. v. 3. Buenos Aires: Bosch, 1949 p. 223-290. Tradução de Santiago Sentis Melendo.

——. *Instituições de Direito Processual Civil*. v. 1. São Paulo: Saraiva, 1969. Tradução de J. Guimarães Mengale.

——. *Instituições de Direito Processual Civil*. v. 3. São Paulo: Saraiva, 1965. Tradução de J. Guimarães Mengale.

——. La accion en el sistema de los derechos. Valparaíso, Chile: Edeval, 1992. Tradução de Santiago Sentís Melendo.

CHIOVENDA, Giuseppe. *Principios de Derecho Procesal Civil*. v. 2. Madri: Reus, 1925. Tradução de Jose Casais y Santaló.

CINTRA, Antonio Carlos de Araújo; GRINOVER, Ada Pellegrini; DINAMARCO, Cândido Rangel. *Teoria geral do processo*. São Paulo: Malheiros, 1998.

CIPRIANI, Franco. *Il Processo Civile della Stato Democratico*. Nápoles: Edizioni Scientifiche Italiane, 2006.

——. Il processo civile tra vecchie ideologie e nuovi slogan. In: *Il Processo Civile della Stato Democratico*. Nápoles: Edizioni Scientifiche Italiane, 2006, p. 109-121.

COMOGLIO, Luigi Paolo. *Il principio di economia processuale*. v. 2. Padova: CEDAM, 1982.

CONSTANTINO, Lúcio Santoro de. *Nulidades no Processo Penal*. Porto Alegre: Verbo Jurídico, 2006.

COSTA E SILVA, Paula. *A litigância de má fé*. Coimbra: Coimbra Editora, 2008.

——. *Acto e processo*: o dogma da irrelevância da vontade na interpretação e nos vícios do acto postulativo. Coimbra: Coimbra Editora, 2003.

COUTO E SILVA, Clovis do. *A obrigação como processo*. Rio de Janeiro: FGV, 2007.

——. Teoria da Causa no Direito Privado. *Revista Jurídica*, Porto Alegre, vol. 8, p. 21-30, mar/abr. 1954.

COUTURE, Eduardo. *Fundamentos del Derecho Procesal Civil*. Buenos Aires: Aniceto Lopes, 1942.

DABIN, Jean. *La teoria de la causa*. 2ª ed. Madri: Editorial Revista de Derecho Privado, 1955. Tradução de Francisco Pelsmaeker e adaptação de Francisco Bonet Ramon.

DALL'AGNOL JR. Antônio Janyr. Invalidade derivada e invalidade parcial. Exegese do art. 248 do CPC. *Revista da Ajuris*, Porto Alegre, n. 33, p. 125-132, mar. 1985.

——. *Invalidades processuais*. Porto Alegre: Letras Jurídicas, 1989.

——. Para um conceito de irregularidade processual. In: ALVARO DE OLIVEIRA, Carlos Alberto. *Saneamento do processo*: estudos em homenagem ao Professor Galeno Lacerda. Porto Alegre: Sérgio Antônio Fabris, 1989, p. 83-108.

——. Vicissitudes do artigo 526 do Código de Processo Civil. *Síntese Jornal*, Porto Alegre, ano 7, n. 73, p. 1-2, mar. 2003.

——. *Invalidades processuais*: algumas questões. *Revista de Processo*, São Paulo, n. 67, p. 154-161, jul-set. 1992, p. 155.

DENTI, Vitorio. Nullità degli atti processuali civili. *Novissimo Digesto Italiano*. v. XI. Turim: Vnione Tipografico – Editrice Torinense, 1957.

DESCARTES, René. *Discurso do método*. Porto Alegre: LPM, 2009. Tradução de Paulo Neves.

DIDIER JR., Fredie. *Curso de Direito Processual Civil*: Teoria Geral do Processo e Processo de Conhecimento. v. 1. 10ª ed. Salvador: Ius Podivm, 2008.

——. O controle jurisdicional da legitimação coletiva e as ações coeltivas passivas (o art. 82 do CDC). In: MAZZEI, Rodrigo; NOLASCO, Rita Dias. (orgs.). *Processo Civil Coletivo*. São Paulo: Quartier Latin do Brasil, p. 95-105, 2005.

——. *Pressupostos processuais e condições da ação*: o juízo de admissibilidade do processo. São Paulo: Saraiva, 2005.

——. Princípio do contraditório: aspectos práticos. *Revista de Direito Processual Civil*, Gênesis, Curitiba, n. 29, p. 505-516, jul-set. 2003.

——. Sobre dois importantes, e esquecidos, princípios do processo: adequação e adaptabilidade do procedimento. *Revista da Ajuris*, Porto Alegre, nº 83, p. 166-178, set. 2001.

DINAMARCO, Cândido Rangel. *A instrumentalidade do processo*. 12ª ed. São Paulo: Malheiros, 2005.

——. *Capítulos de sentença*. 3ª ed. São Paulo: Malheiros, 2008.

——. *Instituições de Direito Processual Civil*. v. 2. 4ª ed. São Paulo: Malheiros, 2004.

——. *Instituições de Direito Processual Civil*. v. 4. 2ª ed. São Paulo: Malheiros, 2005.

——. *Intervenção de terceiros*. 4ª ed. São Paulo: Malheiros, 2006.

——; CINTRA, Antonio Carlos de Araújo; GRINOVER, Ada Pellegrini. *Teoria geral do processo*. São Paulo: Malheiros, 1998.

DWORKIN, Ronal. *Levando os direitos a sério*. São Paulo: Martins Fontes, 2002. Tradução de Nelson Boeira.

FABRÍCIO, Adroaldo Furtado. Extinção do processo e mérito da causa, *Revista de Processo*, São Paulo, n. 58, p. 7-32, abr-jun. 1990.

FACCHINI NETO, Eugênio. Reflexões histórico-evolutivas sobre a constitucionalização do direito privado. In: SARLET, Ingo Wolfgang. *Constituição, Direitos Fundamentais e Direito Privado*. Porto Alegre: Livraria do Advogado, 2006, p. 13-62.

FACHIN, Luiz Edson; RUZYK, Carlos Eduardo Pianovski. Direitos Fundamentais, dignidade da pessoa humana e o novo Código Civil: uma análise crítica. In: SARLET, Ingo Wolfgang. *Constituição, Direitos Fundamentais e Direito Privado*. Porto Alegre: Livraria do Advogado, 2006, p. 89-106.

FADEL, Sergio Sahione. *Código de Processo Civil comentado*. v. 2. Rio de Janeiro: José Konfino, 1974.

FALZEA, Angelo. *Introduzione alle scienze giuridiche*: il concetto del diritto. 5ª ed. Milão: Giuffrè, 1996.

——. *Richerche di teoria generale del diritto e di dogmatica giuridica*. II: dogmatica giuridica. Milão: Giuffrè, 1997.

FAZZALARI, Elio. *Istituzioni di diritto processuale*. Padova: CEDAM, 1975.

——. *Lezioni di Diritto Processuale Civile*: processo ordinario di cognizione. v. 1.Padova: CEDAM, 1985.

——. *Note in tema di diritto e processo*. Milão: Giuffrè, 1957.

——. Procedimento (Teoria Generale). In: *Enciclopedia del Diritto*. Milão: Giuffrè, v. XXXV, 1986.

FERRI, Giovanni. *Causa e tipo nella teoria del negozio giuridico*. Milão: Giuffrè, 1966.

FILARDI, Hugo. Vícios processuais e sanabilidade. *Revista de Processo*, São Paulo, n. 141, p. 191-196, nov. 2006.

FINGER, Julio César. Constituição e Direito Privado: algumas notas sobre a chamada constitucionalização do direito civil. In: SARLET, Ingo Wolfgang (org.). *A Constituição concretizada*: construindo pontes com o público e o privado. Porto Alegre: Livraria do Advogado, 2000, p. 85-106.

FIUZA, César. *Direito Civil*: curso completo. 6ª ed. Belo Horizonte: Del Rey, 2003.

FLACH, Daisson. Processo e realização constitucional: a construção do 'devido processo'. In: AMARAL, Guilherme Rizzo; CARPENA, Márcio Louzada. *Visões críticas do processo civil brasileiro*: uma homenagem ao Prof. José Maria Rosa Tesheiner. Porto Alegre: Livraria do Advogado, 2005.

FRANÇA, Rubens Limongi. *Direito intertemporal brasileiro*. 2ª ed. São Paulo: Revista dos Tribunais, 1968.

GABBA, Carlos Francesco. *Teoria della retroattività delle leggi*. v. 1. 2ª. ed. Turim: Unione Tipográfico Editrice, 1884.

GARIBOTTO, Juan Carlos. *La causa final del acto jurídico*. Buenos Aires: Abeledo-Perrot, 1985.

GIDI, Antônio. *A Class Action como instrumento de tutela coletiva dos direitos*: ações coletivas em uma perspectiva comparada. São Paulo: Revista dos Tribunais, 2007.

GOLDSCHMIDT, James. *Derecho procesal civil*. Barcelona: Labor, 1936. Tradução de Leonardo Prieto Castro.

GOMES, Fábio; SILVA, Ovídio Baptista da. *Teoria Geral do Processo Civil*. São Paulo: Revista dos Tribunais, 2000.

GONÇALVES, Aroldo Plínio. *Nulidades no processo*. Rio de Janeiro: AIDE, 1993.

GRECO, Leonardo. As invalidades processuais e a execução. *Revista de ciências sociais da UGF*, Rio de Janeiro, v. 5. n. 2, p. 7-29, dez. 1999.

GRINOVER, Ada Pellegrini; CINTRA, Antonio Carlos de Araújo; DINAMARCO, Cândido Rangel. *Teoria geral do processo*. São Paulo: Malheiros, 1998.

HESSE, Konrad. *Derecho constitucional y derecho privado*. Madri: Civitas, 1995. Tradução de Ignacio Gutiérrez Gutiérrez.

JHERING, Rudolf Von. *A evolução do direito*. Salvador: Progresso, 1953.

——. *A luta pelo direito*. 2ª. ed. Rio de Janeiro: Lumen Juris, 1998.

KELSEN, Hans. *Teoria pura do direito*. 4ª ed. Coimbra: Armênio Amado Editor, 1979. Tradução de João Baptista Machado.

KOMATSU, Roque. *Da invalidade no processo civil*. São Paulo: Revista dos Tribunais, 1991.

LACERDA, Galeno. *Despacho Saneador*. 2ª ed. Porto Alegre: SAFE, 1985.

——. O Código como sistema legal de adequação do processo. *Revista do IARGS – Comemorativa do cinqüentenário 1926-1976*, Porto Alegre, p. 163-170, 1976.

——. O Código e o formalismo processual. *Revista da Ajuris*, Porto Alegre, n. 28, p. 7-14, jul. 1983.

——. *O novo Direito Processual Civil e os feitos pendentes*. 2ª. ed. Rio de Janeiro: Forense, 2006.

——. Processo e Cultura. *Revista de Direito Processual Civil*, São Paulo, v. 3, p. 74-86, jan-jun. 1961.

LAJE, Eduardo Jorge. *La noción de causa en el derecho civil*. Buenos Aires: Arayú, 1954.

LIEBMAN, Enrico Tullio. *Manual de Direito Processual Civil*. v. 1. Rio de Janeiro: Forense, 1984. Tradução de Cândido Rangel Dinamarco.

——. *Manuale di Diritto Processuale Civile*. v. 1. Milão: Giuffrè, 1957.

——. *Manuale di Diritto Processuale Civile*. v. 3. 3ª ed. Milão: Giuffrè, 1975.

LIPARI, F. G. *Lezioni di Diritto Processuale Civile*. 2ª ed. Padova: CEDAM, 1952.

LOPES, João Batista. Os poderes do juiz e o aprimoramento da prestação jurisdicional. *Revista de Processo*, São Paulo, n. 35, p. 24-67, abr-jun. 1984.

LOPES JUNIOR, Aury Celso Lima. Breves considerações sobre as inovações processuais penais da lei 9.099/95. *Revista da Ajuris*, Porto Alegre, n. 67, p. 335-370, jul. 1996.

LUGO, Andrea. *Manuale di Diritto Processuale Civile*. Milão: Giuffrè, 1961.

MACHADO, Fábio Cardoso; AMARAL, Guilherme Rizzo (orgs.). *Polêmica sobre a ação*. Porto Alegre: Livraria do Advogado, 2006.

MADEIRA, Hélcio Maciel França. *Digesto de Justiniano: Liber Primus*: introdução ao Direito Romano. São Paulo: Revista dos Tribunais; Osasco: Centro Universitário FIEO, 2002.

MADER, Alexandre. *Das invalidades no Direito Processual Civil*. São Paulo: Malheiros, 2010.

MALACHINI, Edson Ribas. Das nulidades no processo civil. *Forense*, Rio de Janeiro, n. 261, p. 163-170, jan/mar 1978.

MALICKI, Anahí. De la confirmación de los actos nulos o anulables. In: RIVERA, Julio César; MEDINA, Graciela. *Código Civile Comentado*: doctrina – jurisprudencia – bibliografía. Hechos y actos jurídicos. Santa Fé: Rubinzal Culzoni, 2005, p. 829-852.

MANCUSO, Rodolfo de Camargo. *Ação Civil Pública*: em defesa do meio ambiente, do patrimônio cultural e dos consumidores. 10ª. ed. São Paulo: Revista dos Tribunais, 2007.

MANDRIOLI, Crisanto. *La rappresentanza nel processo civile*. Turim: UTET, 1959.

MARINONI, Luiz Guilherme. *Novas linhas do processo civil*. 3ª. ed. São Paulo: Malheiros, 1999.

——. *Técnica processual e tutela dos direitos*. 2ª ed. São Paulo: Revista dos Tribunais, 2008.

——. *Teoria geral do processo*. 3ª ed. São Paulo: Revista dos Tribunais, 2008.

MARTINETTO, Giuseppe. Della nullità degli atti. In: ALLORIO, Enrico. *Commentario del Codice di Procedura Civile*. Turim: UTET, 1973, p. 1576-1687.

MARTINS-COSTA, Judith Hofmeister. A teoria da causa em perspectiva comparativista: a causa no Sistema Civil Francês e no Sistema Civil Brasileiro. *Revista da Ajuris*, Porto Alegre, vol. 45, p. 213-244, mar. 1989.

MATTOS, Sérgio Luiz Wetzel de. *Da iniciativa probatória do juiz no processo civil*. Rio de Janeiro: Forense, 2001.

MAXIMILIANO, Carlos. *Direito intertemporal*: teoria da retroatividade das leis. 2ª ed. Rio de Janeiro: Freitas Bastos, 1955.

MAZZEI, Rodrigo; NOLASCO, Rita Dias. (orgs.). *Processo Civil Coletivo*. São Paulo: Quartier Latin do Brasil, 2005.

MEDINA, Graciela; RIVERA, Julio César. *Código Civile Comentado*: doctrina – jurisprudencia – bibliografía. Hechos y actos jurídicos. Santa Fé: Rubinzal Culzoni, 2005, p. 829-852.

MELLO, Marcos Bernardes de. *Teoria do fato jurídico*: plano da existência. 13ª ed. São Paulo: Saraiva, 2007.

——. *Teoria do fato jurídico*: plano da validade. 6ª ed. São Paulo: Saraiva, 2004.

MICHELI, Gian Antonio. *L'onere della prova*. Padova: CEDAM, 1942.

MILLAR, Robert Wyness. *Los principios formativos del procedimiento civil*. Buenos Aires: Ediar, 1945. Tradução de Catalina Grossmann.

MILMAN, Fabio. *Improbidade processual*: comportamento das partes e de seus procuradores no processo civil. Rio de Janeiro: Forense, 2007.

MINOLI, Eugenio. *L'aquiescenza nel processo civile*. Milão: Lottor Francesco Vallardi, 1942.

MITIDIERO, Daniel. *Colaboração no processo civil*: pressupostos sociais, lógicos e éticos. São Paulo: Revista dos Tribunais, 2009.

——. *Comentários ao Código de Processo Civil*. v. 2. São Paulo: Memória Jurídica, 2005.

——. *Elementos para uma teoria contemporânea do Processo Civil Brasileiro*. Porto Alegre: Livraria do Advogado, 2005.

——. O problema da invalidade dos atos processuais no Direito Processual Civil brasileiro contemporâneo. *Genesis*, Curitiba, p. 46-69, jan/mar. 2005.

——. O processualismo e a formação do Código Buzaid. *Revista de Processo*, São Paulo, n. 183, p. 165-194, mai. 2010

——; ALVARO DE OLIVEIRA, Carlos Alberto. *Curso de Processo Civil*: Teoria Geral do Processo Civil e parte geral do Direito Processual Civil. São Paulo: Atlas, 2010.

MONTESANO, Luigi. *Diritto Processuale Civile*. v. 1. Turim:Giappichelli, 1999.

MORAES, Maria Celina Bodin de. O conceito de dignidade humana: substrato axiológico e conteúdo normativo. In: SARLET, Ingo Wolfgang (org.). *Constituição, Direitos Fundamentais e Direito Privado*. Porto Alegre: Livraria do Advogado, 2006, p. 107-149.

MOREIRA, José Carlos Barbosa. A motivação das decisões judiciais como garantia inerente ao estado de direito. In: *Temas de Direito Processual Civil. Segunda Série*. São Paulo: 1980.

——. Apontamentos para um estudo sistemático da legitimação extraordinária. *Revista dos Tribunais*, São Paulo, v. 58, p. 09-18, jun. 1969.

——. *Comentários ao Código de Processo Civil*, v. 5. Rio de Janeiro: Forense, 1981.

——. Il Codice di Procedura Civile dello Stato della Città del Vaticano come fonte storica del diritto brasiliano. *Rivista di Diritto Processuale*, Padova, vol. 46, n. 1, jan-mai. 1991, p. 166-177.

——. Il progetto Carnelutti e il Codice di procedura civile brasiliano. In: *Temas de Direito Processual Civil. Quinta Série*. São Paulo: Saraiva, 1994, p. 201-215.

——. Miradas sobre o processo civil contemporâneo. *Revista da Ajuris*, Porto Alegre, n. 65, p. 92-108, nov. 1995.

——. O problema da "divisão do trabalho" entre juiz e partes: aspectos terminológicos. *Revista de Processo*, São Paulo, n. 41, p. 7-14, jan.-mar.1986.

——. Pode o juiz declarar de ofício a incompetência relativa? *Revista de Processo*, Sao Paulo, v. 16, n. 62, p. 28-39, abr./jun. 1991.

——. *Temas de Direito Processual Civil. Segunda Série*. São Paulo: 1980.

——. *Temas de Direito Processual Civil. Quinta Série*. São Paulo: 1994.

NASSIF, Aramis. *Considerações sobre nulidades no processo penal*. Porto Alegre: Livraria do Advogado, 2001.

NEGREIROS, Teresa. A dicotomia público-privado frente ao problema da colisão de princípios. In: TORRES, Ricardo Lobo. *Teoria dos Direitos Fundamentais*. Rio de Janeiro: Renovar, 2001, p. 343-381.

NERY JR., Nelson. *Princípios do processo civil na Constituição Federal*. 8ª. ed. São Paulo: Revista dos Tribunais, 2004.

——. *Teoria Geral dos Recursos*. 6ª ed. São Paulo: Revista dos Tribunais, 2004.

NEUNER, Jörg. O Código Civil da Alemanha (BGB) e a Lei Fundamental. In: SARLET, Ingo Wolfgang (org.). *Constituição, Direitos Fundamentais e Direito Privado*. Porto Alegre: Livraria do Advogado, 2006, p. 247-271.

NOLASCO, Rita Dias; MAZZEI, Rodrigo (orgs.). *Processo Civil Coletivo*. São Paulo: Quartier Latin do Brasil, 2005.

PAJARDI, Piero. *Processo al processo*. Padova: CEDAM, 1985.

PASQUALINI, Alexandre. O público e o privado. In: SARLET, Ingo Wolfgang. (org.) *O direito público em tempos de crise*: estudos em homenagem a Ruy Ruben Ruschel. Porto Alegre: Livraria do Advogado, 1999, p. 15-37.

PASSOS, Calmon de. *Comentários ao Código de Processo Civil*, v. 3. Rio de Janeiro: Forense, 1983.

——. *Esboço de uma teoria das nulidades aplicada às nulidades processuais*. Rio de Janeiro: Forense, 2005.

PERELMAN, Chaïm. *Lógica Jurídica*. São Paulo: Martins Fontes, 2004. Tradução de Vergínia Pupi.

PEYRANO, Jorge W. Nulidades Procesales con especial referencia a los distintos vicios que pueden generarlas. *Revista de Processo*, São Paulo, n. 82, p. 159-172, abr-jun. 1996.

PICARDI, Nicola. A vocação do nosso tempo para a jurisdição. In: *Jurisdição e processo*. Rio de Janeiro: Forense, 2008, p. 1-32. Organizador e revisor técnico da tradução: Carlos Alberto Alvaro de Oliveira.

——. Do juízo ao processo. In: *Jurisdição e processo*. Rio de Janeiro: Forense, 2008, p. 33-68. Organizador e revisor técnico da tradução: Carlos Alberto Alvaro de Oliveira.

——. Introdução ao Code Louis – Ordonnance Civile, 1667, In: *Jurisdição e processo*. Rio de Janeiro: Forense, 2008, p. 69-125. Organizador e revisor técnico da tradução: Carlos Alberto Alvaro de Oliveira.

——. *Jurisdição e processo*. Rio de Janeiro: Forense, 2008. Organização e revisão técnica da tradução: Carlos Alberto Alvaro de Oliveira.

——. *La successione processuale*: oggeto e limiti. Milão: Giuffrè, 1964.

——. *Manuale del processo civile*. Milão: Giuffrè, 2006.

PINTO, Paulo Mota. Autonomia privada e discriminação: algumas notas. In: SARLET, Ingo Wolfgang (org.). *Constituição, Direitos Fundamentais e Direito Privado*. Porto Alegre: Livraria do Advogado, 2006, 361-404.

PISTORI, Gerson Lacerda. *Dos princípios do processo: os princípios orientadores*. São Paulo: LTR, 2001.

POLI, Roberto. Sulla sanabilità della inosservanza di forme prescritte a pena di preclusione e decadenza. *Rivista di diritto processuale*, Padova, v. 51, n. 2, p. 447-479, abr-jun. 1996.

PONTES DE MIRANDA. *Comentários ao Código de Processo Civil*. v. 10. Rio de Janeiro: Forense, 2002.

——. *Comentários ao Código de Processo Civil*. v. 3. 4ª ed. Rio de Janeiro: Forense: 1997.

——. *Tratado de Direito Privado*. v. 1. Rio de Janeiro: Borsoi, 1954.

——. *Tratado de Direito Privado*. v. 2. Rio de Janeiro: Borsoi, 1954.

PORTANOVA, Ruy. *Princípios do processo civil*. Porto Alegre: Livraria do Advogado, 1997.

PRATA, Ana. *A tutela constitucional da autonomia privada*. Coimbra: Almedina, 1982.

RAISER, Ludwig. *Il compito del diritto privato*. Milão: Giuffrè, 1990.

——. Il futuro del diritto privatto. In: *Il compito del diritto privato*. Milão: Giuffrè, 1990, p. 215-239.

RÁO, Vicente. *Ato jurídico*. 4ª ed. São Paulo: Revista dos Tribunais, 1999.

REALE, Miguel. *Lições preliminares de direito*. 3ª ed. São Paulo: Saraiva, 1976.

REDENTI, Enrico. *Diritto Processuale Civile.* v. 1. Milão: Giuffrè, 1957.

———. *Profili pratici del Diritto Processuale Civile.* 2ª ed. Milão: Giuffrè, 1939.

RIVERA, Julio César; MEDINA, Graciela. *Código Civile Comentado*: doctrina – jurisprudencia – bibliografía. Hechos y actos jurídicos. Santa Fe: Rubinzal Culzoni, 2005.

ROCCO, Ugo. *Trattato di Diritto Processuale Civile.* v. 2. Turim: UTET, 1957.

ROSA, Inocêncio Borges da. *Nulidades do Processo.* Porto Alegre: Livraria do Globo, 1935.

ROUBIER, Paul. *Les conflits de lois dans le temps*: théorie dite de la non-retroactivité des lois. v. 1. Paris: Recueil Sirey, 1929.

ROUSSEAU, Jean-Jacques. *O contrato social.* Porto Alegre: L&PM, 2007. Tradução de Paulo Neves.

RUBIN, Fernando. *A preclusão na dinâmica do processo civil.* Porto Alegre: Livraria do Advogado, 2010.

RUZYK, Carlos Eduardo Pianovski; FACHIN, Luiz Edson. Direitos Fundamentais, dignidade da pessoa humana e o novo Código Civil: uma análise crítica. In: SARLET, Ingo Wolfgang. *Constituição, Direitos Fundamentais e Direito Privado.* Porto Alegre: Livraria do Advogado, 2006, p. 89-106.

SANTOS, Ernane Fidélis dos. *Manual de Direito Processual Civil.* v. 1. 8ª ed. São Paulo: Saraiva, 2001.

SANTOS, Moacyr Amaral. *Comentários ao Código de Processo Civil.* v. 4. 3ª ed. Rio de Janeiro: Forense, 1982.

———. Nulidades Processuais. In: *Enciclopédia Saraiva do Direito.* v. 55. São Paulo: Saraiva, p. 163-171, 1977-1982.

———. *Primeiras linhas de direito processual civil.* v. 1. São Paulo: Saraiva, 2007.

SARLET, Ingo Woflgang. *A eficácia dos Direitos Fundamentais.* Porto Alegre: Livraria do Advogado, 1998.

——— (org.). *A Constituição concretizada*: construindo pontes com o público e o privado. Porto Alegre: Livraria do Advogado, 2000.

——— (org.). *Constituição, Direitos Fundamentais e Direito Privado.* Porto Alegre: Livraria do Advogado, 2006.

——— (org.) *O direito público em tempos de crise*: estudos em homenagem a Ruy Ruben Ruschel. Porto Alegre: Livraria do Advogado, 1999.

———. Os Direitos Fundamentais Sociais na Constituição de 1988. In: SARLET, Ingo Wolfgang. (org.) *O direito público em tempos de crise*: estudos em homenagem a Ruy Ruben Ruschel. Porto Alegre: Livraria do Advogado, 1999, p. 129-173.

SARMENTO, Daniel (org.). *Interesses públicos versus interesses privados*: desconstruindo o princípio de supremacia do interesse público. Rio de Janeiro: Lúmen Juris, 2005.

———. Interesses públicos vs. interesses privados na perspectiva da teoria e da filosofia constitucional. In: SARMENTO, Daniel (org.). *Interesses públicos versus interesses privados*: desconstruindo o princípio de supremacia do interesse público. Rio de Janeiro: Lúmen Juris, 2005, p. 23-116.

SATTA, Salvatore. *Dirito Processuale Civile.* Padova: CEDAM, 1959.

———. Il formalismo nel processo. *Rivista Trimestrale di Diritto e Procedura Civile*, Milão, n. 4, ano XII, p. 1141-1158, dez. 1958.

———. Dalla procedura civile al diritto processuale civile. *Rivista Trimestrale di Diritto e Procedura Civile*, Milão, ano XVIII, v. 1, p. 28-43, mar. 1964.

SCARPARO, Eduardo. Contribuição ao estudo das relações entre processo civil e cultura. *Revista da Ajuris*, Porto Alegre, nº 107, Porto Alegre, p. 111-121, set. 2007.

———. O processo como instrumento dos direitos fundamentais. *Revista da Ajuris*, Porto Alegre, n. 105, p. 135-152, mai. 2007.

———. Primeiras palavras sobre a alienação por iniciativa particular. *Revista de Processo*, São Paulo, vol. 163, p. 196-220, set. 2008.

———. Tópicos sobre a colaboração com a instrução probatória. *Revista Jurídica*, Porto Alegre, n. 366, p. 77-104, abr. 2008, p. 87-88.

SCHIER, Paulo Ricardo. Ensaio sobre a supremacia do interesse público sobre o privado e o regime jurídico dos direitos fundamentais. In: SARMENTO, Daniel (org.). *Interesses públicos versus interesses privados*: desconstruindo o princípio de supremacia do interesse público. Rio de Janeiro: Lúmen Juris, 2005, p. 217-246.

SILVA, Ovídio Baptista da. *Curso de Processo Civil.* v. 1. 7ª ed. São Paulo: Revista dos Tribunais, 2006.

———. *Processo e ideologia*: o paradigma racionalista. 2ª ed. Rio de Janeiro: Forense, 2006.

——; GOMES, Fábio. *Teoria Geral do Processo Civil*. São Paulo: Revista dos Tribunais, 2000.

SILVA, Paula Costa e. *Acto e processo*: o dogma da irrelevância da vontade na interpretação e nos vícios do acto postulativo. Coimbra: Coimbra Editora, 2003.

SILVEIRA, Marco Antônio Karam. Invalidade processual. *Revista Gênesis de Direito Processual Civil*, Curitiba, n. 38, p. 732-754, out-dez. 2005.

STEIN, Torsten. A segurança jurídica na ordem legal da República Federal da Alemanha. In: *Acesso à justiça e cidadania* (Cadernos Adenauer, n. 3). São Paulo: Fundação Konrad Adenauer, 2000, p. 93-118.

TARZIA, Giuseppe. Parità delle armi tra le parti e poteri del giudice nel processo civil. In: *Problemi del processo civile di cognizione*, Padova: CEDAM, 1989, p. 311-320.

TARZIA, Giuseppe. *Problemi del processo civile di cognizione*. Padova: CEDAM, 1989.

TEIXEIRA, Sálvio de Figueiredo. *Prazos e nulidades em processo civil*. Rio de Janeiro: Forense, 1990.

TESHEINER, José Maria Rosa. *Elementos para uma Teoria Geral do Processo*. São Paulo: Saraiva, 1993.

——. *Pressupostos Processuais e nulidades no processo civil*. São Paulo: Saraiva, 2000.

——; BAGGIO, Lucas Pereira. *Nulidades no processo civil brasileiro*. Rio de Janeiro: Forense, 2008.

THEODORO JR., Humberto. As nulidades no Código de Processo Civil. *Revista de Processo*, São Paulo, n. 30, p. 38-59, abr-jun. 1993.

——. *Curso de Direito Processual Civil*. v. 1. 41ª ed. Forense: Rio de Janeiro, 2004.

——. Princípios gerais do Direito Processual Civil. *Revista da Ajuris*, Porto Alegre, v. 34, p. 161-184, jul. 1985.

TOCQUEVILLE, Alexis de. *A democracia na América*. 2ª.ed. Belo Horizonte: Ed. Itatiaia, 1977. Tradução de Neil Ribeiro da Silva.

TOLEDO, Francisco Eugenio. *Nullidades do processo civil e commercial*. São Paulo: Typ. de J. P. Cardozo, 1906.

TOMMASINI, Raffaele. Nullità (diritto privato). In: *Enciclopedia del Diritto*. Vol XXVIII, Milão: Giuffrè, p. 866-908, 1978.

TORRES, Ricardo Lobo (org.). *Teoria dos Direitos Fundamentais*. Rio de Janeiro: Renovar, 2001.

TROLLER, Alois. *Dos fundamentos do formalismo processual civil*. Porto Alegre: Sergio Fabris, 2009. Tradução de Carlos Alberto Alvaro de Oliveira.

TUCCI, José Rogério Cruz e. Sobre a eficácia preclusiva da decisão declaratória de saneamento. In: ALVARO DE OLIVEIRA, Carlos Alberto. *Saneamento do processo*: estudos em Homenagem ao Prof. Galeno Lacerda. Porto Alegre: Sergio Fabris, 1989, p. 275-290.

TUCCI, Rogério Lauria. *Do julgamento conforme o estado do processo*. São Paulo: Saraiva, 1988.

VASCONCELOS, Antônio Vital Ramos de. O pedido de reconsideração e a preclusividade das decisões judiciais. *Revista da Ajuris*, Porto Alegre, n. 40, p. 155-165, jul. 1987.

VÉSCOVI, Enrique. *Teoría general del proceso*. 2ª ed. Bogotá: Themis, 1999.

WAMBIER, Luiz Rodrigues; WAMBIER, Tereza Arruda Alvim. *Breves comentários à 2ª fase da reforma do Código de Processo Civil*. São Paulo: Revista dos Tribunais, 2002.

WAMBIER, Teresa Arruda Alvim. *Nulidades do processo e da sentença*. São Paulo: Revista dos Tribunais, 1997.

WATANABE, Kazuo. *Da cognição no processo civil*. São Paulo: Perfil, 2005.

WIEACKER, Franz. *História do Direito Privado Moderno*. 3ª ed. Lisboa: Fundação Caloustre Gulbenkian, 2004. Tradução de A. M. Botelho Hespanha.

ZAGREBELSKY, Gustavo. *El derecho dúctil*. Madri: Trotta, 1997. Tradução de Marina Gascón.

ZANZUCCHI, Marco Tullio. *Diritto Processuale Civile*. v. 1. 6ª ed. Milão: Giuffrè, 1964.

Impressão:
Evangraf
Rua Waldomiro Schapke, 77 - POA/RS
Fone: (51) 3336.2466 - (51) 3336.0422
E-mail: evangraf.adm@terra.com.br